바다를 품은 백두산

최영섭

Freedom &Wisdom

바다를 품은 백두산

서평

천안함장 예)대령 최원일

1999년 필자가 부산함(FF-959) 포술장으로 근무할 당시 더위가 한창일 무렵 한국해양소년단 일행을 태우고 울릉도, 독도 탐방차 항해 중이었다. 함교에서 항해당직근무 중이던 필자에게 어느 노신사 한 분이 방문하셨다. "최대위! 이 바다는 우리가 목숨 걸고 지킨 바다입니다." 라고 말씀하셨다. 영문을 모르고 필자는 "아~예" 라고 대답하고 다시 전방을 주시하고 있었다. 이윽고 함장님이 함교에 오셔서 최영섭 고문님을 찾고 계셔서 나는 조금 전 함교에 올라오신 그분이 최영섭 대령님이라는 사실을 알게 되었다. 당직을 마치고 내려와 대한해협 해전에 대한 자료들을 찾아보고 전율을 느꼈다. 조금 전 내 앞에 계시던 그분이 백두산함의 갑판사관으로 전투에 참가하시고 한국전쟁 초반 풍전등화의 우리나라를 구하신 영웅이라니...

그 후 필자는 고속정 편대장, 함대, 해군작전사령부, 해군본부 등에서 여러 보직을 거치며 2008년 2함대 천안함장으로 부임을 하게 되었다. 즉 천안함 피격사건 당시의 지휘관인 천안함장이다. 2021년 2월말 전역을 하고 사회에 나와 제2의 인생을 시작하고 있다.

2010년 3월 26일 밤은 우리에게 잊지 못할, 아니 잊어서는 안 될 시간이다. 또한 이후의 사건들은 견딜 수 없고 상상할 수 없는 현실이었다. 아니, 현실로 받아들여지지 않는 엄청난 일들이었다.

세월은 벌써 11년이 흘렀고 어느덧 나도 전역을 하게 되었으며 최대령님의 회고록을 읽으며 천안함 피격사건 후 함장의 입장에서 경험한 일들을 회상해 보았다.

그날 밤! 우리는 어떤 특별한 상황도 일부에서 제기하던 어떠한 특수임무나 훈련이 아닌 너무나 평상적인 상황에서 항상 작전을 수행하던 백령도 근해 그 곳에서 경비를 하고 있었다. 사건 전날 파도가 4미터 이상으로 높아 풍랑주의보가 발표되었고, 대청도 근해 피항을 할 정도로 나쁜 기상에서 조금 좋아졌지만 여전히 파도가 2.5~3미터로 높았다. 당시, 나는 사건 발생 약 10분 전까지 함내 순찰을 마치고 함장실로 돌아와 의자에 앉아 컴퓨터 문자망과 KNTDS 화면을 보던 중 "쾅~"하는 소리와 함께 배가 오른쪽으로 넘어가고 정전이 되며 우리의 모든 일상도 순식간에 날아가버렸다. 아직도 겪었던 모든 현실이 꿈만 같고, 꿈이었으면 하고 하루에도 몇 번이나 생각한다. 바로 몇 분전까지 함께 생활하고 있었고 서로 말하고 호흡하던 전사한 내 생명 같은 사랑하는 부하들, 또 암흑 속 침몰하는 배에서 한 명이라도 더 찾으려고 울부짖으며 다니고, 체온을 유지하려고 서로를 부둥켜안고, 서로에게 구명의를 입혀주며 먼저 살아서 나가라 하고, 나의 눈과 입만을 쳐다보며 일사불란하게 따르던 부하들의 용맹스럽지만 애절했던 모습이 아직도 생생하다.

최대령님이 느끼고 계실 전사한 전우들에 대한 그리움과 안타까움이 필자의 가슴에도 가득히 전해졌다.

최영섭 대령님의 회고록 중 대한해협 편을 자세히 읽어보고 2013년 발간하신 6·25 바다의 전우들을 추가로 읽어보았다. 그날의 전투현장이 생생히 전해지며 2010년 3월 백령도 앞바다가 겹쳐지며 가슴 뭉클했다. 특히, [그들의 손을 잡았다. 두 용사가 끝맺지 못한 마지막 말" … "은 '대한민국 만세' "대한민국을 지켜다오."로 들리는 듯했다. 전병익 이등병조는 제대를 한 달 앞두고 있었으며 곧 결혼할 약혼녀 사진을 군복 윗주머니에 간직하고 동료들에게 자랑하곤 했다]는 부분을 보며 천안함 전사한 전우들이 생각났다. 그들 중에도 결혼을 앞두고 전사한 이도 있었고 전역을 한 달 앞둔 이 등 이루 말할 수 없는 안타까운 사연들이 있다.

불변한 진실은 우리 천안함과 104명의 용사들은 1950년 최대령님이 전우들과 목숨 바쳐 지켜내신 우리 바다, 1953년 이후 정전 상태인 한반도의 서해에서 국민이 주말을 시작하며 편히 쉬던 금요일 밤 국민의 생명과 재산을 보호하고 선조들이 피땀 흘려 일군 대한민국을 지키기 위해 지시된 위치에서 임무에 최선을 다하고 있었다는 것이다.

회고록 말미에 최대령님께서 강연 중 강조하시는 말씀이 뇌리를 스친다. "36년 만에 잃었던 나라를 찾아 세웠다. 일제 때는 우리가 나라를 지키고 싶어도 나라가 없어서 못했다. 대한민국은 소중한 우리들의 보금자리다. 우리들은 이 나라를 잘 가꾸고 지켜야 할 군인이다. 조국의 군복을 입고 조국의 총대를 들고 내가 지켜야 내 조국이 있다는 것이 그 얼마나 감격스러운가. 우리나라를 말살하려는 적은 소련의 앞잡이 김일성 공산당이다. 조국통일 전선에서 장렬히 전사할 때 '대한민국 만세'를 드높이 부르며 통일조국의 밑거름이 되자. 이것이 이 시대에 사는 우리의 책무이고 군인의 본분이며 또한 보람이다."

평화는 공짜가 아니다. 긴 세월 외세의 침략에 맞선 호국영령들의 희생이, 한국전쟁 당시 백두산함의 목숨을 건 치열했던 대한해협 전투와 김창학, 전병익 같은 분들의 희생, 생면부지의 땅에서 쓰러져 간 연합군 장병들, 최근에는 천안함, 연평해전, 연평도 포격전 등에서 장병들의 숭고하고 값진 희생이 있었기에 현재의 평화가 가능했던 것이다. 우리는 언제 또 깨질지 모를 평화를 지키기 위해 평소에 그분들의 희생을 기리고 항재전장의 각오로 적과의 일전을 준비해야 한다.

이 회고록이 국군장병들에게는 강인한 정신무장을 국민에게는 평화가 공짜가 아니라는 사실을 일깨우는데 크게 도움이 되는 소중한 저서라 생각한다.

2016년 최대령님께서 문산호 전사자 현양 추진을 하지 않으셨더라면 '장사상륙작전' 전투는 영원히 잊혀진 전투가 되고 나라를 위해 목숨 바친 학도병들은 억울한 죽음이 될 뻔했다.

이후 해군에서 기념비도 설치하고 민간에서는 영화로도 제작되어 그제서야 국민들이 '장사상륙작전'을 알게 되었다.

이처럼 최대령님은 호국의 산증인이시며 자체가 대한민국이신 분이다. 건강하게 오래오래 사셔서 후배들에게 경험을 들려주시고 목숨으로 지키신 우리 대한민국 호국의 국가대표로 우리들 가슴 속에 영원히 기억되기를 기원한다.

추천사

"대한민국을 지지하는 모든 이들의 자서전"

선우정 조선일보 논설위원

책을 읽으면서 아버지 세대를 생각했다. 아버지는 이 책의 필자보다 6년 앞선 1922년에 태어났다. 일본제국의 조선인으로 삶을 시작했고 일제가 식민지에 이식한 근대 관학(官學)의 수혜를 입었다. 북한 출신의 월남자였고 한국을 지키기 위해 6.25 전쟁에 직업 군인으로 참전했다. 일생 동안 공산주의를 배척했고 자유주의를 옹호했다. 아버지의 자서전을 읽는 듯했다. 대한민국을 지지하는 모든 이들의 자서전이 될 것이다.

아버지 덕분에 '전쟁세대'로 불리는 사람들을 자주 접했다. 아버지를 포함해 친구 대부분이 전쟁을 경험한 군인 출신이었다. 그 중에는 일본군으로 태평양전쟁에 참전했다가 살아남아 한국군으로 다시 6.25 전쟁에 참전한 사람들도 있었다. 심지어 가미카제특공대 출신까지. 자살 특공 이틀 전 전쟁이 끝나 목숨을 구했다고 했다. 그때 구한 목숨으로 나라를 지키겠다며 북한과 싸웠다. 그들은 하루가 멀다 하고 통음(痛飮)을 했다. 취하면 군가를 불렀다. 전쟁 스트레스를 그렇게 풀다가 대부분 70세 전후에 세상을 떴다. 아버지도 그랬다. 이 부분에서만 최영섭 대령님이 내가 아는 아버지 세대와 다르다.

나는 그들이 한국 역사에서 최고의 지성적 세대였다고 생각한다. 지금 신문의 어떤 칼럼도 1960~70년대 칼럼의 깊이를 따라가지 못한다. 지금 어떤 잡지도 당시 사상계의 깊이와 넓이에 못 미치는 것과 같다. 그들은 할 말을 마음껏 할 수 없는 시대에 살았지만, 지금 우리보다 훨씬 멋지게 세상을 얘기했다. 지금은 할 말을 할 수 있는 시대이지만, 누구도 그들처럼 세상을 표현하지 못한다.

한국 사회는 그들이 받은 교육을 일제의 황민화 교육이라고 쉽게 규정한다. 이런 시각으론 해방 후 사회 주역이 된 전쟁 세대가 고도 성장기에 분출한 폭발적 발전 동력을 이해할 수 없다. 보통학교(현 초등학교)를 3번 졸업하고 일본으로 건너가 고학으로 도쿄의 시립중학교(현 중·고등학교)를 나온 최 대령님의 이야기는 그 시대의 다른 면모를 우리에게 보여준다. 교육만이 발전 동력은 아니었을 것이다. 일제·해방·건국·전쟁·발전의 체험, 그리고 그곳에서 우러나오는 깊이가 그들의 원초적 동력이었다고 생각한다.

책을 읽다가 반가운 이름을 발견하고 휴대전화 문자를 보냈다. 2016년 최영섭 대령님의 도쿄 학창시절 추억여행을 함께 한 양인집 사장님이다. 2000년대 중후반 도쿄특파원으로 일할 때 진로재팬 사장이던 그를 만났다. 일본 스포츠의 상징인 도쿄돔 한 가운데 커다란 진로 광고를 붙인 인물이다. 야구 중계를 볼 때마다 진로 광고판이 태극기처럼 보였다. 양 사장님의 부친이 최 대령님과 해군사관학교 동기였다는 사실을 책을 통해 알았다. 최 대령님의 둘째 아들 재형과는 진해 파랑새유치원 동창이라고 한다. 양 사장님이 이런 답글을 보냈다.

"그 어른은 도쿄 한가운데에서도, 서울에서도, 밖에서도, 댁에서도 건배사는 '대한민국!' '만세!'입니다. 어른이 '대한민국' 하면 재형과 저는 '만세!' 하고 받아야 합니다."

답글을 읽고 책에 실린 대한해협 해전의 막바지 장면이 떠올랐다. "두 중상자에게 다가갔다. '이겼다. 정신 차려' 소리쳤다. 이들과 승리의 기쁨을 같이 하고 싶었다. 두 용사는 마지막 기력을 다해 숨을 몰아쉬며 '대…한…민…국…' 말끝을 맺지 못하고 고개를 떨궜다. 그들의 손을 잡았다. 두 용사가 끝내지 못한 마지막 말 '…'은 '대한민국 만세' '대한민국을 지켜다오'로 들리는 듯했다."

추천사

　이런 생각을 했다. 최 대령님은 건배사를 통해 두 용사가 끝내 지 못한 말을 후세대의 입으로 반복해 듣고 있는 게 아닐까. 체험의 깊이는 이런 것이다. 아버지와 친구들이 부른 군가가 그냥 노래가 아니듯. 그 깊이는 우리 세대가 결코 도달할 수 없는 거리에 있다. 그래서 그들의 이야기를 전승(傳承)을 통해 간접 체험하고, 그 체험을 다시 전승을 통해 후대에게 물려줘야 한다. 기억의 전쟁이라고 한다. 지금 대한민국 역사가 판타지 수준으로 왜곡된 것은 이 전쟁의 어두운 결과를 반영한다. 대한해협해전처럼 이 자서전이 기억의 전쟁에서도 역전의 전기가 되길 기대한다.

　이 책을 관통하는 대표 키워드는 애국심이다. 애국심을 뜻하는 '패트리어티즘(patriotism)'은 향토애(鄕土愛)에서 비롯된 말이다. 향토는 가족의 터전으로서 영속적 가치를 지닌다. 한국인은 애국주의와 민족주의를 혼동한다. 나라를 잃은 시대, 즉 '한국민'이 없던 시대에 '한민족' 개념으로 아이덴티티를 형성했기 때문이다. 아버지는 두 개념을 분명히 구분했다. 북한 출신 실향민이기 때문에 더욱 그랬다고 생각한다. 아버지의 고향은 평안북도 정주였다. 김일성 정권에 의해 향토를 잃었고 가족도 갈라졌다. 그 그리움이 애국의 기본이었다. 최 대령님 역시 북한 지역인 강원도 평강이 고향이다. 이렇게 책에 기술했다.

"통일과나눔 재단이 주최하는 경원선 침목 나눔 행사가 있다는 것을 알았다. 가족 4대는 행사에 동참했다. 아들·손자·증손자 이름으로 된 7장의 기부약정서를 재단에 보냈다. 후손들이 경원선을 타고 고향 평강에 가봤으면 하는 마음에 기부를 결정했다."

디아스포라는 세계로 흩어졌지만 정체성을 유지하며 사는 유대인을 말한다. 시온주의는 향토로 돌아가려는 유대인의 열망이다. 실향민이 가진 두 특성을 책의 이 대목이 압축해서 말해준다. 아버지도 가족과 함께 경의선을 타고 정주로 달려갈 날을 기다렸다. 그리고 빼앗긴 향토에 대한 강렬한 열망을 그가 전쟁에서 지켜낸 대한민국에 그대로 투사했다. 김일성 정권을 민족의 개념으로 감싸려는 시도와 일생 싸웠다. 그것이 아버지의 애국이었다. 나는 아버지의 애국이 민족에 오염된 애국이 아니라 애국 본래의 모습에 가깝다고 생각한다. 최영섭 대령님의 애국, 이 책이 말하려는 애국과도 일치한다.

또 하나, 이 책에선 정말 '대한민국스러운' 가족을 전형을 만날 수 있다. 다음은 가족에 대한 최 대령님의 기술이다.

"필자의 삼형제 모두 직업 군인으로 복무했다. 둘째는 해병대 대령, 셋째는 해군 전자 부사관으로 전역했다. 아들은 네 명이다. 첫째 재신은 해군 대위, 둘째 재형은 육군 법무 중위, 셋째는 공군 군의 대위, 넷째는 육군 소위로 군복무를 마쳤다. 형제·아들·손자들의 군 출신 성분이 육·해·공·해병대 등 모든 군종을 망라하고 있다. 필자가 통합군사령관이 된 셈이다…참모장인 맏며느리를 정점으로 일사불란한 위계질서를 지키고 있다…설날 가족모임은 이렇게 진행한다. ①국기 게양 ②국기에 대한 경례 ③국기에 대한 맹세 ④애국가 제창(4절까지) ⑤묵념 ⑥예배 ⑦강화(講話) 순이다. 강화는 통합군사령관이 한다…"

이 책을 읽고 최 대령님의 차남 최재형 감사원장의 인격이 어떤 가정 환경에서 형성됐는지, 그 오랜 의문도 풀렸다.

목 차

서평	/ 03
추천사	/ 08
차례	/ 14
붓을 들면서	/ 18
제1막 0세~13세(1928년~1941년) 유소년	/ 24

    1928년 4월 2일
    아버지 최병규
    강원도 평강
    3개의 소학교 졸업장

제2막 13세~17세(1941년~1945년) 일본 도쿄(東京)유학	/ 46

    일본 동경 유학길에 오르다.
    고학(苦學)으로 중학교 공부
    미군의 대공습과 귀국

제3막 17세~19세(1945년~1947년) 해방정국	/ 62

    유진보통학교·평강중학교 선생
    소련군 북한 진군
    38도선을 넘어 남한으로
    쪽지 가필사건

제4막 19세~22세(1947년~1950년) 해군사관학교	/ 78

    해군사관학교 제3기 입교
    해사 2기생들의 파란(波瀾)
    생도대장님, 이번 대대장 생도는 선거로 뽑으시죠
    소위 임관, 최초의 전투함 백두산함 갑판사관으로 부임하다

목차

5막 22세~25세(1950년~1953년) 6·25전쟁 / 100

대한해협해전
서해안봉쇄작전과 여수철수작전
서해도서탈환작전과 인천상륙작전
동해진격작전과 성진철수작전
제2차 인천상륙작전
해군사관학교 생도 훈육관 겸 항해술 교관
미 구축함 로완함 연락장교
PCS-201정(수성) 정장

제6막 25세~40세(1953년~1968년) 휴전 후 해군복무 / 214

신병훈련소 훈련부장
PCEC-51함(노량) 인수
PC-701함(백두산)에 다시 승조하다
해군본부 기획부 근무
PCEC-53(한산) 함장
한국함대사령부 행정참모
국가재건최고회의 총무비서관
DD-91함(충무) 함장
한국함대 제51전대사령관
해군사관학교 부교장 겸 생도대장
해군대령으로 셀프 전역

제7막 40세~67세(1968년~1995년) 경제·사회 활동 / 314

한국냉장주식회사 영업이사
남양사(南洋社) 전무
이란에서 기업 활동
삼선공업주식회사 사장
명지화학과 인생 최대의 시련
수리산캠프와 계룡학당

제 8막 67세~현재(1995년~현재) 한국해양소년단 봉사 / 346
    한국해양소년단 고문
    호국안보강연
    대한해협해전 현양
    제2차 인천상륙작전 현양
    LST 문산호 전사자 현양
    해군어린이음악대 음반 발견
    전사서 편찬
    72년 만에 일본 동경 방문
    해군사관학교 3기생 셀프 회장
    육•해•공•해병대 통합군사령관
    백운 막벨라동산

붓을 놓으며 / 438
부록 / 442

목차

붓을 들면서

저는 1928년 4월 2일, 지금은 갈 수 없는 강원도 평강군 유진면 사창리 붉은봉 두메산골에서 태어났습니다.

이곳은 태백산맥의 분수령인 함경남도 삼방약수터의 접경으로 궁예가 왕건과 칼을 휘두르며 싸웠다는 검불랑(劍拂浪)에서 험준한 독장고개를 넘어가는 깊은 산골입니다.

저는 초등학교 졸업장이 3개입니다. 6년 반을 다녔습니다. 4년제인 유진보통학교, 5·6학년을 다닌 세포심상소학교 그리고 6개월 다닌 만주 해림의 계명국민우급학교입니다. 이 3개의 졸업장은 내 어린 시절의 험난했던 그림자가 드리워져 있습니다.

붓을 들면서

　　인생이란 주어진 사명을 이루기 위해 비바람을 헤치며 뚜벅뚜벅 걸어가는 것이라고 생각합니다. 내 인생 90여년은 격랑속의 힘난한 세월이었습니다. 태어나서 1945년에 이르는 유소년기에는 만주사변(1931년), 중일전쟁(1937년), 제2차 세계대전(1939년), 태평양전쟁(1941년) 등 전쟁의 소용돌이였습니다.

　　태평양전쟁이 시작된 1941년부터 5년 동안 일본 도쿄(東京)에서 고학하며 중학교에 다녔습니다. 그때 일기에 이렇게 적었습니다. '이 전쟁이 끝나면 조국이 해방될 것이다. 그때 도쿄에서 겪었던 삶을 쓰자. 제목을『회춘람(懷春嵐)』으로 하자.' 소년기의 비바람치는 세월을 회상해 보자는 뜻입니다. 고학 때 일본군이 전쟁에서 지는 신문기사를 스크랩했습니다만 아깝게도 미군 공습 때 불타버렸습니다.

　　1945년 2월 해방 이전 동경시립 제2중학교(우에노중학교)를 졸업하고 6월에 조국으로 돌아와 고향의 유진보통학교에서 학생들을 가르쳤습니다. 그 해 8월 15일에 일본이 패망하였고, 소련군이 들어왔습니다. 참혹한 공산당 세상이 되었습니다.

　　1947년 2월 산 넘어 강 건너 38선을 넘었습니다. 자유의 땅 남한이 있었기에 생을 누릴 수가 있었습니다. 그해 9월 해군사관학교 3기생으로 입학했습니다. 1950년 2월 졸업하고 해군 유일한 전투함인 백두산함(PC-701) 갑판사관 겸 항해사·포술사로 부임했습니다.

　　3개월 후 김일성의 6·25 남침전쟁이 터졌습니다. 바로 그날 부산을 공략하려고 남하한 인민군 함정과 싸웠습니다. '대한해협해전'

입니다. 6·25전쟁 3년 동안 동·서·남해를 오가며 싸웠습니다. 전쟁 때의 수기를 2013년 책으로 펴냈습니다. 졸저『6·25 바다의 전우들』입니다. 그리고 1968년, 마침내 전진애(戰塵埃) 찌든 군복을 벗었습니다.

    이제 구순을 넘었습니다. 일모도원(日暮途遠), 석양은 수평선을 물들이는데 할 일은 아직 남아 있습니다. 지난 세월이 주마등같이 스쳐갑니다. 저 하늘에 계신 아버지, 어머니와 아내 정옥경 권사 모습이 가슴속 깊이 각인되어 있습니다. 인생에서 만난 가족들, 해군사관학교 동기생들, 전쟁터의 전우들, 교회신우들, 해양소년단 단원들 그리고 선후배들이 떠오릅니다. 저의 인생 행로를 이끌어주고 밀어주며 도와주신 고마운 분들입니다.

    특히 조국 대한민국과 해군은 제 인생의 울타리요 보금자리입니다. 펄럭이는 태극기 그리고 바다만 봐도 가슴이 찡합니다. 이제 인생 왕로(往路)를 지나 귀로의 끝자락에 이르렀습니다.

    사라져가는 것, 다시 돌아오지 않는 것일수록 더욱 소중하게 느껴집니다. 생로병사(生老病死), 사람이 태어나 나이 들고 병들어 죽는 것, 우리는 이것을 인생이라 부릅니다.

    꽃은 시들고 떨어집니다. 땅에 떨어져 거름이 되어 새 생명을 싹 틔웁니다. 생명의 순환입니다. 죽음이란 또 하나의 시작, 이곳에서 저곳으로 이사 가는 것, 퇴장이자 등장입니다.

    퇴장 시간이 점점 다가올수록 마음 한 켠에 허전함이 남아 있는 것을 느꼈습니다. 그것은 바로 '해방되면 어린 고학 시절 겪었던 일들을 회상록으로 남기겠다.'고 일기장에서 쓴 나와의 약속이었습니다. 무엇에 쫓기면서 살았는지 그 약속을 못 지키고 세월이 어느새 이렇게 흘렀습니다.

 기억이 스멀스멀 흐려져 가고 필력도 무디어 붓을 들기 두려웠습니다. 그렇지만 회상록을 쓰지 않으면 저 세상에 가서도 후회할까 봐 이 세상에서 마무리 지으려고 묵은 붓을 꺼내 들었습니다. 기억을 더듬어 생각나는 대로 하나하나 써 내려갈까 합니다.

2019년 1월 1일

최 영 섭

0세~13세(1928년~1941년) 유소년

1928년 4월 2일
·
아버지 최병규
·
강원도 평강
·
3개의 소학교 졸업장

1928년 4월 2일

　필자는 1928년 4월 2일, 아버지 최병규(崔秉圭)와 어머니 전근성(全根成) 사이 장남으로 강원도 평강군 고삽면 서하리 상옹동(일명 독골) 94번지에서 태어났다. 우리 집안은 할아버지 최승현(崔升鉉, 1878. 6. 24.~1953. 5. 24.) 대(代)부터 양력을 사용해 왔다.

　20대(代) 최응손(崔應巽) 선조께서 정묘호란(1627년)·병자호란(1636년) 즈음 평안도 안주에서 피난을 하여 강원도 평강군 중평리로 이주했다. 22대 최웅남(崔雄南) 선조에 이르러서는 1658년 평강군 고삽면 서하리로 이사하여 독골에 900평의 기와자택을 지었다. 독골 집은 13대에 걸쳐 대대로 이어 살아온 세전가옥(世傳家屋)이다. 1947년 우리 가족이 월남할 때까지도 최병렬(崔秉烈) 큰아버지 가족들이 독골 집에 살고 있었고, 큰아버지 가족들은 월남하지 않았다. 종손 장남으로서 우리 선대의 묘소, 토지, 가옥 등을 지켜야한다는 책임감 때문이었을 것이다. 지금은 생가(生家)가 그대로 있는지 알 수 없다.

우리 선조들께서는 독골 집을 3차례 보수만을 했다. 집터가 '호랑이 방위'라 해서 위치가 바뀌면 재앙이 있다는 풍수지리설 때문이다. 개축이 이루어지지 않아 집 높이가 낮은 편이다.

〈필자의 생가(牛家) 독골 집, 1934년 2월 28일 촬영〉

집 앞에는 큰 돌배나무가 있었고, 집 뒤 가까운 곳에는 10여 그루의 밤나무가 있었다. 뒷산에는 수백 그루의 잣나무가 산재해 있었다. 푸른 잣나무에서 뿜어 나오는 잣 향기와 따스한 햇살이 내려앉는 이곳은 아늑하고 평화로웠다. 오른쪽 지붕만 보이는 작은 집은 아버지가 어릴 때 다녔던 서당이다. 일명 일신학당(日新學堂)이다. 뒷산의 잣나무들은 1944년 일본군의 징발령에 의하여 대부분 벌채되었다.

아버지 말씀에 의하면 이때는 고을에 사진기사가 없었기 때문에 사진을 찍으려면 서울이나 원산에서 기사를 초청해야 했다. 기사를 말에 태워 데려와야 하고 수수료, 숙박비 등 많은 돈을 지불해야 촬영할 수 있었다.

1931년 3살 때 아버지 식구들은 최병렬 큰아버지 댁에서 분가(分家)해서 평강군 유진면 사창리 주빈동(일명 붉은봉) 77번지로 이사했다. 고삽면에서 유진면으로 면 소재지가 바뀐 것이다. 독골에서 산 하나를 넘으면 바로 붉은봉이다. 산골 중에 산골이다. 아버지가 붉은봉에 땅을 사서 집을 지은 후에 이사를 간 것이다. 붉은봉은 경원선 검불랑역에서 30리 거리에 있다.

필자가 태어난 시기는 일제통치 하였고, 제1차 세계대전 종전(1918년) 이후에서 제2차 세계대전 발발(1939년) 이전까지의 중간 시기로서 세계대전 급의 전쟁은 없었다. 그렇지만 1929년부터는 세계적인 대공황이 시작되고 있었다. 출생 전후의 세계 주요 사건은 1927년 미국의 린드버그 조종사가 비행기로 대서양을 횡단하는 기록을 가졌고, 1928년에는 영국의 알렉산더 플레밍이 최초로 항생제 페니실린을 발명하여 의학발전의 큰 획을 그었다. 1929년에는 미국의 헤밍웨이가 『무기여 잘 있거라』라는 전쟁소설을 발간했고, 미국의 천문학자 허블이 우주팽창이론을 발표했던 그런 시기였다.

아버지 최병규

아버지 최병규(崔秉圭)

아버지 최병규(崔秉圭)는 최승현 할아버지(1887. 6. 24.~1953. 5. 24.)와 박씨 할머니(1896. 10. 8.~1970. 4. 11.) 사이에서 둘째로 1909년 1월 2일 강원도 평강군 고삽면 서하리 상옹동(독골) 94번지에서 태어났다. 아버지가 출생하던 무렵, 열강들의 이권 싸움으로 세상은 격동의 소용돌이 속으로 빠져들던 때였다. 1894년 청일전쟁, 1904~1905년 러일전쟁에 이어 1914년부터는 제1차 세계대전이 발발했다. 일본은 청나라에 이어 러시아와의 전쟁에서 승리한 후 한반도에서의 우월권을 확보함으로써 한일의정서 체결을 시작으로 한반도의 식민지화를 추진했다. 우리나라는 국권을 지키기 위해 1907년 헤이그평화회의에 밀사를 파견하고, 1909년 10월 26일 안중근 의사가 만주 하얼빈역에서 조선침략의 원흉인 이등박문(이토 히로부미)을 처단하는 등 항일운동을 벌였지만, 결국 1910년 일본에게 강제로 국권을 강탈당했다.

아버지는 불행하게도 태어난 이듬해부터 주권 없는 조국의 땅에서 35년 간 일제통치 하의 암울한 시대에서 살 수밖에 없었다. 아버지는 7살 때 1916년 10월 최승현 조부를 따라 만주 북간도 백초구(百草溝)에 거주하는 최태현(崔泰鉉) 증조부를 찾아갔다. 이때 독골에서 검불랑까지는 도보로, 검불랑에서 원산까지는 기차로, 원산에서 청진까지는 기선(汽船) 경기환(京畿丸)으로, 청진에서 회령까지는 기차로, 회령에서 두만강을 건너 팔도구(八道溝)까지는 소달구지로 갔다. 험난한 길이었다.

북간도(北間島)는 글자 그대로 '조선과 청나라 사이에 놓인 섬과 같은 땅'이라는 뜻으로 길림성 동남부 지역이다. 이 지역은 1712년 백두산경계비를 세워 조선과 청나라 간의 영토문제가 일단락되었다. 청일전쟁, 러일전쟁 이후 일본의 수탈로 생활이 어려워지자 많은 조선인들이 북간도로 넘어가 황무지를 개간했다. 그러자 청나라는 이 지역에 사는 조선인들의 철수를 요구했다. 1909년 일본이 안동과 봉천 간 이어지는 안봉선(安奉線) 철도부설권을 받고 북간도를 청나라에 넘겼기 때문이다.

아버지는 8일 동안 팔도구에 거주하는 이경찬(李瓊贊) 댁에서 유숙(留宿)할 때 백초구의 증조할아버지 댁으로 떠나기 전날인 주일(主日)에 동네 신자 5~6명이 모인 예배에 참석했다. 이경찬 씨는 아버지를 예배에 참석시키고 예수상과 십자가 앞에 꿇어 앉혀 놓고 놋그릇에 담긴 성수(聖水)를 머리에 뿌리며 기도했다.

"…모진 바람에 밀려 이곳 호지(胡地, 오랑캐 땅)까지 들어온 이 어린 형제를 천주(天主)님께서 굽어 살피시어 은혜를 베풀어 주시옵소서…"

이때 이경찬 씨는 "19세를 넘기기가 어렵구만, 이 고비를 잘 넘기면 최씨 가문의 중흥지조(中興之祖)가 될 거야."라고 말했다. 이경찬 씨가 집전한 이 의식은 아버지의 가슴 속 깊이 한평생 자리 잡고 있었다.

아버지는 1916년부터 1922년까지 공부에 집중했으며, 7년 동안 배우고 읽은 책은 논어(論語), 맹자(孟子), 중용(中庸), 산해경(山海經), 동한연의(東漢演義), 서한연의(西漢演義), 열국지(列國志), 삼국지(三國志), 양계초문집(梁啓超文集), 몽견제갈량(夢見諸葛亮) 등이다.

아버지는 1917년 9월에 고향인 평강으로 돌아와 평강공립보통학교에 입학했다. 평강공립보통학교를 졸업한 후 1924년 5월 9일 5년제 춘천공립고등보통학교(현 춘천고등학교) 제1회 학생으로 입학했다. 개교 당시 춘천고보는 정규 보통학교 6년제를 졸업한 학생 50명을 갑조(甲組)로, 구제(舊制) 4년제 보통학교를 졸업한 학생 중 자격시험에 합격한 50명을 을조(乙組)로 편성했다. 을조는 대부분 서당 출신으로 연령차가 심했고 대부분 기혼자였는데, 아버지가 을조 반장을 맡았다.

아버지가 3학년에 재학 중이던 1926년 4월에 대한제국의 마지막 황제인 순종이 서거하자 갑조 조장 이영길(李永吉)과 같이 전교 학생들에게 '순종서거애도 상장(喪章)달기' 운동을 주도했다. 2주 동안 상장을 단 이 운동은 일본경찰과 일본인 교사 삼광미(森廣美-하야시 히로미) 교무주임의 추궁으로 사건이 확대되었다. 아버지는 불온학생으로 낙인 찍혀 일본경찰에 끌려가 곤욕을 치렀지만 좌등원장(佐藤元藏-사토 겐조) 교장의 수습으로 일단락되었다.

이 사건 이후 아버지는 1926년 10월 4일을 기해 한국인 학생들을 멸시하고 구타, 폭언을 일삼는 일본인 교무주임 삼광미(森廣美) 교사 배척(排斥)을 위한 전교생 동맹휴학(同盟休學)을 주도했다. 일본경찰이 아버지를 체포하려 하자 교장이 사태수습에 나섰다. 좌등원장(佐藤元藏) 교장은 강원도 교무과장인 진내이부(陳內利夫:진나이 토시오)와 협의하여 조장인 아버지와 이영길 학생을 대동하고 조선총독부 학무국장을 만나러 경성으로 떠났다. 남산 소복(笑福)여관(현 힐튼호텔 위치)에 유숙했다. 학무국장과 좌등원장 교장은 아버지께 보성고등학교 전학을 권했으나 삼광미(森廣美) 교무주임을 퇴직시키지 않으면 전학하지 않겠다고 완강히 주장했다. 결국 일본 당국은 아버지를 퇴학처분과 함께 강제로 고향으로 귀향시켜 평강에서의 3년 거주제한, 일명 금족령을 내렸다. 아버지는 결국 1929년 3월 6일 제1회 졸업식에서 졸업장을 받지 못했다. 당시 동맹휴학사건을 보도한 1926년 10월 8일자 동아일보의 기사는 다음과 같다.

〈동아일보의 춘천고보 맹휴 기사, 1926. 10. 8.〉

"춘천고보 맹휴(盟休), 지난 4일 오후 2시부터 춘천공립고등보통학교 이삼학년 생도 일백 이십여명은 돌연히 탄원서를 학교 당국과 도(道) 학무과에 제출하는 동시에 동맹휴학을 단행했다. 그 원인은 동교 모리(森) 교무주임이 평소부터 학생들을 사정없이 때리므로, 그를 배척하기 위한 일곱 가지 조건을 제출하였다. 학교 당국은 주범자 생도 네 명에게 5일 오전 두 시 반경에 퇴학을 명하였고, 나머지 학생들의 등교를 권유하고 있으나 학생들은 최후까지 강경하게 나가겠다고 고집 중이라고 한다.

당시 전국적으로 학교에서는 일제의 식민지 교육정책에 대항해서 또는 항일운동의 일환으로 학생들의 동맹휴학운동이 활발하게 일어났다. 이러한 운동들은 마침내 1929년 11월 광주학생운동으로 이어지게 되었다.

1926년 평강군 고삽면 서하리 독골로 귀향한 아버지는 금족령에 처해 있던 중, 필자가 태어난 1928년부터 1942년까지 평강군 유진면 사창리 주빈동(붉은봉) 일대에 약 200만평의 산야에 약 40만주의 낙엽송을 심었다. 붉은봉에 가택을 마련한 아버지는 1931년 식구들을 최병렬 큰아버지 가족으로부터 분가(分家)해서 평강군 유진면 사창리 주빈동 77번지로 이사했다.

1938년 아버지는 독립운동을 위해 만주 목단강성 해림가(海林街)로 건너갔고, 1940년에 어머니를 비롯한 우리 가족들을 해림으로 불러들였다. 아버지는 7년간 해림에서 살면서 해림가부가장(海林街副街長)과 조선거류민단장(朝鮮居留民團長)을 맡아 독립자금 확보와 전달

역할을 하는 등 독립운동에 참여했다.

아버지는 해방되기 전 1944년 12월 가족들을 데리고 할아버지가 사시는 평강군 유진면 후평리로 돌아왔다. 당시 우리 집은 사창리 붉은봉과 할아버지가 계시는 후평리에도 있었다. 당시 필자는 일본 도쿄에서 유학 중이었다. 그런데 8개월 후 1945년 8월 15일 일본이 패전하자 소련군이 한반도의 38도선 이북을 점령하여 공산화를 추진했다. 수십 년 동안 땀 흘려 축적한 전답, 임야, 재산을 공산당에게 몰수당한 아버지는 1947년 2월 공산치하의 고향을 벗어나 가족들을 모두 데리고 자유 대한민국으로 내려와, 안양에 정착해 있다가 6·25전쟁이 발발하자 식구들을 이끌고 진해로 피난했다. 필자의 처남 정재욱을, 전쟁기간 중 아버지에게 부탁하여 군무원 직위를 주어 진해보급창에서 일하게 했다.

1984년에 평강 지역의 항일독립운동 역사 등이 포함된 평강군지(平康郡誌)를 편찬하고 이어 1987년에는 회고록 『思慮와 調和』를 출간했다. 평강군지 편찬은 이북에서 내려온 평강군민 출신들이 고향의 뿌리를 후세들에게 전해주고자 하는 뜻으로 시작되었다. 평강군민회에서는 "일제 때 당신 아버지께서 평강군지를 편찬하셨으니 당신이 평강군지를 새로 만들어 주었으면 좋겠소."라고 아버지께 요청했다. 이를 수락한 아버지는 아무것도 없는 맨주먹으로 자료수집과 할아버지가 쓴 평강군지(1942년 편찬)를 찾기 위해 여러 도서관을 들렀다. 도서관에 있을 것이라는 큰 기대를 하지 않았는데, 각고의 노력 끝에 국립중앙도서관에서 평강군지를 찾아낸 것이다. 딱 한권만이 남아 있었다. 그때 큰 기쁨과 함께 아버지는 역사기록과 그것을 보존하는 도서관의 중요성을 새삼 느꼈다고 했다.

1999년 2월 12일, 아버지는 춘천공립고등보통학교에서 퇴교된 지 73년 만에 '명예졸업장'을 받았다. 전교생들은 모교를 방문한 제1회 선배인 아버지를 열렬히 환영했다. 이때 필자와 동생 웅섭도 춘천고등학교 졸업식과 병행한 '명예졸업장 수여식'에 참석했다. 아버지는 "당시 애국심이 앞서 실천한 일이었기 때문에 졸업장에 연연하지는 않았지만 한쪽 가슴에 항상 아쉬움이 남아있었다. 이제 명예졸업장을 받아 졸업생 명단에 끼게 돼 더욱더 기쁘다."는 소감을 전교생 앞에서 말했다.

졸업식이 끝나고 우리는 아버지의 학적표가 궁금해서 학적을 관리하는 선생에게 요청하여 찾아보았다. 학적표에는 다음과 같이 기록되어 있었다.

"入學年度(입학연도) : 大正(대정) 13年(1924년) 5月 9일, 學齡(학령) : 만 14년 8월, 身長(신장) : 5尺(척) 48寸(촌) 5分(분), 體重(체중) : 18貫(관) 230目(목), 胸圍(흉위) : 3尺(척) 02分(분), 勤情(근정) : 勤勉(근면), 擧動(거동) : 活潑(활발), 志操(지조) : 確實(확실), 1 學年 成績(학년 성적) : 2等(등), 3 學年 成績(학년 성적) : 3等(등)"

아버지는 2002년 10월 13일 항일독립운동 공로로 대통령 표창을 받았지만 감옥생활을 하지 않았다는 이유로 훈장은 받지 못했다. 2005년 3월 26일에는 신촌교회 오창학 목사님 집전으로 세례를 받았다. 가족들을 데리고 고향을 떠난 지 60주년이 되는 2007년 2월 19일에 가족들이 모인 가운데 서울의 프레지던트호텔에서 백수연(白壽宴)을 가졌다. 2008년 2월 8일 아버지 100세 잔치를 목동의 둘째 아들 재형 집에서 열었다. 아버지를 모신 마지막 가족모임이었다. 이 해 7월 26일 13시 35분에 이 땅에서 사명을 다 마치고 저 땅으로 이사했다.

강원도 평강

평강군은 강원도의 서북쪽에 위치해 있으며 서남쪽은 철원군, 동쪽은 김화군과 접하고 있고, 마식령(馬息嶺)산맥과 광주(廣州)산맥이 통과해 전체 면적의 약 70%가 해발 200~500미터의 고지대 산지다. 고원지대로 이루어진 평강에서 오른쪽에 떨어지는 빗물은 동해로 가고, 왼쪽에 떨어지는 빗물은 서해로 흘러간다. 그야말로 분수령(分水嶺) 고원이다. 평강군의 대소(大小) 하천이 합쳐져 한탄강이 되고, 한탄강은 다시 임진강으로 이어지고 있다. 경원선(京元線)이 군(郡)의 중심부를 관통하면서 기차역만 해도 7개가 있고, 남쪽으로 금강산 전기철도가 지나가는 관계로 교통은 비교적 편리한 편이다.

평강은 궁예(弓裔)의 전설이 서려 있는 곳이다. 궁예의 도읍지는 철원이나 평강은 궁예가 일생을 마친 곳이다. 궁예는 왕건(王建)에 패하여 유랑생활을 하면서도 포악한 성미를 고치지 못하고 가는 곳마다 사람들을 죽였다. 격분한 백성들은 궁예를 기어이 잡아 죽이자고 끝까지 추격했다. 궁예는 이때서야 지금까지 위세를 부리면서 마구 휘두르던 검이 결코 좋은 물건이 아니라 결국 자신을 해치게 한다는 것을 느꼈다. 마을에 이른 궁예는 강기슭에서 검을 풀어 물속에 던지고 다시 살 곳을 찾아 달아났다고 한다. 이때부터 이 마을 이름을 검불량(劍不良, 칼은 좋은 물건이 아님)으로 불렀는데, 이후 음운변화로 검불랑(劍拂浪)으로 변했다.

또한 평강 지역은 구한말 이름 없이 순국한 의병(義兵)들의 활동이 활발했던 곳이다. 의병활동이 활발했던 이유는 첫째, 멸망해가는 나라를 좌시할 수 없었던 지역 유림(儒林)들이 의병의 선봉에 섰고, 둘째는 총을 사용하던 포수들이 의병 활동에 참가했으며, 셋째는 산악지대라는 지리적 조건이 의병들의 유격전에 좋은 환경이었기 때문이다.

평강군은 공산정권이 들어서자 평강군과 세포군(洗浦郡)으로 나뉘어졌다. 필자의 고향인 고삽면과 유진면은 세포군으로 들어갔다.

6·25전쟁 이후 평강군 남쪽 지역 일부만 수복되었을 뿐 현재는 7개 면 지역이 북한에 속해 있다.

유진보통학교의 교가 가사를 보면 평강의 전경을 잘 설명해 주고 있다. "넓은 들판, 평강읍에서 70리, 산과 산에 둘러싸인 아늑한 고장, 미풍양속이 남아 있는 곳, 우리들의 학습도장 유진학교다." 평강군지(平康郡誌)에 "광활한 고원지대에 초지(草地)가 자연적으로 조성되어 있고, 기후가 양 사육에 적합하여 조선총독부 직할 양 목장이 있었으며, 네덜란드인들이 회양(淮陽)에서 약 200마리의 젖소를 길러 양질의 우유를 생산했다."고 적혀 있다.

고원지대임에도 토지가 비옥하여 콩이 대규모로 재배되었으며, 무는 1미터까지 클 정도도 잘 자랐다. 일제 때 일본군이 평강에 부식공장을 만들어 무를 천 번을 자른다는 셍길이(千切-せんぎり)로 해서 단무지나 무말랭이로 가공하여 군용으로 사용했다. 세포군 삼방리에는 유명한 삼방약수(三防藥水)가 있다. 이 약수에는 탄산성분이 많아 설탕을 타면 사이다가 될 정도이다. 약수터 앞에는 북에서 남으로 안변남대천이 흐르고 있다.

3개의 소학교 졸업장

우리 가족이 평강군 유진면 사창리 붉은봉으로 이사 간 것이 필자가 세 살 때다. 다섯 살부터 보통학교에 들어가기 전까지 1년간 동네 서당에 들어가 한자와 유교 도덕을 배웠다. 서당공부는 나이 제한이 없어 어린 아이도 있었고, 장가 간 어른들도 있었다. 학생 수는 5~6명 정도였다. 통상 보통학교나 소학교 들어가기 전에 서당에서 공부를 했지만, 당시 대부분 집안 형편이 어려워 서당만 다니고 보통학교나 소학교를 못 가는 아이들도 많았다. 당시 종이가 귀하고 아까워서 학생들은 네모난 상자에 모래를 뿌려 놓고 그 위에다 손가락으로 글을 쓰면서 한자를 배웠다. 이때 필자가 배운 한자는 일본 유학 때 큰 도움이 되었고, 평생 소중한 지적 자산이 되고 있다.

여섯 살이 되자 학교를 가기 위해 할아버지가 거주하시는 유진면 후평리 소재 유진공립보통학교에 입학했다. 필자가 살고 있던 유진면 사창리는 산골 중에 산골이어서 학교가 없었다. 보통학교에서도 서당에서와 같이 어린 나이부터 나이든 어른 학생들이 있었다. 필자가 제일 어렸다. 같은 학년 학생들 중 필자의 외사촌 전기석은 그때 나이 18살로서 나보다 10살이 더 많았다. 그는 결혼을 해서 아들을 두고 있었다.

필자는 여섯 살부터 부모의 슬하를 떠나서 공부를 하게 되었고, 이때부터 홀로 생각하고 판단하면서 살아가야 하는 고독의 길을 걷게 된 셈이다.

〈1936년 최승현 조부 댁에서 찍은 사진, 제일 왼쪽 필자〉

유진보통학교는 4년제 학교였다. 당시 보통학교는 4년제였고, 소학교는 6년제였다. 사창리에서 후평리까지 30리 거리이고, 사창리에서 검불랑까지도 30리 거리이다. 어린 학생이 걸어서 통학하기에는 먼 거리여서 할아버지 댁에서 숙식하면서 학교를 다녀야만 했다. 넉넉지 못한 할아버지 댁에 딸린 식구들도 많은데 식솔 한 명이 더 늘어나니 필자의 마음이 편치 않았다. 어린 나이에도 눈칫밥을 먹으면서 고아 아닌 고아 신세로 학교를 다녀야만 했다. 4년간 학교를 다녔다. 주말이 되면 걸어서 붉은봉의 가족들을 만나러 갔다.

유진보통학교 교장은 추본사일(秋本四一, 아키모토 시이치)이라는 일본인이었고, 그 후임에 한국인 공신용(公辛用) 교장이 왔다. 당시 교장과 선생들이 어린 필자가 보기에는 모두 훌륭해 보였다. 위압적으로 학생들을 지도하거나 이래라저래라 하는 잔소리도 많지 않았으며 학생들을 덕으로 다스렸던 것 같았다.

보통학교 다닐 때 여름방학이 되면 집에 가는 것은 좋았지만 숙제 때문에 여름방학이 싫었다. 어린 학생이 감당하기 어려웠기 때문이다. 학교에서 준 숙제는 1평방미터 넓이에 풀을 베어서 1미터 높이로 퇴비를 쌓는 일, 싸리나무로 빗자루를 만드는 것, 싸리나무를 삶아서 껍질을 벗겨 바구니와 물고기 잡는 족대를 만드는 것 등이었다. 특히 퇴비를 만드는 일이 제일 힘들었다. 풀을 베어 쌓아 두면 풀이 금방 숨이 죽어 아래로 내려가는 바람에 계속 풀을 베어 1미터의 높이가 될 때까지 쌓아야만 했기 때문이다. 외사촌 전기석이 필자의 숙제를 거들어 주곤 했다.

유진보통학교를 졸업한 필자는 아버지의 뜻에 따라 다시 세포로 가서 2년을 더 공부하기 위해 6년제 학교인 세포심상소학교에 5학년에 편입했다. 붉은봉에서 세포까지는 50리 거리로서 후평보다 20리나 더 멀리 떨어진 고원지대에 있었다.

세포에는 가까운 친인척이 없어 남의 집에서 하숙을 했다. 하숙집 주인은 담배장수를 하는 박봉래(朴鳳來) 씨였는데, 우리 동네 붉은봉까지도 와서 담배를 팔곤 했다. 당시 담배장수는 정부로부터 허가를 받아야만 장사를 할 수 있었고 조랑말 안장에다 담배상자를 실어 여기저기 다니면서 담배를 팔았다. 그 당시 담배 이름이 희연, 장수연, 은하수로 기억하고 있다. 필자의 집에서도 박봉래 씨의 담배를 사곤 해서 그런 인연으로 그 집에다 하숙을 부탁한 것이다. 그런데 박봉래 씨의 집은 찢어지게 가난한 빈가(貧家)였다. 강냉이밥, 조밥, 감자만으로 겨우 연명하고 있었다. 필자의 집에서 매월 하숙비로 쌀을 보내면 하숙집 주인은 그 쌀을 팔아 돈을 만들었다. 그래서 필자도 하숙집 가족들과 마찬가지로 같은 음식을 먹고 학교를 다니다 보니 한참 먹을 나이에 배가 많이 고팠다.

당시 세포심상소학교 교장은 일본인 구보청차(久保淸次, 구보 세이지)라는 사람이었다. 5학년에 편입해서 공부를 하고 있었던 6월경 큰 아버지 최병렬 씨가 할아버지 환갑잔치 때 쓸 물건을 사러 소달구지를 끌고 세포까지 오셨다. 세포에 왔던 차에 필자를 찾아서 가게로 데리고 갔다. 그리고는 "영섭아, 너 뭐 먹고 싶냐? 먹고 싶은 거 있으면 말하라." 하셨다. 주저 없이 "사이다요" 라고 대납했다. 매일 가게를 지나면서 그토록 마시고 싶었던 것이었다. 생전 처음 사이다 맛을 본 것이다. 정말 맛이 좋았다. 이때 큰 아버지가 사이다 값을 지불하기 위해 100원짜리 지폐를 냈다. 100원짜리 지폐도 이때 처음 보았다. 그 기억이 지금도 생생하다.

세포심상소학교에서 2년을 다니고 1940년 졸업한 필자는 어머니와 동생 웅섭, 호섭과 같이 아버지가 계시는 만주 해림으로 건너 갔다. 만주 목단강에 위치한 해림에는 조선 땅에서 먹고 살기 힘들어 고국을 떠나온 사람들과 조국의 독립을 위해 활동하는 독립운동가들로 붐볐다. 해림과 산시(山市)는 김좌진 장군이 독립운동을 했던 곳이다.

사람은 태어날 때부터 죽을 때까지 배움의 끈을 놓지 않아야 한다는 소신을 가졌던 아버지는 소학교를 졸업한 필자를 그냥 집에서 놀려 둘 수가 없었다. 아버지의 뜻에 따라 1941년 9월 계명국민우급학교 6학년에 편입해서 약 6개월을 공부하고 1941년 2월에 졸업했다. 이 학교에서도 졸업장을 받게 되었다. 결국 필자는 소학교, 오늘날의 초등학교 졸업장을 3개나 받게 된 셈이다. 유진공립보통학교, 세포심상소학교, 계명국민우급학교 졸업장이다. 이렇게 된 이유는 부모님이 자식들의 공부를 위해 적극적으로 지원해 준 것과 6살이라는 어린 나이에 초등학교에 들어갔기 때문이다.

필자의 초등학교 시절, 1934년부터 1940년까지 세계의 정세는 우리나라가 여전히 일본의 식민통치 하에 있었고, 일본은 1931년 만주에 이어 1937년에 중국을 침략했다. 독일은 히틀러 총통이 1934년부터 나치독재를 했고, 1939년 9월에 폴란드를 침공했다. 이것을 계기로 제2차 세계대전이 발발함으로써 세계가 또 다시 전쟁의 소용돌이로 들어가게 되었다. 1940년 9월 27일에 일본, 독일, 이탈리아, 이른바 추축국(樞軸國) 간 맺어진 3국 군사동맹 체결로 미국, 영국, 프랑스 등 연합국과의 전쟁은 더 확대되어 갔다.

13세~17세(1941년~1945년) 일본 도쿄(東京)유학

일본 동경 유학길에 오르다
·
고학(苦學)으로 중학교 공부
·
미군의 대공습과 귀국

일본 도쿄(東京) 유학길에 오르다

　계명국민우급학교에서 6개월을 공부할 때 담임선생이 조장진(趙長鎭)이었다. 담임선생이 필자를 눈여겨봤는지 공부가 거의 끝나갈 무렵 필자의 아버지께 "영섭 학생은 여기서 공부할 게 아니라 일본 동경에 가서 공부를 하는 것이 좋겠습니다."고 유학을 권했다.

　조장진 선생은 고향이 황해도 백천(白川)이고 일본의 명치(明治, めいじ)대학을 졸업한 지식인이었다. 그 당시 일본에서 대학교를 나온 사람들 대부분은 학교에서 학생들을 가르쳤는데 실력 있는 선생들이 많았다. 조장진 선생은 필자 외에도 유학 보낼 윤승부(尹承富)의 아들 윤이, 김석영(金錫永)의 아들 이래 두 학생을 선정했다. 한 학생은 장사하는 집안의 아들이고, 다른 학생은 지주의 아들로서 부유한 집안

의 학생들이었다. 경제적으로 이들 집안과 비교한다면 필자의 집안은 보통수준이었다. 담임선생이 필자를 유학생으로 추천한 것은 오로지 공부를 잘 했다는 이유였을 것이다.

세 명의 유학생은 1941년 2월 졸업하자 마자 곧바로 동경 유학 준비를 서둘렀다. 조장진 선생의 인솔로 만주를 떠나 서울에 도착했다. 서울에 도착하니까 어떤 젊은 여성이 마중을 나왔다. 조장진 선생은 우리에게 "이 애가 금년에 이화전문학교를 졸업하는데, 너희들을 동경에 보내고 돌아오면 이 애하고 결혼할 것이다." 했다. 그리고는 자신의 고향인 황해도 백천으로 우리를 데리고 갔다. 백천과 가까운 연백에 들렀는데 유명한 천일각(天一閣)이라는 온천장이 있었다. 약 50미터 정도 되는 온천장에서 목욕을 하고 자신의 집으로 데리고 갔다. 경치가 좋은 산 중턱에 자리한 집은 기와집으로 지어졌고, 산으로부터 대나무 파이프를 통해 샘물이 흘러 들어 왔다. 이곳은 나중에 김일성 별장으로 사용될 정도로 전망이 좋고 물과 공기가 청정했다.

유학생 일행은 1941년 2월 조장진 선생과 함께 일본으로 건너 갔다. 일본까지 가는 경로와 수단은 서울에서 부산까지 기차, 부산에서 시모노세키(下関)까지 연락선, 그리고 시모노세키에서 동경까지는 기차였다. 조장진 선생은 우리가 일본에 도착하기 이전 그의 친구인 오필성(吳必晟)에게 "내가 아이 셋을 데리고 동경으로 가니까 들어갈 학교를 점 찍어 놓고 입학준비 해 놓으라."고 부탁했다. 오필성은 조장진 선생의 친구로서 고향도 같은 백천 출신이며, 그 역시 일본에서 대학을 나온 사람이었다.

　　조장진 선생은 일본에 도착하자 마자 오필성 친구에게 모든 것을 맡겨 놓고 결혼을 위해 조국으로 돌아갔다. 조장진 선생은 고향 백천으로 돌아가 집안 대대로 내려온 큰 과수원과 농장들을 경영하면서 말 두 필을 사서 다닐 정도로 넉넉한 삶을 살았다. 그런데 사람 팔자 알 수 없듯이 고향에서 지내던 중 조 선생이 말에서 떨어져 죽었다는 소식을 나중에 전해 듣게 되었다. 일찍 돌아가셨다는 소식을 듣고 마음이 아팠다. 필자를 넓은 바깥세상으로 나갈 수 있도록 기회를 마련해 주신 분이다. 필자는 항상 마음속으로 그 분의 고마움을 잊지 않고 있었다. 인연이란 참 묘하다. 2018년에 과천에 살고 있는 조장진 선생의 누이동생을 우연히 만났다.

　　유학생 세 명은 오필성 씨가 점 찍어 둔 동경시립 3중학교(豊島中學校) 입학시험을 쳤다. 필자는 합격했지만, 다른 두 명은 합격을 못했다. 이들은 다른 학교에도 시험을 쳤지만 역시 합격하지 못하자 무시험 학교인 만몽학교(滿蒙學校)에 들어갔다. 이 학교는 만주와 몽고를 개척하기 위한 인재를 양성하기 위해 설립된 곳이다. 만몽학교 학생들은 교복을 입고 사각모자를 쓰며 공부했다. 두 학생은 사각모자를 쓴 사진과 함께 고향의 부모께 편지를 보냈는데, 부모들은 편지를 받아보고 벌써 자기 아들이 대학을 졸업했다면서 동네 사람들에게 자랑을 하고 다녔다고 한다.

고학(苦學)으로 중학교 공부

필자는 오필성 씨의 도움으로 와세다대학(早稻田大學) 부근에서 하숙집을 구해 동경시립 제3중학교를 다녔다. 하숙집에서는 잠만 자고 밥은 인근 식당에서 사 먹었다. 근처에 한성식당과 아시아식당이라는 두 개의 한국식당이 있었는데, 아시아식당에서 아침, 점심, 저녁 밥을 해결했다. 그런데 어느 날부터 집에서 돈이 오지 않아 학자금을 낼 돈도 없었고, 밥사먹을 돈도 떨어져 꼼짝없이 사흘간을 물만 마시고 지냈다.

아시아식당 주인은 매일 밥 먹으러 오는 학생이 갑자기 식당에 오지를 않으니 혹시 아파서 오지 않는가 걱정이 되어 필자의 하숙집으로 찾아왔다. 주인은 방에서 누워 있는 필자를 보고 어디 아프냐고 물었다. "아닙니다. 집에서 돈이 안 와서 그냥 물만 먹고 집에서 지내고 있습니다."고 대답했다. 말할 힘도 없었고, 기어들어가는 필자의 말을 듣고 "야 이놈아, 사람이 살고 봐야지, 돈이 없다고 그렇게 굶고 있으면 어떻게 하나?" 하면서 억지로 식당으로 끌고 가 밥을 먹였다. 삼사일 못 먹은 분량을 게 눈 감추듯 먹어치웠다. 그때 먹은 밥은 평생 잊지 못하고 있다. 배고픔이 얼마나 괴로운지, 그리고 돈이 얼마나 중요한지도 그때 알았다. 이 때 머릿속에 각인된 그 고통이 군 복무할 때 부하들에게 잘 먹여야 한다는 생각을 가지게 했다.

부모님의 돈을 마냥 기다릴 수가 없었다. 오필성 씨를 찾아가서 처지를 이야기했다. 오필성 씨는 "야, 그러면 고학을 해라." 했다. 낮에 학교에 나가고 아침 일찍 또는 방과 후에 일을 하라는 것이다. 오늘날의 아르바이트이다. 당시 일본에는 고학하는 조선인 학생들이 많았다. 오필성 씨는 필자를 공장으로 데리고 가서 편지봉투 붙이는 일을 주선해 주었다. 편지봉투 붙이는 것은 단순하지만 14살 어린 아이에게는 쉽지 않았다. 요즘은 편지봉투가 기계로 만들어지지만 그때는 일일이 손으로 붙였다. 시간제가 아니고 만든 개수에 따라 돈을 받았다. 이 돈으로는 학비, 숙식비, 교통비를 충당하기에는 턱없이 부족했다. 오필성 씨를 다시 찾아가 봉투 붙이는 일로는 돈이 부족하다고 말하니 신문배달을 권했다. 신문배달도 만만치 않았다. 새벽 2~3시에 일어나 전철에서 신문을 받아 배달하는 것이다. 이른 아침에는 신문배달, 그 후에는 편지봉투 붙이는 일을 하면서 고학을 했다.

오필성 씨는 이 돈으로도 숙식비, 교통비, 학비를 댈 수가 없다고 판단했는지 필자를 병원에서 일하게 했다. 그런데 병원에서는 낮에만 일을 할 수 있었다. 돈은 벌 수 있지만 낮에 학교에 다닐 수 없는 것이 문제였다. 오필성 씨가 필자의 학교공부를 주간에서 야간으로 바꾸어 주었다. 공부시간만 바뀌었다는 것뿐이지 선생과 공부 과목은 주간과 똑 같았다.

병원은 동경에 있는 안정의원(安井医院, 야스이 의원)이다. 병원장과 병원장 가족들에게 인사하고 원장 지시에 따라 서생(書生)생활을 시작했다. 우리나라에서는 남의 집에서 일하는 사람을 '머슴'이라 했지만 일본에서는 인격을 존중해 주는 말로서 점잖게 '서생'이라 불렀다. 그 당시 일본에는 일하면서 공부하는 젊은 사람들이 많았다. 병원장은 필자에게 방 하나를 내어주고 병원에서 먹고 잠잘 수 있도록 해주었다. 숙식비·학비·교통비가 모두 해결되니 너무 좋았다.

그런데 병원 일들이 만만치 않았다. 매일 새벽 5시에 일어나서 3층으로 된 병원 내부를 물청소하는 것으로 하루를 시작했다. 여름에는 찬물에 걸레를 빨아서 청소하는 것은 괜찮았지만 영하 15도 이하로 내려가는 겨울에는 너무 힘들었다. 매일 추위 속에서 찬물에 손발이 젖다 보니 동상에 걸리기 일쑤였다. 그때 동상으로 인해 생긴 상처 흔적이 지금도 남아 있다.

병원 1층에는 가족들의 주거시설, 병원 사무실, 치료실 등이 있었고, 2층과 3층은 입원실이었다. 병원장이 약을 처방하면 제조는 필자가 했다. 수술할 때에는 의료기 소독, 환자 붙잡는 일, 의료기 전달 등 곁에서 병원장을 보좌했다. 그리고 병원장 왕진 때에는 필자가 자동차 기사 노릇을 했으며, 입원환자들의 식재료와 생필품을 구매해 오는 등 다양한 일을 했다. 그때 약 제조하면서 배운 지식은 해군사관학교 들어가기 전에 진해해군병원에서 잠시 일할 수 있게 했고, 군과 사회생활에서도 큰 도움이 되었다.

낮에 안정병원에서 일하고, 밤에 학교에서 공부하는 것이 힘들었지만, 돈 걱정 없이 학교를 계속 다닐 수 있다는 것에 마음만은 편했다. 학생들 중 조선인은 필자뿐이었다. 그래서 자연적으로 일본인 학우들은 필자에 대해 관심을 가질 수밖에 없었다. 선생과 학우들은 태어난 년도와 연관시켜 필자에 대한 격려와 성원을 아끼지 않았다. 당시 일본에서는 인도 시인 타고르가 1929년에 쓴 '동방의 등불'이라는 시를 애송하고 있었다. 필자가 태어난 1928년 다음해 '동방의 등불'이 나왔다면서 선생과 학우들은 필자를 한참 띄워주곤 했다.

미군의 대공습과 귀국

미국은 일본에게 삼국군사동맹에서 탈퇴하고 중국에서의 철수를 강력히 요구함과 동시에 전쟁에 필요한 전략물자의 일본 수출을 금지시켰다. 일본은 미국의 요구를 받아들이지 않고 전쟁승리를 위한 돌파구를 위해 1941년 12월 7일 미국의 태평양함대가 있는 하와이 진주만을 공습했다. 이로써 일본과 연합국 간 이른바 태평양전쟁이 시작되었다.

전쟁은 확대되어 갔고, 일본 신문에는 연일 전쟁에 관한 기사들로 가득했다. 주로 일본과 미국과의 전쟁 상황이었다. 병원에서 구독하는 신문을 비치하고 버리는 것은 필자의 임무였다. 신문을 버리기 전에 전쟁 기사들을 스크랩하고 나머지를 버렸다. 병원장 딸이 필자와 동갑내기였다. 그녀는 일본이 전쟁에서 패전한 기사를 스크랩하고 있는 필자를 보았는지 어느 날 식사 중에 자기 아버지와 어머니께 "사이(최)상은 이상해요. 일본군이 지는 전쟁기사만 스크랩해요."라고 했다.

  필자는 책상 벽에 인도의 민족해방운동가 간디 사진을 붙여 놓았다. 존경하는 인물이기도 하지만 그분의 행동과 정신을 따르겠다는 마음이 있었기 때문이다. 일본에서 공부하는 동안 일본 경찰관이 1년에 두서너번 필자를 찾아왔다. 외국인들에 대한 감시·관찰을 위한 것이다. 간디 사진이 걸려 있는 것을 보고 혹시나 필자가 학생 신분으로 가장한 독립투사일지도 모른다는 생각도 했을 것이다. 경찰관은 왜 간디 사진을 붙였는지에 대해서는 전혀 묻지도 않았다. 그냥 와서 쭉 눈으로 훑어보고 빙긋이 웃고 고생한다는 말만 하고 나간다. 필자의 마음을 꿰뚫고 있는 듯했다.

  중학교 다닐 때 가장 관심이 많았고 잘했던 공부는 역사과목이다. 그것도 한국에 대한 역사다. 시간 날 때나 일요일이면 도서관에 가서 한국에 대한 역사책을 찾아서 읽었다. 당시 한국에서는 한국에 대한 역사책을 구하기 힘들었지만, 일본에서 오히려 구하기 쉬웠다. 역사시험을 보면 언제나 필자의 것이 모범답안이었다. 역사 선생은 필자에게 고고학(考古學)을 전공하라고 권했다. 한국학생이 외국에서 한국역사를 공부했다는 것은 당시로서는 보기 드문 일이었다.

1944년에 미군의 공습으로 필자가 다니는 동경시립 3중학교 교사가 불에 탔다. 제3중학교 학생들 대부분은 동경시립 2중학교(上野中學校, 우에노 중학교)로 전학 갔다. 같은 계열의 시립학교로서 조건 없이 전학이 가능했던 것이다. 필자 역시 동경시립 2중학교(上野中學校, 우에노 중학교)로 전학해서 몇 개월 남은 공부를 마저 마치고 1945년 2월에 졸업했다. 동경시립 3중학교에서 공부한 기간이 많았지만 졸업장은 동경시립 2중학교에서 받게 되었다.

〈동경시립 제2중학교 때의 필자〉

미군의 공습은 계속되었다. 그 당시 일본에서는 30~50가구 단위의 자치단체인 도나리구미(隣組, となりぐみ)가 짜여 있었다. 미군의 공습이 오면 누군가가 공습 정보를 현장에 알려주어야 하는데, 이 일을 필자가 자청해서 맡았다.

옥상에 올라가서 메가폰(손 확성기)을 이용하여 큰 소리로 알려주는 것이다. 그 당시 마이크가 없었기에 남들보다 목소리가 컸던 필자가 적격이였다. 목소리 큰 것은 타고났다고 본다. 소지한 라디오를 듣고 있으면 '도부 군강꾸죠호, 도부 군강꾸죠호' 말이 들린다. '동부 군관구 정보'라는 말이다. 필자는 즉시 방공호로 대피하라고 '방공호, 방공호'라고 외치면서 남쪽방향으로 손을 가리킨다. 사람들은 긴급히 사다리, 양동이, 갈고리 등을 가지고 나와 방공호로 대피한다. 조금 있으면 B-29폭격기가 정확하게 남쪽에서 동경을 향해 날아온다.

미군 폭격기가 동경을 폭격하기 위해서는 일단 후지산으로 날아가서 후지산에서 동쪽방향으로 기수를 돌리면 목표지역인 동경으로 향하게 된다. 폭격기가 보이면 필자는 더 긴박하고 큰 목소리로 '방공호, 방공호'라고 반복해서 외친다. 시민들은 필자의 행동을 보고 "저 소년 참 용감하다. 위험을 무릅쓰고 우리를 위해 헌신한다. 대견스러운 소년이다." 라면서 칭찬과 격려해 주었다.

B-29기 공습정보를 알려주는 일이 위험했지만, 폭격기의 비행 모습에 다소 짜릿함을 느꼈다. 불타고 있는 도시 모습에 안타까워했지만, 한편 패망하고 있는 일본의 모습을 직접 눈앞에서 보며 한국의 독립을 기대하고 있었기 때문이다.

1945년 3월 10일 B-29 폭격기의 일본 동경에 대한 대공습이 있었다. 344대의 B-29 폭격기가 소이탄 32만 7,000 여발 1,665톤을 동경에 집중 투하했다. 이로 인하여 동경시 가옥 28만 8,358채가 전소되어 동경의 4분의 1이 잿더미로 변했다. 사망 8만 3,793명, 중상 4만 918명이라는 큰 인명피해도 입었다. 소이탄들이 목조로 된 건물들을 쉽게 불태웠다.

이때 필자가 일하던 안정의원도 전소되었고 방공호에 넣어 둔 신문 스크랩도 모두 타 버렸다. 다행히도 졸업장은 조금만 그슬렸다. 이때 필자는 얼굴 화상을 입었다.

병원이 불에 타서 더 이상 동경에 머물 수가 없었다. 병원장 가족들과 필자는 병원장 부인의 고향인 야마가타겐(山形県, やまがたけん)으로 피난 갔다. 일본 동북지역의 남서부에 위치한 그곳은 전쟁피해가 없었다. 그렇지만 만약을 대비하여 방공호를 팠다. 그곳은 16세기경 다께다 신겐(武田信玄)과 우에스기 겐신(上杉謙信) 간에 싸웠던 전투 지역이었는데, 방공호를 파던 중 당시 사용했던 칼들이 나왔다.

피난지에서 마냥 있을 수만 없었다. 병원장이 동경으로 가자고 해서 가족들과 필자를 데리고 귀경했다. 병원이 불타버렸으니 할 일도 없었다. 1945년 5월 미군이 오키나와까지 밀고 올라왔다. 일본의 패색은 짙어만 갔다. 큐슈까지 올라오는 것은 시간문제였다.

필자는 더 이상 일본에 있으면 안 되겠다는 생각이 들었다. 병원장에게 "이제 졸업도 했고, 제가 도울 일도 없으니 고향으로 돌아가겠습니다."고 말했다. 병원장은 "야 이놈아, 지금 전쟁 중인데 고향에 어떻게 가냐?" 고 했다. 그때는 전쟁 중이라 전시 군수물자를 수송하는 함선과 병력만 이동이 가능했고, 일반인들의 이동은 불가능했다. 병원장은 잠시 생각을 한 후 어떤 묘책이 있는지 "그래. 넌 조선인이니까 고향으로 가는 것이 좋겠지. 내가 동경위수사령부 의무대

간부이니 '조선통행증'을 받아줄 수 있다. 그러기 위해서는 징용관보가 필요하니 고향에 계시는 아버지께 징용관보를 보내 달라고 요청하라."고 말했다. 필자는 즉시 아버지께 징용관보를 보내 달라고 전보를 쳤다. 아버지는 아들이 전쟁 통에 살아있는지 죽었는지 매일 태산 같이 걱정하고 있던 차에 전보를 받아보고 살아있다는 것을 알고 곧바로 경찰서로 달려갔다. 자초지종을 이야기하니 오까다(岡田, おかだ) 경찰서장은 징용관보를 써 주었다. 경찰서장은 평소에 필자의 아버지를 믿어왔으며, 아들이 귀국하는 대로 군대에 입대할 것이라는 것을 믿었기 때문이다. 징용관보는 반드시 우편국으로 통해 전송되었다. 아버지는 세포의 우편국장 오이까와세이이치(及川誠一, おいかわ せいいち)를 찾아가서 부탁했다. 우편국장은 즉시 징용관보를 동경으로 보냈다. 징용관보를 받은 필자는 병원장과 같이 동경위수사령부를 방문했다. 병원장은 "이 애가 내가 데리고 있는 조선인 학생인데, 조선에서 징용관보가 왔기 때문에 곧바로 조선으로 보내야 한다."면서 통행증을 요청했다. 동경위수사령부 간부인 병원장이 보증하고 요청을 하니 즉시 경성으로 가는 '京城行通行認(경성행통행인)'이라는 통행증이 나왔다. 당시 일반인의 통행증을 받아내는 것이 쉽지 않았는데, 병원장의 적극적인 도움으로 조국으로 돌아갈 수 있는 허가를 받아낸 것이다.

　　　일단 조국으로 돌아갈 수 있어 기뻤지만, 그동안 정들었던 병원장과 그의 가족들과 이별하려 하니 눈물이 앞을 가렸다.

　　　"원장님, 그동안 고마웠습니다. 이 은혜 잊지 않겠습니다. 언제 상황이 호전되면 찾아 뵙겠습니다."

"영섭 군, 그동안 수고 많았고 고맙네. 잊지 않겠다. 부디 안전하게 귀향해서 너의 큰 뜻을 펼쳐보게. 자네는 그런 능력을 가지고 있다고 보네."

필자는 통행증을 가지고 동경에서 시모노세키(下関)까지는 기차, 시모노세키에서 부산까지는 연락선, 부산-경성-검불랑역까지 기차, 검불랑역에서 후평리까지는 걸어서 고향으로 돌아왔다. 해방 1개월 15일 전인 1945년 6월 말이다. 이때 필자의 가족들은 후평리에서 살고 있었다.

1941년부터 1945년까지 태평양전쟁 기간 4년은 필자가 동경에서 고학으로 중학교를 다녔던 시기다. 비록 고학으로 많은 고생을 했지만 인생에서 아주 소중한 시절이었다. '인생은 이런 고생과 함께 혼자 생각하고 판단하며 결정하는 것이구나.'를 그때 느꼈다. 또한 이 기간에 일본은 패전하고 우리나라가 해방되었으니 인생여정의 큰 전환점이었다.

제2막 13세~17세(1941년~1945년) 일본 도쿄(東京)유학

17세~19세(1945년~1947년) 해방정국

유진보통학교·평강중학교 선생
·
소련군 북한 진군
·
38도선을 넘어 남한으로
·
쪽지 가필사건

유진보통학교·평강중학교 선생

1945년 6월 말 일본에서 조국으로 돌아왔을 때 가족들은 후평리에서 살고 있었다. 아버지는 지난해 12월에 만주 해림에서 가족들을 데리고 후평리로 돌아왔다. 사창리 붉은봉의 집은 옛 모습 그대로였고, 아버지가 심어 놓은 약 40만 주의 낙엽송은 재목으로 쓸 정도로 크게 자라나 있었다. 아버지는 후평리에 집 두 채를 마련해서 살고 있었다. 어머니는 알뜰하게 돈을 모아 황소 한 마리를 살 정도로 저축해 놓았다.

할아버지와 부모님께 귀국인사를 드리면서 중학교 졸업장을 보여드렸다. 식구 모두가 자랑스럽게 여기고 흡족해 했다. 필자가 전쟁 통에 일본에서 중학교를 졸업하여 무사히 귀국하고 가족들도 만주에서 고향으로 돌아왔다. 더군다나 우리나라가 해방이 되었으니 그 기쁨은 이루 말할 수가 없었다.

　　8월 15일 해방이 되자 할아버지가 필자를 불러 "지금, 학교에 선생감이 별로 없다. 네가 학교 선생으로 아이들을 가르치라."고 하셨다. 필자 역시 학생들에게 한글과 한국역사를 가르쳐야 한다는 생각을 갖고 있었다. 유진보통학교에서 5~6학년 학생들에게 국어와 한국역사에 중점을 두고 가르쳤다. 이 때는 한국역사를 알고 있는 선생이 거의 없었다. 필자는 동경 유학 때 도서관에서 공부한 한국역사를 학생들을 가르치는데 유용하게 써먹을 수 있었다.

　　어느 날 필자가 가르치고 있던 중학교에 새로운 선생이 왔다. 정옥경이라는 젊은 여성이다. 우리 가족이 만주 해림에 있을 때 그녀의 가족들도 그 곳에서 살았던 관계로 집안끼리 알고 지내오던 사이다. 동경 유학 중 1942년 14살 때 여름방학 기간 만주 목단강 해림에서 살고 있었던 가족을 만나러 간 적이 있었다. 그때 정옥경은 목단강 여자고등학교를 다니고 있었다. 만주에서의 고등학교는 일본에서의 중학교에 해당되었다

　　해방이 되어 그녀의 가족들도 고향인 후평리로 돌아오고, 그녀 역시 선생을 하게 된 것이다. 우리 동네 여자들 중 고등학교를 졸업한 유일한 여자였다.

소련군 북한 진군

미국은 일본 본토 공습에 이어 1945년 8월 6일 히로시마, 8월 9일 나가사키에 원자폭탄을 투하했다. 일본은 8월 15일 '무조건 항복'을 선언했다.

그동안 전세만 관망하던 소련은 미국의 원자폭탄 투하로 일본의 패망이 확실해지자 8월 8일 일본에 대해 선전포고를 함과 동시에 만주와 한반도를 향해 진격을 개시했다. 치스차코프(Ivan M Chistyakov) 대장 휘하 소련 제25군 125,000여명은 8월 13일에 청진, 8월 22일에 평양, 8월 23일에는 개성에 진주했다. 미군보다 한 달 가량 앞서 북한지역에 진출한 소련 제25군은 8월 26일 평양에 소련군사령부를 설치하고, 민정관리총국장으로 로마넨코(A. A. Romanenko) 소장을 임명하여 북한지역에 대해 군정을 개시했다.

한편 미국은 소련군의 군정개시 다음날인 8월 27일에서야 미군의 한반도 상륙날짜를 9월 7일로 결정하고, 이날 미 극동군사령관 맥아더 장군은 미 제24사단장 하지(John R. Hodge) 중장을 주한미군사령관에 임명하여 38도선 이남지역을 점령하라고 명령했다. 9월 2일에는 일본 동경만에 정박한 미 전함 미주리(Missouri) 함상에서 제2차 세계대전을 종결 짓는 역사적인 일본의 항복문서 조인식이 있었다. 9월 4일 미 제24군단 선발대가 김포비행장에 도착하고, 9월 7일에 맥아더 장군이 남한 군정을 선포하는 포고 제1호를 발표했다. 9월 8일 미군 주력부대인 제7사단이 서울에 도착했고, 다음날 9월 9일에 미·일 대표가 조선총독부 건물에서 일제통치의 종막을 고하는 항복문서에 서명했다. 군정장관으로 아놀드(Archibald V. Arnold) 육군 소장을 임명하고 9월 12일부터 남한지역에 대해 군정을 개시했다.

이처럼 북한지역에는 소련군이, 남한지역에는 미군이 들어옴으로써 한반도의 정세는 우리 의도와는 완전히 다른 방향으로 가고 있었다. 우리 국민들은 조국이 해방되는 동시에 독립국가로 된다고 믿고 있었는데, 다시 한 번 약소민족의 비운을 통감하지 않을 수 없었다. 이때부터 또 다른 수난이 우리 민족들에게 들어 닥친 것이다.

소련은 일본군의 항복을 받고 무장해제를 실시하면서, 당초부터 한반도를 분할하여 38도선 이북을 공산국가로 만들려는 목표를 가지고 있었다. 이런 목표 하에 소련의 민정관리총국은 각 지방별로 인민위원회를 조직하고, 소련 거주 한국인들을 끌어들여 점차 북한 내 주도세력으로 키워 영향력을 확대해 나갔다.

그들은 남북을 오가는 통행인에 대한 검문검색 강화와 함께 8월 24일에는 남북을 잇는 경의선, 경원선 등 주요 철도와 도로를 폐쇄하고 9월 6일에는 전화, 우편 등 통신도 차단해 버렸다. 전기와 물도 차단했다. 이때부터 38도선은 국경 아닌 국경이 된 셈이다.

소련은 9월 19일에 자신들의 앞잡이로 김일성을 블라디보스토크에서 군함 푸카초프함에 태워 원산으로 데려와서 10월 14일 평양에서 김일성 환영대회를 열었다. 이때는 김일성이 아니고 김성주라는 이름을 가지고 있었다. 1946년 2월 8일에 북조선임시인민위원회를 설치하고 김일성을 위원장으로 앉혔다.

필자의 고향 평강에도 소련군이 공산당 간부들을 동반하여 들어왔다. 따발총으로 겁을 주고 물건을 빼앗는 등 행패가 심했다. 그들은 공산화 정책에 따라, 민심안정화를 위해 우선 지방에 인민위원회와 청년동맹위원회를 만들었다. 처음에는 그 지방에서 신망 있으며 존경을 받고 있는 인물을 내세워 인민위원장과 청년동맹위원장을 맡도록 했다. 우리 동네에는 소련에서 거주했던 남수철(南壽喆)이라는 한인이 청년 2명을 데리고 왔다. 우선 민심안정과 치안이 중요하다면서 필자의 아버지를 인민위원장으로, 필자를 청년동맹위원장으로 지명했다.

약 6개월이 지나고 민심이 안정되자 공산당의 본색이 드러나기 시작했다. 토지의 '무상몰수, 무상분배'이다. 공산당은 개인의 소유를 죄악시하여 모든 땅을 몰수하고, 토지를 공유화한다는 명목으로 그들의 배를 채웠다.

필자의 집안에는 대대로 내려온 전답과 임야가 있었고 할아버지와 아버지 대에서 땀 흘려 모은 부동산이 많았다. 할아버지는 임야를 포함해서 약 200만 평의 땅을 소유하고 있었고, 아버지는 낙엽송 약 40만 주를 심어 놓은 임야를 가지고 있었다. 대대손손 땀 흘려 일군 전답과 임야를 공산당에게 강제로 빼앗겨 하루아침에 알거지가 된 것이다.

38도선을 넘어 남한으로

소련군과 북한 공산당의 행패와 압력은 날이 갈수록 심했다. 이런 수모를 당하면서 북한에 계속 있자니 견디기가 힘들었다. 미군이 주둔하고 있는 남한으로 가야겠다는 생각을 했다.

1947년 2월 14일 전원낙(全元樂) 씨가 유진인민학교로 필자를 찾아왔다. 공산당이 들어서면서 유진공립보통학교가 유진인민학교로 바뀐 것이다. 필자는 유진인민학교에서 5학년과 6학년 담임을 맡고 있었다. 전원낙 씨는 우리 집안일을 도와주는 사람으로 우리 가족이나 다름없었다. 그분이 하는 말씀이 "학교가 끝나는 대로 할아버지 댁으로 가서 할아버지를 만나라." 했다. 오만 생각이 들었다.

필자는 춘천사범학교 출신인 이지호 선생에게 부탁했다. "이 선생, 혹시 내일 내가 출근할 수 없을지 모르니 5학년과 6학년 학생들을 잘 가르쳐 주게." 방과 후에 서둘러 할아버지 댁으로 갔다. 할아버지 댁에 도착한 시간이 오후 4시경이었다. 이채민(李彩珉) 고모부가 와 있었다. 할아버지는 필자를 보자 마자 긴 말은 하지 않고 "어서 붉은봉으로 가서 애비 말을 따르라. 우리 가족들 월남한다. 나도 곧 뒤따라 가겠다. 보안대 조심해라."고 하셨다.

필자는 노루목 고개를 넘어 붉은봉으로 가는 길에 배둑의 전익룡(全益龍) 외삼촌을 만나 월남 사실을 알리고 오후 6시경 붉은봉 집에 도착했다. 가족들이 모여서 필자를 초조하게 기다리고 있었다.

어머니가 준비한 인절미 떡, 엿, 꿀을 챙겨 이날 밤 자정 경 집을 나섰다. 그야말로 월남 선발대다. 필자를 포함하여 아버지, 고모부 이채민, 전원낙 그리고 안내인 양 씨(梁氏) 다섯 명이었다. 어머니는 집 앞 방앗간까지 배웅을 나왔다. 걱정스러운 얼굴이었다.

우리는 박달재를 넘어 복계까지는 밤길이라 도로를 따라 걸었고, 이후부터는 보안대에 적발되지 않게 눈 덮인 산등성이를 타고 남쪽으로 내려갔다. 복계, 평강에 이르니 새벽 5시경이었다. 가곡을 지나 철원 근처에 도착하니 오전 10시경이 되었다. 높은 산에는 아직 눈이 녹지 않아 30~40센티 정도 쌓여 있었다. 산행 중 어머니가 싸준 인절미, 엿, 꿀로 굶주린 배를 채우고 목이 마르면 눈을 씹어 먹었다. 신탄과 대광을 거쳐 연천군 황지리의 나지막한 산마루에 이르니 저녁 8시경이었다. 20시간 정도를 쉬지 않고 계속 걷다 보니 온 몸이 지치고 배가 몹시 고팠다.

주위를 살펴보니 산 아래 외딴집이 보였다. 아버지께 "원낙이 아저씨와 저 집에 가서 몸 좀 녹일 수 있는지 알아보고 오겠습니다." 고 했다. 아버지는 "그래, 네 고모부하고는 여기서 기다릴 테니 조심해서 갔다 오너라."고 하셨다. 안내인 양씨도 뒤따랐다. 셋은 주위 정찰도 겸해서 그 외딴집으로 향했다. 우리는 발자국 소리를 죽이면서 집 가까이 다가갔다. 그런데 이때 개가 튀어나와 요란하게 짖어댔다. 그 집에서 무슨 회의가 있었는지 대여섯 사람이 방에서 튀어나와 "누구요?"라고 외쳤다. 우리는 혼비백산하여 길 옆 개울로 뛰어내려 도망쳤다. 마침 개울 옆에 움푹 파인 곳이 있어 그 안으로 숨었다. 얼마쯤 지나 개 짖는 소리도 멎고 우리를 찾아 나선 동네 사람들도 그 집으로 들어갔다. 우리는 내려왔던 그 산 위로 올라갔다.

　　기다리고 있겠다는 그 위치에 아버지와 고모부가 없었다. 앞으로의 많은 난관들을 헤쳐 나가는데 앞장서야 할 사람들이 없어졌으니 암담했다. 계속 산 위에서 기다릴 것인지, 아니면 그대로 내려갈 것인지 고민하다가 큰 마을로 내려가기로 했다. 30분 정도 가니까 큰 마을이 나타났다. 기와로 지어진 가장 큰 집으로 향했다. 내심 '이 큰 집은 공산당 집이 아니겠지.' 라고 생각하며 서슴없이 대문을 두드렸다. 주인이 나와 우리 행상을 뜯어보더니 "남으로 가시는 분이지요?" 물었다. "네 그렇습니다. 잠시 좀 쉬어갈 수 있겠습니까?" 하니까 주인은 "어서 들어오세요." 하면서 우리를 뒷마루 방으로 안내했다. 그리고는 따뜻한 밥과 국을 주었다. 주인은 "이 방에서 편히 쉬시다가 새벽 1시경에 떠나 한탄강을 도강(渡江)하십시오. 보안대 초소가 없는 곳으로 제가 안내하겠습니다." 하고 방을 나갔다. 언제 보안대가 들이닥칠 줄 모르니까 마냥 머물 수가 없었다.

새벽 1시가 되자 주인이 들어와 보안대 초소가 어디 있으며 어느 길이 안전하다는 등 한탄강으로 가는 길을 자세하게 우리에게 설명해 주고 보안대 초소를 피해 안전한 곳까지 안내해 주었다. 우리 일행은 주인이 알려 준 대로 걸어서 한탄강가에 도착했다. 한탄강을 건너기 전 필자는 "어머님, 38선을 무사히 넘었습니다. 안심하십시오. 곧 전원낙 아저씨가 붉은봉으로 돌아가 어머님과 동생들을 데리려 갈 터이니 편안히 기다리세요."라고 어머니께 보내는 쪽지를 썼다. 그리고는 고향으로 되돌아가는 양 씨에게 주었다.

양 씨는 고향으로 되돌아가고 전원낙 씨와 필자는 새벽 2시경 꽁꽁 얼어붙은 한탄강을 무사히 건넜다. 언덕으로 올라가니 외딴집이 보여 그쪽으로 갔다. 그 집에는 '김일성 장군 만세'라는 글씨가 붙어 있었다. 그것을 보고 우리는 바짝 긴장되어 달음박질로 한 시간 가량 달려가니 큰길이 나왔다.

드디어 38선을 넘었다. 마음이 놓이고 긴장이 풀렸다. 동이 틀 무렵 연천군 고준리 초말이라는 마을 여인숙에 들어갔다. 이 여인숙에는 남북으로 오가는 장사꾼들로 붐볐다. 아침 먹는 시간이라 따뜻한 국밥을 먹는다고 다들 부산했다. 북에서는 주로 건어물을 가져오고 남에서는 의류와 의약품을 가져와 서로 교환하고 있었다. 우리도 국밥을 시켰다. 집 주인이 우리 행색을 보더니 "혹시 평강에서 오신

분들 아니십니까?" 물었다. "그렇습니다." 대답했다. "혹시 전원낙 씨, 최영섭 씨입니까?" "네, 맞습니다." "부친이 최병규 씨입니까?" "네, 제 아버지입니다." "어제 밤중에 최병규 씨와 이채민 씨가 여기 들러 국밥 한 그릇 자시고 떠나셨습니다. 혹시 전원낙 씨와 우리 아들 최영섭이가 이곳에 들리면 동두천역에서 기다리겠다는 말을 전해주라고 신신당부했습니다."

우리는 아침밥을 서둘러 먹고 동두천 쪽으로 떠났다. 정오 경 동두천역 근처에 도착했다. 이채민 고모부가 우리를 먼저 보고 달려왔다. "아이고 만났구나. 영영 못 만나는 줄 알고 얼마나 걱정했는데." "고모부, 우리도 두 분이 안 보여서 어떻게 되었는지 얼마나 마음 졸였는지 모릅니다. 그런데 어른들이 우리를 남겨놓고 먼저 도망쳐 가면 어떻게 합니까?" 고모부는 대답을 못했다. "어찌되었던 간에 이렇게 만났으니 다행이다. 너의 아버지께서 저 쪽에서 기다리고 계신다. 어서 가자." 감격의 상봉이었다.

우리 넷은 기차편으로 서울로 향했다. 종로에 있는 여관에서 하루 밤을 자고 이튿날 안양에 있는 이채달 씨를 찾아갔다.

쪽지 가필사건

1947년 2월 16일 새벽 한탄강을 건너기 전, 고향으로 돌아가는 안내인 양 씨에게 부탁한 쪽지가 큰 사건으로 번졌다. 양 씨는 필자가 쓴 쪽지에 가필(加筆)을 한 것이다. "어머니 제가 양씨로부터 일금 3만원을 빌렸습니다. 꼭 갚아주십시오." 양 씨는 고향으로 돌아가 어머니에게 쪽지를 내밀었다. 그리고는 매일같이 돈을 내 놓으라고 졸랐다.

글씨체가 미심쩍었다. 어머니는 영섭이 글씨체가 아닌 것 같아 하루 이틀 계속 미루었다. 이때 쌀 한 섬 값이 3천원 정도였다. 3만원이면 쌀 10섬, 쌀 100말 값이다. 빌린 것이 확실해도 이 큰 돈을 갚을 수가 없었다. 어머니는 난감해 했다. 뒤주에 있는 쌀을 팔아 남한으로 내려갈 때 경비로 쓰려고 돈을 마련해 둔 것은 있었다. 그런데 이 돈을 다 주고 나면 남쪽으로 갈수 없는 처지가 된다.

이 무렵 전원낙 씨는 자신의 가족들과 필자의 어머니, 동생들을 남한으로 데려오기 위해 안양을 떠나 38선을 넘어 고향으로 갔다. 어머니는 전원낙 씨를 만나자 마자 양 씨와 얽힌 이야기를 했다. 너무 어처구니가 없었다. 전원낙 씨는 어떻게 하면 이 문제를 해결할 수 있을지 고민했다.

다음날 오후 동네의 최중현(崔仲鉉) 어른을 입회시켜 매듭짓기로 했다. 전원낙은 필자의 어머니께 "아주머니, 양가(梁家) 그 놈에게 내일 오후 돈 준다고 집으로 오라고 하세요." 하고는 최중현 어른과 안내원 양 씨 큰아버지 양순오(梁順五) 어른께 긴히 말씀드릴 것이 있다면서 필자의 집으로 오시도록 했다. 양순오 어른은 우리 집안과 아주 가깝게 지내던 사이였다.

어머니는 양 씨에게 돈을 주겠다고 내일 오후에 집으로 오라고 연락했다. 오후 2시경 양 씨, 최중현, 양순오 어른이 집으로 들어왔다. 양순오 어른은 양 씨네 큰 어른인 양순서 씨와 함께 오셨다. 집 안방에 다들 모였다. 이들이 오기 전에 전원낙은 안방 벽장 뒤에 숨어 있었다. 안내를 했던 양 씨가 먼저 입을 열었다. "여기 동네 어른들께서 와 계시니 잘 됐습니다." 라며 호주머니에서 쪽지를 꺼내 내밀었다. "여기 영섭이가 내 돈 3만원 빌렸으니 갚으라고 분명히 썼는데 왜 안 주는 겁니까? 오늘은 주시겠다고 했으니 당장 주십시오. 더는 못 참겠습니다. 오늘 결판 냅시다. 그동안 참아왔지만 오늘 안 주면 다 때려 부수고 보안대에 일러바칠 겁니다."라고 큰소리쳤다. 기세가 등등했다.

이때 전원낙이 벽장문을 열어 제치고 뛰어내렸다. "야 이놈 새끼야. 내가 돌아왔다. 영섭이가 네한테 돈 꾸었다고? 이 도둑놈 새끼야. 영섭이가 언제 네한테 돈을 빌렸냐? 너 수고했다고 영섭이가 네한테 돈 천원을 더 주지 않았느냐. 이 도둑놈 새끼야." 멱살을 잡고 얼굴을 맵다 갈겼다.

　　최중현 어른이 나섰다. "이 사람아, 그동안 아주머니께 몹쓸 말로 공갈치고 협박했다는 것 들었네. 아무리 돈이 귀하기로써니 젊은 사람이 그래서야 쓰겠나. 우선 아주머니께 사죄하고 용서를 빌게." 이때 양순오와 양순서 어른이 나섰다. "야, 이 죽일 놈아. 네가 인간이냐?" 하면서 면상을 후려쳤다. 양순오는 조카를 심하게 꾸짖고 대신해서 어머니께 용서를 구했다. "아주머니, 죽을 죄를 졌습니다. 용서해 주세요. 내 조카 놈 때문에 큰 소동이 벌어져 죄송합니다. 저의 식구도 이판에 남쪽으로 가겠습니다." 그리고는 최중현 어른과 전원낙에게도 머리를 조아리며 거듭 사과했다. 최중현 어른은 "원낙이 자네가 안 왔으면 큰 일 날 뻔 했구먼. 자네 덕분에 일이 잘 마무리되었네."

　　전원낙 씨는 5월 경 자신의 식구들과 필자의 어머니, 두 동생을 데리고 38선을 넘어 안양으로 왔고, 양순오·양순서 어른의 가족들도 월남했다. 필자의 할아버지는 7월경(7月 경)에 월남하여 안양의 가족들과 합류했다. 38도선을 가로지른 국토분단에 서린 민족 비애(悲哀)의 한 단면이다.

제3막 17세~19세(1945년~1947년) 해방정국

19세~22세(1947년~1950년) 해군사관학교

해군사관학교 제3기 입교
·
해사 2기생들의 파란(波瀾)
·
생도대장님, 이번 대대장 생도는
선거로 뽑으시죠
·
소위 임관, 최초의 전투함 백두산함
갑판사관으로 부임하다

해군사관학교 제3기 입교

아버지는 안양에 머물면서 몇몇 지인을 찾아 정착할 곳을 알아보았다. 해방 후 정국(政局)이 혼란하고 어수선한 때라 국민들의 안정된 삶이 어려웠다. 매일 이북에서 내려오는 수백·수천 명의 월남인들은 안착이 더더욱 쉽지 않았다. '해방된 조국을 지킬 힘은 군대다. 군인이 되어 나라를 지키자.'라는 마음을 가지고 있던 차에, 유진인민학교에서 교사생활을 하고 있을 때 주영숙(朱英淑) 선생이 필자에게 했던 말이 떠올랐다. "내 남편(정재욱)과 시아버지(정영규)께서 진해 해군에서 근무한다. 나도 곧 진해로 갈 것이다." '그래, 나도 진해로 가서 해군에 들어가자.' 마음을 정리하고 아버지께 말씀드렸다. "아버지, 저는 진해로 가서 해군에 들어가겠습니다." "그래, 잘 생각했다. 임정 요인도 찾아보고 춘천고보 동창들도 찾아 의논했으나 자리 잡기가 쉽지 않구나. 너라도 진해로 가서 군인의 길을 찾아봐라."

필자는 월남한지 일주일 후 아버지와 헤어져 기차를 타고 수원-평택-조치원-대전-삼랑진을 거쳐 진해로 내려갔다. 그리고는 진해특설기지에서 근무하는 정영규 씨를 만났다. 같은 고향 출신인 정영규 씨는 해방 전 우리 가족처럼 만주 목단강 해림에서 살았고, 해방이 되자 고향으로 돌아와 1946년 초 가족들을 데리고 서울을 거쳐 진해로 내려간 것이다. 정영규 씨는 정재욱, 정동욱, 정문욱, 정승욱 아들 네 명과 필자의 아내가 될 정옥경 딸 한 명을 두고 있었다. 정영규 씨는 1945년 말에 진해에 내려가서 해방병단(1945년 11월 11일 창설, 1946년 6월 15일 조선해안경비대로 개칭) 창설에 참여했고, 필자가 진해에 내려갔을 때에는 진해특설기지(1946년 10월 1일 설치, 1949년 6월 1일 진해통제부로 개칭) 보급부장 직책을 맡고 있었다. 그의 아들 정재욱은 진해특설기지 인사과장으로 근무하고 있었다.

　　　필자는 정영규 씨를 만나자 마자 "해군에 들어가려고 왔습니다."고 말했다. 정영규 씨는 "야, 너 잘 왔다. 조금 빨리 오지 그랬어. 한 보름 전에 사관학교 2기생들이 입교해 버려서 어떻게 하나? 정 사관학교에 가겠다면 좀 기다렸다가 해사 3기생으로 들어가라." 했다. 이미 1947년 2월 7일에 입교한 2기생에는 미련을 버려야 했다. "그러면 1년을 기다린 후에 시험을 보고 들어가야 되겠네요." 했더니 곁에 있던 정재욱이 "아니야, 3기생은 6개월 후에 뽑으니까 6개월만 기다리면 돼. 8월경에 시험보고 9월에 입교한다."고 말했다.

　　　정영규 씨 댁에서 일도 없이 밥 세끼 얻어먹고 있으니 마음이 불편했다. "제가 일할 곳이 어디 있으면 좀 구해주십시오." 하니까 정영규 씨가 "너, 동경에서 고학할 때 병원에서 일했다며? 거기서 뭐했나?" 물었다. "약 제조하고 수술 도와주는 일을 했습니다." 라고 대답했다. 정영규 씨는 "그러면 진해해군병원에서 일 할 수 있는지 알아보겠다." 하면서 필자를 데리고 진해해군병원장 김기전 중령을 만나러 갔다. 김기전 병원장은 일본 오카야마 의과대학을 졸업했다.

이 병원은 1945년 12월 15일 조직된 해방병단 의무실이 1946년 2월 21일 확충되어 진해해군병원으로 된 것이다. 병원은 진해기지 동문으로 향하는 길에서 동문 얼마 전 왼편 길로 조금 내려가면 오른편의 테니스장 근처였다.

〈1947년 진해해군병원 근무 때 찍은 사진, 두 번째 줄 오른쪽 필자〉

일본에서 공부하면서 병원에서 일을 했다는 필자의 이야기를 듣고 김기전 중령은 "아 그래? 지금 안 그래도 약 제조하는 사람이 필요했는데 마침 잘 됐다. 그럼 네가 와서 약 제조하라."고 했다. 그리고는 간단한 행정절차를 밟고 필자에게 계급까지 부여해 주었다. 위생상등병조(오늘의 중사) 계급을 받은 필자는 독방에서 자고 먹고 지내면서 병원에서 약 제조 업무를 했다. 진해해군병원에는 원장 김기전, 내과에 한 선생, 외과에 신구복 선생, 치과에 장 선생 그리고 엑스레이과에 김종구 등 모두 5명이 있었다.

필자는 약 6개월 간 병원에서 약 제조 업무를 하면서 사관학교 시험 준비를 했다. 8월에 시험을 쳐서 합격하여 9월 2일에 해사 3기생으로 입교했다. 당시 해군사관학교 교장은 김일병(金一秉)이었다. 중국의 대학에서 영어를 전공했던 그는 생도들에게 영어를 가르쳤다. 교사(校舍)는 현재 해군사관학교 정문으로 들어가기 이전 도로 왼쪽에 있었던 옛 진해고등해원양성소 건물을 사용하고 있었다. 당시 사관학교 이름은 해사대학(海事大學)이었다. 해사대학은 그 후 1948년 11월 16일 해군대학, 1949년 1월 15일 오늘의 해군사관학교로 명칭이 바뀌었다. 해사 3기생은 약 1년 동안 옛 진해고등해원양성소 교사에서 공부했고, 1948년 10월 17일에 현재 사관학교가 위치한 앵곡동 교사로 이동했다. 당시 앵곡동 교사는 1936년 일본해군이 지은 해군 항공대 건물이었다.

한편 필자의 가족들은 의지할 곳 없는 피난민 신세로 안양에서 어렵게 하루하루를 연명하고 있었다. 이런 어려움 속에서도 자식들의 공부는 계속되었다. 첫째 동생 웅섭은 경성공업학교, 둘째 동생 호섭은 경성전기학교에 들어갔다. 어머니는 안양농업시험장에서 일하고, 때로는 서해안에서 소금을 이고 와 팔아 식구들을 먹여 살렸다. 두 동생은 틈나는 대로 수리산에 올라가 땔감을 해왔다.

〈해사 3기생 입교 때 찍은 사진, 1947.9.2〉

〈해사 3기생 입교 때 찍은 사진, 1947.9.2〉

해사 2기생들의 파란(波瀾)

　　필자가 1947년 9월 2일 사관학교에 입교할 당시 해사 1기생들은 졸업을 하고 실무에 배치되어 있었고, 해사 2기생들은 옛 진해고등해원양성소 교사에서 재학(在學) 중이었다. 1기생들은 1년만 교육받고 졸업하는 바람에 2기생들과 같이 생도생활을 하지 못했고, 2기생들은 3기생들이 입교할 때까지 약 7개월 간을 동기들만이 생도생활을 하고 있었다. 그러다가 해사 3기생들이 들어옴으로써 선후배가 함께 생도생활을 하게 된 것이다. 이런 이유로 2기생들은 선배들로부터 지도나 기합을 받지 않았지만, 3기생들은 2기생들로부터 엄한 지도와 기합을 받게 되는 처지가 되었다.

　　당시는 우리 정부가 수립되지 않은 미군정 기간으로서 이념과 사상이 방임(放任)되고 있었고, 이 결과 좌익세력들이 대거 경비대에 들어오게 되었다.

특히 1946년 10월 1일 대구폭동사건을 계기로 미 군정청이 폭동을 주동한 좌익세력 검거에 나서자 상당수의 좌익세력들이 피체(被逮)를 피해 사관학교, 조선경비대, 조선해안경비대 등에 입대했다. 이러한 시대적·정책적 요인으로 인해 1947년 2월 7일 입교한 해사 2기생들 중에는 좌익 활동에 가담했던 생도들도 있었다.

생도사 옆에 생도들의 실습을 위한 모형 실습선이 있었다. 2기생 중 공산주의자들은 순검이 끝나면 그곳으로 3기생들을 불러내서 자신들의 편에 서라고 협박하고 구타까지도 했다. 당시 교장도 생도들의 사상에 대해서 문제 삼지 않았다. 좌든 우든 생도들은 주어진 과목을 이수만 하면 되었다.

2기생 김점복은 일일 당직사관 직책 때 3기생 생도들을 본관 앞에 모아 놓고 "인민을 착취하던 진해시청이 불탔다. 통쾌한 일이다." 하면서 선동연설을 했다. 사관학교 교관들 중에도 좌익 교관이 있었다. 학과목 교육 중에도 공공연히 생도들에게 공산주의 사상을 주입했다.

학교의 교육이념은 명확하지 않았고, 일부 교관과 생도들은 공산당의 본질을 이해하지 못한 채 공산당을 찬양하고 선전하고 있었다. 군의 간부를 양성하는 사관학교가 목표도 방향도 없이 갈피를 못 잡고 있는 것은 한심한 일이었다.

어느 날 필자는 저녁을 먹고 자습시간에 혼자서 교장을 만나러 갔다. 교장은 학교 뒤 언덕 위에 위치한 관사에 묵고 있었다. "교장님, 말씀드릴 게 있어서 왔습니다." "그래. 무슨 일로 왔어?" "교장님, 우리 해군의 표어가 '국가와 민족을 위하여 이 몸을 삼가 바치나이다.' 입니다. 우리 학교가 김일성의 조선인민공화국을 위한 학교입니까? 아니면 자유민주주의 체제를 수호할 장교를 양성하는 학교입니까? 지금 학교 내부에 공산주의자들이 횡행하고 있습니다. 반공이 애국이고 반공이 국가와 민족을 위한 길이 아닙니까? 학교 교육목표를 분명히 해주십시오. 교장님, 죄송한 말씀이지만 우리 학교의 교육목표가 공산당을 용인한다면 저희들은 학교를 떠나야겠습니다." 교장은 느닷없이 찾아와 분명한 교육목표를 요구하는 생도가 버릇없어 보였는지 노기에 차 있었다.

　　3기생들 중에는 좌익생도들이 없었다. 필자의 경우처럼 이북에서 공산당의 폭정을 피해 월남한 많은 청년들이 해사 3기생으로 들어왔고 누구보다도 공산주의의 문제와 폐단을 잘 알고 있었다. 3기생들이 투철한 반공정신과 자유민주주의 체제를 수호하려는 확고한 이념을 가졌던 것은 이런 배경 때문이다.

　　해사 2기생들 중, 좌익생도들은 우리 정부가 수립되었음에도 불구하고, 1948년 12월 15일에 졸업한 후 본격적으로 남로당과 연계하여 상관을 살해하고 함정을 몰고 월북하는 등 끔찍한 일들을 자행했다.

　　이송학 소위는 1949년 5월 11일 자기 상관인 정장 이기종(해사1기) 소령과 훈련정대사령 황운서 중령(특임)을 권총으로 살해하고 승조원들과 YMS-508정을 북쪽으로 납치해 갔다. 김점복과 서문걸 소위는 1949년 5월 20일 부산 제3부두에 정박된 JMS-302정 납북을 시도하던 중 승조원들의 제지로 미수에 그쳤다. 이 외에도 2기생 몇 명의 좌익 장교들은 1949년 5~6월에 걸쳐 함정을 납치, 월북하려다 적발·검거되었다. 508정 납북에 성공한 이송학은 납북한 승조원들과 원산항에 입항했으며, 이들은 5월 4일과 5일에 월북한 육군의 표무원·강태무 부대원들과 함께 5월 13일 평양역에서 평양시민들로부터 대대적인 환영을 받았다.

생도대장님, 이번 대대장 생도는 선거로 뽑으시죠

해사 2기생들이 졸업하자 재학생은 3기생과 1948년 9월 1일 입교한 4기생들이었다.

2기생 졸업식이 오전에 끝나자 필자는 점심을 먹고 생도대장 김충남 중령을 찾아 갔다. "생도대장님, 긴히 여쭐 말씀이 있어 왔습니다." "뭔데?" "대대장 생도 임명을 해야죠?" "아, 오늘 오후에 임명할 거야." "생도대장님, 이번 대대장 생도는 선거로 뽑으시죠." "야 이놈아, 군대에서 선거가 뭐냐. 명령으로 임명해야지." "생도대장님, 제가 왜 모르겠습니까? 우리 학교 내부에 공산주의자들이 횡행하고 있습니다. 자유민주주의 이념을 지향하는 분위기로 일신해야 하지 않겠습니까? 투표로 선출된 대표자가 밀고 나가면 반기를 드는 사람이 없을 것 아닙니까?" "허 참" 잠시 침묵이 흘렀다. 김충남 생도대장은 담배를 꺼내 피우고 나서 무엇인가 결심한 듯 무겁게 입을 열었다. "나도 귀관의 생각에 전적으로 동감하네. 그런데 이번 딱 한번만일세. 이번만이야." "예, 어떻게 항상 선거를 합니까? 생도대장님, 감사합니다." "그럼 내일 선거하자"

다음 날 3기생, 4기생들이 모인 가운데 대대장 생도 선출을 위한 전교생 투표가 있었다. 그야말로 오늘날의 의회민주주의 제도에 의한 비밀투표 방식이었다. 투표결과 필자가 75%를 얻어 대대장 생도로 선출되었다. 3기생 초대 대대장 생도를 임명 받은 이날 밤 정각 12시에 전 생도들을 연병장으로 비상소집했다. 필자는 생도들 앞에서 "제관들! 대한민국의 적은 공산당이다. 반공이 애국이다. 우리는 국가와 민족을 위해 공산당을 쳐부수는 최전선 지휘관이 돼야 한다."고 선포했다. 당시 남한에서는 공산주의자들에 의해 제주도 4·3사건과 육군 14연대 반란사건 등이 일어나 이제 막 수립된 대한민국 정권마저도 위태로웠던 시기였다. 당시의 분위기에서 '우리의 적은 공산당이다. 반공이 애국이다.'이라는 것을 선포한다는 부담스러운 일이었다. 그러나 신변의 위협을 감수하더라도 이 말을 하지 않을 수가 없었다.

그리고는 생도들의 정신을 일신(一新)시키기 위해 생도 전원에게 연병장에서 학교 뒷산인 망해봉까지 올라가 되돌아오는 선착순 구보를 명령했다. 모두 연병장에 도착하면 인원점검을 한 후 취침을 시키고, 잠시 후 또 비상소집을 해서 또다시 망해봉까지 올라가 내려오도록 했다. 이런 식으로 밤새도록 아침까지 세차례나 반복했다.

대대장 생도 직책을 맡으면서 생도들의 기강을 바로 세우는 것과 애국심과 반공사상을 함양시키기 위해 필자는 이북에서 실제로 겪은 공산당의 폭정과 공산주의의 허구성 그리고 자유민주주의의 우월성을 생도들에게 이해시키려고 노력했다.

필자의 룸메이트는 오윤경과 양제석이였다. 우리는 좌익생도들의 급습 및 테러에 대비하여 잠 잘 때도 소총에 총알을 장전하고 번갈아 불침번을 서면서 취침했다. 침실 문은 캐비닛과 책상으로 막아 놓았다. 평양 제2중학교를 졸업한 오윤경과 평양의 광성중학교를 졸업한 양제석도 필자처럼 이북에서 내려와 해사 3기로 입교했다. 반공정신이 투철하고 애국심이 강한 친구들이다.

해군사관학교가 어느 정도 질서가 잡혀가고 있었다. 필자는 해사 3기생 노래가 필요하다 해서 작사를 했다. 〈삼천리 백의겨레 방패 되려고 굳은 뜻과 끓는 피를 쉬어 안고서 배달의 정훈 닦는 해사요람에 진리의 굳은 문을 깨트리려고 모인 우리 3기생은 광복의 사도 영영 무궁 빛나리 우리 3기생〉이라는 1절로 시작해서 3절까지 가사를 지었다.(부록)

해사 3기생은 해군사관학교 기반을 구축하는데 많은 노력을 했다. 평양사범대학을 나온 박성극 동기생은 해군사관학교 교기를 디자인했고, 문학에 소질 있는 이윤희 동기생은 해군사관학교의 첫 잡지인 『制海』창간을 주도했다. 그리고 해사 졸업반지를 제작했다.

필자는 생도 때 학과수업 후 과외활동으로 럭비운동을 했다. 럭비반 주장은 양정고등학교 출신인 2기생 주동진 생도였다. 당시 과외활동 종목은 축구·럭비·농구·야구·정구 등이 있었다.

3기생들은 춘계, 추계로 2차에 걸쳐 오늘날의 연안실습 효시인 함상실습을 했다. 1949년 4월 12일부터 5월 15일까지의 춘계 함상실습은 YMS-502·504·512·518정에 생도들이 분승하여 제주, 묵호, 포항, 부산, 여수, 목포, 군산, 인천 등 항구 도시를 순방 항해하면서 시행되었다. 1기생 이기종 소령이 지휘하는 YMS-508정이 기함이었고, 기함에는 훈련정대사령

〈해군사관학교 생도 시절 필자〉

황운서 중령이 승함해 있었고, 실습생도들은 편승해 있지 않았다.

〈해군사관학교 럭비반 생도들〉　　〈생도 시절 럭비운동 때의 필자〉

기함 508정 부장인 이송학 소위가 실습 중 1949년 5월 11일 훈련정대사령관과 정장을 살해하고 배를 몰고 월북한 사건이 발생했다.

함상실습 기간 중 생도들은 포항 정박 시에는 경주까지 가서 불국사와 박물관 등을 관람했고, 군산에 도착해서는 해양대학을 견학했으며, 인천 정박 시에는 서울까지 이동하여 회현동에 위치한 해군본부와 경무대(오늘의 청와대)를 방문했다.

1949년 11월 5일부터 1950년 1월 24일까지의 추계 함상실습은 AKL-901함에 편승되어 춘계 함상실습과 같은 방법으로 실시되었다. 실습기간 중 인천에서는 일주일 간 정박해서 사관생도로서 갖추어야 할 기본요건이라 하면서 사교춤을 배웠고, 마지막 날에는 이화여대 학생들과 댄스파티를 가졌다.

3기생이 졸업할 즈음에는 4기, 5기, 6기 생도들이 재학 중이었다. 4개 기수가 함께 생도생활을 함으로써 학교는 활기에 차 있었고, 비로소 제대로 갖춘 학교라는 생각이 들었다. 사관학교 입교할 당시에는 우리나라가 미 군정 하에 있었고, 졸업할 때에는 미 군정에서 벗어나 대한민국정부가 수립되어 독립국가로서의 면모를 갖추고 있었다.

2년 6개월이라는 짧은 생도생활 기간에서도 국내외적으로 엄청난 정세변화가 있었다. 하루하루가 격난의 연속이었다. 남한에서는 1948년 5월 10일 총선거를 통해 8월 15일 대한민국정부가 수립되었으나, 1948년 4월 3일 남로당에 의한 제주폭동과 10월 19일 육군 제14연대의 반란사건으로 나라가 어수선했다.

한편 북한은 1948년 2월 8일 북한인민군을 창설하고, 9월 9일에 조선민주주의인민공화국 수립을 선포하며 전쟁준비에 박차를 가했다. 김일성은 1949년 3월~4월 소련의 스탈린을 찾아가 남침전쟁을 간청했고, 이어 5월 13일에는 중공의 모택동을 찾아가 남침전쟁지원을 요청했다. 그리고 7월 25일에는 중공 제166사단, 8월 23일에는 중공 제164사단이 입북했다. 10월 1일에는 중화인민공화국(중공)이 수립되었다.

미국은 1948년 6월 29일 주한미군철수를 단행했고, 1950년 1월 12일에는 미 국무장관 애치슨이 한국과 대만을 미국의 극동방위선에서 제외한다고 선포했다. 이러한 국내외적 정세로 인하여 대한민국과 북한 간의 군사력 격차는 점점 벌어져 갔다. 한반도의 전운이 짙어만 갔다.

소위 임관, 최초의 전투함 백두산함 갑판사관으로 부임하다

3기생들은 모든 교과과정을 이수하고 1950년 2월 25일에 졸업했다. 136명이 학교에 들어와 82명이 퇴교, 소위로 임관한 인원은 54명에 불과했다.

미 고문관들은 3기생들로 하여금 함정행정과 운영을 바로 잡도록 약 1개월간 OJT교육(함정실무교육)을 실시했다. 교육은 주로 Station bill(직무배치표) 작성하는 법, 조함법에 관한 것이었다.

또한 3기생들이 실무에 나가서 해야 할 중요한 일은 군기강을 바로 잡는 것이었다. 우선 상급자에 대해 경례, 불경스런 언행 등을 바로 잡아 보기로 했다.

제4막 19세~22세(1947년~1950년) 해군사관학교

함정실무교육이 끝나자 필자는 4월 1일부로 PC-701함(백두산)의 갑판사관 겸 포술사·항해사로 발령 받았다. 김종식 동기생도 PC-701함 기관사로 보임되었다. 1949년 10월 17일 미국으로부터 구매한 백두산함은 12월 26일 뉴욕항에서 출항하여 마이애미-파나마운하-멕시코 만자니요-하와이-콰잘린-괌을 거쳐 1950년 4월 10일 진해군항 제1부두에 입항했다.

갑판사관이 해야 할 중요한 일은 승조원들의 군기강과 정신교육이었다. 최용남 함장은 1949년 11월 18일 미국 시애틀에서 구매된 지남호가 12월 22일 부산에 도착할 때까지 인수단장 직책을 맡았다. 최용남 함장은 리더십이 훌륭하고 청렴한 분으로 부하들의 건의와 조언을 잘 받아들였다.

원양어선 지남호를 우리 해군이 나서서 인수해 온 사연은 이렇다. 이승만 대통령은 틈만 나면 진해에서 낚시를 하면서 정국을 구상하곤 했다. 1949년 8월 여름휴가를 보내고 있던 이승만 대통령은 낚시하던 중 갑자기 무릎을 탁 치고 "그래 바로 그거야. 땅 농사만이 능사가 아니야. 바다농사도 잘하기만 하면."라고 하고 큰 소리를 쳤다. 옆에 있던 수행원들은 깜짝 놀라 '각하께서 갑자기 왜 저러시나?' 라며 의아해 했다. 대통령은 '우리나라의 작은 땅에서 생산할 수 있는 쌀은 제한적이다. 바다는 주인 없는 무주공해(無主空海)다. 무한정의 바다에서는 얼마든지 우리 국민들이 먹을 수 있는 식량을 생산할 수 있다.'고 생각한 것이다.

그 당시 많은 우리 국민들이 쌀이 부족해서 굶주리고 있었던 시기였다. 대통령은 갑자기 "자 가자. 서울로"라고 말했다. 경무대로 돌아온 이승만 대통령은 미 고문단장을 불렀다. "고문단장, 이참에 참치 잡이 어선을 구입하려 하오. 잘 알다시피 우린 지금 돈이 없소. ECA(경제협력) 자금으로 구매해 주면 좋겠소." 반 명령조로 요청했다. 한마디로 너희 돈으로 사주라는 뜻이었다. 그리고는 미국 샌프란시스코 총영사 주요한에게는 "미국정부와 협조하여 원양어선 한 척을 구매토록 추진하라."고 지시했다. 주요한은 미국 측과 교섭을 통해 마침내 10월 중순경 원양어선 한 척을 ECA 자금 23만 9,000달러로 구매했다. 백두산함 선체를 1만 8,000달러로 구매한 것과 비교하면 엄청난 돈이었다.

이 소식을 접한 이승만은 흡족해하면서 남태평양으로 진출한다는 뜻으로 손수 배 이름을 '지남호(指南號)'로 지었다. 지남호를 인수하기 위한 인수단이 대한해운공사의 해기사들로 구성되었다. 인수단은 미국으로 가는 중간 기착지인 일본 동경으로 건너갔다. 이들은 미국으로 향하는 비행기 탑승을 위해 며칠 간 동경에서 체류하면서 술과 도박으로 큰 사고를 쳤다. 이것이 경무대까지 보고되어 인수단원들은 본국으로 호출되는 상황까지 벌어졌다. 이승만 대통령이 큰 관심을 쏟고 있는 일에 이런 사고가 발생된 것이다.

이승만 대통령은 신성모 국방장관을 불렀다. 신성모는 영국 상선 선장 출신으로 선박운용에 대해 잘 알고 있었다. "캡틴 신, 원양어선 인수를 위해 해기사들을 미국으로 보냈는데, 이놈들이 일본에서 사고를 치는 바람에 다들 소환했네. 그런데 이 배를 몰고 올 사람이 없어서 걱정이야." 이승만 대통령은 가끔 신성모 국방장관을 캡틴 신(Captain Shin)이라 부르기도 했다. "각하, 그건 염려하지 마십시오. 해군에 지시하면 됩니다." "해군에? 해군에서 쓸 만한 사람들은 애드미럴 손(손원일 제독)인데 미국 군함 인수하는데 보내지 않았나?" "그 사람들 말고도 또 있습니다." "오호, 그래?" "제가 해군에 얘기해서 사람들을 뽑도록 하겠습니다." 이렇게 해서 최용남 중령(인수단장), 최효용 소령(선장), 한갑수 중령(기관장) 등 10명이 인수단으로 급히 선발되어 미국 시애틀로 가서 220톤급 지남호를 인수해 온 것이다.

이승만 대통령은 백두산함에 많은 관심을 가졌다. 해군장병들이 모은 성금과 정부보조금으로 사온 우리 해군의 첫 전투함이기 때문이었다. 6월 12일 백두산함에 이승만 대통령을 부산으로 이송하라는 명령이 떨어졌다. 대통령께 백두산함을 보여주기 위함이었다.

배에 주요 인사가 오면 제일 바쁜 직책이 갑판사관이다. 백두산함이 진해에 도착하자 마자 갑판부 요원들은 선체와 갑판 구석구석에 벌겋게 서려 있는 녹을 제거하고 페인트칠로 깨끗이 해 놓았지만, 대통령께서 우리 배에 오신다고 하니 또다시 대대적으로 정비를 했다.

최용남 함장과 부서장들의 현문 영접을 받은 이승만 대통령이 배에 오르자 백두산함은 진해항을 출항하여 부산으로 향했다. 가덕도를 돌아 부산 방향으로 침로를 잡았을 때 대통령은 사관실에서 함수로 나오셨다. 3인치 주포 사격훈련을 참관하기 위해서였다. 장포장 최석린 병조장은 쉴 새 없이 사격명령을 내렸다. "좌현 90도, 적함 거리 3,000, 쏴." 포요원들은 소리 높이 복창하며 모의탄으로 사격훈련을 계속했다. 사수 홍양식 이등병조, 회전수 이유택 이등병조, 척도수 최갑식 삼등병조, 전화수 김춘배 삼등병조, 장전수 전병익 이등병조, 문영구 수병의 이마에서는 구슬땀이 흘러내렸다. 대통령은 장포장 최 병조장의 어깨를 툭툭 치며 "우리 수군이 대견하군. 믿음직해. 든든해. 이제 왜놈 어선도 함부로 우리 영해를 침범하지 못할 거야. 바다는 우리 생명선이야. 병사들을 좀 쉬게 하라." 하셨다. 대통령의 주름진 얼굴에 밝은 미소가 흘렀다.

대통령을 부산으로 모시고 난 후 백두산함은 또 다시 출동준비에 바빴다. 해군장병들은 자신들의 성금으로 구매한 대포 달린 멋진 군함을 직접 보고 싶어 했다. 백두산함은 6월 중순 진해를 떠나 부산, 포항, 묵호, 인천, 군산, 목포에 있는 해군경비부를 순방하면서 해상훈련을 했다. 6월 24일 23시 30분에 진해항으로 귀항했다.

다음날이 일요일이기에 함장을 비롯한 영외거주자들은 가족들이 있는 집으로 퇴근했다. 정박당직사관을 맡은 필자는 배에서 숙식하면서 지냈다. 필자는 당직하사관 김종수 일등병조에게 "벌써 자정이 넘었다. 오늘은 일요일이다. 잇따른 항해훈련에 병사들이 피곤할 터이니 내일 기상은 7시다. 기상하면 묵은 빨랫감을 들고 제1부두에 집합시켜라. 세탁비누는 내가 준비하겠다."고 했다.

22세~25세(1950년~1953년) 6·25전쟁

대한해협해전
·
서해안봉쇄작전과 여수철수작전
·
서해도서탈환작전과 인천상륙작전
·
동해진격작전과 성진철수작전
·
제2차 인천상륙작전
·
해군사관학교 생도 훈육관 겸 항해술 교관
·
미 구축함 로완함 연락장교
·
PCS-201정(수성) 정장

대한해협해전

백두산함 승조원들은 6월 25일 아침 7시에 일어나 부두에서 체조를 하고 속옷과 작업복을 세탁했다. 그리고는 아침 식사를 하고 함내 청소를 마친 후 휴식을 취하고 있었다. 오전 10시경 지프차 한 대가 부두도로를 따라 백두산함 쪽으로 달려왔다. 현문에서 멈춘 지프차에서 어떤 영관장교가 내렸다. 진해통제부 김성삼 사령관이었다.

김성삼 대령은 현문으로 들어서면서 당직사관인 필자에게 "함장 계신가?" 물었다. "어젯밤 11시 30분에 입항해 영외거주자들은 다 집으로 퇴근했습니다."라고 대답했다. "작전명령이 떨어졌다. 장병들을 급히 소집하고 출동준비를 하라." "사령관님, 저희 배에는 전화도 차도 없습니다. 사병들을 풀어 집집마다 찾아가야 합니다. 시간이 걸리겠습니다. 무슨 일이 생겼습니까?" "동해안에 인민군 군대가 침공했다. 내가 헌병대장에게 지시해 영외거주자들을 소집할 터이니 출동준비를 하라." 그리고는 김성삼 대령은 급히 현문을 나섰다. 드디어 터질 것이 터졌구나. 북한 김일성 공산군들이 남침했구나.' 라는 생각이 들었다.

조금 후 헌병이 스리쿼터(3/4톤 트럭)를 타고 부두로 와서 당직사관을 찾았다. 현문으로 나가니 헌병은 "사령관님 명령을 받고 왔습니다. 영외거주자 집을 찾아가야 하는데 집을 알 만한 사람들을 차출해 주십시오."라고 했다. 영외거주자 집을 잘 알고 있는 몇 명을 헌병차에 태워 보냈다. 시간이 지나자 먼저 최용남 함장을 비롯한 송석호 부장, 신만균 기관장 등 장교들이 배에 들어오고 곧이어 영외거주 사병들이 헌병차에 실려 왔다.

진해해군병원장 김기전 대령이 군의관 김인현 중위와 위생사 김창길, 강윤성 2명을 백두산함으로 데리고 왔다. 백두산함에는 군의관 편성이 없었고, 위생사 한 명만 편성되어 있었다. 위생사 윤영록 삼등병조가 근무하고 있었다. 김기전 원장은 일본에서 의과대학을 나와 태평양전쟁에 참전했던 경험으로 전쟁터에 나가는 군함에 군의관의 중요성을 잘 알고 있었다. 그래서 편성에도 없는 군의관 1명과 위생사 2명을 승조시켰다.

12시경 영외거주자 모두가 귀함했다. 함장은 우선 유류와 물을 가득 싣고 식량은 1개월 분량 적재를 지시했다. 포탄은 국내에 없어서 더 확보할 수가 없었다. 유류, 물, 식량을 탑재 후 함장은 승조원들을 함미갑판에 집합시켜 일전(一戰)을 다졌다. "적 인민군대가 오늘 새벽 동해안 옥계, 임원 해안으로 쳐들어왔다. 우리는 지금 동해로 출동한다. 적 상륙군을 격멸해야 한다. 각자 최선을 다해 임무를 완수하라. 우리 조국 대한민국을 지키자."

　　백두산함은 소해정 YMS-512정과 518정을 대동하라는 지시를 받았으나 518정 출동준비 지연으로 512정만 대동하고 오후 3시경 부두를 떠났다. 해사 1기생 양해경 소령이 지휘하는 518정에게 준비되는 대로 뒤따라오도록 했다. 진해수로를 통과하고 가덕도를 돌아 18시 40분 부산 앞바다 오륙도 동방 약 2마일 해상에서 045도 침로를 잡아 항진하다가 19시 30분에 028도로 변침했다.

　　필자는 20시부터 항해당직을 위해 15분전에 함교로 올라가서 상황을 파악하고 항해당직사관 임무를 인계받았다. 통상 항해 때와 경비 때에는 3직제로 항해당직을 섰다. 항해당직사관은 부장, 포술장, 갑판사관 3명이 번갈아 맡았다.

　　울산 앞 방어진 동방 3마일 해상을 지나던 20시 12분, 우현 견시 조병호 일등수병(오늘의 상병)의 우렁찬 목소리가 울렸다. "우현 견시 보고, 우현 45도, 수평선에 검은 연기 보임." 필자는 즉시 쌍안경으로 우현 45도 수평선을 보았다. 수평선에 검은 연기가 남쪽에서 북쪽으로 흐르고 있었다. 1년 중 낮의 길이가 가장 긴 하지(夏至)가 며칠 전이었던 때라 어둠이 깔리기 전이었다. 함장께 보고했다. 함장은 즉시 함교로 올라왔다. "함장님, 저기 수평선에 검은 연기가 흐르는 것이 보이지요. 함장님, 그 쪽으로 가서 확인하고 가는 게 좋겠습니다. 512정과 속력을 맞추기가 어렵습니다."

YMS는 최고속력이 12노트였지만 항해할 때에는 통상 8노트의 속력으로 항진했다. 연기를 내고 있는 선박은 부산으로부터 동북방 약 30마일 해상에서 남쪽으로 내려오고 있었다. 어선은 그렇게 많은 연기를 뿜어낼 수 없었다. 화물선 같은 큰 선박에서나 낼 수 있는 연기였다. 최용남 함장은 "그래 확인하러 가자. 512정과 518정은 예정대로 묵호항으로 계속 북상시키고 우리 배는 검은 연기 정체를 확인하자." 당직사관인 필자는 "박순서 조타사는 512정에 우리 배는 검은 연기를 확인하고 합류할 터이니 귀정은 지정된 침로로 계속 항진하라고 발광신호를 보내라."고 지시했다.

이때 518정은 512정 후방에서 따라오고 있었다. 최고속력 18노트까지 낼 수 있었던 백두산함은 검은 연기 쪽을 향하여 15노트 속력으로 달렸다. 해상상태는 남서풍 2노트, 파고 1미터였고 시계(視界)가 좋았다.

21시경 괴선박(怪船舶)과의 거리가 포 사정권에 들어오자 함장은 '총원전투배치'를 명했다. 승조원들은 "총원전투배치, 총원전투배치, 총원전투배치" 복창하면서 순식간에 각자의 전투위치로 뛰어갔다. 요즘은 전투배치 시 작전관이 함장을 보좌하지만, 그 당시에는 함정에 작전관 직책이 없어 갑판사관이 함장 보좌임무를 했다.

21시 30분경 괴선박 형체가 어렴풋이 시야에 들어왔다. 우리 해군의 FS(나중에 AKL로 개칭)와 비슷하고 2개의 마스트가 달린 약 1,000톤의 증기선으로 보였다. 침로 190도, 속력 10노트로 항진하고 있었다. 괴선박은 우리 배를 보자 속력을 더 올렸다.

백두산함은 괴선박의 우현 선미로 접근하며 쌍안경으로 관찰했다. 괴선박 선체는 새까만 페인트로 칠해져 있었고, 선체에 표시되어야 할 선명이 없으며 국기도 달려 있지 않았다. 함장은 더욱 수상한 생각이 들었다. 당직사관인 필자는 최도기, 김세현 상등병조에게 국적, 출항지, 목적지를 문의하는 국제신호부호를 찾도록 지시했다. 기류를 준비했으나 날이 어두워 올리지 않고 박순서 상등병조에게 발광신호를 보내라 했다.

발광신호를 반복해서 보냈으나 괴선박에서는 응답이 없었다. 그 배는 계속해서 남쪽으로 항진했다. 백두산함은 괴선박과 2,000~3,000야드 거리를 유지해 가면서 추적했다. 함장은 우리가 보낸 어떤 신호에도 응답하지 않으니 적 함정으로 의심했다. 함장 지시로 필자는 전문을 기안하여 21시부터 괴선박을 추적한 과정과 동태를 해군본부에 타전했다. 해군본부로부터 '괴선박의 정체를 확인하라.'는 회신이 왔다. 또다시 '적함으로 의심되어 포격하고자 하니 승인바람'이라는 전보를 보냈다. 해군본부에서는 '괴선박의 정체를 확인하라.'는 회신뿐이었다.

필자는 울분이 치솟아 올랐다. "함장님, 달리고 있는 저 괴선박의 정체를 더 이상 어떻게 확인하라는 것입니까? 배를 대고 올라가 물어보란 말입니까? 도대체 해군본부는 우리에게 어떻게 하라는 말입니까?" 옆에 있던 부장 송석호 소령이 나섰다. "적군이 동해안으로 쳐들어왔는데 지금 상황이 어떻게 돌아가는지 알려주지도 않고 저배 정체만 확인하라니 참 한심하군요." "함장님, 지금 해군본부 참모들 가운데 김일성 공산당을 아는 사람이 몇이나 있습니까?" 필자가 물었다. 함교에 올라와 있었던 기관장 신만균 소령이 "본부에 있는 참모들 중에 공산당을 제대로 알고 있는 사람은 내 동기생 함명수 소령뿐일 거야." 함장 대신 대답해 주었다. 기관장은 어떻게 돌아가고 있는지 궁금해서 함교로 올라와 있었다.

함장은 작심한 듯 "이제 마지막 방법밖에 없다. '정지하라.' '정지하지 않으면 발포하겠다.'는 발광신호를 보내라. 장교들은 쌍안경으로 저 배의 형태와 동향을 샅샅이 관찰하라. 만일에 대비해 포술장은 3인치 주포와 기관총에 탄약을 장전해서 사격준비를 하라."고 지시했다. 필자는 즉시 조타사에게 '정지하라.' '정지하지 않으면 발포하겠다.' 국제신호부호를 찾으라고 지시했다. 최도기 상등병조는 "찾아 놨습니다. 정지하라는 부호는 'K'이고 정지하지 않으면 발포하겠다는 부호는 'OL'입니다."고 즉각 보고했다. 조타사들은 함장의 지시를 옆에서 듣고 재빠르게 부호를 찾아 놓았던 것이다.

22시 30분경 백두산함은 'K' "OL' 부호를 발광으로 보내며 근접기동을 개시했다. 괴선박은 백두산함이 접근해 오면 침로를 바꾸면서 계속 남하했다. 백두산함은 15노트 속력으로 괴선박의 우현 후미로 접근했다. 거리 1,000, 500, 300야드로 좁혀 들어갔다. 함교, 조타실, 포대에 배치된 장병들은 바짝 긴장했다. 이때 함교에 있던 최용남 함장, 송석호 부장, 신만균 기관장, 김인현 군의관 그리고 당직사관인 필자가 쌍안경으로 괴선박을 뚫어지게 살폈다. 장교들은 자기 눈에 들어온 괴선박 행태를 소리 높여 외쳤다. "무장한 군인들이 포대와 갑판에 있습니다." "함수에 대포가 있습니다." "저기 함교 뒤편 양쪽에 기관포가 보입니다."

함장은 "키 오른편 전타, 양현 앞으로 전속."을 명령했다. 백두산함은 괴선박과의 거리를 벌린 후 괴선박을 우현 45도, 거리 3,000야드로 앞에 두면서 추적했다. 이때 시계바늘은 23시를 조금 지나 있었다. 함장은 긴박했던 순간을 벗어나 한숨 돌리고 "저 배는 틀림없이 적 군함이다. 포대와 갑판에 무장군인들이 있고 선명, 국기도 없으며 우리의 정선명령에도 응하지 않으니 분명히 적함으로 판단된다."고 말했다. 이어서 "그렇다면 저 배에 타고 있는 무장된 군인들이 몇 명이나 되겠나?"고 물었다.

장교들은 지금까지 관찰한 것을 나름대로 추측하여 무장군인 숫자를 말했다. 직접 배에 올라가 세어보지 않고는 누구도 정확하게 알 수 없는 일이었으나 약 600명 이상으로 의견을 모았다.

장교들은 이구동성으로 "함장님, 적함이 틀림없습니다. 공격하시죠."라고 건의했다. 함장은 23시 20분경 당직사관인 필자에게

"이 상황을 해군본부에 보고하고 우리는 전투에 돌입한다고 타전하라." 라고 지시했다. 그리고는 장교들을 사관실로 집합시켰다. 필자는 전문을 기안하여 함장 결재를 받고 통신장 서순억 병조장에게 '플래시(Flash, 우선순위 4개 중 최상의 전문)'로 타전하라 지시했다. 전문타전은 23시 30분이었다. 그리고 필자는 갑판선임 김종수 일등병조에게 조함(操艦)을 잠시 맡기고 사관실로 내려갔다.

사관실에는 함장 최용남 중령, 부장 송석호 소령, 기관장 신만균 소령, 포술장 유용빈 중위, 복수 근무 중이던 기관사 강명혁 중위와 김종식 소위, 군의관 김인현 중위가 와 있었다. 함장은 무거운 목소리로 입을 열었다. "귀관들이 직접 눈으로 확인한 바와 같이 우리가 추적해 온 괴선박은 적 군함이 틀림없다. 적은 오늘 아침 동해안으로 침공해 왔다. 저 배는 대포와 기관포로 무장하고 수백 명의 무장 군인들을 태우고 있다. 저 배의 침로로 보아 부산을 점령하려고 내려 온 것으로 판단된다. 김일성 공산당은 우리 대한민국의 적이다. 이제 전투에 돌입한다. 죽기를 각오하고 싸우자." 함장은 장교들의 표정을 살펴보면서 덧붙였다. "전투에 돌입하면 다시 만나지 못할 수 있다." 함장은 다시 한 번 장교들 얼굴을 하나하나 뜯어본 후 말했다. "꼭 이기고 다시 만나자. 냉수로 함께 건배하자." 사관실 당번병이 여덟 개의 물 컵에 냉수를 따랐다. 살아서 마지막 마시는 '대한민국 물'이다. 장교들 얼굴에는 긴장감을 넘어 달관(達觀)의 경지에 이른 듯 편안함이 흘렀다. 모두 비장한 각오로 잔을 부딪치면서 "싸우자." 고 외쳤다.

필자는 건배를 마치고 곧바로 함수 사병침실로 달려가서 포갑부 대원들을 집합시켜 일전(一戰)을 위한 각오를 다졌다.

"지금까지 우리가 추적해온 괴선박은 김일성 공산당 군함이다. 적은 오늘 아침 동해안으로 침공해 왔다. 저 배는 무장군인들을 가득 싣고 부산을 점령하려고 내려오고 있다. 이제 전투에 돌입한다. 그동안 우리가 땀 흘려 훈련한 것은 지금 이때를 위해서였다. 침착하라. 죽을 각오로 싸우자. 죽더라도 깨끗이 죽자. 세탁한 옷으로 갈아입고 전투배치에 임하라. 적을 먼저 죽여야 내가 산다. 싸우자."

"싸우자. 싸우자. 싸우자." 장병들의 우렁찬 함성이 함내를 진동했다. 사기가 충천했다. 당시 백두산함 사병들은 항해, 기관, 갑판, 통신학교를 졸업한 자 중에서 가장 우수한 자들로 구성되었다. 새로 도입한 해군의 유일한 전투함에 승함했다는 자부심 또한 강했다.

포갑부 대원들에게 일전을 다진 후 함교로 달려가 보니 적함은 항해등도 끄고 등화관제를 했으나 왼쪽 현의 등만 켜져 있었다. 함장은 일본 쪽으로 도주하지 못하도록 적함을 함수 우현에 유효포격 거리를 두고 기동하도록 지시했다. 이때 통신장 서순억 병조장이 숨 가쁘게 함교로 올라와 "해군본부에서 적함을 격침하라는 명령이 왔습니다."고 보고했다. 함장은 이미 전투를 기동 중이었다.

함교에는 함장, 포술장, 갑판사관(필자), 견시 조병호, 김주호 상등병조, 신호사 최도기, 김세현, 박순서 상등병조가 있었다. 부장은 함교와 조타실을 왔다 갔다 했다. 조타실에는 조타사 김창학 상등병조, 속력명령을 기관실에 전하는 텔레그라퍼(Telegrapher) 장학룡 상등병조, 조타일지를 기록하는 서무사 김진영 이등병조가 있었다. 김창학과 장학용은 교대로 조타키를 잡았다.

함장은 포술장에게 "거리 3마일에서 위협사격으로 한 발 쏘라. 적이라면 응사해 올 것이다. 그러면 정확히 때려 빨리 격침시켜라."고 했다. 이때 함장은 적함이라고 확실히 심증을 굳혔으나 만에 하나 외국선박일 경우를 고려한 것이다. 3인치 주포 요원은 장포장 최석린 병조장, 사수 홍양식 이등병조, 선회수 이유택 상등병조, 측거수 정인화 이등병조, 전화수 김춘배 상등병조였다. 선임갑판사 김종수 일등병조는 취사병 문영구 수병 등을 지휘하여 탄약상자를 포대 갑판으로 올리는 일을 맡았다. 탄약장전수는 전병익 이등병조, 유병화, 박승만 상등병조가 담당했다. 함교 후부갑판에 거치된 50중기관총 51포에는 사수 조경규, 탄약수 조삼제 이등병조, 52포에는 사수 권진택 일등병조, 탄약수 이태기 이등병조가 배치되어 있었다.

백두산함은 남쪽으로 침로를 잡고 있는 적함의 좌현 후미 3마일 위치로 접근해 갔다. 함장은 적함을 우현 45도 방향으로 사격할 수 있도록 조함하라고 지시했다. 잠시 후 필자는 "적함과의 거리 3마일에 도착했습니다." 고 소리쳤다. 포술장은 장포장에게 '사격준비'를 명령했다. 장포장의 '포탄장전' 명령에 전병익 이등병조가 포탄을 장전했다. 3인치 주포 사수와 기관총 사수는 계속 적함을 조준하며 사격명령을 기다리고 있었다.

00시 30분, 함장의 사격명령이 떨어졌다. 장포장의 "적함 우현 45도, 거리 5,000, 쏴." 우렁찬 목소리가 밤하늘을 갈랐다. 3인치 포탄 첫 발이 포성을 울리면서 적함으로 날아갔다. 모두 조마조마했던 가슴이 일시에 풀렸다. 백두산함은 인수 후 포탄이 아까워 모의탄으로만 훈련을 했고 실탄사격을 해보지 않았기 때문이다. 과연 포탄이 발사될 것인가 마음을 졸였던 것이다. 포탄은 적함에 약간 못 미쳐 떨어졌다.

적함은 기다렸다는 듯이 즉각 응사해 왔다. 백두산함은 속력을 올려 접근하면서 주포와 기관총으로 적함을 공격했다. 적함은 우리 배와 거리를 벌리려고 속력을 올리고 침로를 바꾸며 항주(航走)했다. 백두산함은 적함과의 거리 3,000야드 내외의 거리를 유지하며 3인치 포탄 약 20발을 쐈다. 그중 2~3발이 적함에 명중하여 불꽃이 피어올랐을 뿐 나머지는 바다에 떨어졌다. 적함에서 쏜 포탄들도 우리 배 주위에 떨어졌다. 쌍방 간 치열한 포격전이 계속되었다.

50중기관총은 계속된 사격으로 약협이 총열에 녹아 붙어 고장이 났다. 사수 조경규, 권진혁 일등병조와 탄약수 조삼제, 이태기 이등병조는 침착하게 총신을 갈아 끼우고 열이 난 총신을 냉수에 수건을 적셔 식혀가며 사격했다.

당시 백두산함에는 레이더가 없어 목측으로 거리를 어림잡았다. 함교 장교들이 적함과의 거리를 목측하고 포술장은 포탄이 적함보다 멀리 떨어지면 거리를 줄이고 못 미치면 거리를 늘리고 사격했다. 피아가 서로 기동하고 배마저도 흔들려 목표물을 정확히 타격하는 것이 어려웠다.

뒤늦게 달려온 YMS-518정도 37밀리 포로 적함을 향해 사격했다. 치열한 포격전이 20여분 계속되었다. 함장이 물었다. "포탄 몇 발 쐈나?" 포술장은 "30발가량 쐈습니다." 대답했다. 함장은 속이 타 들어갔다. 작전명령은 동해안에 상륙하는 적 상륙군을 격퇴하라는 것이었다. 우리가 가져온 포탄은 100발 밖에 없다. 이 포탄을 다 쓰면 전투를 계속할 수 없다. 눈앞에 있는 적함을 놔두고 북상해서 작명대로 적 상륙군을 격파할 것인가? 아니면 적함을 격침시킬 것인가? 결심해야 할 순간이다. 적함에 탑승한 무장병력이 부산에 상륙해 교란작전을 전개한다면 우리에게 더 심각한 타격을 줄 것이다. 함장은 적보다 우세한 속력과 3인치 포의 정확한 명중률로 속전속결하기로 결심했다.

함장은 나침의 앞 난간을 붙잡고 함교에 있는 장교들(부장, 포술장, 갑판사관)에게 결연한 목소리로 명령했다. "전속으로 적함에 접근 공격한다. 거리 1,000야드에서 정확하게 때려라. 목표는 함교, 기관실, 흘수선이다." 백두산함은 전속으로 적함을 향해 돌진했다. 1,000야드에서 쏜 여러 발의 포탄이 적함 함교를 폭파했다. 이어서 적함 마스트가 꺾여 나갔다. 함교, 조타실, 포요원들의 "만세, 만세" 함성이 터졌다. 적함과의 거리가 점점 좁혀졌다. 수 발의 포탄이 기관실에 명중했다. 적함은 검붉은 연기에 휩싸여 좌현으로 기울며 침몰하고 있었다. 01시 10분경, 적함과 300야드 거리까지 접근했다. 3인치 포는 계속 흘수선을 때렸다. 50중기관총도 계속 불을 뿜었다.

이때 적 포탄 한 발이 백두산함 조타실 외판을 뚫고 자이로컴퍼스를 때렸다. 자이로컴퍼스 바로 뒤에서 조타키를 잡고 있던 조타사 김창학 상등병조가 복부에 파편을 맞고 쓰러졌다. 동시에 파편이 김종식 소위의 발꿈치를 치고 나갔다. 부장이 아수라장이 된 조타실을 수습했다. 장학룡 상등병조가 조타키를 잡았다. 이어 적탄 한 발이 3인치 포 갑판에 떨어져 파편이 튀었다. 장전수 전병익 이등병조가 가슴에 파편을 맞고 쓰러졌다. 주포 전화수 김춘배 상등병조도 다리에 파편을 맞아 쓰러졌다. 유병화 상등병조가 포탄을 장전했다.

사수 홍양식 이등병조가 외쳤다. "방아쇠를 당겨도 격발이 안 됩니다." 3인치 주포가 고장 났다. 함장이 외쳤다. "양현 앞으로 최전속." 백두산함은 최전속으로 현장을 이탈했다. 부상병을 후갑판 아래 사병식당으로 이송하여 응급처치를 하고 3인치 포 수리에 착수했다. 이때 시각이 01시 20분경이었다.

백두산함은 적함을 빨리 격침시키기 위해 함교와 기관실을 집중 사격했으나 함수 쪽 포대에 대해서는 사격목표로 삼지 않았다. 적함은 한쪽으로 기울어져 가는 상황에서도 함수포로 백두산함의 조타실과 3인치 포 갑판을 때린 것이다. 포요원들은 주포 고장원인을 몰라 쩔쩔매고 당황하고 있었다. 전기구동장치에 문제가 있는지를 점검하기 위해 전기장 김생용 병조장이 긴급히 주포 현장으로 뛰어갔다. 기계와 장비 수리에 능력이 탁월한 그는 격발장치를 살펴보고 계속된 사격으로 트리거(방아쇠) 고무스프링의 그리스(Grease, 끈적끈적한 기름)가 가열되어 녹아내려 고장이 났다는 것을 알아내고 새 것으로 갈아 끼웠다. 주포 사격이 가능했다.

함장은 주포 수리가 완료되었다는 보고를 받자 필자에게 "현재 위치가 어디인가?" 물었다. "함장님, 여기입니다." 하면서 해도를 집었다. 필자는 주포 수리 중 서무사 김진영 이등병조가 기록한 조타일지를 보고 함 위치를 해도에 표시해 두었다. 함장은 적함이 침몰된 곳으로 기동하라고 지시했다. 침몰예상 위치인 34도 52분, 129도 15분 해점에 도착하자 함장 등 함교의 장교들이 쌍안경으로 적함의 잔해물을 수색했다. 하늘은 잔뜩 흐리며 비가 약간 내리고 있어 칠흑같은 밤중에 수색이 쉽지 않았다. 조타사들이 탐조등을 바다에 비추었으나 그 거리는 100미터도 못 미쳤다. 기름기 있는 물결이 일렁이고 나무판자나 헝겊 등만이 떠 다녔다. 이때는 적함이 침몰하기 시작한 지 약 1시간이 지난 후였다. 해류에 밀려 먼 곳으로 흘렀나 싶어 남서해역까지 내려가 수색했다.

당시 백두산함에는 오늘날처럼 GPS나 레이더가 없어 오직 육안 또는 DR(Dead reckoning, 추측항해) 항해에 의존했기 때문에 위치산출에서 정확도가 떨어졌다. DR항해는 출발점에서 이동하는 자함의 속력과 방향을 계산하고 바람과 조류의 속도, 방향을 가감해서 현재의 위치를 산출하기 때문이다.

필자는 함장 지시로 지금까지의 전투경과를 요약하여 해군본부와 진해통제부에 타전했다. 백두산함은 본부 지시로 약 4시간에 걸친 잔해물 수색을 끝내고 05시 45분 부상자를 치료하기 위해 포항으로 전속력으로 달렸다. 해군본부에서는 백두산함의 전투상황을 상세히 알고 있었다. 통신장 서순억 병조장이 시간이 걸리는 모스부호(Morse code) 통신을 중단하고 마치 스포츠 경기를 중계 방송하듯이, Voice radio로 진해, 부산기지로 송신했기 때문이다.

한편 해군참모총장 직무대리를 하고 있었던 김영철 대령은 6월 25일 새벽에 북한군의 남침 소식을 듣고 서울 회현동의 해군본부로 가서 참모들을 긴급히 소집하여 대책회의를 개최했다. 이때 손원일 해군참모총장은 미국에서 구매한 PC함 3척을 이끌고 귀국하던 중 하와이에서 전쟁 발발 소식을 접하고 돌아오는 중이었다. 해군본부는 이날 새벽 묵호경비부로부터 북한군이 옥계해안에 상륙했다는 보고를 받고 오전 5시 YMS-509정에 긴급출동명령을 내렸다. 그리고는 오전 9시에는 해본작명갑 제48호로 전 해군부대에 비상경계와 전투준비태세를 갖추라고 명령했다. 이어서 진해통제부에 PC-701함, YMS-512, YMS-518정을 동해로 출동시킬 것을 명령했다.

해군본부에는 참모총장 직무대리 김영철 대령, 작전국장 대리 김용호 소령, 정보감 함명수 소령, 함정국장 이종우 중령, 통신감 한득순 소령으로 해군지휘부가 구성되었다. 해군본부는 38도선에서 멀리 떨어진 동남쪽 해상에서 괴선박에 대한 전보를 세 차례나 백두산함으로부터 받았으나 전쟁 발발 당일 전황을 종합적으로 판단할 수 없었던 때라 섣불리 명령을 내릴 상황이 아니었다.

백두산함의 괴선박 정보와 포격명령 요청은 해군본부를 통해 국방부와 경무대에도 보고되었다. 23시 30분부터 00시 10분까지 해군본부에서는 상황이 급박하게 돌아갔다. 경무대에서 전화가 왔다. 전화를 받은 통신감 한득순 소령은 함명수 소령에게 전화기를 건네 주었다. 경무대에서 신성모 국방부장관이 전화한 것이다. "네, 정보감 함명수 소령입니다. 네, 백두산함이 계속 추적 중에 있습니다. 적함으로 판단됩니다." "적함으로 판단되면 격침하라." "예, 각하. 곧 조치하겠습니다." 함명수 소령은 전화내용을 김영철 대령에게 보고했다.

김영철 대령은 격침명령을 내리는데 주저했다. 괴선박이 군함이라는 것에 확신은 가지만 선명과 국기가 없어 어느 나라 군함인지를 확실히 알 수 없었기 때문이다. 참모들은 김영철 대령의 기색을 살피고 입만 쳐다보고 있었다. 이때 함명수 소령이 결연하게 말했다. "김 대령님, 오늘 새벽 북한 공산군이 38도선을 넘어 우리나라를 침공해 왔습니다. 지금 우리는 전시 상태에 있습니다. 백두산함에서 보고된 내용으로 보아 적함이 확실합니다. 즉각 공격명령을 내려야 합니다." 김영철 대령은 돌아보며 다른 참모들에게도 의견을 물었다. 다른 의견이 없었다. "격침명령을 내려라." 해군참모총장 대리 김영철 대령의 명령이 떨어졌다. 시간은 6월 26일 00시 10분이었다.

함명수 소령의 결연한 건의는 그의 축적된 대공정보와 작전경험에서 나온 것이다. 전쟁 발발 이전 대공정보와 숙군(肅軍)업무를 맡았고, 1949년 8월 몽금포 기습작전 때에는 특공대장으로 참전했던 그였다. 신성모 장관이 함명수 소령에게 직접 전화한 것은 손원일 참모총장이 미국으로 떠나기 전 해군에 관한 일이 있으면 함명수 소령에게 지시하면 된다고 국방장관께 말씀드렸기 때문이다.

포항으로 항진할 때 필자는 사병식당의 응급실로 뛰어갔다. 군의관 김인현 중위는 김창학과 전병익의 생명이 위독한 상태라고 말했다. 군의관은 배멀미로 심한 구토를 해가면서 출혈이 심한 김창학, 전병익을 살리기 위해 안간힘을 쓰고 있었다. 배멀미를 하지 않는 위생사 윤영록 상등병조는 군의관 곁에서 땀을 뻘뻘 흘리면서 응급수술을 돕고 있었다. 피를 많이 흘린 두 중상자는 연신 '물, 물'을 찾았다. 주계장 조경규 일등병조가 컵에 물을 갖고 와서 입에 댔으나 마실 힘조차 없어 솜에 물을 적셔 입에 떨구었다. 함장은 살아날 가망이 없다고 말한 군의관에게 끝까지 최선을 다하라고 독려했다.

필자는 두 중상자에게 다가갔다. 그들은 "갑판사관님, 적함은 어떻게 됐습니까?" 물었다. "격침했다. 살아야 돼. 정신 차려."라고 외쳤다. 이 말을 듣는 순간 두 용사의 눈빛이 환히 피었다. 이들은 가쁜 숨을 내쉬면서 "끝까지 싸우지 못해 죄송합니다."라고 말했다. 필자는 또 "이겼다. 정신 차려." 소리쳤다. 이들과 같이 승리의 기쁨을 같이 하고 싶었다. 두 용사는 마지막 기력을 다해 숨을 몰아쉬며 "대~한~민

~국 … " 말끝을 맺지 못하고 고개를 떨궜다.

필자는 그들의 손을 잡았다. 두 용사가 끝맺지 못한 마지막 말 " … "은 "대한민국 만세" "대한민국을 지켜다오."로 들리는 듯했다. 전병익 이등병조는 제대를 한 달 앞두고 있었으며 곧 결혼할 약혼녀 사진을 군복 윗주머니에 간직하고 동료들에게 자랑하곤 했던 그였다.

백두산함에 승조하여 그들과 침식을 같이하고 고락을 나누며 정겹게 함상생활을 해온 지난 3개월 동안 그들과 나눈 이야기는 한결같았다.

"36년 만에 잃었던 나라를 찾아 세웠다. 일제 때는 우리가 나라를 지키고 싶어도 나라가 없어서 못했다. 대한민국은 소중한 우리들의 보금자리다. 우리들은 이 나라를 잘 가꾸고 지켜야 할 군인이다. 조국의 군복을 입고 조국의 총대를 들고 내가 지켜야 내 조국이 있다는 것이 그 얼마나 감격스러운가. 우리나라를 말살하려는 적은 소련의 앞잡이 김일성 공산당이다. 조국통일 전선에서 장렬히 전사할 때 '대한민국 만세'를 드높이 부르며 통일조국의 밑거름이 되자. 이것이 이 시대에 사는 우리의 책무이고 군인의 본분이며 또한 보람이다."

김창학, 전병익은 그렇게 싸우고 그렇게 대한민국 품에 잠들었다. 백두산함이 포항 앞바다에 이르니 남상휘 포항경비부사령관이 대형 어선 2척을 끌고 다가왔다. 남 사령관은 어선을 백두산함에 계류하고 배에 올라 "최 함장, 적함을 격침시켰다면서요. 승전을 축하합니다. 전사자와 부상자를 어선에 옮겨 태우십시오."함장은 "장병들이 온 힘을 다해 잘 싸웠습니다. 그런데 부상자를 돌보기 위해 군의관을 따라 붙여야 할까요?" 라고 물었다. 남 사령관은 "또 전투해역으로 출동해야 할 것 아닙니까? 군의관은 배에 남아 있어야 할 것 같아서 포항시내 의사 한 분을 모시고 왔습니다. 우선 부상자를 시내 병원에서 응급치료하고 상태를 보면서 진해해군병원으로 이송하겠습니다. 걱정 마시고 전선으로 떠나십시오. 건투를 기원합니다." 함장은 출동할 때 진해해군병원에서 파견한 김창길, 강윤성 2명의 위생사를 동행시키고 "남 사령관, 참 고맙습니다. 군의관을 따라 붙일까 말까 걱정 많이 했습니다. 부상자를 잘 치료해 주십시오."

백두산함은 전사자와 부상자를 어선에 옮기고 옥계 해안을 향해 뱃머리를 돌렸다. 북상 중 YMS-512정과 518정을 만나 편대를 이루어 침로를 잡았다. 6월 27일 새벽 묵호 앞바다를 지나 적이 상륙했다는 옥계 해안을 보니 바다는 아무 일도 없었다는 듯 평온했다. 옥계 해안에는 적군이 상륙할 때 사용했던 어선 몇 척만이 보일 뿐이었다. 백두산함은 6월 28일 한국해역에 도착한 미국 군함들과 동해안에서 봉쇄작전에 들어갔다.

6월 29일 새벽 JMS-305정은 미국 경순양함 주노함(Juneau)의 오인포격으로 전사 8명, 부상 4명이라는 인명피해를 입었다. 이 사건으로 6월 30일부터 북위 37도를 기준하여 이북 해상은 유엔해군, 이남 해상은 한국해군이 작전을 담당했다. 6월 30일 해군본부로부터 "진해에 입항하여 전투 중 파손된 곳을 수리 한 후 서해작전에 참가하라."는 명령이 백두산함에 떨어졌다.

동해를 이탈하여 진해로 향했다. 진해로 귀항 중 함장은 부장에게 "당직자를 제외하고 장병들에게 따뜻한 식사를 제공하고 푹 쉬게 하시오."라고 지시했다. 함장은 먼 수평선을 바라보더니 함교에 있는 당직자들에게 말했다.

"내가 작년 11월에 지남호 인수단장으로 미국 시애틀에 갔었지. 그때 내 눈에 시애틀 항만에 있는 군함들 마스트에 뱅뱅 도는 바람개비 같은 것이 보여서 미국인에게 저게 무엇이냐고 물었지. 그 사람이 레이더라고 하면서 캄캄한 밤중에도 물체를 훤히 볼 수 있고 거리도 잴 수 있다고 하더군. 지금 우리 배가 그 레이더를 달고 있으면 얼마나 잘 싸울 수 있을까? 레이더를 달 수 있는 날이 빨리 와야 할 텐데. 그럼에도 우리는 잘 싸웠어. 고생 많이 했어. 당직 끝나고 푹 쉬라고."

함장은 함교에서 내려와 조타실 장병들을 둘러보고 사관실로 내려갔다. 백두산함은 6월 30일 저녁 진해 군항에 도착했다. 진해 통제부사령관을 비롯한 많은 장교들이 부두에 나와 환영했다. 진해통제부사령관 김성삼 대령은 "최 함장, 혁혁한 전승을 축하합니다. 고생 많으셨소. 어디 다친 데는 없소? 전투상황은 통신참모를 통해 자세히 들었소. 참으로 큰 전과를 올렸소."라고 말했다. 최용남 함장은 "감사합니다. 우리 장병들이 사력을 다해 잘 싸웠습니다. 사령관님, 전사자와 부상자는 어떻게 되었습니까?" 물었다. "포항경비부 남상휘 사령관이 의사와 위생병을 동반해 와서 지금 진해해군병원에서 치료하고 있습니다. 전사자는 동상동 관사 뒤편 평지봉 기슭에 안장할 준비를 하고 있습니다. 곧 수리요원들이 배에 와서 수리할 것입니다."

〈대한해협해전 전사자 1주기 추모 모임, 1951. 6〉

진해 통제부사령관과 함장은 전투상황에 대해 한참 동안 이야기를 나누었다. 이야기가 끝날 무렵 사령관은 작전명령서를 함장에게 건네면서 말했다. "참으로 미안하지만 수리 끝나는 대로 인천으로 또 출동해야 하겠습니다. 인천경비부 철수작전을 지원하라는 해군본부 명령입니다. 우리 해군의 유일한 전투함이니 어찌 하겠습니까? 수리가 끝날 때까지 제 관사에서 좀 쉬시지요." 함장은 "고맙습니다만 저는 수리하는 것도 봐야 되니 배에 있겠습니다. 사령관님, 저희가 이미 전보를 쳤지만 출동 이전에 전사자와 부상자에 대한 인원보충과 군수물자 공급을 조속히 해주십시오. 특히 3인치 포탄을 조속히 보충해 주십시오."라고 부탁했다.

배에는 벌써 조함창 수리요원들이 와서 불꽃을 튀기고 해머를 두드려 가면서 수리를 서둘렀다. 적탄이 뚫고 나간 조타실 외판을 메우고 파손된 자이로컴퍼스는 새 것으로 바꾸었다. 그리고 전투 중 적탄이 날아와 포요원이 부상당한 경험을 삼아 3인치 포 앞부분에 두꺼운 철판을 용접하여 붙였다. 몇 시간 만에 수리를 완료했다.

백두산함이 진해에 도착했지만 가족들의 생사를 알 수 없었다. 전쟁이 발발했을 때 필자의 가족들은 안양에서 살고 있었다. 전쟁 초기 진해는 평시와 같이 평온했지만, 가족들이 살고 있던 안양은 인민군이 언제 들어 닥칠지도 모르는 긴박한 상황에 있었다. 가족들은 6월 29일 안양을 떠나 피난길에 올랐다. 할아버지는 나름대로의 피난원칙을 가지고 있었다. 중국과 한국역사를 통해 얻은 교훈 중 하나다. '가족들의 분산 피난'이었다. 가족들이 같이 행동하면 전멸될 가능성이 많아 가계(家系)가 끊길 수 있다는 이유이다.

6월 30일 수원 매송리에서 최승현 할아버지는 가족들을 3개 조로 나누어 피난토록 명했다. 아버지는 할아버지께 영섭이가 있는 진해로 가자고 했지만, 할아버지는 원주로 가겠다고 했다. 아버지와 동생 웅섭은 평택-안성을 지나 조치원에서 기차를 타고 대전-삼랑진을 거쳐 필자가 있는 진해로 내려왔다. 어머니와 동생 호섭은 수원-안중-서산-틀무지 등 경기도와 충청도를 떠돌았다. 어머니는 푸성귀를 뜯어 소금을 넣어 끓여먹고 때로는 동네를 다니며 밥 동냥으로 겨우 생명을 이어갔다. 동네 사람들이 주는 호박으로 끼니를 때우다 보니 영양부족으로 얼굴이 부어 있었다.

9월 28일 서울 수복이 되자 아버지, 어머니, 두 동생은 안양에서 다시 모였다. 그런데 얼마 후 중공군 침공으로 또다시 국민들은 남으로 피난했다. 1·4후퇴 때 우리 가족들은 안양을 떠나 필자가 있는 진해로 내려왔다.

소위 봉급으로 식구들을 부양할 방도가 없어 난감했다. 정영규 씨 아들 정재욱은 필자의 아버지를 보급창의 군무원으로 채용했다. 어머니와 두 동생은 도만동 관사 29호에서 필자와 같이 생활했다. 아버지는 여좌동 관사를 얻어 별도로 생활했다. 동생 호섭은 진해비행장에 나가서 정비 일을 도와주고 벌어온 돈을 식구들의 생계비에 보탰다. 당시 부산, 진해, 마산 등지에 피난민들이 대거 몰려왔다. 피난민들이 먹고 자는 것이 큰 문제였다. 국민들은 식량과 방을 나누어 쓰고 서로서로 도우면서 난국을 극복해 나갔다.

서해안봉쇄작전과 여수철수작전

백두산함 승조원들은 진해에 도착하자 마자 3인치 포탄, 유류, 식량, 식수를 적재했다. 서울이 점령되었다는 소식이 들렸다. 다들 우울한 마음을 안고 다음날 7월 1일 진해항을 떠나 서해로 향했다. 대한해협해전에서 포탄의 중요성을 뼈저리게 느꼈던 함장이 해군본부에 포탄 공급을 요청한 탓에 3인치 포탄을 출동이전에 적재할 수 있었다. 장병들은 백만 지원군이 온 것 같이 기뻐했다.

서해로 항진 중 함장은 필자에게 대한해협에서 적함과 싸웠던 전말을 엮어 전투경과보고서를 작성하라고 지시했다. 항해일지, 조타사일지, 기관일지를 보며 시간별로 전투상황을 작성했다. 그리고는 포장 최석린, 주포사수 홍양식, 신호사 박순서·최도기, 조타사 장학룡, 조타일지를 기록한 서무사 김진영, 기관총사수 조경규, 위생사 윤영록, 전기사 김생룡, 통신사 서순억 등 주요 승조원들의 진술을 듣고 완성했다. 전투경과보고서를 보고 받은 함장은 장교들을 사관실로 소집하고 필자에게 설명하도록 했다. 장교들은 전반적으로 잘 작성했다고 격려했다.

설명하던 중 작전명에 대해 여러 의견이 있었다. 필자가 명명한 '현해탄해전'에 대해 장교들은 '동해해전' '부산해전' '대마도해전' 등도 제기했다. '동해'는 너무 범위가 넓고, '부산'은 교전구역인 부산과 대마도 간 중간해역을 대표할 수 없었고, '대마도'는 일본 땅이라는 이유로 명칭이 될 수 없었다. 필자가 '현해탄해전'이라고 붙인 것은 해도에 쓰여 있는 '겐카이나다(玄海灘, 현해탄)'을 그대로 따른 것이었다. 함장은 여러 의견을 들은 후 원안 그대로 '현해탄해전'으로 정하고 해군본부에 보고했다. '대한해협' 명칭은 1961년 4월 21일 국무원고시 제16호로 공포되었다. 이에 따라 해군본부는 '현해탄해전'을 '대한해협해전'으로 공식화했다.

인민군 제6사단 13연대가 김포와 서울을 거쳐 7월 4일 인천으로 침공해 왔다. 이날 해군본부로부터 백두산함에 명령이 떨어졌다. 인천해역으로 출동하여 인천기지 철수를 지원하고 인천에서 군산해역 간 서해안봉쇄작전에 임하라는 것이었다. 백두산함은 이날 11시 인천 팔미도 해역에 이르렀다.

최용남 함장은 필자를 대동하여 LST-801함에 승함 중인 인천경비부사령관 겸 제1정대사령 유해거 중령을 만났다. 유해거 중령은 인천시가 점령되기 이전 7월 1일에 인천경비부 장병들과 군수물자를 LST-801함에 탑승시켰으며 어청도로 철수할 것이라고 말했다. 최용남 함장은 너무 멀리 후방으로 가는 것이 아니냐는 의견을 내비쳤다.

해군본부는 7월 4일 제1정대사령 유해거 중령에게 인천항 부근의 발동선과 범선 모두를 군산 방면으로 철수시키고, 701함을 기함으로 하여 302·307·313·501·502·503·513·801 등 9척을 지휘하여 서해안봉쇄작전을 수행하라고 명령했다. 제1정대사령과 함정 지휘관들은 서해안봉쇄작전을 위해 다음날 7월 5일 09시 15분에 인천 소월미도로부터 서남방 3마일 해상에 투묘한 LST-801함에 모여 해상봉쇄 책임구역, 임무, 적아식별 등에 관하여 작전회의를 가졌다.

함정들은 이날부터 7월 14일까지 해상을 통한 적의 상륙과 군수물자 수송을 차단하고, 아울러 어선과 범선 편으로 남하하는 피난민들을 검색하여 위장 침투하는 적성요원들을 색출하는 임무도 수행했다.

백두산함은 7월 5일 낮 12시 40분 월미도로부터 2마일 떨어진 해상에서 인천 시내를 향해 적 탐색 및 교란목적으로 6발의 함포를 발사했다. 백두산함은 서해안봉쇄작전 기간 중 팔미도-영흥도-자월도-덕적도를 잇는 해역에서 60여 척의 선박을 검색했다.

전쟁초기 백두산함의 서·남해작전은 적 인민군 제6사단과 접촉이 많았다. 인민군 제6사단은 원래 중국 공산당 8로군 제166사단으로 장개석 국부군과의 전투에서 뛰어난 역량을 발휘한 조선족으로 구성된 정예부대다. 중공군 제166사단은 1949년 7월 25일부터 10월 사이에 북한 신의주로 들어왔다. 그 후 인민군 800여 명을 보충받아 인민군 제6사단으로 변신했다. 8로군 출신 방호산(方虎山) 사단장은 신의주에 사령부를 두고 제13연대는 재령, 제14연대는 사리원, 제15연대는 신의주, 포병연대는 양시에 배치했다. 1949년 후반기에 사령부를 38선 가까운 사리원으로 이동시키고, 제13연대는 사리원, 제14연대는 해주, 제15연대는 재령으로 전진 배치했다.

1950년 3월 김일성은 제6사단을 방문하여 "동무들, 인민군대는 자랑스러운 해방군대가 될 것이오. 이제 우리들은 항일무장투쟁으로 연마된 전술전기로 조국을 통일하는 길로 이끌어 가야만 할 것이요." 라고 말했다. 즉 남침전쟁 도발을 시사했다. 6월 9일 제6사단에 출동명령이 하달되었다. 개성 북방 남천으로 이동하여 제13연대는 개성 북방의 송악산 주능선, 제14연대는 송악산 우측, 제15연대는 옹진반도로 전진 배치했다. 6월 23일, 정치국원(김일성, 박헌영, 허가이, 김책, 김두봉)의 한 사람인 김두봉이 사단사령부에 와서 대대장급 이상의 간부를 모아 놓고 남침전쟁 개시에 대하여 다음과 같이 강조했다.

"최고인민회의 상임간부회의에서 민족통일 결의를 채택했다. 이제부터 조국통일 해방전쟁을 개시한다. 서울을 해방시키고 남조선 국회를 소집해 대통령을 선출하고 거기서 인민공화국과 대한민국이 통일되었음을 세계만방에 알린다. 그리하여 8월 15일 서울에서 통일된 조선인민공화국이 수립된 것을 선포한다. 군관동무들, 해방전쟁에서 맡은 임무에 충실하라."

6월 24일 "6월 25일 새벽 남침공격을 감행하라."는 명령이 떨어졌다. 제6사단은 제206 기계화연대를 배속 받고 6월 25일 새벽 4시 침략전쟁에 돌입했다. 송악산을 탈취하고 개성을 점령했다. 6월 26일 한강을 도하하여 6월 28일 행주산성 맞은편에 있는 개화산에 이르렀다. 7월 3일 영등포를 점령하고 그날 밤 맥주공장에서 맥주를 마시면서 1박하고 다음날 7월 4일 소사를 경유하여 인천을 점령했다.

　　적 제6사단은 방향을 틀어 안양을 거쳐 수원에 도달하여 농과대학에서 1박하고 7월 10일 평택에 이르렀다. 탱크를 앞세우고 대포는 자동차와 말이 끌고 내려왔다. 7월 11일 온양, 7월 13일 예산을 지나 홍성에서 1박하고 2개 대대로 나누었다. 제13연대는 광천, 보령, 서천, 장항, 군산으로, 다른 부대는 금강을 도하하여 7월 17일 강경을 지나 이리, 전주로 남진했다.

　　제13연대는 7월 17일 서천을 떠나 장항에 이르러 1박하고 다음날 아침 군산으로 향했다. 7월 19일 군산을 점령하고 시내에서 5km가량 떨어진 미면국민학교에서 전 부대가 합류했다. 7월 20일 전주를 점령하고 여기서 2개 대대로 나누어 한 부대는 정읍, 광주, 목포로 진격하고 다른 한 부대는 임실, 남원, 구례, 순천 방향으로 진격했다. 7월 23일 광주를 점령한 부대는 계속 남진하여 7월 24일 목포를 점령했다. 임실, 남원, 구례, 순천을 거친 부대는 7월 25일 하동을 점령했다.

　　목포를 점령한 부대는 동쪽으로 방향을 돌려 보성을 거쳐 순천으로 향했다. 적은 북쪽 구례와 서쪽 보성 양방향에서 공격하여 7월 26일 순천을 점령하고, 이어서 남진하여 7월 27일 아침 여수를 점령했다. 하동에서 재결집한 이들은 동쪽으로 진격하여 7월 31일 진주를 점령한 후 부산을 최종목표로 하여 마산에 대한 전면공격을 감행했다. 전쟁 발발 시 육군참모총장이었던 채병덕 소장은 7월 27일 진주방어전투에서 전사했다. 김일성은 숨겨둔 '비장의 기동병기'인 제6사단을 이용하여 서해안 일대와 호남을 장악하고 진주와 마산을 거쳐 최종 목표인 부산을 공략하려 했다. 그는 제6사단에 '근위사단'이란 호칭을 수여했다.

    미군과 국군은 적 제6사단이 하동을 점령하고 진주를 공격할 때에 비로소 이 부대의 존재를 알게 되었다. 미군은 긴급히 미 제24사단과 미 해병대 제5연대를 마산방어에 투입시켰다.

    적은 마산-진해-김해를 경유하여 부산을 점령하려고 제7사단을 투입하여 2개 사단으로 증강했다. 이 무렵 김일성은 "부산은 함락 직전이다. 제6사단은 부산 진출을 위하여 마산에 교두보를 확보하라."고 명령했다. 제7사단의 증강된 대대가 8월 17일 통영을 점령했으나 우리 해군과 해병대는 상륙작전을 감행하여 8월 19일 통영을 탈환하여 적의 예봉을 꺾었다.

    이처럼 인민군 제6사단은 서해안을 따라 거침없이 남해안까지 진격해 내려왔다. 백두산함은 전쟁 초기 며칠은 동해안에서 작전했지만, 유엔해군 함정들이 도착한 이후부터는 주로 서해와 남해에서 작전했다. 미 해군이 동해안을 맡게 됨으로써 3인치 포가 장착된 백두산함이 서해와 남해작전에서 작전할 수밖에 없었다.

    백두산함은 7월 12일 해군본부로부터 적 제6사단 남진을 저지시키기 위해 대천 철교와 교량을 파괴하라는 명령을 받았다. 같은 날 해군본부는 해병대에 해본작명갑 제58호로 해병대 고길훈부대를 군산으로 상륙시키라는 명령을 하달했다. 교량파괴 명령을 받은 백두산함은 즉시 인천 동수로를 통과하여 외연열도 남쪽을 돌아 대천 앞 해역에 이르렀다. 이 무렵 적 제6사단은 예산을 지나 홍성에 이르고 있었다.

해군본부는 적들이 대천교를 건너 서천, 장항을 경유하여 군산을 공략할 것으로 판단한 것이다. 백두산함은 대천 앞 약 3마일 떨어진 해상에 이르러 쌍안경으로 대천 철교와 교량을 관찰했으나 확인할 수 없었다. 탄착지점을 관측하지 않고 어림잡아 포격할 경우 정확하게 교량을 적중시키기 어려울 뿐만 아니라 민간인에 대한 피해가 우려되었다. 이런 상황을 해군본부에 보고하니 새로운 작전지시가 내려왔다. 대천에 있는 육군공병대와 협조하여 교량을 폭파하라는 것이었다.

최용남 함장은 육군공병대와의 협조를 필자에게 맡겼다. 이런 임무에는 갑판사관이 나설 수밖에 없었다. 필자는 하사관 2명을 대동하여 인근에 있는 어선을 불러 타고 대천에 상륙했다. 대천천 인근에 있는 내천중학교로 가서 육군공병대와 협조하여 폭야으로 대천천 철교와 교량을 폭파했다. 폭파팀이 귀함한 후 백두산함은 철교와 교량이 있는 곳으로 함포 수십 발을 쏘았다. 그리고는 대천-고군산군도-변산반도 앞 위도를 잇는 해상에 대한 봉쇄작전을 수행했다.

적이 순천을 거쳐 여수로 진격하려는 기세를 보이자 해군본부는 7월 17일 "여수해역으로 이동해서 YMS-504정과 512정을 지휘하여 해상봉쇄작전에 임하라."는 명령을 백두산함에 내렸다. 백두산함은 곧바로 여수 쪽으로 향하여 다음날 아침 여수항에 도착했다.

항만부두에는 새로 건립한 수십 동의 창고가 있었고, 거기에 백미를 비롯한 수많은 물자가 쌓여 있었다. 함장은 장병들을 동원하여 창고에 있는 물자의 종류와 수량을 조사하고 물자를 수송할 함선 파견을 해군본부에 요청했다. 아울러 육군 제15연대 제3대대장으로부터 보고 받은 순천, 남원, 구례, 벌교, 보성 지역의 전황을 해군본부에 타전했다.

7월 18일부터 육군들이 여수로 밀려오기 시작하고 호남지역의 은행에 보관 중이던 화폐를 적재한 차량이 여수부두에 도착했다. 백두산함은 YMS-504정과 512정을 지휘하여 여수항을 출입항하는 선박에 대한 검문·검색을 강화했다. 아울러 육군의 지상 전황을 해군본부와 국방부에 연락하는 통신 중계소 역할도 수행했다.

7월 22일 오전 대전지역 전투에서 후퇴한 미 제24사단 장병들이 질서 없이 걸어서 여수부두로 들어왔다. 그들은 햇볕에 새까맣게 그을린 얼굴에 군복은 너덜너덜 찢겨 맨살이 들어나고 흙 묻은 손으로 감자, 오이를 씹어 먹고 있었다. 제2차 세계대전에서 용맹을 떨쳤던 그들의 모습은 어디에서도 찾아볼 수 없었다. 20세 안팎의 앳된 초년병들이었다. 그들은 누구를 위해 이역만리 한국 땅에 와서 목숨 걸고 싸워야 하는가? 그들에게도 사랑하는 부모와 형제들이 있지 않는가? 애처로운 마음에 가슴이 미어졌다. 우선 마실 물과 설탕물을 타주고 밥을 지어 식사를 제공했다. YMS-504정과 512정은 미군들을 태워 부산으로 후송했다.

7월 16일 군산에 상륙한 해병대 고길훈부대는 적의 남진을 지연시키기 위해 장항·군산·이리지구에서 분전했지만, 99식 소총으로는 막아낼 재간이 없었다. 할 수없이 해상을 통해 목포로 철수하고, 7월 21일 18시에 목포를 떠나 다음날 08시 여수항에 도착했다.

해군본부의 지시로 LST와 FS가 여수로 들어오기 시작했다. FS 영등포호는 7월 21일 20시 30분 M1 소총, 박격포 등 해병대 무기를 싣고 여수에 도착했다. 고길훈부대는 7월 22일 FS 영등포호로부터 새로운 무기와 장비를 수령한 후 곧바로 남원으로 향했다. 한편 제주도에 주둔 중인 해병대 김성은부대가 7월 22일 18시 여수항에 도착하여 FS 영등포호로부터 M1 소총을 수령한 후 역시 남원으로 떠났다. 이날 해병대는 고길훈부대와 김성은부대를 통합, 김성은부대를 편성했다.

YMS가 부산으로 떠난 후 여수항으로 몰려온 미군들과 한국은행 화폐는 FS 영등포호에 실려 부산으로 후송되었다. 부두창고에는 물자가 산처럼 쌓여 있는데 수송함선에 옮겨 실을 작업인원이 없었다. 적재작업을 도와주었던 육군들은 곧 순천 방면 전선으로 떠났다. 적 제6사단은 파죽지세로 호남 일대를 석권하고 순천, 하동을 향하고 있었다. 이 무렵 전라남도 경찰관 500여명이 여수로 후퇴했다. 백두산함은 경찰관들이 소지한 경기관총과 칼빈소총을 거두어들이고 그들을 물자 적재작업에 동원했다. 선적작업 총지휘는 갑판사관인 필자가 담당하고 선적 독려반장은 갑판장 김종영 병조장이 맡았다. 반장 밑에 창고 별 선적 독려를 위해 제1조는 김종수, 박승만, 김호민, 최도기, 제2조는 권진택, 김조호, 유봉화, 조삼재, 제3조는 정인화, 장학룡, 안종경, 정준환으로 편성했다. 선적작업은 밤낮없이 진행되었다. 백두산함은 작업하는 경찰관들에게 주먹밥을 제공했다.

　작업이 한창 진행되고 있는 7월 25일 정오가 지나 서남지구전투사령관 이응준 소장과 참모장 이형근 준장이 백두산함이 계류하고 있는 부두로 철수해 왔다. 최용남 함장이 맞이하여 사관실로 안내하려 하자 이응준 장군은 부하들이 전투 중이라고 사양하면서 부두에 의자를 갖다 주면 고맙겠다고 했다. 부두에 의자를 갖다 드리고 차 한 잔을 대접했다.

　해가 저물 무렵 최용남 함장은 이응준 장군에게 "오늘밤 배에서 주무실 수 있도록 준비했습니다. 날이 저물었으니 배에 들어가 쉬시지요."라고 권했다. 이응준 장군은 "함장님, 고맙습니다만 지금 내 부하들이 목숨 걸고 적과 싸우고 있습니다. 제가 어찌 안전한 배 안에서 편하게 잘 수 있겠습니까? 저는 오늘밤 여기 있겠습니다."며 정중히 사양했다. 그는 의자에 앉아 일본도(日本刀)를 곧추세워 두 손으로 꼭 잡고 부두에서 밤을 새웠다. "시졸여애자고 가여지구사(視卒如愛子故 可與之俱死)" "장수가 병사를 사랑하는 아들을 돌보듯 한다면 가히 생사를 같이 할 수 있다."라는 손자병법 진형편이 떠올랐다. 갖은 악

조건 하에서 싸워야 하는 장군의 비통한 마음과 부하를 생각하는 지휘관의 애틋한 심정이 밤하늘의 달빛같이 애잔히 비추었다.

이형근 장군이 경찰관이 몇 명쯤 되느냐고 필자에게 물었다. 약 500명쯤 된다고 대답했다. 이형근 장군은 "백두산함이 거두어들인 경찰관 무기를 되돌려주었으면 좋겠소."라고 요청했다. 경찰관들을 무장시켜 육군 전투부대를 지원하기 위해 순천으로 출동시켜야 한다는 것이다. 경기관총 수 정과 칼빈소총 약 200정을 되돌려주었다.

이형근 장군은 칼빈소총으로 무장한 경찰관 200여 명을 집합시키고 선임자가 누구냐고 물었다. 그 중 한 사람이 번쩍 손을 들고 "이○○ 경위입니다." 대답했다. 이형근 장군은 "본 부대를 이··부대라고 명한다. 이○○부대는 지금 곧 순천방향으로 출동하여 육군을 지원하여 적을 격멸하라."고 명령했다. 경찰부대는 순천으로 떠났다.

남은 경찰관 300여명은 적재작업을 밤새도록 했다. 해군본부에서 여수로 파견한 수송함선은 LST 조치원, 안동, 문산호와 FS 충주, 여주, 제천, 원주, 천광, 영등포호 등 모두 9척이었다. 먼저 선적이 끝난 LST 조치원, 안동호와 FS 여주호는 마산, 진해, 부산으로 보내고, 나머지 배는 7월 27일 새벽까지 선적작업을 끝낸 후 오동도 남쪽 외항에 정박시켰다. 이 무렵 적 제6사단은 7월 26일 순천을 점령하고 여수로 진격해 왔다. 이날 밤늦게 여수 북쪽에서 포성이 들려왔다. 오동도 외항에 정박 중인 수송함선도 진해, 마산, 부산으로 출발시켰다.

철수 시 한 건의 사고도 없었다.

7월 26일 오전 함장은 LST 문산호 황재중 선장을 만나 작전지시를 했다. "선장님, 어려운 일을 맡아 주셔야 하겠습니다. 지금 적군이 순천에 들어와 우리 육군과 싸우고 있습니다. 우리 육군은 병력도 적고 무기도 부족해 힘겨운 전투를 하고 있습니다. 아마도 적과 싸우면서 이곳으로 후퇴해 올 것입니다. 선장님은 후퇴하는 우리 장병들을 수용해 후송하는 임무를 맡아 주셔야 하겠습니다. 지금처럼 램프를 부두에 대놓고 대기해 주십시오. 백두산함 지시가 있기 전에는 절대 배를 떼지 마십시오. 마지막 남은 한 명의 병사라도 살려야 하지 않겠습니까? 우리 백두산함은 함포로 문산호를 엄호하겠습니다." 황재중 선장은 결의에 찬 목소리로 대답했다. "함장님, 지시하신 바를 잘 알겠습니다. 명심하고 지시하신 대로 하겠습니다. 우리도 대한민국 국민으로서 국가를 위해 싸워야 할 책무가 있습니다. 염려 마십시오." 함장은 "고맙습니다. 오늘밤 이응준 장군과 이형근 장군이 문산호에 타실 겁니다. 잘 모셔주십시오."라고 부탁했다. 선장은 "네, 잘 모시겠습니다." 함장과 문산호 황 선장은 악수하며 눈빛으로 서로의 신의를 다짐했다.

이날 밤 이응준 장군과 이형근 장군은 문산호에 탑승하여 후퇴하는 부하들을 기다렸다. 7월 27일 새벽 육군과 경찰들은 여수역 서북쪽 약 5,000미터에 있는 석천사 능선에서 적을 저지했다. 중과부적이었다. 적 6사단 제1연대는 06시경 시내로 진입했다. 육군과 경찰들은 후퇴하여 속속 문산호로 들어왔다. 06시 30분 부두에서 300미터 떨어진 언덕에서 격전이 벌어졌다. 박격포탄이 부두에 떨어지고 기관총탄은 불꽃을 날리며 하늘에 피어올랐다.

백두산함은 부두를 떠나 약 500미터 떨어진 장군도 부근에서 후퇴 부대와 문산호에 대한 엄호사격을 했다. 아군들은 포복으로 사격을 하며 문산호 함수 문으로 들어왔다. 적탄에 맞아 피 흘리는 전우를 끌고 들어오는 병사도 보였다. 적 소총과 기관소총이 문산호에 집중되었다. 선체에 맞아 불꽃이 튀었다. 문산호는 적탄을 맞으면서도 최후의 병사 한명까지 구출하려고 버티고 서 있었다. 마지막 병사가 뒷걸음으로 미끄러지며 문산호 함수 문을 밟았다. 백두산함은 문산호에 출항명령을 내렸다.

문산호는 함수 문을 걷어 올리고 닻줄을 감았다. 그리고는 부두를 가까스로 빠져나왔다. 백두산함은 언덕 위에 포진해 있는 적군에게 기관총과 함포를 퍼부었다. 적들도 백두산함을 향해 포탄을 퍼부었다. 포탄들이 바다 주위에 떨어져 물기둥이 솟아올랐다. 함장과 필자는 함교에 있었고 부장은 조디실에서 조디를 감독하고 있었다. 함장과 부장이 같은 장소에 있어 한꺼번에 전사할 경우 지휘공백이 생길까 염려되어 재함 위치를 별도로 했다. 함장을 보좌하는 필자는 보이스튜브로 조타실에 있는 송석호 부장에게 "적탄이 좌현에 떨어집니다." "우현에 떨어집니다." "전방 우현 45도에 떨어집니다."라고 외쳤다. 부장은 "어디로 가란 말이야."며 고함쳤다. 그러면서도 유유히

돌산도 북단을 돌아 문산호를 호위하며 무슬포 해역에 이르렀다.

문산호에 묘박지시를 하고 백두산함이 계류했다. 이응준 장군이 백두산함으로 건너왔다. 이응준 장군을 맞이하면서 최용남 함장이 말했다. "이 장군님, 고생 많으셨습니다. 어디 다치신 데는 없습니까?" "고맙습니다. 우리 부대를 구하시려고 너무 고생 많으셨습니다. 이 은혜 두고두고 잊지 못하겠습니다." 이응준 장군은 백두산함 장교 한 사람 한 사람에게 감사 인사를 하고 소회를 밝혔다. "저는 오랫동안 군 생활을 해 왔습니다만, 이런 전쟁은 처음입니다. 도대체 싸울 방도가 없었습니다. 변변한 부대가 있습니까, 훈련된 병력이 있습니까, 충분한 탄약이 있습니까, 병참지원은 생각조차 기대할 수 없는 전쟁입니다." 긴 한숨을 푹 내쉬었다. 최용남 함장은 "이 장군님, 제가 무엇을 도와드릴 수 있겠습니까? 말씀하시지요. 그리고 문산호를 어디로 보낼까요?" 물었다. 이응준 장군은 "육군참모총장과 국방부장관에게 전보를 쳐 주실 수 있습니까?"라고 했다. 최 함장이 "네. 그동안 계속 전황을 보고하고 있습니다. 말씀하시지요. 최 소위, 이 장군님 말씀을 받아 적어 해군본부를 경유해서 국방부와 육군본부에 타전하게."라고 필자에게 지시했다.

필자는 서류 판에 전보 발송지를 받쳐 들고 "장군님, 어떻게 전보를 칠까요?" 여쭈었다. 이응준 장군은 눈을 잠시 감았다 뜨더니 구술했다.

"육군참모총장 각하, 절대적인 병력, 무기, 탄약 부족으로 전투를 더 계속할 수 없어 여수에서 철수하여 정처 없는 해상의 몸이 되었습니다. 일루의 희망을 품고 마산으로 회항하려 합니다. 지시 앙망하나이다. 해군 백두산함의 전공이 지대하였음을 보고하나이다. 서남지구전투사령관 육군소장 이응준"

필자는 전보 발송지에 받아 적어 확인을 받고 전문을 타전했다. 이응준 장군은 마산으로 보내줄 것을 요청했다. 그리고는 "함장님, 저의 감사 표시로 제가 오랫동안 간직해 왔던 권총을 드리겠으니 받아주십시오. 이 권총은 제가 1914년 일본육사를 졸업할 때 일본 천황으로부터 받은 것입니다."라며 허리띠에 찬 권총을 풀어 함장에게 건넸다. 최 함장은 권총을 받아들고 "감사합니다. 소중히 간직하겠습니다. 문산호를 마산으로 보내겠습니다. 무운장구하시기를 기원합니다."고 했다. 두 분은 전쟁터에서 끈끈한 전우애를 나누고 반격의 승리를 다지면서 헤어졌다.

백두산함은 7월 27일 여수철수작전을 끝내고 이날 진해로 귀항했다. PC-702·703·704함이 미국에서 진해에 도착했다는 이야기를 들었다. 이 소식에 백두산함 함장을 비롯한 장병들은 기쁜 마음과 함께 안도의 한숨이 나왔다. 그동안 우리 백두산함이 혼자서 얼마나 동분서주(東奔西走) 했던가.

필자에게는 또 다른 반가운 소식이 있었다. 그동안 생사를 알 수 없었던 가족들 중 아버지와 동생 웅섭이 진해에 내려와 있다는 것이다. 진해통제부에서 근무하던 정재욱이 필자의 배에 와서 알려주었다. 정재욱과 함께 도만동 관사로 가서 아버지와 웅섭을 만나 해후의 기쁨을 나누었다. 장기간 출동으로 피로가 쌓인 장병들은 휴식할 사이도 없이 장비·기기 정비에 여념이 없었다.

7월 30일 진동리 해역으로 출동하여 적정을 정찰하라는 해군본부로부터 명령을 받았다. 낙동강전선에서 쌍방 간 치열한 공방전이 전개되고 있었던 때다. 인민군 6사단은 제105기갑사단 전차 25대와 제83기계화 연대를 배속 받아 7월 31일 진주를 점령했다. 이들은 진주에서 문촌-봉암-진동리-마산을 주 공격로로 잡고 최종 목표인 부산을 점령하기 위해 마산으로 총공격해 들어갔다. 진동리에서 마산으로 접근하는 길은 태봉-동전리를 잇는 길과 남해안을 따라 마전리-덕동을 잇는 두 갈래 길이 있다. 또한 구산면에서 약 25킬로미터의 바다를 건너 섬 모도를 통해 곧바로 진해에 돌입할 수 있다.

백두산함은 7월 31일 진해를 떠나 부도-잠도-거제도 북단을 돌아 진동리 동남쪽 약 2마일 해상에 닻을 내렸다. 함장은 필자에게 진동리 정찰임무를 부여했다. 필자는 갑판사 김종수, 권진택 일등병조, 조타사 김세현 상등병조, 통신사(성명 미상)로 정찰대를 구성했다. 칼빈소총과 기관단총으로 무장한 정찰대는 어선을 타고 진동리 동쪽 약 3킬로미터에 있는 다구리 해안에 이르러 진동리에 상륙했다. 이날은 어떤 적정도 발견하지 못하여 어선을 타고 백두산함으로 돌아왔다.

8월 3일 아침 진동리 쪽에서 총격전 소리가 들려왔다. 정찰대는 서둘러 또 진동리로 올라갔다. 보따리를 짊어진 노인을 만났다. 그 노인은 진동리 거주민인데 오늘 아침 07시경 인민군이 진동국민학교로 쳐들어와서 전투가 벌어졌다면서 마산으로 피난 가는 길이라고 했다. 좀 더 자세한 정보를 들으려 했으나 식구들이 먼저 떠나 기다린다면서 달리듯이 떠나 버렸다.

　이때 마산 쪽에서 요란한 소리를 내며 탱크가 다가오고 있었다. 쌍안경으로 보니 미군이었다. 선두 지프차에 탄 대위가 다가오면서 누구냐고 물었다. 한국해군인데 적정을 정찰 중이라 대답했다. 반갑게 악수를 나누고 탱크에 다가갔다. 그립고 그립던 임을 만난 듯이 무쇠덩어리 탱크를 쓰다듬으며 '이 탱크가 없어 우리가 여기까지 밀려왔다.'는 생각에 눈물이 핑 돌았다.

　적이 기습한 진동국민학교는 해안도로와 마산으로 가는 도로가 교차하는 곳에 있으며 바로 뒤에는 255고지가 있다. 미 제27연대 본부와 체크 정찰대대가 진동국민학교 내에서, 155미리 A포대가 운동장에서 야영하고 있었다. 적 제6사단 제14연대의 1개 대대가 8월 3일 아침 255고지에서 기관총을 쏘며 기습했다. 교정은 순식간에 아비규환의 아수라장이 되었다. 웨스튼 중대가 255고지를 점령하고 난 얼마 후 적은 20~30대의 차량에 증원부대를 싣고 왔다. 적 부대가 하차하는 순간 미 제8야전포병대대는 맹렬한 포격을 가했다. 이 전투에서 적은 400여 구의 시체를 남기고 산속으로 도망쳤다. 아군 피해는 전사 13명, 전상 40여명이었다. 무패를 자랑하던 적 제6사단의 최초 패전이었다.

　　필자는 무전기로 함장에게 진동리 전투상황과 미 탱크부대의 진동리 진격상황을 보고했다. 귀함하라는 함장 지시로 정찰대는 배로 돌아갔다. 백두산함은 8월 3일 해군본부 지시로 진해로 귀항했다.

서해도서탈환작전과 인천상륙작전

　　진해에 도착하자 서해로 출동하라는 명령이 떨어졌다. 백두산함은 8월 5일 진해를 출항하여 8월 7일 서해에 이르러 인천서수로 남단과 격렬비열도를 잇는 서해안봉쇄작전을 수행했다. 다음날 8월 8일에 YMS-502, 505정을 지휘하여 인천해역을 봉쇄하라는 지시를 받았다. 적은 인천항으로 접근하는 항로 인근 도서를 점령하고 덕적도, 영흥도, 자월도, 이작도에 소부대를 주둔해 놓았다. 백두산함(PC-701함)은 8월 9일 덕적도 앞 문갑도 해역에서 선박 검문 중 덕적도에서 피난 나온 사람을 만났다. 그 피난인은 덕적도에 인민군 30여 명이 주둔하여 인민위원회를 만들고 청·장년들을 강제로 끌어들여 공산주의교육과 김일성 장군 노래를 가르치고 있으며 인민의용대를 조직하여 섬을 지키고 있다고 말했다. 인민군이 주둔하고 있는 곳을 물으니 본부가 진리에 있다고 대답했다. PC-701함은 다음날 8월 10일 새벽 동틀 무렵 진리에 있는 적 본부에 함포사격을 퍼부었다.

YMS-502, 505정과 인천항으로 출입항하는 선박검색 등 봉쇄작전을 수행하던 중 8월 14일 해군본부로부터 작전명령을 받았다.

"서해안 일대가 적의 점령 하에 놓여 있어 식수 등을 보급받기 위해서는 먼 거리 진해까지 귀항해야 하니 덕적도에서 급수할 수 있는지 급수량을 조사 보고하라."

이 전보를 받고 장교들은 난감한 표정을 지으면서 한마디씩 했다. 부장은 "덕적도에 수돗물이 없을 터이니 여기저기 우물을 모두 뒤져야겠구만." 신만균 기관장은 "우물물 급수량을 어떻게 측정하란 말인지 참 알 수 없군." 부장은 또 "후방에 편안히 앉아서 탁상공론하다가 문득 생각나는 대로 보낸 전보 아냐?"고도 했다. 필자도 거들었다. "도대체 본부 장교들의 정신이 어떻게 된 섯 아닙니까?" 이런저런 장교들의 오가는 대화를 듣고 있던 함장이 장교들에게 지시상황을 하달했다.

"본부대로 무슨 생각이 있어 보낸 것 아니겠소. 하여간 명령이니 할 수 있는 대로 해봅시다. 다행이 적정은 대충 파악했으니 진리에 있는 적 본부를 공격하고 소탕해야 하지 않겠소. 그러기 위해 상륙부대를 편성해야겠소. 부장은 우리 배는 물론 다른 배에서도 약 50명쯤 모집해 보시오. 공격날짜는 8월 17일쯤 잡읍시다. 갑판사관은 상륙부대를 태울 대형어선 3척을 준비하시오."

부장은 병사들을 집합시키고 작전목적을 설명한 후 기관부와 포술부 요원을 제외하고 상륙지원자는 손을 들라고 했다. 모든 사병들이 손을 힘차게 들었다. 부장은 감격어린 목소리로 "우리 백두산함, 역전의 용사답다. 목숨을 내걸고 싸울 각오를 하니 대견하다."고 했다. 이 광경을 지켜보던 모든 장교들의 눈에 감동의 이슬이 맺혔다. 부장은 "상륙군 선발은 내가 할 것이다. 약 20명쯤 선발하겠으니 그리 알아라." 했다. 사병들은 이구동성으로 "제가 올라갑니다." 외치며 해산했다.

최석린 장포장은 여수에서 경찰관들로부터 수거한 칼빈소총 20정을 손질하고 탄약을 준비했다. 서순억 통신장은 휴대용 통신기를 점검했다. 백두산함은 선갑도, 백아도, 울도 해역을 돌면서 대형어선 찾기에 나섰다. 8월 16일 PC-702함이 다가왔다. "귀함에 계류하겠으니 투묘해 달라."는 발광신호가 왔다. 투묘하고 나니 702함이 계류하고 이어 이희정 함장이 우리 배로 건너왔다. 이희정 함장은 적정현황과 도서탈환작전(해본작명갑 제93호) 방안에 대해 최용남 함장과 서로 의견을 나누었다. 함장은 해군본부 지시로 덕적도 상륙작전을 준비하고 있고, 8월 10일 덕적도 진리에 함포사격을 했으며 적군은 약 30명 정도이고 강제로 징집된 50여명의 인민의용대가 있다고 말했다.

두 함장은 상륙일자를 8월 18일 06시로 정했다. 그리고는 작전명을 이희정 중령의 성을 따서 '이작전(李作戰)'이라 하고 작전계획을 짰다.

덕적도탈환작전에 참가한 함정은 이희정 중령이 지휘하는 702함을 기함으로 한 701함, 704함 등 모두 8척이다. 각 함정에서 차출한 110명으로 1개 중대 3개 소대로 상륙부대를 편성했다. 중대장은 702함 항해장 장근섭 중위(해사 2기), 제1소대장은 오윤경 소위(해사 3기), 제2소대장은 이계호 소위(해사 3기), 제3소대장은 서영일 소위(해사 3기)로 임명했다. 소대장들은 모두 해사 3기들이다.

8월 18일 06시 PC-701함과 702함의 함포사격과 함께 상륙작전을 개시했다. 701함은 진리 해안에서 약 1,500미터 떨어진 소야도와 먹도 사이 해상에서 함포를 쐈다. 상륙부대는 어선을 타고 진리 해안에 상륙했다. 적의 가벼운 저항을 제압하고 진리 마을로 공격해 들어갔다. 적들은 진리 북쪽 쑥개 방향으로 도망쳐 달아났다. 상륙부대는 쑥개로 적을 추격했으나 적들은 314고지 국수봉으로 숨어 들어갔다.

함장은 필자에게 진리에 들어가 우물 수량(水量)을 조사하라고 지시했다. 필자는 하사관 2명과 통신사를 대동하고 진리에 상륙하여 우물을 찾기 위해 이곳저곳을 돌아다녔다. 주민들이 알려준 곳으로 찾아가 우물을 들여다보았으나 하루에 얼마나 물을 빼낼 수 있는지 도무지 계측할 수가 없었다. 배에 돌아가 함장에게 "하루 100드럼쯤 취수할 수 있겠습니다."라고 보고했다. 함장은 싱긋이 웃으며 "수고했네." 하면서 어깨를 다독였다. 어림잡아 계측된 것으로 알면서도 모르는 체 넘어갔다. 전보 기안지에 "덕적도 우물에서 1일 취수량은 약 100드럼임."이라고 적어 함장 결재를 받으러 사관실로 갔다. 함장은 "100드럼이라."하면서 서명했다. 부장이 "최 소위, 우물 측정 도사로군."라고 하니까 옆에 있던 장교들이 "하루 100드럼."하면서 한바탕 웃었다.

한편 같은 시기에 남해안 통영에서는 우리 해군과 해병대가 8월 17일부터 8월 19일까지 통영상륙작전을 수행했다. 우리 해군·해병대의 단독으로 감행된 이 작전은 지금까지 후퇴만 해왔던 전세를 유리하게 전환시키는 불씨 역할을 했다. 해병대 김성은 중령과 해군 이성호 중령 간의 합동작전의 결실이다.

덕적도탈환작전이 끝나자 8월 18일 이작도, 영흥도를 탈환하라는 명령이 떨어졌다. PC-701함은 이날 오후 영흥도 해역으로 가려고 닻을 올리는데 소야도 서쪽에서 덕적도로 들어오는 배를 발견했다. 가까이 가서 보니 안테나, 통신기 등을 실은 미 해군의 LCU(상륙정)이었다. 701함을 향해 손을 흔들며 덕적도로 들어갔다. LCU정이 무엇 때문에 덕적도로 들어가는지 알 수가 없었다. 영흥도탈환작전이 끝나서야 LCU정이 미 첩보대를 실은 함정임을 알았다.

영흥도는 물이 빠지면 대부도와 땅이 연결되는 큰 섬이다. 서울점령 후 서울인민위원장으로 임명된 이승엽의 생가가 있는 곳이다. 영흥도에는 인민군 1개 소대 병력과 청년들로 조직된 인민의용대가 있었다.

　　영흥도 상륙부대는 덕적도 상륙작전에 참가한 인원으로 그대로 편성했다. 8월 20일 06시 PC 함정의 함포지원 하에 영흥도 북쪽 진여와 뒷매를 잇는 십리포 해안으로 상륙작전을 감행했다. 해안 중앙에는 제1소대, 동쪽에 제2소대, 서쪽에 제3소대가 배치했다. 해안선에서 총격전이 벌어졌다. 아군의 함포사격과 상륙군의 공격으로 적들은 국사봉으로 후퇴하면서 저항했다. 301정 갑판사관 오윤경 제1소대장은 적의 산발적인 저항을 물리치며 국사봉 정상을 점령했다.

〈영흥도탈환작전에 참전한 해군 상륙대원들〉

　　적들은 외리와 내리 쪽 양 방향으로 도주했다. 오윤경 제1소대장은 적군을 추격하며 뒷말을 지나 개천을 따라 붉은노리에 이르렀다. 정오경 중대본부 요원과 주먹밥으로 점심을 때우고 선재도 쪽 진두로 이동하려던 차에 외곽경비를 하던 초병이 달려와 영흥 쪽 뒷산에 적군이 잠복하고 있다고 보고했다.

　　오윤경 소대장은 척후병 2명을 50미터 앞에 세우고 소대를 지휘하여 수색전을 폈다. 적군이 잠복해 있다는 야산으로 접근 중 묘지 부근에 있던 척후병 박동진 이등병조와 이삼재 상등병조가 "적이다." 소리쳤다. 이 순간 묘지를 둘러싼 곡장(曲墻)에 숨어 있던 적들이 곡장 활개 뒤에서 사격을 가해왔다. 오윤경 소대장은 "엎드려." 소리쳤다.

사격전이 벌어졌다. 박동진과 이삼재가 포복으로 묘지를 향해 접근하며 사격했다. 이 순간 박동진과 이삼재가 적의 집중사격을 받고 쓰러지면서 "총 가져가."라고 외치며 총을 뒤쪽으로 내던졌다. 오윤경 소위가 달려갔으나 그들은 이미 숨을 거두었다.

교전하는 총소리를 듣고 장근섭 중대장이 인근에 있던 제2소대를 이끌고 달려왔다. 적은 아군에 의해 사살된 시체 1구를 버리고 계곡을 통해 도주했다. 오윤경 제1소대장은 전사자를 수습하고 이계호 제2소대장은 소대를 이끌고 적을 추격했다.

상륙부대는 다음날까지 영흥도의 적을 완전히 소탕했다. 이 전투에서 적 사살 6명, 국사봉에서 생포한 인민군 중위를 포함한 적 33명을 생포하고 각종 무기와 탄약을 노획했다. 아군은 전사 4명, 부상 7명의 피해를 입었다. 오윤경 소위는 사로잡은 인민군 중위를 추궁하여 국사봉에 은닉해 놓은 따발총을 찾아냈다. 인민군 중위는 숨겨놓은 따발총으로 아군을 살해할 계략을 세우고 있었던 것이다. 오윤경 소위는 영흥도에 있는 서울인민위원장 이승엽 생가를 불태워 버렸다. 또한 진두 인근 개천에서 인민군에 의해 생매장된 경찰관 시신을 파올려 주민들에게 장례를 치루도록 했다.

8월 22일 701함에서 차출된 상륙병사들이 귀함했다. 병사들의 무용담을 듣고 최용남 함장과 필자는 영흥도에 올라가 서울인민위원장 이승엽 생가와 물이 빠지면 선재도와 맞닿은 영흥도 동쪽 끝 진두리를 돌아보았다. 간조 시에 대비해 방어진지 구축이 시급했다. 박동진 이등병조가 적탄을 맞고 "총 가져가."라고 외치며 뒤로 던진 총은 일본군이 버리고 간 99식 소총이다. 이 낡은 99식 소총이 적군 손에 들어갈까 염려하며 숨을 거두면서도 뒤로 던졌다. 함정 승조원으로 편성된 상륙부대는 육전경험도 없었다. 변변한 소총도 없었다. 탄약도 부족했다. 그러면서도 상륙전투에 자원했다. 맨주먹, 맨몸을 던져서 라도 내 나라를 지켜야 한다는 불타는 애국정신 하나로 싸웠다.

PC-701함은 인천해역에서 봉쇄작전 중 9월 1일 "진해에 입항해서 수리·정비에 임하라."는 명령을 받았다. 이날 인천해역을 떠나 9월 2일 진해에 입항했다. 곧바로 공창부두로 들어가 수리·정비를 했다. 병사들은 육상 근무 전우들에게 덕적도, 영흥도전투 무용담을 하느라 정신이 없었다

진해에 대기 중인 해병대가 해본작명갑 제119호 명령에 따라 9월 6일 부산으로 이동했다. 같은 날 미 제5해병연대 해병대가 부산으로 집결했다. 한국해병대와 미국해병대 간 '형제 해병'의 관계가 시작된 날이다. 수리·정비를 끝낸 PC-701함은 9월 10일 3인치 포탄, 유류, 식수, 식량 등을 가득 싣고 부산으로 이동했다. 부산 제1부두에

는 한국해병대와 미국 해병대 대원들로 가득했다.

9월 11일 아침 최용남 함장은 부산 제1부두에 있는 해군본부에 들러 봉함(封函)된 작전명령서를 받아 들고 배로 돌아왔다. 함장이 승함하자 백두산함은 바로 출항했다. 함장은 '봉투는 거제도 남단을 통과한 후 개봉해야 한다.'는 지시를 받았다고 말했다. 장교들은 그 봉투 안에 어떤 작전명령이 들어있는지 몹시 궁금해 했다. 함장은 거제도 남단을 돌자 봉투를 개봉했다. 장교들의 시선은 꺼낸 종이에 쏠렸다. "군산 앞바다에 가서 영국 순양함 자메이카함 지시를 받으라."는 명령이었다.

9월 12일 오전 군산 앞바다에 도착하니 영국 군함 수척이 투묘하고 있었다. 영국 군함에서 자기 배에 계류하라는 발광신호가 왔다. 701함은 접근하여 그 배에 계류했다. 순양함 자메이카함이었다. 최용남 함장은 필자를 대동하고 자메이카함으로 건너갔다. 자메이카 함장은 우리를 맞이한 후 말했다.

"오늘밤 미국과 영국 정찰대가 군산에 상륙한다. 상륙이전 군산 서쪽 해안에 함포사격을 한다. 이때 701함도 함포사격을 하라. 사격은 발광신호와 동시에 개시한다. 영국 군함들도 일제히 사격할 것이다."

우리 배는 자메이카함에서 이탈하여 지정된 곳에 투묘했다. 9월 12일 19시경 영국군함으로부터 사격개시 발광신호가 왔다. 모든 함정이 일제히 함포사격을 개시했다. 701함도 함포사격을 했다. 하늘에서는 전투기들이 해안을 폭격했다. 약 1시간 후 함포사격이 끝났다. 미·영 정찰대는 9월 12일 밤 군산항에 상륙했다가 다음날 9월 13일 새벽 철수했다. 9월 13일에도 간헐적으로 영국 군함들이 함포사격을 했다.

9월 14일 701함은 영국 자메이카함으로부터 '인천으로 항진하는 자기 배를 뒤따라오라.'는 신호를 받고 올라갔다. 이때서야 최용남 함장은 "곧 인천상륙작전이 개시될 것이다. 군산항 포격은 양동작전이었다."고 우리에게 털어놓았다. 9월 초에 우리 배가 진해로 귀항하여 수리·정비를 하고 부산으로 이동한 것도 인천상륙작전을 위한 것이었다는 것을 이제야 알게 되었다. 어청도 근해에 이르니 수많은 함정이 줄지어 북상하고 있었다. 701함은 영국군함 지시로 영흥도 동북 해상에 투묘했다. 월미도와 인천 지역에 대한 항공·함포사격으로 하늘이 검게 물들었다.

9월 15일 06시 30분 역사적인 인천상륙작전이 개시되었다. 한국해군은 15척의 함정이 참전했다. 주 임무는 인천항으로 들어가는 동수로와 서수로의 안전을 확보하는 것이었다. 수로에 접근하는 민간선박(주로 어선)의 수로 진입을 차단하고 부유물 등 장애물을 제거했다. 701함은 유엔해군 함정 간의 연락임무를 수행했다. 맥아더 장군의 영단으로 단행된 인천상륙작전은 포항, 영천, 대구 팔공산, 합천, 고성까지 밀려 국토의 90% 이상을 적에게 유린당한 국가 존망의 전세를 극적으로 반전시켰다. 국군장병들은 이날의 반격을 위한 시간과의 싸움에서 총칼이 없어도, 탄알이 없어도, 수류탄만 한발 들고 적진에 뛰어들었다. 피를 뿌려 적탄을 막고 몸뚱이로 방어벽을 쌓아 올렸다.

맥아더 장군이 인천상륙작전을 감행하게 된 동인(動因)은 1759년 프랑스군과 영국군 간에 치러진 퀘벡전투(일명 : 아브라함평야전투)의 교훈이다. 맥아더 장군은 전쟁 초기 6월 29일 한강전선을 시찰한 후 인천상륙작전을 구상하여 강행하려 하자 8월 23일 동경의 미 극동군사령부에서 개최한 회의에서 지휘관과 참모들이 문제점과 어려움을 제시하면서 반대했다. 맥아더는 "적의 허를 찌르는 것이야 말로 전쟁에서 승리하는데 필수불가결한 요소입니다."고 강조하고는 갑자기 191년 전에 있었던 캐나다의 퀘벡전투 교훈을 상기시켰다. "1759년 프랑스의 몽칼름 장군은 어떤 강력한 군대도 성벽으로 둘러싸인 퀘벡시 남쪽의 가파른 절벽을 절대로 기어올라올 수 없다고 판단했습니다. 그래서 몽칼름은 적이 상륙하기 쉬운 곳, 퀘벡시 북쪽 강둑에 강력한 방어력을 집결시켰습니다. 그런데 영국의 제임스 울프 장군은 병력을 이끌고 세인트로렌스 강을 따라 올라가 몽칼름이 절대로 기어 올라올 수 없다고 장담한, 바로 그 절벽으로 상륙했습니다.

울프 장군은 아브라함평야에서 눈부신 승리를 거두었는데, 이것은 전적으로 적의 허를 찌름으로써 가능했던 것입니다. 몽칼름이 그랬듯이, 북한군은 인천상륙이 불가능한 것으로 믿고 있을 것입니다. 울프가 그랬듯이, 나는 그들의 허를 찌를 것입니다." 콜린스 육군

참모총장과 셔먼 해군참모총장을 비롯한 회의 참석자들은 맥아더 장군의 설명에 매료되어 오히려 설득당하고 말았다.

한편 9월 15일, 동해안에서 다른 상륙작전이 펼쳐지고 있었다. 장사상륙작전이다. 소규모의 한국군 상륙병력으로 급조(急造)된 상륙작전이다. 참전 전력은 LST 문산호와 한국육군 독립 제1유격대(4개 중대)이며, 병력은 유격대원 772명과 LST 승조원 44명이었다. 유격대원들은 젊은 학생들로 구성된 학도병들이고, LST 승조원들은 대한해운공사 소속으로 해군에 동원된 일반 선원들이었다. 적 제2군단의 후방을 교란하고 한국육군 제3사단의 진격을 위한 것이었지만, 실제로는 인천상륙작전을 성공시키기 위한 적의 관심과 병력을 동해안에 묶어 두려는 것이었다. 그런데 문산호가 장사해안에 접안하던 중 태풍 케지어(Kezia)의 여파로 인한 큰 풍랑에 의해 해안에 좌초되고 말았다. 이로써 전황이 아군에게 불리한 가운데 상륙을 강행하던 중 황재중 문산호 선장 등 선원 11명과 유격대원 128명이 전사했다. LST 문산호는 7월 27일 PC-701함과 여수철수작전 때 투혼을 발휘했던 바로 그 배였다.

그렇게 반대가 많았던 인천상륙작전이 성공하자 전세는 아군에 유리하게 일거에 역전되었다. 교착된 낙동강전선이 풀리기 시작했다. 인민군들은 패주했다. 우리 해병대는 손원일 해군참모총장과 신현준 해병대사령관의 지휘 하에 만석동 해안으로 상륙하여 인천을 거쳐 수도 서울을 향해 진격해 갔다. 제2대대장 김종기 소령(해사 1기)은

준비한 대형 태극기를 박정모 제1소대장을 통해 중앙청에 달았다. 수도 서울을 탈환했다는 징표였다.

인천상륙작전은 퀘벡전투와 같이 그대로 재현된 셈이다. 인천상륙작전은 제7함대사령관 스트러블 제독의 책임 하에 시행된 해군 작전이다. 우리 해군의 역할도 아주 컸다. 작전 이전 PC-701·702함 등 한국해군 함정들이 인천 근해 도서들을 점령하고, 함명수 소령의 첩보대가 인천에 대한 첩보수집을 차질 없이 수행했기 때문이다. 인천 상륙군이 부천, 영등포를 수복하고 한강에 이를 때 9월 21일 인천상륙작전을 위해 조직된 제7합동부대가 해체되었다. 이날 PC-701함이 서해의 순위도 해역에서 경비 중 적 기뢰 1발을 발견하여 폭파했다. 9월 22일 PC-701함은 영국해군이 맡고 있던 서해 안전대사령관으로부터 영국 순양함 자메이카함과 백령도, 대청도, 소청도를 탈환하라는 명령을 받았다.

PC-701함은 9월 23일 소청도와 대청도 해역에 이르러 적정 탐색 중 소청도에서 어선 한 척이 다가왔다. 어선에 두 명이 타고 있었다. 그들은 아버지와 아들이었다. 군함에 태극기가 달려 있는 것을 보고 왔다면서 대한민국 군함이냐고 물었다. 그렇다고 대답하니 이들은 식량이 떨어져 가족이 굶어 죽게 되었는데 어디로 가면 식량을 구할 수 있느냐고 물었다. 유엔군이 인천에 상륙하여 인천을 탈환하고 곧 서울을 수복한다고 알렸다. 이들은 인천에 있는 친척집에 가면 식량을 얻을 수 있다면서 기뻐했다.

필자는 이들에게 소청도와 대청도의 적정을 물었다. 대청도에는 인민군 30여 명이 들어와 인민위원회를 조직하고 청장년들을 동원하여 인민의용대를 만들었으며, 소청도에는 지난 7월 초 인민군 10여 명이 들어와 인민위원회를 조직하고 공산당 선전과 김일성 노래를 가르쳤다고 말했다. 지금 소청도에는 상주하고 있는 인민군 부대가 없고 대청도 선착장 건너편 답동에 있는 국민학교에 인민군 본부가 있다고 말했다. 최용남 함장은 필자와 함께 자메이카함으로 건너갔다. 함장에게 대청도와 소청도의 적정을 알리고 대청도에 있는 인민군 본부를 함포로 때려 부수는 한편 승조원으로 특공대를 조직하여 적을 격멸하겠다고 말했다. 자메이카 함장도 이 계획에 적극 찬성하며 함포로 지원하겠다고 했다.

작전개시는 다음날 9월 24일 05시로 정하고 PC-701함은 덕적도와 영흥도 탈환작전에서 경험 있는 승조원 20명을 선발하여 특공대를 편성했다. 다음날 새벽 05시가 되자 대청도 선착장 동쪽 1,000미터 해상으로 접근하여 1,500미터 거리에 있는 인민군 본부에 함포사격을 가했다. 적군은 뒷산으로 도망쳤다. 07시경 필자의 지휘 하에 특공대 20명이 어선을 타고 선착장에 상륙하여 인민군 본부가 있는 국민학교로 진격해 들어갔다. 적들은 시체 2구를 남기고 모래로 뒤덮인 뒷산을 넘어 양지동 쪽으로 도주했다. 특공대는 양지동으로 추격하여 대청도 인민위원장을 사로잡았다. 주민들이 태극기를 들고 만세를 부르며 달려왔다. 적들은 섬의 서북쪽 농여 해안으로 도주하여 배를 타고 백령도로 도망쳤다. 특공대는 인민군 본부 마당에 걸려 있는 인공기를 가지고 배로 돌아왔다.

최용남 함장은 필자를 대동하여 자메이카함으로 가서 서해 안전대사령관에게 작전경과를 보고하고 기념으로 인공기를 증정했다. 서해 안전대사령관은 인공기를 받아 들고 축배로 우리와 기쁨을 나누었다. 최용남 함장은 사령관에게 "백령도에 적 1개 대대 병력이 주둔해 있습니다. PC-701함이 단독으로는 상륙작전을 할 수 없으니 대청도 인민위원장을 어선에 태워 백령도 적군 부대장에게 항복 귀순하라는 문서를 보내겠습니다."고 말했다. 사령관도 적극 찬성했다. 최용남 함장은 배에 돌아와 장교들을 사관실로 불러 사령관과 주고받은 이야기를 하고 필자에게 항복문서 작성을 지시했다. 자메이카함에서 우리 승조원들을 위해 담배와 술을 보내왔다. 필자는 붓글씨로 항복문서를 만들었다.

백령도 주둔 인민군부대장 귀하

유엔군은 9월 15일 인천상륙작전을 감행하여 인천을 점령하고 서울을 탈환했다. 모든 전선에서 인민군은 붕괴되고 패퇴하고 있다. 본관은 귀관에게 명예로운 항복을 권한다. 귀관은 어선을 타고 9월 25일 오전까지 대청도 선착장으로 오라. 귀관은 물론 귀 부대의 안전과 모든 편의를 제공하겠다.

1950년 9월 24일, 유엔군 서해함대사령관 최용남

이날 오후 14시에 항복문서를 대청도 인민위원장에게 주어 어선에 태워 백령도로 보냈다. 다음날 9월 25일 오전까지 기다려도 항복에 응한다는 소식이 없었다. 항복문서를 보낸 지 하루가 지난 9월 25일 오후 14시를 기하여 영국 순양함과 PC-701함에서 백령도 일대에 함포사격을 가했다. 우리 해군이 백령도, 대청도, 소청도를 다시 점령함으로써 도서 주민들과 청년들이 섬으로 몰려오기 시작했다. 701함은 젊은 청년들로 백령도와 대청도에 반공청년단을 조직하여 해군의 통제·지원 하에 도서를 지키도록 조치했다. 필자는 함장 지시로 백령도, 대청도, 소청도 탈환작전결과를 해군본부에 보고했다. 9월 28일에는 대청도·소청도 해안에서 부유기뢰 4개를 발견하여 3인치 포로 폭파시켰다.

9월 29일 701함은 해군본부 명령에 따라 남서 해역으로 남하했다. 10월 1일부터 10월 2일까지는 목포상륙작전을 감행하는 해군을 엄호하는 작전을 펼쳤다. 목포상륙작전은 이성호 중령의 지휘 하에 PC-703함 등 함선 6척과 상륙군부대에 의해 실시되었다. 목포상륙작전이 끝나자 701함은 10월 2일 밤늦게 진해에 입항했다.

귀항하자 마자 아버지와 동생 웅섭이 묵고 있는 관사로 갔다. 아버지는 기다렸다는 듯이 말을 꺼냈다. "이젠 서울수복도 되었으니 안양으로 돌아가야겠다. 가면서 너희 어머니와 호섭이가 있는 충청도를 들러 데리고 갈 것이다."고 했다.

동해진격작전과 성진철수작전

　다음날 아침 아버지와 웅섭과 헤어지고 출동을 위해 부두로 갔다. 밤새 군수물자를 적재한 PC-701함은 오전에 동해로 출항했다. 출동목적은 묵호 임시해상감시소 설치 지원이었다. 해군본부는 9월 30일 해본작명갑 제181호로 포항경비부사령관 남상휘 중령에게 감포, 강구, 죽변, 묵호, 주문진에 임시 해상감시소를 설치하고 각 감시소에 병력 100명씩을 파견하여 해상감시와 지역방어에 임하라고 지시했다. 이 무렵 동해안 전황은 38도선 바로 남쪽에 있는 인구리까지 진출한 육군 제3사단은 10월 1일 08시 10분 38도선을 돌파하여 기사문을 지나 양양 남쪽 3마일 지점인 손양면 상양혈까지 진격해 들어갔다. 훗날 10월 1일, 이날을 기념하여 '국군의 날'로 정했다. 제3사단은 10월 6일 39도 선상의 통천을 거쳐 10월 10일 수도사단과 같이 원산을 점령했다.

　701함은 묵호 임시해상감시소 설치지원을 끝내고 동해에서 경비하던 중 10월 5일 육군 HID부대로부터 화진포에서 만나자는 연락을 받았다. 함장 지시를 받고 필자는 통신사를 대동하고 화진포 해안으로 올라갔다. 약 100 미터쯤 올라가니 사방에 지뢰가 깔려 더 이상 갈 수가 없어 HID부대에 이 상황을 전했다. 곧바로 육군공병대가 와서 지뢰를 제거했다. 공병장교 안내로 김일성 별장으로 가서 HID

부대장을 만났다. 민족의 역적 김일성이 이 별장에 있었다고 생각하니 분노가 솟아올랐다. HID부대장은 "이곳 화진포는 김일성이 공산당 열성분자들을 격려하기 위해 만든 휴양지로서 100여 척의 유람용 보트가 있는데, 이 보트를 배에 실어 후방으로 보내는 게 어떻겠느냐?"고 의견을 물었다. 부대장을 따라 호숫가로 내려갔다. 호숫가에는 아름드리 해송이 눈부시게 반짝였다. 호수 계류장에 길이 3미터쯤 되는 보트가 큰 밧줄에 즐비하게 매달려 있었다.

배에 돌아와 함장에게 보고했다. 함장은 보트 처리에 대하여 장교들의 의견을 물었다. 필자는 배로 돌아오면서 생각했던 것을 말했다. "함장님, 해군사관학교로 보내는 게 좋겠습니다. 사관생도와 장병들이, 김일성이 소련의 무기와 중공군을 끌어들여 동족을 죽이는 민족반역의 남침도발한 것을 가슴 깊이 새겨 멸공구국 정신을 고취시키는 것이 어떻겠습니까?" 함장은 "그래, 김일성이 만든 보트를 타고 김일성의 전쟁도발을 상기하면 공산군에 대한 적개심이 저절로 우러나겠군."라고 했다. 그리고는 필자를 통해 해군본부에 FS함 파견을 전보로 요청했다. 며칠 후 FS함이 화진포로 왔다. 보트 50여 척을 실어 사관학교로 보냈다.

10월 12일 묵호지역이 고립상태에 빠져 위기에 처하게 되었다. 산악지대로 도주한 인민군 제5·7사단의 잔여 병력들이 지휘관 무정(武亭)의 지휘 하에 아군의 주력부대가 북진한 이후 묵호 등 동해안 각지에 침입해 왔기 때문이다. 당시 묵호에는 1개 대대의 육군유격대와

40여명의 임시해상감시소 대원들이 있었다. 임시 해상감시소에 100명이 배치키로 했으나 병력 부족으로 40여 명만 주둔하고 있었다. 때마침 동해 장전으로 항해하고 있던 PC-704함, YMS-516정이 이 정보를 접하고 즉시 묵호 쪽으로 항로를 변경하여 적이 집결해 있던 묵호시 서쪽 1킬로미터 지점의 고지일대에 함포사격을 가했다. 이 덕분으로 묵호에 주둔한 임시해상감시소는 위기를 모면할 수 있었다.

PC-701함은 10월 15일 진해로 귀항하여 10월 19일 공창에서 40밀리 포를 설치했다. 10월 21일에 묵호지역의 인민군을 격퇴시키기 위해 해병대 제1대대(대대장 고길훈 소령)를 편승한 LST-801함을 울진 해역까지 호송하라는 명령을 받고 이날 17시에 동해로 향했다. 해병대 제1대대는 울진으로 상륙해서 묵호로 진격하려 했지만, 여러 상황을 고려 PC-701함의 엄호 하에 10월 23일 바로 묵호로 상륙했다.

한국육군이 10월 10일 원산을 점령하고 북진을 계속할 무렵 한국해군은 10월 14일 고성 장전항에 전진기지를 설치했다. 그리고는 장전기지 요원 일부는 FS 영등포호 편으로 원산으로 이동하여 10월 18일 원산에도 전진기지를 설치했다. 원산전진기지는 방어구역이 넓어 경비요원이 더 필요했다. LST-801함은 진해통제부에서 차출한 2개 중대 병력을 싣고 10월 28일 진해에서 출항하여 원산으로 향했다. 701함은 묵호해역에서 원산해역까지 LST-801함을 호송했다.

호송임무를 완료하고 원산 외항에 경비하고 있던 중 PC-704함을 상봉했다. PC-704함 함장 현시학 소령(해사 1기)이 YMS-516정이 기뢰에 침몰되었다는 것을 알려주었다. YMS-516정(정장 전철웅 소령, 해사1기)은 10월 18일 오전 PC-704함으로부터 미 해군과 소해작전에 임할 것이니 외항으로 나오라는 지시를 받았다. YMS-510정과 같이 원산항을 떠나 갈마반도를 돌아서 대도 남쪽 약 14마일 해상에 이르렀을 때 적이 부설한 감응기뢰에 접촉되었다는 것이다. 갑판사관 홍순빈 소위(해사 3기)를 비롯한 15명이 전사하고 11명이 부상했다. 동기생 전사 소식을 듣고 한동안 침통한 마음을 금할 수가 없었다.

〈YMS-516정 기뢰폭발 시 모습〉

최용남 함장은 현시학 함장으로부터 원산항으로 들어가는 안선항로에 대한 설명을 듣고 필자 등 몇몇 장교들과 발동선을 타고 안전항로를 따라 원산항으로 들어갔다. 포항경비부사령관 남상휘 중령이 우리를 맞이했다. 사령관으로부터 전진기지와 해군병원 설치에 대한 상황을 들은 후 원산 시내를 돌아봤다. 남상휘 중령은 장전전진기지와 원산전진기지를 설치하고 방어하는 책임도 맡고 있었다.

함장과 장교들은 인민군이 도망가면서 애국인사 수백 명을 끌어넣고 몰살한 시청 뒤 방공호를 찾았다. 시민들은 그때의 참혹했던 광경을 말하면서 눈물을 글썽거렸다. 시체더미 속에서 신부님과 수녀 두 분이 기적적으로 살아나왔다고 말했다.

701함은 해군본부로부터 북진하는 육군부대와 병진(竝進)하여 해상경비에 임하라는 명령을 받고 11월 1일 원산항을 떠났다. 주 임무는 해상으로 탈출하는 적과 해상을 통해 육상으로 우회 침투하는 적을 격멸하는 것이다. 원산해역에는 3,000여 개의 기뢰가 부설되어 있다는 정보에 따라 701함은 영흥만을 통과할 때 함수에도 견시 2명을 배치했다. 이때 부유기뢰 1개를 발견하여 3인치 포로 폭파했다.

701함은 원산항을 떠날 때 3명의 정보요원과 2척의 보트를 탑재하고 육군 제3사단, 수도사단, 유엔해군과 통신망을 긴밀히 유지하며 북상했다. 함흥, 신포, 이원, 단천 해안을 거쳐 11월 1일 16시 성진항 남쪽에 투묘했다. 그리고는 정보요원들을 보트에 태워 정보수집을 위해 성진항으로 보냈다. 다음날 11월 2일 정보요원들이 어부 1명을 대동하고 귀함하여 수집한 정보를 최용남 함장에게 보고했다. "북한 육군과 해군이 약 1개월 전까지 성진항에 주둔해 있었고, 북한해군은 성진항에 15척의 보트를 보유했으나 14척이 성진항 인근에서 침몰되고 1척은 수리 중입니다. 항만에는 기뢰가 부설되지 않았다고 합니다."

11월 3일 701함은 정보요원들이 보고한 내용과 추가적으로 수집한 '성진항 부두에는 7,000톤급 선박 4척이 계류할 수 있으며,

부두 주변 수심은 평균 9미터이고 부두길이는 약 500미터."라는 정보를 해군본부에 보고했다. 이날 성진항에 입항했다. 시내는 함포사격과 지상전투로 거의 파괴되고 여기저기 연기가 피어오르고 있었다. 전방 길주 쪽에서는 포성이 울리고 있었다. 성진항 부두와 부둣가의 건물들은 온전하게 남아 있었다.

필자는 몇몇 승조원들을 대동하여 장차 해군관사로 쓰기 위해 문패를 만들어 '해군관사 제1호', '해군관사 제2호, … '라고 써서 못으로 박아 건물마다 달았다. 부두 남서쪽 반도 끝 봉우리에 등대가 있는데 불이 꺼지지 않았다. 김생용 병조장이 기관부 요원을 데리고 가서 수리했다. 등대불이 동해 북방 바다에 반짝였다.

함장은 오랜 해상생활로 지쳐 있는 승조원들을 북녘땅 흙냄새를 맡으라고 상륙시켰다. 사병들은 우리나라 북쪽 함경도 땅을 밟으며 '이제 통일이 다 됐구나.' 하면서 시내로 발걸음을 재촉했다. 한두시간 후쯤 육군헌병이 우리 사병들을 잡아 영창에 가두었다는 소식을 들었다. 필자는 급히 육군헌병대로 달려갔다. 가는 도중에 어떤 육군 중령이 "아, 여기서 또 만났군요. 반갑습니다." 하며 지프차를 세우고 다가왔다. 얼떨결에 악수를 하고 "어디서 뵈었죠?" 했더니, 그는 "여수철수 때 신세 많았습니다."고 말했다. 다시 한 번 손을 맞잡고 여기 성진까지 오게 된 이야기를 나누었다. 그리고는 그에게 헌병대가 있는 곳을 묻고 헌병대를 찾아가는 사유를 이야기했다. 그는 "아 그래요. 저와 같이 갑시다."라고 했다. 지프차를 타고 헌병대로 갔다. "야, 너희들 뭐하는 짓이야. 육군은 땅에서 싸우고 해군은 바다에서 싸우다 항구에 들어오면 육지로 올라와 휴식을 취하는 것은 당연한 거야. 당장 해군 병사들을 풀어주고 이 분에게 사과해." 크게 꾸짖었다. 육군들로서는 전쟁 기간 중 해군들의 상륙에 대해 이해를 못한 것 같았다.

필자는 육군 중령에게 고맙다고 인사하고 사병들을 데리고 성진 시내를 돌아보았다. 큰 거리를 지나가는데 어떤 모녀가 불탄 집 잿더미 속을 파헤치고 있었다. 무엇을 찾느냐고 물었다. 피난 갈 때 묻어 놓은 쌀독을 찾고 있다고 했다. 그들을 도와 쌀독을 파냈다. 독안의 쌀은 까맣게 불타 있었다. 모친은 난감한 표정을 짓고 딸을 붙잡고 흐느꼈다. 사유를 물었다. 남편은 인민군에 끌려가 죽었고 아들 하나도 군대에 갔는데 소식이 없다며 앞으로 살길이 막연하다고 했다. 딸이 말을 이었다. 엊그제부터 사흘 동안 먹을 것이 없어 굶었다며 갸름한 예쁜 얼굴에 눈물이 흘렀다. 배에 돌아가 지프차에 쌀 한가마를 싣고 그 모녀에게 전했다. 모녀는 고맙다고 하며 목이 메어 말을 잇지 못했다. "대한민국 군인은 공산당 핍박에 시달리는 북한동포를 도와드리는 사명을 갖고 있다."고 말하고 이름을 물었다. 딸은 이옥련(李玉蓮)이라고 한자로 적었다.

성진 시민 몇 사람이 701함을 찾아왔다. 그중 한 사람이 함장에게 "저는 진해통제부사령관 김성삼 대령의 동생이 되는 김철웅입니다."며 자기소개를 하고 해방 후 지금까지 살아온 이야기를 했다.

함장은 "여기 성진에서 김성삼 대령의 동생을 만날 줄은 꿈에도 생각 못했습니다. 그동안 얼마나 고생이 많으셨습니까? 가족은 다 무사하시나요. 저희가 무엇을 도와 드릴까요?"라고 물었다. 김철웅 씨는 "감사합니다. 저희 가족을 진해로 보내주십시오."라고 청했다. 함장은 "배편이 있을 때 연락하겠습니다." 대답했다. 그들은 함장의 대답을 듣고 공산당 질곡에서 해방된다는 희망을 안고 환한 얼굴로 떠났다.

유엔군은 파죽지세로 북진하여 수도사단은 11월 25일 청진을 점령하고 두만강에서 50킬로미터 거리인 부령에 진입했고, 제3사단 선두는 11월 30일 혜산진에 돌입하여 두만강 국경선에 이르렀다. LST 홍천호가 11월 11일 육군병력과 군수물자를 싣고 성진으로 들어왔다. 11월 16일에는 박옥규 함장이 지휘하는 PF-62함이 성진에 입항했다. 701함과 62함은 성진 앞바다를 경비하고 미 해군은 성진 해역에서 소해작전을 했다.

이승만 대통령은 10월 26일 원산에서, 10월 29일 평양에서, 11월 22일 함흥에서 열린 시민환영행사에 참석했다. 민족의 염원인 자유민주주의 대한민국 통일이 눈앞에 다가올 무렵 중공군 약 30만이 국경을 넘어 침공해 왔다. 10월 20일 중공군 팽덕회 사령관은 압록강 어귀에서 김일성과 만나 "모택동 주석이 39개 사단을 파견하기로 결정했다. 첫 번째 39개 사단을 보내고 다음에 보낼 26만 명을 편성 중에 있다."고 했다. 유엔은 중공군 침공을 규탄하고 침략군으로 낙인찍었다.

11월 말경 중공군은 전면적 공세에 나섰다. 유엔군은 예기치 못한 중공군의 기습과 혹독한 추위에 고전을 면치 못하고 후퇴를 시작했다. 수도사단과 제3사단 장병들은 조국통일 일념으로 진격하여 압록강, 두만강을 눈앞에 두고 찢어지는 한분(恨憤)을 머금으며 발걸음을 돌려야 했다. 12월 5일부터 12월 6일까지 성진에 집결하여 수개 제대로 나누어 철수했다. 수도사단 장병 일부는 열차를 타고 흥남으로, 나머지는 12월 6일 미 함정을 타고 서호진을 경유하여 묵호로 철수했다. 제3사단 장병 일부는 육로를 통해 흥남으로, 나머지는 12월 9일 세인트 윈드호(Saint Wind)를 타고 흥남을 경유하여 부산과 구룡포로 철수했다.

12월 19일 LST 홍천호 등 함선들이 피난민을 싣고 성진항을 떠나 남으로 향했다. 성진에서 피난한 민간인들은 1만 2,000명이나 되었다. 김성삼 대령 동생 가족과 잿더미를 헤쳐 파던 모녀도 철수대열에 함께했다.

701함은 성진 해역에서 철수작전 지원을 하던 중 12월 7일 해군본부로부터 새로운 임무를 받았다. 묵호진 부두에 무선국 설치를 지원하라는 것이었다. 이날 수명한 임무를 위해 뱃머리를 남으로 돌려 고성 해역을 지나던 중 해군본부로부터 또 다른 지시가 떨어졌다.

"미 해군 연락장교 업틴(Uptain) 소령이 속초 북쪽 해상에서 4척의 동력선(각 선박에 약 100명 탑승)과 6척의 정크선(각 선박에 약 25명 탑승)이 남쪽으로 항해하고 있는 것을 목격했다. 이 선박들에 탑승한 사람들이 원산에서 출항한 피난민과 녹색 유니폼을 입은 청년방위병들인지를 확인하고 보고하라."

701함은 즉시 속초 해역으로 가서 확인한 결과 해군본부의 정보와 일치했다. 그리고는 12월 8일 묵호에 도착하여 무선국 설치를 지원한 후 묵호해역에서 경비임무를 수행했다. 12월 10일 해군본부로부터 주문진항에 들러 항구조사를 하라는 명령이 내려왔다. 701함은 "주문진항은 200톤 선박까지는 수용할 수 있으나 더 큰 선박은 침몰한 적 선박 때문에 부두에 입항할 수 없음."을 보고했다.

12월 12일 701함은 적 게릴라들이 옥계에서 묵호진으로 이동하고 있다는 정보를 입수하고 그 지역을 향해 함포사격을 가했다. 다음날 12월 13일에는 묵호에 주둔한 헌병으로부터 "약 3,000명의 적 잔류병들이 묵호 북방 4마일 위치에 은신하고 있다."는 정보를 받고 그 지역에 대해 3인치 포탄 12발을 발사했다.

701함은 작전을 하면서 동해안에서 일어난 각종 사건·사고를 비롯한 전황을 보고하는 통신 중계 임무도 수행했다. 이 무렵 701함이 통신 중계한 내용은 이렇다.

'동해안을 따라 작전하는 아군 정보부대 중의 한 부대는 고성 해안(38도 35분·128도 30분)에서 미 항공기로부터 폭탄과 기총사격을 받아 2명이 부상을 입었고 수집한 정보들을 분실했다."흥남에서 출항한 40척의 소형 선박이 황천 때문에 12월 15일 속초에 입항하던 중 100여명의 피난민을 태운 소형선박 1척이 기뢰접촉으로 침몰되고 14

명이 실종되었다.' '12월 16일 미국 제트기가 고성에 있는 육군 제22연대 제1중대에 오인폭격을 가하여 중대 본부가 전소되고 1명이 사망했다.' '12월 17일 38도선 주변에 있는 양양, 속초, 거진, 고성, 장전 등이 한국육군과 경찰 병력에 의해 질서가 유지되고 있으며, 아군 부대들은 12월 20일까지 견딜 수 있는 충분한 식량 등 군수품을 보유하고 있다.'

제2차 인천상륙작전

701함은 12월 17일 동해에서 이탈하여 다음날 12월 18일 진해기지로 돌아왔다. 북풍한설 몰아치는 동지섣달, 함경도 창망한 바다에서 진해에 돌아오니 봄날같이 포근했다. 함장의 인사명령이 내려왔다. 전쟁이 터진 첫날, 부산으로 쳐 내려오는 적함과 맞닥뜨려 치열한 포격전 끝에 전승을 거두고, 해군에 한 척뿐인 전투함인 까닭에 동·서·남해를 쉴 새 없이 누비며 싸운 백두산함(PC-701)의 지휘관 최용남 중령이 진해도착 다음날 해사 1기생 노명호 소령에게 지휘봉을 넘졌다. 원래 함장의 이임명령은 12월 6일로 되어 있었으나 동해에서의 작전수행으로 빠져나올 수가 없어 12월 19일에서야 배에서 내렸다. 전쟁 중 이런 일은 비일비재했다.

　　승조원들은 모처럼 휴식다운 휴식을 모항에서 취할 수 있었다. 이때 필자의 가족들은 안양에 있었다. 흩어진 가족들은 9·28수복 후 모두 안양에서 다시 합류해서 생활하고 있다는 소식을 들었다. 그런데 중공군 침공으로 앞으로 어떤 상황이 닥칠 것인지 가족들의 안전이 걱정되었다.

　　701함은 새로운 함장인 노명호 소령 지휘 하에 중공군이 서울을 점령한 다음날 1951년 1월 5일 서해로 출동했다. 이때 유엔군은 한강-양평-홍천 선으로 후퇴하고 또다시 37도선으로 철수 중이었다. 701함은 황해도 지역에서 바다를 통해 남하하는 피난민을 호송하며 인천에서 옹진반도에 이르는 해역을 통제했다. 1월 27일에는 4,000여명의 피난민과 반공청년단을 황해도에서 백령도로 이송하는 LST-801함을 호송하는 작전을 수행했다.

　　호송임무를 끝내자 이날 해군본부로부터 부산으로 내려가라는 명령을 받았다. 이날 저녁 늦게 부산에 도착하니 다음날 진해로 이동하라는 지시가 떨어졌다. 진해 군항, 공창, 사관학교 등을 시찰할 유엔위원단 일행을 부산-진해 간 왕복 이송하라는 것이었다. 1월 28일 오전 701함은 유엔위원단을 편승, 출항하여 진해로 이송했다.

　　처남 정재욱이 701함으로 와서 필자에게 가족들이 도만동 관사에 내려와 있다고 전해주었다. 저녁에 퇴근해서 관사에 들어서니 가족들 모두가 기뻐하며 반겼다. 중공군들이 서울을 점령하고 남하할 때 아버지는 안양에서 식솔들을 모두 데리고 지난 1월 초순에 해군 소위 아들이 있는 진해로 내려왔다는 것이다. 어머니와 동생 호섭과의 만남은 전쟁 발발 이후 처음이었다. 어머니는 그동안 고달팠던 피난생활 이야기를 하셨다. 눈물이 나고 가슴이 아팠다.

701함은 이틀 간 진해에서 보내고 1월 30일 또다시 유엔위원단을 태우고 부산으로 돌아왔다. 그리고는 군수물자를 적재하고 2월 1일 06시 서해로 출동했다. 서해안에는 제951서해전대사령관 영국 해군 스콧 몬크리프(Alan K. Scott-Moncrieff) 소장의 지휘 하에 한국 함정 YMS-501정(정장 함덕창 대위), JMS-301정(정장 박기정 대위), 302정(정장 홍원표 대위), 306정(정장 최병기 중위), 310정(정장 모예진 대위)이 인천 팔미도, 무의도, 영흥도, 덕적도, 연평도 해역에서 작전하고 있었다.

701함이 2월 2일 10시 50분 덕적도 근해에 도착하자 노명호 함장은 덕적도 주둔사령관 김종기 소령(해사 1기생)을 배로 불러 서해 도서의 적정 상황을 듣고 곧바로 인천 내항으로 향했다. 이날 오후 15시경 팔미도 해역에 이르니 미국 순양함 헬레나함(CA-75, Helena)에서 발광신호가 왔다. 자기 배에 계류하라는 신호였다.

계류 후 노명호 함장은 필자를 대동하고 헬레나함으로 건너가 함장을 만났다. 사관실에는 영국 순양함 벨파스트함(Belfast) 작전장교도 와 있었다. 서로 인사를 나누고 난 후 헬레나함 함장이 우리에게 커피를 권하면서 서두를 꺼냈다. "지금 육지에서는 유엔군이 한강으로 진격하기 위하여 수원 북쪽에서 격전을 벌이고 있습니다. 우리는 적 측방 인천에 압력을 가해 유엔지상군에 대한 짐을 덜어주려 합니다." 그리고는 탁상 위에 해도를 펴 놓고 손가락으로 월미도를 짚으며 작전계획을 설명했다. "여기 월미도에 있는 적의 포대 위치를 파악하고 싶습니다. 701함이 월미도에 가까이 들어가 포격을 가했으면 합니다. 가까이 들어갈수록 적의 많은 포대 위치가 노출될 것입니다. 물론 우리는 사격 준비를 하고 있다가 적이 응사해 오면 즉시 전포로 귀함을 엄호할 것입니다."

함장이 헬레나함 함장에게 물었다. "월미도에 접근해 3인치 포로 포격을 하겠습니다. 언제 포격을 하면 좋겠습니까?" "내일 2월 3일 관측하기 좋은 정오쯤이 좋겠습니다." "귀함이 파악하고 있는 월미도의 적 포대 위치는 어디인가요?" 헬레나함 함장은 작전장교에게 확대한 월미도 해도를 가지고 오라고 지시했다. 작전장교가 월미도 해도를 탁상 위에 펴 놓자, 헬레나함 함장은 적의 포대 위치를 연필로 표시했다. 노명호 함장이 "이 해도를 카피해 줄 수 있겠습니까?" 하자 헬레나함 함장은 이미 준비해 둔 월미도 해도를 작전장교에게 가져오게 하여 노명호 함장에게 건넸다. 노명호 함장은 "내일 11시에 팔미도 근해에서 출발하여 월미도로 최대한 접근해서 포격하겠으니 엄호사격을 부탁합니다."고 말했다. 헬레나함 함장은 "영국 순양함 벨파스트함도 가세해 전포사격을 준비하겠습니다."고 대답했다. 그리고는 두 함장은 서로 악수하며 내일의 승전을 다짐했다.

함장은 배에 돌아와 장교들을 사관실에 집합시키고 헬레나함에서 계획한 월미도 포격작전에 대한 설명을 한 후 만반의 준비를 지시했다. 필자는 3인치 포요원 포장 최석린, 사수 홍양식, 선회수 이유택, 척도수 정인화, 전화수 박승조 그리고 중기관총 사수 조경규, 권진택을 함교에 집합시켰다. 내일 정오경 월미도에 접근하여 적 포대를 포격한다는 작전개요를 설명했다. 그리고 미 순양함 헬레나함에서 갖고 온 월미도 해도를 펴 놓고 목표 1, 2번을 확인시켰다. 최석린 포장과 3인치 포 사수, 선회수, 척도수 그리고 중기관총 사수에게 사격 지침을 주었다. "거리 2,000에서 사격을 개시한다. 1,000까지 들어간다. 그리고는 목표 '1'을 쏴라. 다음은 목표 '2'를 쏴라. 만일 적 포대에서 응사해 오면 그곳을 집중적으로 갈겨라." 이어 작전목적을 설명했다. "그동안 중공군의 벌떼 같은 공격으로 평택-안성-제천-삼척선까지 밀렸던 유엔군은 반격해서 올라오고 있다. 지금 수원 북쪽까지 올라와 군포, 수리산 일대에서 격전 중이다. 우리가 내일 월미도를 포격하면 적이 작년 9월처럼 인천상륙작전을 하는 줄 알고 병력을 인천으로 뺄 수 있다. 그러면 유엔군의 짐이 한결 가벼워져 머지않아 서울을 되찾을 수 있을 것이다." 모두 고개를 끄덕였다. 대원들은 "잘 준비하겠습니다."며 해산했다.

701함은 이날 밤 영흥도-자월도-덕적도 해역을 경비하고 다음 날 2월 3일 11시경 팔미도 근해에 이르렀다. 미 순양함 헬레나함, 영국 순양함 벨파스트함, 미 구축함 행크함(DD-702)이 대기하고 있었다. 701함은 헬레나함에 '전투에 돌입함' 발광신호를 보내고 월미도로 향했다. 미 구축함 행크함이 701함 뒤를 따랐다. 미 구축함은 월미도에서 5,000야드 거리에 이르자 항진을 멈추고 선회하기 시작했다. 701함은 11시 50분에 소월미도를 동쪽으로 보며 월미도 2,000야드 거리에 이르자 최석린 3인치 포장의 우렁찬 구령이 하늘을 갈랐다. "목표 1번, 거리 2,100, 쏴." 50중기관총도 불을 뿜었다. 적 포대에서 검은 연기가 솟았다. 동시에 적은 야포와 기관포로 반격해 왔다.

헬레나함, 벨파스트함, 행크함은 적 포탄이 날아온 곳에 일제히 포격했다. 피아간 포격전으로 월미도 능선은 포연과 흙먼지로 뒤덮였다. 701함은 계속 포격을 하며 월미도와의 거리 1,000야드에서 좌회전하여 빠져나왔다. 적 포탄이 701함 주변에 떨어져 여기저기 불기둥이 솟았다. 이때 적 포탄 한 발이 함수 캡스턴(닻을 감아 올리는 장치) 근처에 떨어져 파편이 튀었다. 최석린 장포장이 갑판에 주저앉으면서 "쏴, 쏴" 계속 구령했다. 레디박스(포탄 저장 상자)를 붙잡고 일어서서 포 지휘를 계속했다. 701함은 월미도와의 거리 6,000야드까지 벌려 나왔다. 피아간의 포격이 멈추었다.

최석린 장포장의 오른쪽 엉덩이에서 검붉은 피가 흘렀다. 대퇴부 관통상이다. 장전수, 임인정 수병의 다리에는 파편이 박혔다. 전투가 끝나자 미 순양함 헬레나함에서 계류하라는 발광신호를 받고 접근했다. 함교에 위치한 신호사가 "갑판사관님, 왼쪽 구두에 피가 고여 있어요."라고 외쳤다. 왼쪽 구두를 내려다보았다. 발이 끈적였다. 작업복 왼쪽 무릎 아래에 구멍이 뚫려 있었다. 적 기관총탄이 뚫고 지나간 자리다. 바지를 걷어 올리니 왼쪽 무릎 아래에서 피가 흘렀다. 적탄이 피부를 스쳐 지나간 것이다. 1센티만 안쪽으로 지나갔으면 다리뼈가 부서져 나갔을 것이다.

701함은 헬레나함에 계류하고 최석린 병조장을 들것에 실어 올리며 이어서 임인정 수병이 올라갔다. 헬레나함에서 응급조치를 했다. 최석린은 중상이었다. 함장은 필자를 대동하고 헬레나함에 올라가 함장을 만났다. 헬레나함 함장이 우리에게 칭찬과 격려의 말을 했다. "귀함의 용감한 근접포격으로 적의 포대 위치와 적의 화력을 정확하게 파악할 수 있었습니다. 부상한 포장 최석린 병조장은 본함에서 당분간 치료하겠습니다. 군의관 말로는 약 일주일 후면 귀함으로 돌아갈 수 있을 것이라고 합니다. 오늘 작전경과를 제95부대사령관 스미스 제독에게 자세히 보고하겠습니다. 함장님께서 수고 많으셨으며 701함 모든 장병의 분투에 대하여 찬사를 드립니다." 사관실에서 커피를 마시며 오늘 있었던 전투 이야기를 나누고 우리는 함으로 건너왔다. 헬레나함에서 담배 10보루와 닭고기를 보내왔다. 임인정 수병도 파편을 제거하고 701함으로 돌아왔다.

2월 7일 아침 헬레나함에서 또 만나자는 연락이 왔다. 노명호 함장은 배를 계류한 후 필자와 함께 헬레나함에 올랐다. 헬레나함 함장은 차후 작전의도를 말하고 의견을 물었다. "월미도 포격작전 결과를 제95봉쇄·호송부대사령관과 제951서해전대사령관께 보고했습니다. 제95봉쇄·호송부대사령관 스미스 제독께서 '유엔군은 서부전선(수원 지역)에서 치열한 전투를 하며 한강을 향해 진격 중이다. 유엔지상군에 대한 측면지원을 위하여 한국해군과 해병대가 인천에 대한 소규모 상륙작전이 가능한지를 보고하라.'는 지시가 있었습니다. 함장님의 의견을 듣고 싶습니다." 노명호 함장은 "스미스 사령관님의 작전 성공을 위해 최선을 다하겠습니다. 우선 덕적도에 주둔 중인 해병대 김종기 부대장을 만나 협의하겠습니다."고 말하고 배에서 나왔다.

701함은 덕적도로 향했다. 김종기 소령에게 진리 앞 해상에서 만나 701함에서 점심을 같이하자는 연락을 보냈다. 김종기 소령이 701함으로 어선을 타고 왔다. 노명호 함장과 김종기 소령은 해사 1기 동기생으로 반갑게 만나 악수를 하고 점심 식사를 했다. 노명호 함장은 지난 2월 3일 월미도 포격작전에 대한 경과를 이야기하고 오늘 오전 미 순양함 헬레나함 함장과 만나 논의한 작전에 대하여 설명했다. 김종기 소령은 "그렇다면 나와 같이 헬레나함 함장을 직접 만나 작전을 짜는 것이 좋다고 생각하는데 어떤가?" 하고 물었다. 노명호 함장은 "그렇게 하는 것이 좋겠구먼. 그럼 같이 인천으로 가자." 고 했다. 김종기 소령은 "섬에 돌아가서 부대원들에게 알리고 내일 새벽 06시에 오겠다."하며 타고 왔던 어선을 타고 돌아갔다.

2월 8일 김종기 소령이 어선을 타고 701함으로 왔다. 701함은 인천 앞 팔미도를 향했다. 09시경 헬레나함에 계류하고 노명호 함장,

김종기 덕적도주둔부대장, 필자는 미 순양함에 올랐다. 헬레나함 함장이 현문에서 우리를 영접하고 사관실로 안내했다. 사관실에는 영국 작전장교도 와 있었다. 우리는 테이블 위에 해도를 펴 놓고 작전방안에 대해 협의했다. 약 한 시간 동안 협의한 끝에 상륙작전계획을 세웠다.

① D-day는 2월 10일, H-hour는 18시로 한다.

② 상륙해안은 만석동 인천기계제작소 해안으로 한다. 제1공격목표는 기상대 고지이다.

③ 미·영 순양함과 구축함은 H-hour 1시간 전부터 상륙부대가 상륙할 때까지 월미도와 기상대 고지를 향해서 함포사격을 한다.

④ 2월 8일 정찰요원을 인천에 침투시켜 만석동 일대의 적정을 탐지한다.

⑤ 부대편성은 덕적도에 주둔하는 해병대 1개 중대(약 100명)를 2월 10일 16시까지 팔미도 해역에 도착시킨다. 한국해군 701함 등 6척에서 70여명을 차출하여 상륙부대를 편성한다.

⑥ 상륙군 부대장 김종기 소령은 상륙작전 감행 시 적이 막강한 병력과 강력한 화력으로 반격하여 아군에게 막대한 희생이 발생될 것으로 판단되면 지체 없이 본대로 철수한다.

작전협의를 끝내고 김종기 소령은 YMS-501 편으로 덕적도로 향했다. 함장은 배로 돌아와 YMS·JMS 정장들에게 내일 08시에 701함으로 오라는 지시를 하고, 부장에게 소형어선 한 척을 준비시켰다. 필자에게는 인천 만석동과 기상대를 정찰할 인원 선발을 지시했다.

    작전협의에 참석하여 작전의도를 잘 알고 있었던 필자는 이번 해군·해병대의 단독작전은 그 무엇보다도 적정 파악이 중요하다고 생각했다. 정찰임무에 적합한 인물이 떠올랐다. 인천 출신으로 몸집이 작고 다람쥐같이 날쌔며 영리한 김 하사관이다. 김 하사관을 불렀다. "김 하사관, 인천지역 적정을 정찰해야 하는데 해보겠는가?" "갑판사관님, 그 일이라면 우리 배에 저 빼놓고 누가 있습니까? 갑판사관님도 알다시피 제가 인천출신 아닙니까? 제 친척과 친구들도 인천에 있고요." "정말 해내겠는가?" "나라를 위해 보람찬 일 아닙니까? 저에게 꼭 맡겨주십시오. 그런데 작년처럼 인천상륙작전 또 합니까?" "그건 확실히 모르겠네. 언제 할지는 모르지만 하긴 할 것 같구면." "신나는 일이네요. 그런데 무엇을 탐지해 오면 됩니까?" "만석동과 그 북쪽 기상대 고지 있지? 거기 적 방어시설과 병력 그리고 가능하다면 월미도와 인천시내의 적 주둔지와 병력을 알 수 있으면 좋겠네." "갑판사관님, 청이 있습니다." "뭔데?" "갑판부에 이 수병 아시죠. 그 놈 제 중학교 후배인데 똑똑해요. 그 놈도 같이 가게 해주세요." "그렇지. 이 수병. 그 놈 참 똑똑하지. 같이 가게." "예. 고맙습니다." "그런데, 김 하사관, 침착하고 조심해야 해. 그리고 꼭 살아 돌아와야 해. 무리하지 마라. 중요한 일이야." "네, 저를 믿어주세요. 백두산함 명예를 걸고 꼭 해내겠습니다." 그의 말에는 굳은 의지가 실려 있고 그의 눈은 자부심과 보람으로 빛났다.

함장은 JMS-302정 홍원표 정장을 불러 정찰요원 수송임무를 맡겼다. 302정은 2월 8일 21시경 정찰요원 2명을 소형 어선에 태우고 영종도 앞을 지나 만석동 북쪽 화수동 해안에 상륙시켰다. 정찰요원은 동인천역-제물포고등학교-송월동-석동을 거쳐 정찰임무를 마치고 화수동 상륙지점에서 기다리고 있던 어선을 타고 다음날 새벽 05시에 701함으로 귀함했다. 김 하사관은 다행히 제물포고등학교 인근에 살고 있는 친척을 만나 중요한 정보를 얻었다면서 정찰결과를 보고했다.

① 인천에 있는 인민군은 대부분 인민군 제17사단 소속의 연대 병력이다. 본부는 인천시청에 위치하고 있다.

② 주 방어진지는 월미도에 있고 기상대고지(220미터)에도 진지를 구축하고 있다. 또한 수봉산에도 인민군이 있는 것으로 보인다.

③ 2월 6일 인민군은 월미도와 기상대에 일부 병력을 남기고 대부분 인천을 떠났다. 어디로 갔는지는 알 수 없다.

④ 인천부두와 해안에 인민군 순찰대가 수시로 돌고 있다.

2월 9일 08시에 정장들이 701함에 모였다. 노명호 함장은 2

월 10일 감행할 상륙작전과 인천 적정에 대하여 설명하고 정장들에게 임무를 부여했다. 이어서 작년 인천상륙작전 이전 감행했던 덕적도·영흥도 탈환작전 사례를 들며 정장들에게 상륙군 병력 차출을 지시했다. PC-701함에서 20명, YMS-510, JMS-301, 302, 306정에서 각 12명, JMS-310정에서 5명, 모두 73명이 차출되었다.

701함에서는 덕적도·영흥도 탈환작전에 참전했던 육전 경험이 있는 병사를 선발하기로 했다. 그런데 3인치 주포요원들이 필자를 찾아와 "갑판사관님, 이번 상륙작전에는 저희들도 꼭 참전할 수 있게 해 주십시오."하며 간청했다. 이들은 주포 사격수, 선회수, 척도수들로 포 운용에서 핵심요원들이었다. "포는 누가 쏘고?" "대체 인원을 훈련해 놓지 않았습니까? 그네들이 우리보다 더 잘 쏠 겁니다. 우리도 이번에 꼭 끼워주십시오."

이들의 의지를 꺾을 수 없다고 생각한 필자는 함장 허락을 받고 상륙부대에 합류시켰다. 이때 장병들은 자신들의 위험 따위는 돌보지 않고 자진해 싸움터에 나가 나라를 지켜야 한다는 의지에 불타고 있었다. 이들의 마음속은 '싸우면 이긴다.'는 신념에 차 있었다.

함장은 301정장 박기정 대위에게 즉시 덕적도로 가서 부대장 김종기 소령을 태우고 701함으로 승함시키라고 했다. 310정장 모예진 대위에게는 즉시 덕적도로 가서 해병대원들을 싣고 늦어도 내일 16시 이전에 팔미도 인근에 도착하도록 지시했다. 저녁 19시경 김종기 소령이 301정을 타고 701함으로 왔다.

김종기 소령은 701함 함장 등 장교들과 2월 10일 감행할 상륙작전에 대하여 구체적인 계획을 세웠다. 상륙부대는 덕적도 해병부대 1개 중대(3개 소대)와 함정 승조원으로 1개 중대(2개 소대)로 편성하고 중대장과 소대장을 임명했다.

2월 10일 14시경 310정장으로부터 전문이 왔다. "덕적도 주둔 해병대 병력이 섬 여러 곳에 분산 배치되어 있어 소집하는데 많은 시간이 소요됨. 금일 16시까지 팔미도 도착이 불가능함. 병력이 탑승되는 대로 즉시 출항하겠음."

16시로 예정된 함포포격 시간이 점점 임박해 왔다. 노명호 함장은 310정장에게 해병대 도착시간을 다급하게 물었다. 310정 정장은 '해병부대원을 싣고 출항함. 18시경 팔미도 해역에 도착예정.'이라는 답변을 보냈다.

함장과 김종기 소령은 상륙작전을 계획된 시간대로 감행할 것인가? 아니면 덕적도 해병부대가 도착한 대로 상륙할 것인가를 상의했다. '계획된 시간에 함정 승조원만으로 상륙작전을 감행한다.'고 결정했다. 덕적도 해병부대는 도착하는 대로 만석동 해안으로 상륙하여 함정부대와 합류하기로 했다.

상륙감행 이전 15시에 미 순양함과 상륙부대 간의 통신연락을 위해 미 해군장교 1명과 통신병 2명이 701함에 승함했다. 필자는 이들을 데리고 302정에 탔다. 16시 30분 함정 상륙부대는 302정과 발동선 2척에 분승하여 701함·301정·306정 호송 하에 팔미도 해역을 출발했다. 계획보다 1시간이 늦은 17시에 2척의 순양함과 1척의 구축함 함포가 일제히 불을 뿜었다. 상륙군을 실은 302정과 발동선은 영종도 남쪽 해안을 돌아 18시에 만석동 인천기계제작소 해안으로 상륙했다. 302정에 탑승한 미 해군장교는 상륙결과를 미 순양함에, 필자는 701함에 보고했다.

    이때 월미도와 인천역 쪽에 있던 적들이 사격을 가해왔다. 상륙부대의 상륙성공을 확인한 필자는 미 해군 장교 일행을 인솔하여 302정 편으로 701함에 돌아왔다. 김종기 부대장은 작년 인천상륙작전 때에도 해병대 제2대대를 지휘하여 이곳 해안에 상륙한 경험이 있어서 이 지역의 지형지물을 환하게 알고 있었다.

    19시에 310정 편으로 덕적도 해병부대가 만석동 해안으로 상륙했다. 김종기 부대장은 해병대 부대를 선두에 세우고 함정부대를 그 좌편에 배치하여 기상대고지를 향해 진격했다. 해병부대는 고지 서측에서 공격하고, 함정부대는 고지 북측으로 진격했다. 적들은 소총, 따발총, 경기관총으로 대항했다. 고지 정상 200미터 전부터는 함성을 지르며 일제히 사격을 피부었다. 이때 각 소대장은 '중대 앞으로' '대대 앞으로' 큰소리로 구령을 외치며 돌격해 나갔다. 적들은 대부대가 공격해 오는 줄 알고 혼비백산하여 도망쳤다. 21시경 기상대고지를 점령했다. 도중에 체포한 적군을 심문한 결과 공산군은 아군의 대부대가 상륙한 줄 알고 이미 퇴각했다고 했다. 상륙군들은 아군의 사기를 드높이기 위해 각지에 불을 피우고 큰소리로 '만세'를 불렀다.

김종기 부대장은 통신병을 불러 '21시 기상대고지 점령함. 확인된 적군 사살 11명. 아군 피해 없음.' 전문을 701함에 보냈다. 701함 함장은 즉시 미 순양함 헬레나함 함장에게 통보했다. 상륙군을 떠나보낸 후 상륙부대에 대한 안위와 작전의 성공여부에 대한 불안으로 701함 승조원들의 분위기는 적막 속에 잠겨 있었다. 21시 김종기 부대장의 '기상대고지 점령' 보고는 승조원의 분위기를 단번에 바꾸었다. 승조원들의 '만세' 소리가 밤하늘에 울려 퍼졌다.

아군은 적의 산발적인 저항을 물리치고 적군 지휘소가 있는 인천시청으로 진격해 갔다. 23시 시청을 점령하고 아군 지휘소로 바꾸었다. 지휘소에 걸려 있는 스탈린과 김일성 사진을 뜯어내 짓밟아 버렸다. 깃대에 올려 있는 인공기를 내리고 태극기를 올렸다.

2월 11일 06시 상륙군은 월미도로 진격했다. 월미도를 수비하고 있던 적들은 상륙군이 기상대고지를 점령할 무렵 모두 도주했다. 월미도 남쪽능선 아래 엄폐된 참호에 야포 8문이 있었다. 섬 동남쪽 비탈 참호 속에는 나뭇가지를 덮어씌워 위장한 탱크 한 대가 있었다. 김종기 상륙부대장으로부터 보고를 받았다. "07시 월미도 완전 점령함. 적 탱크 1대, 적 야포 8문 노획함." 701함에서는 또다시 새벽하늘을 가르는 '만세' 소리가 터졌다. 헬레나함 함장에게 즉각 알렸다.

상륙부대는 적 야포와 탱크, 기타 무기가 더 있는지 섬 주위를 수색했다. 또한 노획한 82밀리 야포를 사용할 수 있는지를 점검했다. 수색과정에서 적이 매설해 놓은 지뢰가 터져 3명의 부상자가 발생했다. 부상자는 어선에 태워 701함으로 후송하여 치료했다. 군의관은 모두 경상이며 곧 회복될 것이라 했다.

함장은 기관장과 포술장에게 월미도에서 노획한 탱크와 야포를 수리하여 아군이 사용하면 좋겠다고 말했다. 기관사 강명혁 중위는 전기장 김생용 병조장, 내연사 이종문, 이길선, 조종래를, 포술부에서는 필자가 포술 요원 3명을 선발하여 월미도에 상륙했다. 이때 미 순양함에서 파견한 5명의 미 해병도 동행했다. 필자는 김종기 부대장에게 야포 수리를 위해 상륙작전에 참가한 3인치 포요원 홍양식, 이유택, 정인화를 불러줄 것을 요청했다. 시청에 주둔하고 있던 이들 3명이 월미도로 급히 왔다. 강명혁 중위는 우선 위장해 놓은 나뭇가지를 제거하고 참호 주위의 흙을 파헤쳤다. 기관부 요원들은 탱크 엔진과 전기회로를 점검하고 고장 난 곳을 수리했다. 강 중위가 운전석에 들어가 시동 스위치를 돌렸다. 엔진이 '부릉, 부릉' 소리를 내며 시동이 걸렸다. 기어를 넣고 이쪽저쪽으로 돌리며 시운전을 했다. 기관부 요원과 구경하고 있던 부대원들이 손뼉을 치며 "적 탱크를 잡았다."고 외쳤다.

필자는 배에서 인솔해 온 포 요원과 홍양식, 이유택, 정인화에게 "적들은 이곳 월미도에 야포 8문을 참호 속에 은폐해 놓았다. 적들은 도망치면서 야포 사격 장치 등 부품을 뜯어내 땅속에 묻거나 숲속에 감추어 놓았을 것이다. 숨겨 놓은 부품을 찾아내 조립해 보자. 잘 되면 이것을 가지고 적을 추격해 보자. 이곳 월미도에는 사방이 지뢰가 깔려 있다. 조심하고 또 조심하라." 모두 야포 부품 찾기에 나섰다. 약 1시간 동안 수색 끝에 '브리지 부속' 등 부품을 찾아 모았다. 포요원들은 야포 한문 한문씩 조립했다. 야포 4문을 복구했다. 홍양식 이등병조가 "갑판사관님, 4문은 완전히 복구했는데, 나머지 4문은 부품이 없어 어려울 것 같습니다. 조립한 4문은 격발이 잘 됩니다. 시험사격 해볼까요?" 물었다. 숲 속에 숨겨놓은 포탄도 찾아냈다. 야포 1문에 포탄을 장전하고 방아쇠를 당겼다. '꽝' 소리와 함께 포탄이 날아갔다. 모두 손뼉을 치며 "야포 잡았다." 고 외쳤다.

〈노획탱크, 오른쪽부터 필자, 기관사 강명혁, 총 들은 미 해병대원〉

〈왼쪽부터 노명호 소령, 스미스 소장, 최병해 소령, 김종기 소령, 필자〉

정오경 속히 귀함하라는 함장 지시를 받은 필자가 바로 배로 돌아오자 미 순양함의 LCVP(상륙주정) 한 척이 701함에 계류했다. 제 95봉쇄·호송부대사령관 스미스 소장이 참모들과 유엔군연락장교 최 병해 소령을 대동하여 701함에 올랐다. 스미스 소장은 노명호 함장에게 한국해군과 해병대가 감행한 인천상륙작전 성공으로 유엔지상군 작전 수행에 큰 도움이 되었다며 그 공로를 치하했다. 노명호 함장과 필자는 스미스 소장 일행과 같이 LCVP를 타고 월미도로 향했다. 스미스 사령관은 참모에게 어젯밤 한국해군과 해병대가 상륙한 만석동에 접안하라고 지시했다.

인천기계제작소 안벽에 이르자 김종기 부대장이 영접했다. 스미스 제독은 김종기 부대장의 손을 잡고 크나큰 전과를 올렸다며 격찬했다. 김종기 소령은 최병해 소령의 통역으로 작전경과를 보고했다. 스미스 제독은 인천역 쪽으로 걸어가 월미도와 인천 시내를 한참 동안 관찰하고 동행한 일행과 승전기념으로 사진촬영을 했다.

〈노획야포, 왼쪽부터 필자, 유엔군연락장교 최병해〉

스미스 제독은 참모에게 인천항 부두시설 상태를 속히 조사하라고 지시한 후 김종기 소령에게 노획한 탱크와 야포는 지금 어디 있느냐고 물었다. 김종기 부대장이 월미도 남쪽에 있으며 지금 수리 중이라고 대답하니 참모에게 그곳으로 가자고 했다. 스미스 소장 일행은 LCVP를 타고 월미도 남쪽으로 이동하여 산중턱을 보니 탱크와 야포가 보였다. 강명혁 중위와 기관부 요원들이 탱크를 수리 중이었다. 오전에 미리 와 있었던 미 해병대 대원이 내려와서 미 해군 참모들과 최병해 소령을 안내하여 탱크와 야포가 있는 곳으로 안내했다. 그들은 탱크와 야포를 유심히 살펴본 후 사진을 찍고 내려갔다. 스미스 사령관 일행은 헬레나함으로 돌아갔다.

강명혁 중위는 기관부 요원을 탱크에 태우고 상륙부대 지휘소가 있는 시청으로 향했다. 필자는 야포 4문을 이끌고 탱크 뒤를 따랐다. 우리 해군·해병대가 인천을 점령했다는 소식을 들은 피난민들이 시내로 들어오기 시작했다. 시민들은 태극기를 흔들며 '해군 만세', '해병대 만세'를 소리높이 외쳤다. 김생용 병조장이 시민들의 태극기를 건네받아 탱크 위에 달았다. 탱크와 야포가 시청에 이르자 상륙군들이 뛰어나와 어쩔 줄을 모르고 기뻐했다. 오후에는 강명혁 중위와 필자는 대원들과 탱크에 야포 1문을 끌고 숭의동 쪽으로 나갔다. 강 중위는 신나게 탱크를 몰았다. 길모퉁이를 돌 때 회전반경이 길어 부딪치기도 하며 애먹었지만 트럭 운전하듯 잘 몰았다. 인천시 동쪽 46번 도로와 남쪽의 42번 도로가 마주치는 지점에 탱크를 세우고 야포에 포탄을 장전하여 적군이 이동하는 부평 쪽을 향해 쐈다.

이때 남쪽 42번 도로에서 지프차 한 대가 달려왔다. 가까이 다가온 지프차에서 미군 장교가 내려 "Hello, I am U.S. Army." 하면서 손을 내밀었다. 중위 계급장을 단 미군 장교는 수색대원으로서 한국해군·해병대가 인천시를 점령했다는 소식을 듣고 확인을 위해 왔다고 했다. 강 중위와 필자는 그에게 상륙작전경과와 인천시 상황을 설명했다. 그는 설명을 들은 후 "Fine" 하면서 본대에 돌아가 보고하겠다고 했다.

시청으로 돌아올 때에는 필자가 탱크를 몰았다. 이날 손원일 참모총장이 보낸 치하 전문을 받았다. 김종기 부대장은 인천지구 한국군 최고지휘관 명의로 포고문을 작성했다. '질서 유지, 적군·무기·폭발물 발견 시 즉각 보고, 시민생활 안전보장' 등이 담긴 내용이었다.

제2차 인천상륙작전에서 우리 해군·해병대가 노획한 탱크에 얽힌 스토리는 이렇다. 영국군 제27여단은 1950년 8월 28일 한국전쟁에 참전했으며, 제29여단은 11월 18일 부산으로 늘어와 곧바로 개성지구전투에 참전했다. 유엔군은 중공군의 신정공세 때 한강 이남으로 철수명령을 내렸다. 서울지역의 7만 5,000명 국군과 수많은 서울시민 그리고 북한에서 내려온 피난민들은 또다시 서울을 떠나 임시로 부설한 부교(浮橋)를 통해 긴급히 한강을 넘어야 했다.

영국군 제29여단과 제170박격포대대는 유엔군과 피난민들의 철수시간을 벌기 위해 1951년 1월 3일 임진강 남쪽 고양시 지역에서 밀려드는 중공군 제115·116·117사단과 중공군 제45포병연대에 맞서 처절한 혈투를 벌였다. 이 전투에서 300여 명의 인명과 탱크 10여 대를 잃었다. 이 중 1대가 월미도에서 노획한 그 탱크였다.

사실 제2차 상륙작전 감행 이전에 유엔군은 한국을 포기하느냐, 수호하느냐 문제로 선택의 기로에 있었다. 대병력의 중공군에 의해 서울이 함락된 1951년 1월 4일 이후부터 미 합참에서 한반도 철수를 거론하기 시작했다. 우리나라 입장에서는 건곤일척의 상황이었다. 서방의 군사력이 한반도에 집중된 틈을 타서 소련이 서유럽을 침공할 것을 두려워한 영국·프랑스 등 동맹국들은 한반도 철수론을 꺼내 들었다. 미 합참이 1월 12일 한반도 철수계획을 검토한 방안은 두 가지였다. 한 방안은 유엔군이 일본으로 철수하고 한국정부·군·경찰·가족 등 100만 명을 제주도로 철수시킨다는 것이고, 다른 방안은 한국정부·군·경찰·가족 등 32만 8,000명을 서사모아 군도(사바이, 우풀루)로 철수시킨다는 것이다.

아울러 유엔군은 다음날 1월 13일 평택-안성-제천-삼척으로 이어지는 현재의 전선을 경계로 하는 휴전을 공산군 측에 제의했다. 워커 장군 후임으로 온 미 제8군사령관 리지웨이 장군은 휴전 제의 다음날 1월 14일 콜린스 육군참모총장, 반덴버그 공군참모총장, 스미스 CIA 국장 등과 만난 자리에서 이렇게 말했다.

"지금 합참은 미군의 한국철수를 계획하고 있다. 제대로 싸워

보지도 못하고 철수한다는 것은 패배를 의미한다. 내 자존심이 허락하지 않는다. 철수할 때 하더라도 적과 접촉을 통해 적의 능력과 의지를 확인하겠다."

리지웨이 장군은 이날 미 제25사단 제27연대에 위력수색정찰을 명령했다. 미 제27연대는 다음날 1월 15일 새벽 전차, 포병, 공병, 항공 지원을 받으면서 오산에서 수원까지 진출했다. 이들과 부딪힌 중공군 부대는 약간 저항하다가 북으로 도주했다. 중공군의 전투력이 생각보다 강하지 않다는 것을 확인한 유엔군은 자신감을 얻었다. 한편 완승을 자신한 중공의 모택동은 1월 17일 유엔군의 휴전 제의를 거절했다.

리지웨이는 5개 사단을 동원하여 반격작전에 들어갔다. 유엔군은 1월 24일 원주를 탈환했다. 1월 31일부터 2월 9일까지 유엔군은 군포, 안양, 수리산, 모락산, 청계산, 관악산 일대까지 진출하여 중공군과 격전을 벌였다. 국군 제1사단 제15연대는 같은 날 노량진-영등포로 이어지는 선까지 진출했다.

중공군은 2월 6일 주력을 한강 이북으로 철수시키는 한편, 관악산에 방어진지를 구축했다. 서울방어를 위해 인천에 주둔하고 있던 인민군 제17사단 예하 연대가 관악산으로 이동했다. 701함 정찰요원이 인천탈환 하루 전 정찰결과를 보고한 내용 중 '인민군 부대가 인천을 떠났다.'는 그 부대가 바로 인민군 제17사단 예하의 연대병력으로 추측된다.

리지웨이 장군은 더 이상의 북진을 망설였다. 그는 맥아더 장군에게 "한강 이북으로의 공격은 위험 요소가 너무 많아 현명하지 않다고 생각합니다. 중공군의 계략에 말려들어 갈 염려도 있습니다. 8군의 능력도 미치지 못합니다."고 전문을 보냈다.

이에 맥아더 장군은 "서울탈환은 군사적으로는 유용성이 적지만 외교적·심리적 효과는 매우 크다. 김포비행장과 인천항만의 가치는 지대하다. 인천항만과 김포비행장 확보는 제8군에 대한 군수물자를 원활하게 할 수 있고, 항공지원도 증대할 것이다."고 언급했다.

아울러 맥아더 장군은 미극동 해군사령관을 통해 제95봉쇄·호송부대사령관 스미스 제독에게 '인천항만 확보' 작전을 지시했다. 미 제8군사령관도 2월 6일 관악산 공격 당시 적 증원을 차단하기 위해 인천에 대한 상륙작전을 실시토록 제95봉쇄·호송부대사령관에게 요청했다. 그래서 스미스 제독은 제2차 인천상륙작전에 각별히 신경을 썼던 것이다.

인천탈환 후 2월 15일 미 육군 공병부대가 미 해군 수송선을 타고 인천항으로 들어왔다. 그들은 인천항에 들어오자 곧 항만과 부두 복구공사를 시작했다. 미 제8군사령부는 부산에서 중부전선까지 군수지원의 어려움을 일시에 해소할 수 있었다. 인천항을 통한 병력과 군수지원에 힘입어 유엔군은 반격을 가해 3월 15일 서울을 다시 탈환했다. 이때부터 유엔군의 한국 포기, 철수라는 말은 자취를 감추게 되었다.

해군사관학교 생도 훈육관 겸 항해술 교관

인천을 완전 탈환한 2월 11일, 701함은 해군본부로부터 "인천 근해에 적 기뢰부설 유무를 조사하고 인천에서 노획한 전리품을 추후 귀항 시 부산으로 수송하라는 지시를 받았다. 함장은 YMS-510정, JMS-301·302·306·310정에 책임해역을 지정해 주며 기뢰부설 유무를 확인하라고 지시했다. 한편 해군본부는 2월 12일 17시 YMS-501·506·512정을 인천 해역의 기뢰소해를 위해 출동시켰다. YMS-516정이 1950년 10월 18일 원산해역에서 소해작전 중 기뢰에 의해 침몰된 이후 우리 해군은 10월 23일 소해정대를 창설하고 YMS 소해정들을 미 해군기지 사세보로 보내 교육훈련과 함께 소해장비를 설치했다.

701함은 YMS 소해작전의 통제임무를 수행하던 중 2월 21일 야포 등 전리품을 싣고 부산으로 향했다. 2월 23일 부산에 귀항하여 야포 등 전리품을 하역하고 2월 25일 진해로 이동하여 수리에 들어갔다. 수리 기간 중 필자는 3월 1일부로 중위로 진급했다.

　　이후 701함은 3월 23일부터 4월 15일까지 서해출동, 5월 1일부터 5월 12일까지 동해출동, 6월 16일부터 7월 5일까지 동해출동 임무를 수행했다. 6월 27일부로 김종기 소령이 제4대 701함 함장으로 발령이 났지만, 출동임무로 7월 5일 진해에 도착해서야 취임했다. 김종기 소령은 인천상륙작전과 제2차 인천상륙작전 때 해병대의 지휘관을 하면서 큰 전공을 세웠다. 당시에는 해군에서 해병대로, 해병대에서 해군으로 오갈 수 있었던 그런 시절이었다.

　　진해에서 수리를 하고 출동명령을 기다리고 있던 중, 8월 16일부로 해군사관학교 훈육관 겸 항해술 교관으로 발령이 났다. 해군사관학교 졸업과 동시에 소위 계급장을 달고 첫 실무부대에 배치된 곳이 701함이다. 이곳에서 갑판사관·항해사·포술사 직책을 받아 무려 1년 4개월 15일을 복무했다. 필자가 전출하는 8월 16일이 701함이 동해출동을 위해 부산에서 출항하는 날이었다. 함장에게 전출신고를 한 후 대한해협해전 등 수많은 전투에서 생사고락을 같이 했던 승조원들과 일일이 포옹을 하고 작별의 아쉬움을 나누었다. 701함이 출항할 때 부둣가에 걸려있는 밧줄을 걷어주고 배가 보이지 않을 때까지 손을 흔들었다.

701함을 떠나보내고 바로 해군사관학교로 갔다. 사관학교 교장 김장훈 대령께 부임신고를 했다. 해사 5·6·7기생들이 재학하고 있었다. 4기생이 보름 전에 졸업해서 전선에 배치되었다. 필자는 생도 훈육관으로서 훈육의 중점을 반공정신과 애국정신 고양에 두었다. 그냥 무턱대고 공산주의가 나쁘다는 식이 아니고 생도들이 공감하고 납득할 수 있도록 공산주의의 문제와 모순점을 실례로 들며 훈육했다. '지금 남한과 북한이 싸우고 있는 것이 곧 공산주의와 자유민주주의 간의 체제 싸움이다고 강조했다.

항해술 교관으로서는 항해술과 추가하여 초급장교의 기본업무인 함정운용, 직무배치표(Station bill) 작성법을 생도들에게 가르쳤다. 해사 3기생들이 실무에 배치되기 전 미 고문관들에 의해 배운 직무배치표 작성법은 함상근무에서 큰 도움이 되었기 때문이다. 아울러 필자가 직접 실전에서 겪은 경험을 바탕으로 초급장교들이 갖추어야 할 정신, 덕목, 리더십 등도 이야기했다.

이 시기에 정문욱 육군 소위가 전사했다는 비보를 들었다. 정문욱은 필자의 처남 4명 중 셋째이다. 이때는 필자기 결혼하기 이전이었지만 처가 가족들과 가깝게 지내고 있었다. 필자의 해군사관학교 입교, 필자의 아버지가 진해공창에서 군무원으로 일하게 된 것도 장인 정영규 씨와 첫째 처남 정재욱의 도움이 있었기에 가능했던 일이다. 정문욱 소위는 '노블레스 오블리주(Noblesse Oblige)'를 몸소 실천한 사람이다.

정문욱은 경기중학교 제48회로 6학년 재학 중 6·25전쟁을 맞았다. 그는 신생 대한민국을 지키겠노라고 교복을 입은 채 군문으로 달려갔다. 재학 중 미국 시사지 '타임'지를 자유롭게 해독할 정도로 능력이 출중한 학생이었다. 영어를 잘하는 것을 본 모병관은 그를 헌병으로 임명하여 미 제8군사령관 워커 중장의 통역관으로 차출했다. 정문욱은 여러 전선을 시찰하며 지휘하는 워커 장군과 함께 하면서 미군들의 생각과 행동을 통해 많은 것을 느꼈을 것이다.

1950년 12월 23일 워커 장군이 미 제24사단과 영국군 제29여단을 시찰하려고 사령부를 떠났다. 이날 미 제24사단에 근무 중인 아들 샘 워커(Sam S. Walker) 대위에 대한 표창장 수여도 계획되어 있었다. 한국군 제6사단 제2연대 소속의 스리쿼터 6대가 의정부 남방 5킬로미터 지점의 도로에 정차하고 있었는데, 이때 서울 쪽에서 지프차 한 대가 달려오고 있었다. 그런데 스리쿼터 한 대가 갑자기 대열에서 벗어나 길로 나가는 순간 달려오던 지프차와 부딪혔다. 지프차는 스리쿼터에 튕겨 나가 길옆으로 굴러 떨어졌다. 이 지프차에는 워커 장군이 탑승하고 있었는데, 지프차에 깔린 장군은 사망하고 말았다. 워커 장군은 제2차 세계대전 때 패튼 장군 지휘 하에서 '조니 워커'라는 애칭으로 불린 맹장(猛將)이었다.

정문욱은 워커 장군 순직 후 휴가를 내어 가족이 있는 진해로 왔다. 진해통제부 인사참모로 근무하는 큰형 정재욱이 "경기중학교 출신들이 해사 8기생으로 많이 들어왔다. 곧 9기생 모집이 있을 터이니 해사에 지원하면 어떻겠나."며 해사 입교를 권했다. 정문욱은 "형님, 지금 중공군이 서울을 점령하고 남진 중입니다. 대한민국을 지켜야 합니다. 저는 전선에 나가 싸우겠습니다."고 답했다. 701함을 타고 있었던 필자도 진해에 수리 차 들리면 정문욱에게 해군사관학교 입교를 권했으나, 정문욱은 결국 자신의 소신대로 1951년 2월 동래에 있는 육군종합학교를 수료하고 육군보병 소위로 임관, 육군 제6사단 제3대대 제9중대 소대장을 맡았다.

1951년 겨울에 접어들면서 미 제9군단은 중동부 전선의 주저항선을 조정하고 철의 삼각지대(평강, 철원, 김화)에 대한 통제권을 강화하기 위하여 10월 13일 금성천으로 공격작전을 전개했다. 3일 동안 5킬로미터를 전진하여 1단계 목표선 '노네임선'을 점령하고 계속하여 금성천을 넘어 화천 북쪽 30킬로미터에 있는 교암산으로 공격해 들어갔다.

육군 제6사단(사단장 장도영 준장)은 화천 북쪽 17킬로미터에 위치한 백암산(1179고지) 인근에 진을 치고 있었다. 6사단은 10월 13일 금성천으로 공격하는 미 제9군단과 연합으로 적과의 치열한 전투를 치른 후 다음날 금성천을 도하하여 마침내 등대리를 점령했다. 10월 21일에는 등대리 북방 7킬로미터에 위치한 교암산(769미터) 공격을 감행하여 적과의 백병전 끝에 탈환에 성공했다. 이후에도 중공군 제67군 예하의 제199사단과 증강된 제201사단과의 치열한 공방전을 펼쳤다. 제6사단은 적의 견고한 진지를 공격하면서 상당한 손실을 입었지만,

중공군도 막대한 피해를 입어 제67군을 제12군으로 교체했다.

금성천과 교암산 전투의 성공은 10월 25일 판문점에서의 휴전회담 재개를 이끄는데 기여했다. 한 치의 국토라도 더 확보하려고 백병전을 벌이면서 수많은 꽃다운 젊은이들이 스러져갔다. 이들 중 한 명이 필자의 처남 정문욱 소위이다.

정문욱 소위는 제6사단 제3대대 제9중대 소대장으로서 38도선을 넘어 화천 백암산으로 진격하고 금성천 도하작전을 한 후 감행한 교암산 탈환전투에서 11월 3일 장렬히 전사했다. 갓 스무 살의 꽃다운 젊은 나이에 군번 21405 인식표 하나만 남기고. 서울 동작동 국립묘지 제15지구 365호에 잠들어 있다. 경기중학교 제48회 박항배 박사는 정문욱 소위에 대하여 이렇게 회상했다.

"정문욱은 키가 나와 비슷해 교실에서 앞에 앉았습니다. 저의 집에도 몇 번 놀러 왔지요. 전쟁이 터진 직후에도 서울에서 만났습니다. 눈이 서글서글하고 문학, 음악 등 교양 전반에 걸쳐 폭넓은 지식을 가지고 있었습니다. 정문욱이 전사한 1951년 11월 3일은 제가 속한 제9사단이 금성천에서 불과 50킬로미터도 안 되는 철원 백마고지 쟁탈전을 벌리고 있을 때였습니다."

전쟁이 발발하자 중학교 5, 6학년 또는 대학생들이 펜 대신 총을 들고 조국을 구하겠다는 애국일념 하나로 자진해서 전선으로 내달렸다. 참전한 소년병 29,603명 중 2,573명이 전사했다. 여기에는 여성소년병 467명이 포함되어 있다. 군별로는 육군 22,849명, 해군

2,984명, 공군 1,197명이다. 국방부는 턱없이 부족한 초급장교 양성을 위해 육군종합학교를 설립했다. 1950년 9월부터 1951년 8월까지 7,000여 명을 육군소위로 임관시켰다. 이들은 일선 소대장으로 싸웠다. 이중 1,377명이 전사하고 2,556명이 부상했다. 육군종합학교에 지원한 사람들 대부분은 중학교 학생들이었다. 정문욱 소위도 이중 한 명이다.

노블레스 오블리주를 이야기하자면 6·25전쟁 때의 미군들을 빼놓을 수가 없다. 미 제8군사령관 워커 장군의 아들 샘 워커 육군대위도 한국전쟁에 참전하는 등 고위 장성들의 아들들이 몸소 노블레스 오블리주를 실천했다.

1952년 4월 4일 밤 미 제8군사령관 밴 플리트 장군의 외아들인 제임스 밴 플리트 주니어(James A. Van Fleet, Jr) 공군 중위가 B-26 폭격기를 몰고 북한상공으로 출격하여 작전 중 실종되었다. 그는 아버지의 뒤를 이어 1948년 미 육사를 졸업하고 육군항공 조종사로 근무 중 공군으로 전군(轉軍)했다. 그리스에서 근무하고 본국으로 돌아온 제임스는 또다시 해외근무를 하지 않아도 되었지만 한국전선을 자원했다. 미 제8군사령부 참모들이 많은 전투기를 동원하여 수색작전을 벌이자고 건의하자 밴 플리트 장군은 "지금 수많은 젊은이들이 사지(死地)에서 고통을 받고 있는데 내 아들이라고 해서 특별히 그럴 수 없다."며 이를 거절했다.

당시 아이젠하워 미 대통령의 아들 존 아이젠하워(John

Eisenhower) 육군 소령과 클라크 유엔군사령관의 아들 빌 클라크(Bill Mark Clark) 육군 대위도 한국전쟁에 참전했다. 한국전쟁에 미군 고위 장성들의 아들 142명이 참전했으며, 이들 중 25%인 35명이 전사하거나 부상당했다. 우리나라 일부 지도층 인사들과 비교되는 대목이다.

미 구축함 로완함 연락장교

필자는 701함에서 해상작전 때마다 날씬하게 빠진 몸매에 창파를 가르며 비호같이 달리는 미 해군 구축함을 보면 이런 생각이 들곤 했다. '우리 해군도 저런 멋진 군함을 가질 수 있을까? 아마도 불가능할 거야. 저런 군함은 강대국만의 전유물이야.' 이룰 수 없는 사랑의 서글픔 같은 것처럼. 그런 구축함을 탈 수 있는 기회가 왔다.

해군사관학교에서 근무 중, 또다시 바다로 떠나게 되었다. 1951년 12월 1일부로 제95.21 동해안단대(TE 95.21) 기함인 미 구축함 로완함(Rowan, DD-782)의 연락장교로 임명됐다. 필자는 부산에서 원산으로 향하는 수송함을 타고 가서 원산해역에서 작전 중인 구축함 로완함에 승함했다. 함장은 줄리어스 아더 로열(Julius Arthur Loyall) 중령이었다. 제95봉쇄·호송부대 예하에는 제95.1서해안전대, 제95.2동해안전대, 제95.6소해전대, 제95.7한국해군전대가 있었고, 제95.2동해안전대에는 제95.21 동해안단대와 제95.22 동해안단대로 편성되어 있었다.

〈USS Rowan(DD-782)의 모습〉

12월의 원산해역은 살을 에는 북서풍에 눈발이 휘날리는 음산한 날씨가 이어졌다. 로완함은 원산만 외해에서 북쪽 웅도와 남쪽 여도 사이를 지나 갈마반도를 잇는 적 해안 일대를 감시하며 경비했다. 연락장교인 필자의 주 임무는 원산해역에 출동 중인 한국해군 함정에 대한 작전지시와, 한국 함정들이 보고하는 내용을 단대장과 전대장에게 전달하는 일이었다. 통상 단대장은 함장이 겸무하고 있었다.

이때 원산해역에 출동 중인 PF, PC, YMS 등 한국함정의 주 임무는 해안경비, 기뢰제거, 아군이 주둔하고 있는 도서에 대한 외곽경비와 병참지원 등이었다. 톤수가 작은 PC와 YMS 함정이 세찬 북서

풍을 뚫고 백파를 뒤집어쓰며 경비하는 모습을 볼 때 안쓰러운 마음에 가슴이 아렸다.

12월 25일 크리스마스, 로완함의 사관실에는 크리스마스트리가 장식되고 함내에는 화이트 크리스마스, 징글벨 등 크리스마스 캐럴이 흘렀다. 이날 원산해역 일대는 잔뜩 흐린 혹한의 날씨에 샛바람으로 높은 파도가 거세게 일었다.

다음날 새벽 04시 이후에 로완함 승조장교가 침실에서 자고 있는 필자를 깨웠다. "함장님이 함교에서 호출합니다." 그래서 옷을 차려 입고 함교로 올라갔다. 함장이 "최 중위, 제95봉쇄·호송부대에서 한국해군의 PC-704함의 소재를 찾으라는 지시가 왔다. 통신기로 PC-704함을 호출하라. 만일 회답이 없으면 원산만에서 작전 중인 한국함정들에게 물어보라."고 했다. 곧바로 CIC(전탐실)로 내려가서 무선통신기로 PC-704함을 계속 호출했다. 응답이 없었다.

원산만에서 작전 중인 한국 함정 PF-65함, YMS-502·515·518정을 불러 PC-704함의 소재를 물었다. 모든 함정이 모른다 했다. 잠시 후 YMS-502정(정장 유용빈)으로부터 "12월 25일 17시경 704함이 여도 동쪽에서 풍랑에 시달리며 경비 중인 것을 보았다."는 무전을 받았다. 혹시 PC-704함과 교신이 되나 싶어 CIC에서 리시버를 귀에 끼고 계속 호출했다.

아침 06시경 여도 주둔 한국해병으로부터 "여도 동남쪽 해안에 많은 시체가 떠 밀려오고 있다."는 통신을 받았다. 곧 함교에 올라가 함장에게 보고했다. 함장은 부장을 불러 "배를 여도 서쪽 해안으로 접근시킬 터이니 부장은 보트를 내려 여도 한국해병부대에 가서 떠밀려오는 시체의 국적을 확인하라. 통신기를 휴대하고 연락장교 최영섭 중위, 갑판사관, 통신병을 대동해라."고 지시했다.

07시경 보트를 타고 여도 서쪽 해안에 돌을 쌓아서 임시로 만든 간이부두에 대고 상륙했다. 한국해병 장교의 안내를 받아 여도 동남쪽 끝 해안으로 갔다. 많은 시체가 거센 파도에 밀려 해안에 떠있었다. 피부가 새빨갛게 얼어 있고 외상을 입은 흔적은 보이지 않았다. 얼음같이 차가운 포말을 뒤집어쓰면서 바닷가로 내려가 20여 구의 시체를 살펴보았다. 적군인지 아군인지 분간할 수가 없었다. 라이프 링 등 부유물들이 떠 밀려왔다. 라이프 링(구명환)에는 페인트로 '704' 숫자가 있었다. 순간 '아~704함이구나. 침몰됐구나.' 라는 생각에 몸이 얼어붙고 말문이 막혀 파도에 밀려오는 시체만 멍하니 바라보았다. 옆에 서 있던 로완함 갑판사관이 "최 중위"라고 부르는 소리에 정신을 차렸다. 갑판사관이 필자에게 물었다. "기류를 보니 선박이 조난된 것으로 보이는데, 이 시체는 어느 나라 사람으로 생각됩니까?" "여기 라이프 링에 PC-704라고 쓰여 있지요. 우리가 찾고 있던 PC-704함이 침몰된 것이 확실합니다. 여기 떠밀려온 시체는 704함의 승조원이 분명합니다."

우리를 안내한 해병대 장교에게 PC-704함이 침몰되어 승조원 시체가 여도 해안으로 떠밀려온 상황을 여도 주둔 해병부대장에게 보고하라 했다. 그리고는 급히 부두로 돌아와 보트를 타고 구축함 로완함으로 귀함하여 여도에서 목격한 상황을 해군본부에 보고했다. 보고를 끝내고 사관실로 들어가 의자에 풀썩 주저앉았다. 여도 동남 해안으로 떠밀려오는 704함 전우들의 모습과 지난해 701함의 동해 작전이 머릿속에 떠올랐다.

'구조요청을 할 사이도, SOS를 칠 사이도 없이 순식간에 침몰됐구나. 승조원 중 살아남은 사람이 한 사람도 없겠구나. 풍파에 떠다니던 기뢰에 부딪히지 않고서야 이런 일이 일어나지 않을 거다. 순식간에 얼음장같이 차디찬 바다에 내던져졌을 때 얼마나 춥고 고통스러웠을까! 701함은 작년 10~11월에 바로 이 원산만에서 작전임무를 수행한 후 육군 수도사단, 제3사단과 병진하여 함흥, 신포, 이원, 단천을 거쳐 성진으로 진격하지 않았는가.'

뱃사람은 생년월일을 각기 달리해도 제삿날은 같다고 하지 않았는가? 이태영 함장 등 704함 57명 용사들은 그 고귀한 생명을 이곳 원산 앞바다에서 같은 날 조국에 바쳤다. 해군역사상 승조원 모두가 배와 함께 운명을 같이한 것은 전무후무한 일이다. 해군은 죽음도 같이하는 공동운명체라는 것이 실감나는 대목이다.

당시 원산만에서 작전임무를 수행했던 YMS-502정 부장 김용선은 그때의 상황을 이렇게 회상했다.

"우리 배는 그때 PC-704함과 같이 여도 동남방 해역에서 경비임무를 수행 중이었는데 샛바람이 거세게 불고 파도가 너무 심해 도

저히 항해할 수가 없었다. 12월 25일 17시경 여도 서쪽으로 피항하려고 여도 북쪽을 돌며 항해하던 중에 PC-704함이 보였다. 704함은 여도 동쪽 절벽 아래 해상에서 파도에 크게 흔들리며 경비임무를 하고 있었다. 그 광경을 보고 왜 여도 서쪽으로 피항하지 않는지 좀 의아하게 생각했다. 지금 되돌아보니 거센 풍파에 시달리면서도 경비해역을 떠나지 않으려고 안간힘을 다한 것으로 생각된다."

704함 침몰 며칠 후 1951년 연말 12월 31일 자정, 제95.2 동해안전대로부터 비상경계령이 떨어졌다. 미 구축함이 소형선박 한 척이 원산 앞 갈마반도 북쪽을 돌아 여도 쪽으로 향하고 있는 것을 발견하여 접근해서 나포했다. 인민군 고급 장교가 그 선박을 타고 귀순했다. 구축함이 나포선박을 끌고 와서 로완함에 계류했다. 로완함 함장이 필자에게 인민군 장교를 신문하라 했다. 필자는 구축함으로 건너가 인민군 장교를 심문했다. "귀관의 계급 성명 직책은?" "인민군 상좌(대령)이며 원산방어사령부 작전부에서 근무한다." "여기 온 목적은?" "귀순하려고 왔다. 여기 방어계획서와 작전도면을 갖고 왔다. 최고사령관을 만나게 해 달라."

심문 내용을 제95.2 동해안전대장에게 보고했다. 전대장은 구축함 함장에게 귀순한 인민군 장교를 제95봉쇄·호송부대 기함으로 이송하라고 지시했다. 인민군 귀순장교는 곧바로 일본 동경에 있는 유엔군사령부로 이송되었다.

1952년 우수 경칩이 지나고 입춘을 넘으니 꽁꽁 얼어붙은 원산만의 산과 들에도 춘색이 완연했다. 봄기운이 잔설을 녹이고 갈마반도 명사십리 해변에는 하얀 안개가 퍼지고 있었다. 4월 초순 적군은 육지에서 불과 2,000미터 떨어진 황토도를 탈환하려고 그 섬에 주둔하고 있는 아군진지에 포격을 가해왔다. 구축함 로완함은 즉각 전투배치를 하고 적 포대에 함포를 퍼부었다. 황토도 서쪽에 있는 갈마반도 포대와 남쪽에 있는 연대산 포대에서 발사한 포탄들이 로완함에도 날아왔다.

연락장교는 전투 시에는 CIC에 배치토록 되어 있었다. 그런데 필자는 미 해군이 어떻게 전투를 하는가를 관찰하려고 함교로 올라갔다. 함장이 필자를 보고 "CIC에 위치하는 것이 안전할 것이다."고 말했다. 필자는 "전투지휘 체제를 배우고 싶습니다."고 말하고 함장의 전투지휘, 사격지휘 등 장교들의 전투임무 수행을 관찰했다. 로완함 인근 해상에 떨어진 적 포탄은 여기저기 물기둥을 뿜어 올렸다. 로열 함장은 태연한 모습으로 포술장에게 사격표적을 지시하며 조함했다. 적 포탄이 로완함 중갑판에 떨어져 갑판 일부가 파손되고, 화재가 발생했다. 필자는 갑판파손과 화재를 어떻게 대처하는가 보려고 피탄 현장으로 갔다. 보수관 지휘로 소화반이 호스로 불길을 잡고 인근에 장착된 어뢰 등 폭발물을 뜯어내 이동시키고 있었다. 대처작업을 하고 있는 승조원들의 모습을 유심히 관찰했다. 어떤 승조원도 겁내거나 당황하는 기색 없이 침착하게 평소 훈련해 온 그대로 자기 맡은 임무를 묵묵히 수행하고 있었다. 휘파람을 불며 여유를 부리는 승조원도 있었다. 포화가 교차하는 전쟁터에서 어쩌면 저렇게 여유작작 자기 책무에 충실할 수 있는지, 미군들의 정신적 요인이 무엇인지 궁금했다.

함교로 올라갔다. 로열 함장은 파이프를 물고 유유히 전투지휘를 하고 있었다. 약 한 시간이 지나자 적 포격이 잠잠해졌다. 함장은 적 포대 몇 곳에 5인치 포탄 10여발씩을 더 포격한 후 전투배치를 해제했다. 전투배치가 끝나자 필자는 부장에게 "전투 시 총탄이 날아와도 위축되지 않고 승조원들이 여유있게 전투에 임하는 그런 정신의 근원이 무엇이냐?"고 물었다. 부장은 "그 분야에 대해 깊은 생각을 해보지 않았지만 아마 승조원들이 군에 들어올 때 정부와 계약을 한, 그런 계약정신이 아닐까?" 라고 대답했다.

4월 말경 일본에서 돌아온 함장은 "최 중위, 한국연락장교는 3개월마다 교대하는데 벌써 5개월이 됐구먼, 얼마 전에 소위로 임관한 해사 5기생들이 실습장교로 동해안에 와 있는데 이 중에서 마땅한 장교를 선택해서 연락장교 임무를 맡기게. 내일 사세보로 가는 구축함이 있으니 최 중위는 그 편으로 복귀하게."라고 말했다. 그리고는 해사 5기생 명단을 보여주었다. 명단에 5기생 김영섭 이름이 보였다. "함장님, 김영섭 소위가 영어도 잘하고 성실합니다." 라고 추천했다.

다음날 4월 30일 김영섭 소위에게 연락장교 임무를 맡기고 로완함에서 내렸다. 함장은 책임감을 가지고 성실하게 근무했다는 찬사의 글을 로완함 사진에 담아서 필자에게 주었다. 사진은 헤드폰을 끼고 704함을 호출하는 모습이었다. 이때 제95.2동해안전대장은 미 구축함 그레고리함(Gregory, DD-802)에 승함한 제17구축함전대장이 맡고 있었다. 전대장도 이날 구축함 그레고리함 사진에 격려의 글을 써서 필자에게 보냈다.

유엔해군 함정에 편승한 한국해군 연락장교에 대한 근무평가는 함장이 평가해서 한국해군(제95.7전대장)에 보내졌다. 로완함 함장은 필자에 대한 근무평가를 기록해서 미 구축함 그레고리함에 승함한 제95.2동해안전대장 확인을 받은 후 한국해군에 보냈다. 1952년 2월 15일 로완함 함장이 평가한 내용이다. 필자의 복무기록표에 붙어져 있다.

"최영섭 중위는 우수한 Seamanship을 가진 장교로서 함상 일과에 적극적으로 임하였으며, 당직근무가 아닐 때도 언제나 주야로 함교나 CIC에 비상태세로 대기하였음. 최 중위는 근무시간이 아닐 때는 전술과 기동에 관련된 해군교리들을 공부하였으며, 사격통제와 관련된 MK-37 디렉터와 MK-1 컴퓨터시스템을 공부하는데 몰두하였음. 또한 아주 빠른 속도의 음성, 시각신호 통신을 이용하여 그의 임무를 수행하였음. 그는 우리 승조원들과 같은 일원이었으며, 본 함의 모든 장교들은 최 중위와 함께 지내는 것을 매우 즐거워했음. 그의 태도와 인간성, 그리고 타인에 대한 배려들은 거의 완벽하였으며, 항상 유쾌하고 헌신적이었음. 나는 이 장교의 노력과 근면성, 그리고 빠른 이해력에 대하여 아주 높이 평가하며 가장 높은 추천을 보냄."

　미 구축함을 타고 원산만을 떠나 일본 사세보를 향하는 동안 조국 대한민국을 수호하려고 혹한의 격랑 속에서 숨져간 PC-704함 57명 장병들의 모습이 가슴을 아프게 짓눌렀다.

PCS-201정(수성) 정장

　사세보를 거쳐 5월 1일 부산으로 돌아오니 이날부로 구잠정 PCS-201정의 인수 부장으로 발령이 나 있었다. 인수단장 이용운 대령 지휘 하에 미국으로 건너가 PCS 4척을 인수해 오는 것이다. 장교 20명, 사병 156명으로 구성된 인수단은 미 수송함 차라함(Chara, AKA 58)을 타고 5월 3일 부산에서 출발하여 미국 샌프란시스코로 향했다.

　5월 중순경 샌프란시스코에 도착한 인수단은 다른 함정으로 갈아타고 샌디에이고로 이동했다. 우리가 인수할 PCS 4척이 나란히 샌디에이고 부두에 계류되어 있었다. 도착하자 마자 인수준비를 했다.

먼저 인수준비가 완료된 PCS-1448과 1445정을 5월 20일 인수하여 각각 PCS-201(수성)과 PCS-202(금성)로 명명했다. 201정 정장은 주철규 소령, 202정 정장은 박기정 대위가 맡았다. 이후 5월 26일에는 PCS-1446정, 6월 9일 PCS-1426정을 인수하여 각각 PCS-203(목성)과 PCS-205(화성)로 명명했다. 203정 정장은 김형배 대위, 205정 정장은 정일찬 대위가 맡았다.

인수단원들은 함정 인수 후 1개월 조금 넘게 장비 수리정비와 아울러 미 해군의 지도 아래 교육훈련을 실시했다. 전쟁의 당사국인 우리 해군 입장에서는 한가롭게 휴식이나 시내 관광을 갈 여유가 없었다. 빠른 기간에 함정을 정비하여 조국으로 돌아가야 한다는 마음뿐이었다. 미군들은 수리정비와 교육훈련을 엄격하게 감독했다. 4척의 PCS는 7월 중순이 돼서야 미 해군으로부터 전비태세가 갖추어졌다는 평가를 받고 한국으로 떠났다.

340톤급 PCS를 타고 태평양을 건넜다. 파도를 타고 올라갈 때에는 마치 롤러코스터를 타는 기분이고, 내려올 때에는 잠수함처럼 수중으로 깊이 빨려 들어가는 느낌이었다.

〈왼쪽 PCS-201정 인수 시, 오른쪽 태평양 횡단 시 천측 모습〉

7월 20일 하와이에 도착한 PCS 편대는 군수보급을 받고 7월 22일 19시에 출항하여 미드웨이를 경유 8월 7일 일본 요코스카에 도착, 정비작업을 했다. 8월 26일 진해항에 도착했다.

9월 1일 대위로 진급했다. PCS-201은 9월 9일 첫 출동임무를 부여받았다. 주철규 소령의 지휘 하에 PG-315정과 임무 교대를 위해 서해로 향했다. 주로 교동도, 용매도, 연평도 해역에서 경비작전에 임했다. 10월 3일 PCS-201정의 정장 임명을 받았다.

통상적으로 PCS은 서해로 출동을 나갈 때나 임무를 마치고 돌아올 때 목포항에 들른다. 진해와 인천의 중간 위치에 있는 목포에 들어가서 유류와 식수를 보충하고 신선한 식재료를 구입하기 위함이다. 기지에 가서 그동안 밀린 목욕과 빨래도 한다. 출동 중일 때는 식수마저 부족하기 때문에 목욕과 빨래는 엄두도 못 낸다. 201정은 서해안에서 미군 첩보부대인 제8240부대와의 긴밀한 협조로 작전을 수행했다.

당시 한국 함정들은 서해에서 작전을 마치고 진해로 내려오면서 소위 '돼지수색작전'을 펼치곤 했다. 당시 서해안 북쪽지역을 폭격하는 미 공군 전투기는 항속거리를 늘리기 위해 주 연료탱크는 물론 보조 연료탱크에도 항공유를 가득 채우고 일본에서 이륙한다. 그리고는 작전지역에 진입하기 이전 서해상에서 보조 연료탱크의 항공유를 주 연료탱크로 옮기고 무게를 줄이기 위해 보조 연료탱크를 바다에 버린다.

보조 연료탱크는 길이 3미터, 높이 3미터 정도이고, 재질이 알루미늄이다. 미군들이 버린 그 알루미늄은 한국에서는 밥그릇, 국그릇 등을 만드는 재료로 사용되고 있었다. 보조 연료탱크가 발견되면 그것을 건져 올려 목포시내의 고철상에 주면 당시 돼지 한 마리 값의 돈을 받을 수 있었다. 그래서 이를 비유한 은어(隱語)로 '돼지수색작전'이라고 불렀다. 이 돈으로 고기와 신선한 식재료를 구입했다.

출동을 마치고 진해에서 수리 중 시간이 날 때면 시내로 나가 정옥경을 만났다. 정옥경은 부산으로 피난 왔는데, 나중에는 자신의 오빠가 근무하는 진해로 왔다. 주로 일요일에 도만동 옆 벚꽃공원에서 만났다. 만나서 이런저런 이야기를 하다 보면 시간은 금방 지나 어김없이 종소리가 들려왔다. 진해통제부의 왼쪽에 있는 해군교회에서 치는 종소리다. 어느 날 그녀는 그 종소리를 듣고 교회에 간다고 자리에서 일어났다. 필자로서는 소중한 시간을 내서 일주일 만

〈해군교회에서의 결혼식, 1952.12.22.〉

에 나왔는데, 갑자기 교회에 간다고 일어서니 내심 섭섭했다. 그래서 필자가 "예수가 좋으냐? 내가 좋으냐? 양자택일하라."고 말했다. 그녀는 생긋 웃으면서 교회로 뛰어갔다.

　　　진해에서 만남을 계기로 많은 대화를 나누면서 서로를 알게 되었고 결혼 상대로까지 발전하게 되었다. 결혼식은 가족, 지인, 동기생들이 참석한 가운데 12월 22일 인광식 목사의 주례로 진해 해군교회에서 올렸다.

〈결혼식 때 찍은 단체사진, 1952.12.22.〉

　　　전쟁 중이라 신혼여행은 갈수 없었다. 그 당시 우리나라에는 동네 친구들이 신랑의 발바닥을 몽둥이로 때려 주안상을 강요하는 결혼 뒤풀이 풍습이 있었다. 결혼식이 끝나자 뒤풀이가 시작되었다. 신태영, 김동주 등 동기생들이 그냥 가만히 있을 리가 없었다. 동기생들의 질문에 제대로 답변을 못하면 발바닥을 맞든지 아니면 술을 마셔야 했다. 술은 카바이드(carbide) 원료로 만든 도라지 위스키였다. 그런 독한 술을 사발로 마셨다. 완전히 정신이 나가 인사불성이 되었다. 그날 밤 병원으로 실려 갔다.

결혼 첫날밤을 이렇게 지냈다. 정신을 차리고 아내와 함께 할아버지께 인사드리려고 원주로 떠날 준비를 했다. 그런데 할아버지께서 돌아가셨다는 부고(訃告)가 왔다. 결혼한 손자와 손자며느리를 기다리고 있었던 할아버지는 우리를 보지 못하고 그렇게 떠나셨다. 도만동 관사 제29호 관사에서 신혼생활을 시작했다.

신혼 초였지만 연말을 앞두고 12월 30일 서해로 출동 나갔다. 신혼인 아내를 혼자 두고 떠난다는 것에 마음이 짠했다. 전쟁 상황에서 어쩔 수 없는 일이었다. 출동을 마치고 진해에 돌아온 날이 다음 해 1월 22일이었다. 진해의 바람은 서해의 매서운 북서풍과는 달리 포근했다. 마침 배가 정기수리에 들어가는 바람에 아내와 신혼여행을 창원에 있는 마금산 온천으로 가서 며칠을 보내고 돌아왔다.

1953년에는 전쟁이 끝나는 7월까지 모두 6차례의 출동임무를 수행했다. 마지막 서해 출동임무를 마치고 7월 20일 21시 30분에 진해에 도착했다. 다음날 동기생 오용길 대위에게 201정 정장 지휘권을 넘겼다.

제5막 22세~25세(1950년~1953년) 6·25전쟁

25세~40세(1953년~1968년) 휴전 후 해군복무

신병훈련소 훈련부장
·
PCEC-51함(노량) 인수
·
PC-701함(백두산)에 다시 승조하다
·
해군본부 기획부 근무
·
PCEC-53(한산) 함장
·
한국함대사령부 행정참모
·
국가재건최고회의 총무비서관
·
DD-91함(충무) 함장
·
한국함대 제51전대사령관
·
해군사관학교 부교장 겸 생도대장
·
해군대령으로 셀프 전역

신병훈련소 훈련부장

1953년 7월 21일 PCS-201정 지휘권을 넘겨준 필자는 이날 신병훈련소 훈련부장으로 부임했다. 그로부터 6일 후 7월 27일, 그 길고 긴 전쟁이 3년 1개월 2일 만에 휴전이 되었다. 종전(終戰)이 아니고 정전(停戰) 또는 휴전(休戰)이다. 휴전 소식을 듣고 너무나 허탈했다. 휴전선은 전쟁 이전과 별다른 변화가 없었다. 우리가 무엇을 위해 거친 파도를 헤쳐 숨 가쁘게 동·서·남해를 누비며 목숨을 바쳤던가?

해사 3기생들은 사관학교를 졸업한지 4개월 만에 전쟁을 맞았다. 필자는 우리 해군의 최초 전투함 백두산함을 승조하게 되었고, 백두산함에서 수많은 해상전투를 치렀다.

필자는 전쟁기간 중 해군사관학교 훈육관 겸 항해술 교관을 했던 몇 개월을 제외하고는 2년 9개월 9일이라는 긴 시간을 바다에서 보냈다. 해군은 두 개의 적과 싸운다는 말이 있다. 하나는 공산군이고, 다른 하나는 거친 풍파였다. 필자가 탔던 450톤급 PC와 340톤급 PCS는 풍파와 싸우는 것이 전투 못지않게 어려웠다. 수천 톤이 넘는 유엔군 전투함과 연합작전을 할 때에는 더욱 그랬다. 우리가 흘린 피는 헛되지 않았다. 한반도를 공산화하려는 공산군을 격퇴하여 대한민국을 지켜냈다.

그리고 무엇보다도 우리가 이런 위기를 극복하고 대한민국을 지킬 수 있었던 것은 이승만 대통령의 탁월한 통치력과 외교력의 힘이 컸다. 자유민주주의를 지키겠다는 그의 결연한 의지는 정부수립 직후 1948년 12월 1일 제정한 국가보안법에서 나타났다. 제주도 4·3사건과 여순 10·19사건 등으로 대한민국을 전복하려는 남한 내의 공산세력을 척결했다. 만약에 이 사건을 척결하지 못했다면 남로당 당수 박헌영의 말처럼 6·25전쟁 때 남로당 세력들의 봉기로 국군들은 싸움도 해보지 못하고 와해되었을 것이다. 남로당 세력 척결로 우리 국군들이 6·25전쟁 중 내부의 혼란이나 반란 등을 겪지 않고 오직 공산군과의 전투에만 전념할 수 있었다.

이승만 대통령은 전쟁 중임에도 앞으로의 국제정세를 예측하여 국익을 위한 특단의 조치를 취했다. 이것은 1952년 4월 대(對)일본 강화조약이 발효되기 전 1월 18일 '대한민국 인접해양에 대한 대통령의 주권선언'이다. 일명 평화선 또는 이승만 라인이다. 우리나라 인접해양의 어로활동 구역을 확정하고 독도영유권을 재확인하는 공식 선언이다. 일본의 어로구역을 제한한 맥아더라인의 소멸을 미리 내다 보고 행한 특단의 조치였다.

　　이후에도 이승만 대통령은 우리의 주권을 수호하기 위해 인접한 일본에 강력한 조치를 이어갔다. 1952년 2월 15일부터 4월 21일까지 실시한 제1차 한일회담에서 일본 측이 어업문제에 아무런 성의를 보이지 않자 실력적 외교를 추진해 나갔다. 한국정부는 9월 16일 경고 조치로 일본어선의 평화선 침범을 공식 항의하고, 사흘 뒤 1952년 9월 19일 재차 경고를 보냈다. 이와 아울러 손원일 해군참모총장에게 일본어선이 평화선을 침범할 경우 가차 없이 나포할 것을 지시했다. 일본 측도 이에 맞선 대응조치로 한국인 밀입국자 단속을 시작하고 불법체류자 검색을 강화했다. 1953년 10월 6일까지 나포된 70여척의 일본어선이 재판에 회부되어 있었고, 1965년 한일협정이 타결되기 전까지 총 232척의 일본어선과 선원 2,784명이 억류되었다.

　　이승만 대통령은 우리의 주권을 행사하는데 주저함이 없었다. 전쟁 당시 유엔군사령관과 미 제8군사령관은 한국의 운명을 좌지우지할 수 있는 위치의 군 고위직들이었다. 이승만은 그의 당당한 주장과 요구가 너무 과감한 나머지 미군에서는 '6·25전쟁 때 공산군과 싸우는 것보다 이승만 대통령과 싸우는 것이 더 힘들다.'는 말이 회자될 정도였다. 그렇지만 미국 대통령이나 미군 고위직들이 오히려 이러한 이승만을 더 존경하는 계기가 되었다. 고위 장성들의 회고록에 나오는 이승만에 대한 평가다.

이승만 대통령은 국가안보에 대한 확고한 장치없이 휴전협정을 맺는 것은 우리에게 재앙을 초래할 수 있다고 판단했다. 공산군이 재침할 경우, 중공군은 강 하나 건너오면 되지만 미군이 다시 태평양을 건너 참전할 보장은 없다고 생각한 것이다.

이승만 대통령의 당당함과 배포(排布)가 유감없이 발휘된 것은 1953년 6월 18일 2만 7,000명의 반공포로 석방이었다. 휴전협정이 거의 마무리되고 있는 시점에서 재를 뿌리는 격이 되어 미국 등 서방 국가에서는 원성이 자자했다. 그렇지만 반공포로석방 단행은 한미상호방위조약을 탄생시켰다. 클라크 유엔군사령관은 "이승만 대통령은 미국에 대해서도 우리보다 더 잘 알고 있었다. 명분을 적절히 구사해 실리를 얻어내는 수완을 도대체 어디에서 터득했는지 알 수 없다."며 경탄했다. 그는 이승만 대통령을 '위대한 사람'으로 평가할 정도였다.

이승만 대통령의 외교 협상력 중 그 으뜸은 한미상호방위조약 체결이다. 이 조약은 대한민국의 자유민주주의제제 유지는 물론 국방과 경제발전에 큰 원동력이 되었다.

신병훈련소장은 허덕화 중령(해사 1기생)이었다. 필자가 부임할 당시 기초 군사훈련을 받고 있던 신병들은 제28기였다. 신병훈련소는 1946년 2월 15일 창설된 신병교육대로부터 시작되었다. 신병교육대는 1950년 11월 9일에 창설한 종합학교 예하로 들어갔다가 이후 대통령령 제621호(1952. 4. 12.)에 따라 1952년 8월 15일 종합학교에서 독립하여 신병훈련소로 바뀌었다.

신병훈련소는 진해통제부 내 현재 지덕칠 중사 동상을 바라보며 왼쪽에 있다. 필자가 맡은 훈련부장은 함정 등 실무부대에서 근무할 수 있도록 신병들에게 기초적인 훈련을 시키는 주무 부서장이다. 그때까지만 해도 훈련체제는 일본식과 미국식 훈련이 혼용되고 있었다. 전쟁이 끝나고 어느 정도 안정이 되자 미국식 훈련을 참고하여 새로운 훈련방법으로 개선해 나갔다.

필자가 훈련부장으로서 특별히 이룬 업적은 미국 해군의 의장대 교범을 참고하여 최초로 해군의장대를 만든 것이다. 미 해군의 의장대 교범을 번역하여 우리 해군에 맞는 유니폼, 동작, 대형, 제식 등을 개발해 나갔다. 해군의 주요 의식과 행사에 참가할 때마다 의장대는 군내는 물론 국민들로부터 큰 각광을 받았다.

신병훈련소에 부임하고 4개월이 지나자 필자에게 식구 한 명이 늘어났다. 첫째 아들 재신이 1953년 11월 22일 도만동 관사 제29호에서 태어났다. 이즈음 동생 웅섭은 해병대로, 동생 호섭은 해군으로 들어갔다.

PCEC-51함(노량) 인수

6·25전쟁 기간 함정의 중요성을 실감한 우리 해군은 전쟁이 끝난 후 전후 정비와 함께 함정 도입에 노력했다. 1953년 6월 30일 해군의 수장이 인천해원양성소 출신인 박옥규 제독으로 바뀌었다. 초대 해군참모총장 손원일 제독은 국방부장관으로 영전했다. 박옥규 참모총장은 '함정제일주의'를 표어로 내세우고 해군력증강 5개년계획(1954~1958)을 수립하여 함정을 연차적으로 도입해 나갔다. 아울러 우리 해군은 한국함대 창설(1953. 9. 10.), 사관생도 원양실습 개시(1954. 7. 19.), 해군대학 설립(1955. 7. 1.), 항공기 제작, 축전지 개발 등 미래를 위한 기반들을 구축해 나갔다.

1954년 7월 1일 소령으로 진급했다. 신병훈련소 훈련부장을 맡은 지 1년 2개여월이 지나자 1954년 9월 18일부로 PCEC(호위초계함) 인수요원으로 발령 났다. 포술장 직책이다. 전쟁 중에 미국으로 건너가 PCS를 인수했던 필사로서는 이번에 또 인수 임무를 받음으로써 두 번째로 미국으로 건너가게 되었다. 인수단장은 함정교육단장 남철 대령이고, 필자가 승조하게 될 PCEC 함장은 해사 1기생 주철규 대령이었다.

2척의 PCEC 인수 책임을 맡은 남철 대령은 각 직별에서 우수한 하사관과 병 선발, 여권발급, 사전교육 등 도미 준비를 했다. 함정

별 승조원 정원이 104명이었지만, 비용 관계로 54명만을 선발했다. 모든 준비를 끝내자 11월 중순 해군참모총장 정긍모 제독의 임석 하에 인수단 환송식이 있었다. 환송식 장소인 제2부두에는 진해 장병들과 인수요원 가족들도 나왔다. 필자의 아내는 아들 재신을 안고 나왔다. 환송식이 끝나자 인수단원들은 PF-61함에 올라 가족들과 아쉬운 이별을 뒤로하고 일본 요코하마로 향했다.

요코하마에서 미 수송함을 타고 샌프란시스코에 도착한 것은 12월 중순 경이다. 금문교 아래를 통과한 미 수송함은 샌프란시스코 해군부두에 입항했다. 미 해군에서 보낸 버스를 타고 샌프란시스코와 오클랜드 중간 위치에 있는 '보물섬'으로 들어갔다. 이곳에 있는 미 해군기지에 여장을 풀었다. 그리고는 미 해군장교의 안내로 해군기지 내 PX와 식당을 이용하기 위한 증명사진을 찍어 출입증을 만들었다.

다음날 저녁 식사를 위해 장교식당으로 향했다. 식당 입구에 'Uniform of the Day'라는 글이 붙여져 있었다. 남철 인수단장 등 장교들이 식당 안으로 들어가려 하자 관리자가 입구에서 우리를 제지했다. 오늘은 정복을 입어야만 출입이 가능하다고 했다. 필자가 나섰다. "우리는 지금 정복이 없다. 외국장교들에게는 예외로 해야 되지 않느냐?" "장교님, 여기는 외국장교라 해서 예외가 있을 수 없습니다." 단호했다. 할 수 없이 장교들은 발길을 돌려 PX에 들려 견장이 달린 카키색 정장을 급하게 맞추어 입었고, 그 정장을 입고서야 기지 식당으로 들어가 식사를 할 수 있었다.

인수단원들은 인수할 각 함정에 배치되어 장비, 수리부속품 등 물품을 수령하여 실셈조사에 들어갔다. 미 해군으로부터 장비·기기 정비와 작동방법을 전수받았다. 그리고 교육훈련 일정에 따라 미 교관의 지도하에 소화훈련, 방수훈련 등을 받았다. 드디어 2월 11일 인수 측 남철 대령 등 인수요원 108명과 인계 측 미 해군들이 참석한 가운데 샌프란시스코에서 인수식을 거행했다. 이로써 903톤급 PCEC 2척이 한국해군으로 넘어오게 되었다. 이어서 인수한 PCEC-882함(USS Asheboro)을 PCEC-51함(노량)으로, PCEC-896함을 PCEC-52함(명량)으로 이름을 붙이는 명명식을 거행했다.

〈샌프란시스코에서 PCEC-51함 인수 때 필자〉

인수식과 명명식이 끝나고 함장 취임식을 가졌다. PCEC-51(노량) 함장에는 주철규 대령이, PCEC-52(명량) 함장은 김남교 대령이었다.

〈인수 후 PCEC-51함 모습〉

다음날 2월 12일 PCEC-51함과 52함은 해상훈련을 위해 샌디에이고로 이동했다. 해상훈련은 미 해군의 취역훈련과 같은 수준으로 실시되었다. 기지 내에는 식당, PX 등 다양한 편의시설이 잘 갖춰져 있었다. 인수장병들은 기지 식당에서 식사를 했다. 한국에서는 쉽게 먹지 못하는 소고기, 토스트, 프라이드 에그, 베이컨, 우유 등을 맘대로 먹을 수 있었다.

인수단원들은 연일 하루 세끼를 기름기가 많은 음식을 먹으니 속이 니글거려 고추장, 된장, 간장, 김치 등 한국의 매콤한 음식들이 생각났다. 꿩 대신 닭이라고 매운 빨간 고추를 빻아서 만든 핫소스(hot sauce)가 눈에 띄었다. 장교, 사병 할 것 없이 밥에도 비비고, 고기에도 치고, 국에도 쳐서 온통 빨갛게 하여 식사를 맛있게 했다.

한 달 가량 지나자 식당 관리인이 필자에게 다가와 말했다. "당신네 한국장병들이 핫소스를 얼마나 많이 먹었는지 아십니까?" "글쎄요, 얼마나 먹었어요?" "당신들이 한 달간 먹은 량이 샌디에이고 미국장병들이 일 년간 먹을 량을 먹어 치웠습니다." 너무 많이 먹어 다들 미안하던 차에 식당 관리인의 입에서는 의외의 말이 나왔다. "재고가 많이 쌓여가는 핫소스를 어떻게 소비해야 할지 고민하고 있었는데 당신네들이 핫소스 소비를 해결해 주어 오히려 제가 고맙습니다."고 했다.

약 3개월간의 해상훈련이 끝나자 인수단원들은 출항준비를 했다. 2척의 PCEC함은 중간 기항지 하와이까지 가는데 필요한 식량, 유류, 식수 등을 싣고 6월 초 샌디에이고를 떠나 태평양으로 나섰다. 1주일간의 항해 끝에 하와이에 도착했다. 하와이에서 1주일을 체류하는 동안, 교포들은 집으로 장병들을 초대해서 맛있는 음식을 해주었다. 그때 먹은 김치는 지금도 기억이 새롭다.

다음 기항지인 일본 요코스카로 향했다. 1주일간의 항해 후, 6월 21일 요코스카에 도착했다. PCEC 편대는 유류를 보충하고 진해로 향했다. 6월 24일 진해에 도착했다.

PCEC-51함과 PCEC-52함 인수단원들은 제2부두에서 정긍모 참모총장께 귀국신고를 했다. 가족들과 장병들도 부두로 나와서 우리를 환영해 주었다. 아내는 아들 재신을 데리고 나왔다. 이제 생후 1년 7개월이나 되어 걸음마를 떼고 뛰어다닐 정도로 컸다.

〈필자를 환영 나온 아내와 아들 재신〉

우리 해군은 이어 1955년 9월 2일 뉴욕에서 PCEC-53함(한산)과 PCEC-55함(옥포)을 추가로 인수했다. 1955년부터 1956년까지 2년 동안 4척의 PCEC함, 2척의 DE함 등 모두 31척의 함정을 인수함으로써 우리 해군력이 획기적으로 증강되었다.

1955년부터 인수된 함정들은 미국정부에서 한국정부에 무상원조가 아닌 대여형식으로 양도된 것이다. 미국은 한미합의의사록 근거에 따라 1955년 1월 29일 함정대여법을 제정하여 군원으로 우방 국가들에게 함정과 선박을 대여했다.

PC-701함(백두산)에 다시 승조하다

8월 15일 부로 PC-701함(백두산) 함장으로 발령받았다. PC-701함(백두산)을 떠난 지 4년 만에 다시 승함했다. 고향으로 돌아온 느낌이었다. 그때는 갑판사관이었고, 이젠 함장으로 왔다. 소위 임관 후 백두산함을 처음 볼 때 필자의 눈에는 오늘의 이지스 구축함 같이 보였던 배였다. 당시 우리 해군의 유일한 전투함이었기에 그렇게 보일 만도 했다. 당시 중령 계급을 달고 지휘하던 함장이 그렇게 높아 보였다. 이젠 필자가 소령 계급장을 달고 그런 전투함을 지휘하니 격세지감을 느꼈다.

필자가 PC-701함 함장을 하고 있던 시기에 DE 2척이 도입되었다. 1956년에 우리 해군이 보유한 전투함은 1,620톤급 DE(호위구축함) 2척, 1,430톤급 PF함(호위함) 4척, 903톤급 PCEC함(호위초계함) 4척, 450톤급 PC(구잠함) 5척, 270톤급 PCS(구잠정) 4척, 40톤급 PT(어뢰정) 3척 등 모두 22척이었다. 이처럼 해군력이 증강된 것은 6·25전쟁 때 우리가 흘린 피의 대가로 이루어졌지만, 그 시발점은 백두산함이었다.

백두산함은 장병들이 성금을 모아 구입한 것으로 우리 해군역사에서 빠질 수 없는 역사적인 함정이다. 백두산함을 구매하게 된 계기는 소극적인 미국의 정책 때문이었다. 제2차 세계대전이 끝나고 전쟁을 더 이상 원하지 않았던 미국은 전투함을 외국에 양도하거나 판매하지 않는다는 정책을 견지하고 있었다. 미국은 유럽 중심으로 대외 군사·경제적 지원에 치중했고, 한국 등 극동지역에 대해서는 상대적으로 소극적이었다. 급기야 주한미군도 철수시켰다.

대한민국은 더 이상 미국의 지원을 바랄 수 없는 처지가 되었다. 우리 해군은 자위력 구비를 위해 장병들과 장병 가족들이 나섰다. 장병들은 봉급의 일부를 떼어 성금으로 냈고, 장병 가족들은 바느질과 고철을 팔아 돈을 만들었다. 가족들이 마련한 42만원을 포함하여 1만 5천 달러를 모았다. 이승만 대통령이 4만 5천 달러를 지원했다. 6만 달러를 가지고 미국으로 건너가 전투함 구매를 추진했다.

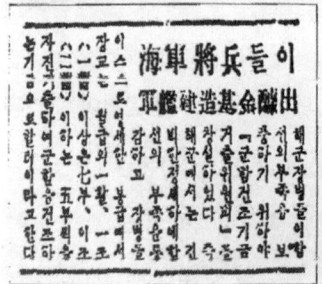
「조선일보」(1949. 6.24.)에 게재된 군함건조기금 모금 기사

「조선일보」(1949.10. 6.)에 게재된 해군장교부인회 군함건조기금 모금 기사

인수단장 박옥규 중령 등 인수요원 15명은 1949년 10월 13일 여의도에서 노스웨스트 항공기를 타고 뉴욕으로 갔다. 구매할 배는 버지니아 킹스포인트(Kingspoint)의 미 해양대학교에서 뉴저지 호보켄(Hoboken)에 있는 하버보트조선소(Harbor Boat Building Company)로 옮겨

져 있었다. 이 배는 이전에 미국 해양대학교 학생들이 운용했던 실습선이었다. 함포, 레이더, 폭뢰발사대 등 무장들은 철거되어 없었다. 이전에는 전투함이었지만, 전투함이라 할 수 없는 일반 선박과 같았다. 손원일 해군참모총장은 미 해군과 절충하여 배를 구매하기 위해 인수단원들보다 먼저 미국에 도착했다. 인수단원들이 도착하기 이전 1949년 10월 17일 1만 8천 달러를 주고 PC 한척을 구매해 놓았다.

이 배는 USS PC-823함으로 제2차 세계대전에 참전한 후 미 해양대학교에서 인수하여 엔슨 화이트 헤드(Ensign White Head)라는 이름으로 운용하고 있었다. 배의 이름은 제2차 세계대전 때 전사한 해양대학교 출신의 화이트 헤드 해군 소위를 기리기 위해서 붙여진 것이다.인수요원들에 의해 2개월간의 정비가 끝난 이 배는 12월 24일 뉴저지 호보켄에서 뉴욕의 미 해안경비대 제8부두로 옮겨졌다. 손원일 제독은 12월 26일 구매한 배의 이름을 백두산함으로 명명하고 박옥규 중령을 함장으로 임명했다. 공교롭게도 영문 이름 White Head와 한국해군이 지은 이름 백두가 같은 뜻이었다.

명명식이 끝나자 백두산함은 박옥규 함장의 지휘 하에 마이애미, 파나마운하, 멕시코의 만자니요를 거쳐 1950년 1월 24일 하와이에 도착했다. 하와이에 도착해서 3인치 포를 설치한다는 계획을 세웠으나 미국과의 협상이 쉽지 않았다. 손원일 제독은 미국에 계속 남아 미 국무부와 국방성을 설득시키는데 성공함으로써 3월 중순에서야 3인치 포를 설치할 수 있었다.

하와이에서 포를 설치하고 3월 20일 출항한 백두산함은 콰잘린을 거쳐 괌에 도착하여 3인치 포탄 100발을 구입해서 실었다. 진해에 도착한 날은 6·25전쟁이 터지기 불과 2개월 15일전 1950년 4월 10일이다.

⟨하와이에서 3인치 함포 설치 모습⟩

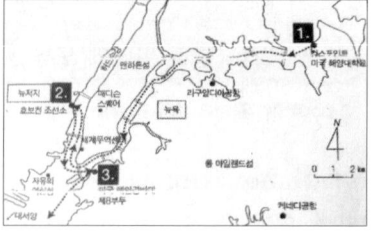
⟨백두산함의 미국 내 이동경로 ①⟩

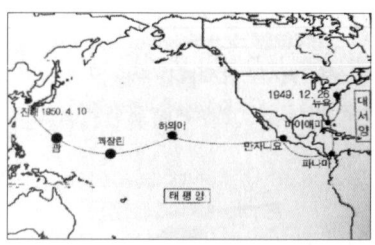
⟨백두산함의 태평양 이동경로 ②⟩

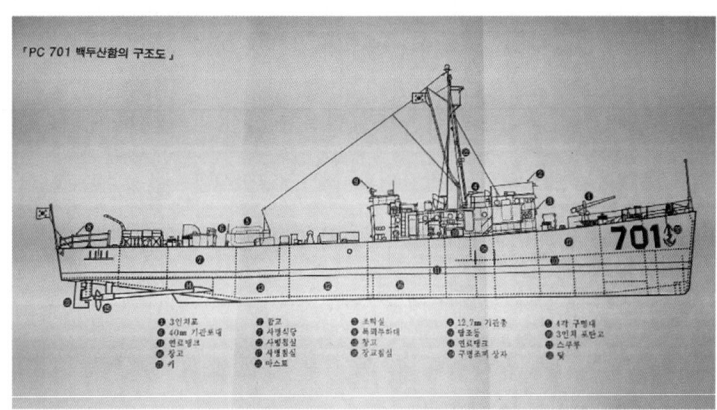
⟨백두산함의 주요 구조물 위치⟩

필자가 함장으로 부임한 후 첫 출동은 1955년 10월 2일이었다. 동해에 경비 중인 PC-703함과 다음날 17시에 교대했다. 동·서해 접적해역에서는 북한 함정의 잦은 출몰과 우리 어선 납치 등으로 긴장감을 늦출 수 없었다. 동해에는 명태와 오징어를 잡으려는 많은 어선들이 종종 어로구역을 이탈하여 어로저지선 북쪽으로 올라가려 했다. 경비함정이 어선 모두를 일일이 통제하고 감시한다는 것은 불가능한 일이었다.

〈백두산함 함장 때의 필자〉

휴전 후 북한해군은 발동선에도 무장을 했다. 1955년부터 해상도발을 시작했다. 5월 10일 북한 함정이 해주 부근에서 조업 중인 우리 어선들에 포격을 가해 어선 5척 침몰, 선원 6명 사망, 9명 부상, 15명 행방불명 등 큰 피해를 입혔다. 11월 8일에는 북한의 무장선박이 인천 남쪽 입파도에 침입하여 우리 경찰관 1명을 납치해 갔다. 정긍모 참모총장은 동해와 서해에서 작전하는 함정에 우리 어선의 어로보호와 북한선박 침투저지에 만전을 기하라고 특별지시를 했다.

1956년 10월 기준 북한은 140척의 함정과 7,973명의 병력을, 우리 해군은 1956년 12월 기준 71척의 함정과 15,000명의 병력을 보유하고 있었다. 북한은 소형 함정 위주로서 척수가 많았고, 반면 우리 해군은 함정 척수는 적었으나 중·대형 함정 위주로 보유하고 있었다.

우리 해군은 휴전 이후 PCEC함, DE함 등 전투함을 도입하여 어느 정도 전투력을 갖추게 되자 1956년 4월부터 영해수호 임무를 미 해군으로부터 인계 받아 독자적으로 수행하기 시작했다. 그렇지만 NLL(북방한계선) 근해에서의 작전은 유엔군사령관의 통제 하에 엄격히 제한되고 있었다. NLL은 1953년 8월 30일 클라크 유엔군사령관이 남북 간 우발적 무력충돌을 예방하기 위해 설정한 것이다. 백두산함은 NLL 이남 동해 묵호 근해에서 북한 함정들의 출현을 감시하면서 우리 어선들의 어로보호에 집중했다.

PC-701함은 1개월에 걸쳐 기관 수리를 끝내고 11월 10일 남해로 출동하여 YMS-506정과 교대한 후 작전에 임했다. 11월 24일 PC-703함에 임무를 인계하고 진해에 귀항했다. 이후 백두산함은 필자의 지휘 하에 동·서·남해 출동임무를 수차례 수행했다.

1956년 5월 10일 함장 직을 인계하고 정들었던 백두산함에서 내렸다. 백두산함과 필자 간의 인연은 끊으려 해도 끊을 수 없는 관계가 되었고, 해군을 떠나서도 그 인연은 계속 이어졌다. 함장 직을 이임한 이날 바로 고등군사반 과정에 입교했다. 11월 9일까지 6개월 교육이었다. 고등군사반 과정은 전쟁 중 1951년 4월 1일 해군사관학교에 개설되었다. 미 해군대학 참모과정에 준하는 교육과정으로서 영관급 장교에 대한 교육이었다.

교육기간 중 1956년 9월 1일 중령으로 진급했다. 다음날 9월

2일 둘째 아들 재형이 도만동 관사 29호에서 태어났다. 얼마 후 영관급 장교들이 거주하는 여좌동 관사로 옮겼다.

해군본부 기획부 근무

1956년 11월 9일 해군본부 기획부 기획조정과장으로 발령받았다. 이제 2개월밖에 되지 않은 갓 난 아이를 업고 서울로 올라왔다. 첫째 아들은 어머니가 진해에서 돌보기로 했다. 해군본부는 부산 제1부두 구 항만청 건물에서 지난 해 1955년 4월 15일 서울 회현동의 해군본부 건물(옛 미나까이백화점)로 이전했다. 해군본부는 장병들이 거주할 관사도 마련하지 못한 상태였다. 중령 월급으로 집을 살 수도 없었다. 셋방을 구할 수밖에 없었다.

필자는 여러 곳을 둘러보고 종로구 와룡동 뒷골목에서 셋방을 구했다. 그 당시 큰 집들은 대개 밖에서 첫 대문을 열고 들어가면 왼쪽에 머슴방, 오른쪽에 마방이 있고, 거기서 또 두 번째 대문으로 들어가면 본채가 나온다. 돈이 없어 머슴방으로 정했다. 3평가량 되는 한방에서 세 식구가 살기에는 비좁았다. 그때는 자동차가 흔치 않았던 시기였는데, 해군본부에서 중령급 장교들에게 출퇴근 시 지프차를 지원해 주었다. 이웃사람들은 머슴방에서 셋방살이를 하는 주제에 지프차를 타고 다니는 필자를 보고 의아하게 생각했다.

해군본부에서 근무하는 장병들은 관사가 없어 대부분이 셋방에서 피난민처럼 생활하고 있었다. 가족을 동반한 장병들은 불편함이 이만저만이 아니었다. 군 관사에서 생활했던 진해와는 완전히 딴판이었다.

시설장교들은 해군본부와 가까운 여러 곳을 둘러보고 중구 회현동의 남산 쪽, 과거 일본해군들이 사용했던 건물을 임시거주지로 정했다. 남산 쪽으로 올라가면 오른쪽에는 일본해군 헌병대 건물이 있었고, 왼쪽에 일본해군들이 사용했던 건물과 집들이 있었다. 건물과 집들은 6·25전쟁 때 파손되었거나 기둥과 지붕만 남아 있는 것도 있었다. 시설장교들은 대충 수리를 한 후 집 없는 장교들이 살 수 있도록 했다. 큰 집은 장교들의 BOQ로 정하고, 작은집 7~8채에는 가족들이 살도록 했다.

어느 날 시설장교 소령이 셋방살이를 하고 있는 필자를 찾아와 "최 중령님, 우리가 마련한 임시거주지가 있는데, 그곳으로 옮기는 것이 어떻겠습니까? 조금만 손을 보면 지금 살고 있는 이 집 보다는 좋을 것입니다."고 말했다. 무엇보다 방이 작아 불편했는데 듣던 중 반가운 소리였다. 그래서 머슴방에서 2개월 정도 살고 12월 말에 주인에게 새로운 집을 마련했다고 양해를 구하고 회현동의 남산 쪽(케이블카 밑)으로 이사했다. 막상 집에 도착해보니 기둥과 지붕만 남아 있어 손볼 곳이 한 두 곳이 아니었다. 시설장교의 도움을 받아 우선 온돌을 놓고 천장, 벽, 부엌 등 전반적으로 직접 손을 봤다. 천장과 벽은 시레이션 박스를 붙였다.

　　어느 정도 안정이 되자 필자는 해군본부로 발령받아 오는 동기생과 후배들에게 "다른데 가서 셋방 살지 말고, 내가 사는 곳으로 와라. 낡은 집이지만 돈은 안 든다."고 권했다. 홍영현, 유병봉, 이용남 동기생들과 4기생 박한익, 라공권, 안창호가 살았다. 이 집들은 적산가옥으로 나중에는 싼값으로 불하되었다. 살고 있던 사람이 불하의 우선권이 있었다. 개인 소유의 집을 장만한 셈이다.

　　1954년 11월 1일 조직된 기획총감실이 1956년 3월 14일 기획부로 개편되었다. 기획부는 해군의 전반적인 업무를 조정·감독하는 일을 했다.

　　기획조정과장인 필자에게 주어진 첫 번째 임무는 해군병력을 증원시키는 일이었다. 당시 우리 해군에는 휴전 후 미국으로부터 함정들이 속속 들어오고 있었다. 당시 병력실링 15,000명으로는 부족했다. 이것을 해결하기 위해서는 합참, 국방부와 협의를 통해 각 군별 병력 실링을 조정해야만 가능했다. 1956년 연말을 보내고 1957년을 맞아 해군의 병력증원 필요성과 소요병력에 대한 브리핑 차트를 만들고 합참과 국방부 대상으로 대외업무를 준비해 나갔다.

한창 업무에 열중하던 3월 중순경 해군사관학교에서 교장으로 모셨던 김장훈 제독으로부터 전화가 왔다. "최 중령, 이번에 내가 해사 12기생들을 데리고 원양실습을 나가야 하는데, 나를 좀 도와주어야 되겠어." "교장님, 제가 도와드릴 일이 있으면 영광이지요." "다름이 아니라 원양실습단 작전참모를 맡아주면 좋겠어." "교장님, 기획조정과장으로 온 지도 얼마 안 되고 또 여기는 업무도 너무 많습니다. 그리고 기획부장님이 허락할지도 모르겠습니다." 그러자 "정긍모 참모총장께는 이미 허락을 받아놓았다. 그렇게 알고 준비하게."라고 말하셨다.

갑자기 원양실습단 작전참모로 임명한다는 말에 머릿속이 복잡해졌다. 3월부터 단국대학교 수업을 받아야 하고, 필자에게 맡겨진 병력증원 업무를 추진해야 한다는 생각 때문이었다. 그렇지만 필자가 가장 존경하고 있던 김장훈 제독의 요청을 거부할 수도 없었다. 1개월 21일간의 업무공백 정도는 충분히 감수할 수 있다는 생각에 마음이 편해졌다.

해군본부 인사명령이 떨어졌다. 원양실습기간은 4월 22일부터 5월 30일까지였으나, 준비와 마무리를 위해 4월 12일부터 6월 2일까지 작전참모로 임명됐다. 필자는 단국대학교 노신영 국제법 담당교수께 사정을 이야기했다.

진해에는 벚꽃이 만발해 있었다. 원양실습단 PF-61, 63, 66함은 4월 22일로 김장훈 제독의 지휘 하에 해사 12기 생도들을 태우고 진해를 출항했다. 39일 간 태국(방콕), 베트남(사이공), 대만(기륭) 등 우방국을 차례로 순방했다. 원양실습을 무사히 마치고 5월 30일 진해에 귀항했다.

〈원양실습단 군악대의 군악연주, 월남 사이공 시청 앞 광장〉

해군본부로 돌아온 필자는 그동안 밀린 병력증원 업무를 위해 합참, 국방부 관계자들을 만나 설명하고 설득시키는 일에 박차를 가했다.

다음해 1958년 8월 11일 회현동 집에서 셋째 재민이 태어났다. 둘째 재형은 어머니가 올라와서 진해로 데리고 갔다. 5살의 재신과 2살의 재형은 한동안 어머니가 키울 수밖에 없었다.

당시 국군의 병력 실링은 이미 1954년 11월 17일 발효된 한미합의의사록에 규정되어 있었다. 필자가 업무가 힘들 때 가끔 '손원일 제독님, 장관 하실 때 해군병력을 2만 명으로 해 놓았다면 내가 이런 고생을 하지 않을 텐데.'라는 생각이 들었다. 손원일 제독은 1953년 6월 30일부터 1956년 5월 26일까지 제5대 국방부장관을 역임했다.

해군의 병력증강 필요성과 계획서를 브리핑 차트로 만들어 합참과 국방부에 오가며 관계자들을 만나 설명하고 설득했다. 2년이나 다니다 보니 브리핑 차트가 누렇게 변해 있었다. 1958년 10월 합참에서 병력조정위원회를 열었다.

병력조정위원회에 이어 합동참모회의에서 조정안을 의결했다. 이를 바탕으로 한·미 국방부장관은 1958년 11월에 한·미합의의사록 부속서의 한국군 실링을 630,000명으로 낮추고 각 군의 병력 정원도 조정했다. 해군병력 정원은 1,600명이 증가하여 16,600명으로 되었다.

필자의 병력 증원업무를 헌신적으로 도와준 사람은 김학영 문관(오늘의 군무원)이다. 책임감도 강하고 성실해서 맡은 업무를 완벽하게 수행했다. 글씨체와 문장력도 훌륭하여 브리핑 차트를 잘 만들었다.

한국군 병력수준(실링)

| 연도 | 육군 | 해군 | | 공군 | 계 |
		해군	해병대		
1955년	661,000	15,000	27,500	16,500	720,000
	(91.8%)	(2.1%)	(3.8%)	(2.3%)	(100%)
1959년	565,000	16,600	26,000	22,400	630,000
	(39.7%)	(2.6%)	(4.1%)	(3.6%)	(100%)

1960년 9월 28일 이성호 준장이 참모총장으로 취임했다. 작전참모부장 때 새싹계획(전력증강계획)을 수립했던 이성호 제독은 참모총장에 부임하자 마자 가장 먼저 추진한 것이 기획업무였다. 그는

1960년 10월 27일 '해군본부연구위원회'를 설치하고, 위원회에 병력획득과 연계하여 부대조직과 정원을 검토하고 장교경력관리계획을 작성하도록 지시했다. 필자는 해군본부연구위원회 연구위원 겸 간사 장교를 맡아 약 4개월에 걸쳐 수명한 지시를 완결시켰다. 이 업무에 기여한 공로로 1961년 2월 20일 해군참모총장으로부터 공로표창장을 받았다.

기획업무는 처음 접하는 새로운 분야로서 추진하는데 어려움이 많았다. 새로운 임무를 위한 부대 창설이 필요하면 사전에 계급별 적정 병력 산정과 아울러 예산편성, 인력양성 등 선행적 업무를 추진해야 했다. 병력이 부족하면 추가적으로 병력을 획득해야 하고, 그것이 어렵다면 해군 병력 내에서 조정해야 했다. 이런 것들은 특성상 단기간 내 완성이 어렵고 장기간 소요되는 업무들이다. 기획 분야에 대한 기본지식을 지닌 장교만이 이런 업무를 제대로 추진할 수 있었다.

주로 해상근무를 해왔던 필자는 고급장교가 갖추어야 할 정책, 전략, 기획 분야에 대한 지식이 필요하다는 것을 느꼈다. 그래서 대학교에서 필요한 전문지식을 쌓기로 결심했다. 먼저 국제법을 공부하기로 했다. 해군장교라면 기본적으로 알아 둘 필요가 있는 분야라 생각했다.

기획부에 부임한 후 다음해 1957년 3월 단국대학교 정치법률학과 3학년에 편입했다. 담당교수는 노신영(국무총리 역임)이었다. 낮에는 해군본부에서 일하고 일이 끝나면 대학교로 가서 수업을 받았다. 그야말로 주경야독이다. 노신영 교수는 당시 외무부 과장직책을 수행하면서 퇴근 후에 학생들을 가르쳤다. 수업은 저녁 6시에 시작해서 10시에 끝났다. 대중교통이 불편했던 그 시절에 필자는 해군본부에서 내어준 지프차로 출퇴근하며 학교를 다녔다. 기획부에서도 필자에게 학업을 적극 권장하고 지원해 주었다. 당시는 전문지식을 쌓기 위해 야간에 대학교에서 공부하는 것을 업무의 연장으로 생각했다.

필자는 수업을 마치고 집으로 돌아올 때 지프차에 노신영 교수를 모셨다. 노 교수는 아현동에서 살고 있었다. 집으로 돌아오던 중 가끔 교수와 대포 집에 들러 막걸리를 마시곤 했다. 그렇게 2년 과정을 마치고 1959년 3월 7일 법학사 학위를 받았다.

필자는 3월 28일 개학하는 서울대학교 행정대학원 제1기로 들어갔다. 행정대학원은 서울대학교 교수들이 미국 미네소타대학교로 유학해서 인사, 조직, 예산, 기획 분야에 대한 학과과정을 이수하고 모교로 돌아와서 설립한 대학원이다. 때마침 단국대학교에서 졸업하고 얼마 후 행정대학원이 개설이 됨에 따라 공부를 계속 이어갈 수 있었다.

필자가 맡고 있는 기획업무를 배운다는 것에 흐뭇했다. 대학원 수업은 저녁 6시에 시작해서 10시에 끝났다. 그것도 월요일부터 토요일까지 하루도 빠짐없이 꼬박 4시간을 수업했다. 교수들의 교육지도도 엄격하고 철저했다. 지도교수는 이한빈(국무총리 역임)이었다. 당시 이한빈 교수는 재무부 예산과장을 하고 있었다. 낮에는 재무부에서 일

하고 저녁에 학교에 나와서 학생들을 가르쳤다.

이한빈 교수는 미국 하버드대학교 대학원에서 일등으로 이수하고 박사학위를 받았는데, 이 소식이 미국 신문에 실렸다. 이 신문을 본 이승만 대통령이 이한빈을 재부무 예산과장으로 채용하여 일하게 했다. 미국에서 배운 인사, 조직, 예산 등 기획제도를 한국정부에 적용하기 위해서였다.

미국은 제2차 세계대전이 끝난 후 국방기획관리 제도를 만들어 시행했다. 미 국방성에서 하버드대학교에 연구를 의뢰해서 그 연구결과를 토대로 1955년부터 국방기획관리 제도에 따라 국방사업을 추진해 나갔다. 필자는 행정대학원에 하루도 빠지지 않고 출석하여 수업을 받았다.

1961년 마지막 2학기에는 장면내각의 장관들과 성공한 기업인들이 와서 강의했다. 1960년 4·19혁명으로 이승만 정부가 무너지고 장면내각이 들어섰다. 기업인 강의자 중 지금도 기억나는 사람은 기아자동차를 창업한 김철호 사장이다. 그의 강의는 자신이 걸어온 인생이야기와 성공철학에 대한 것이었다.

〈서울대학교 행정대학원 졸업, 1961.3.28.〉

당시 장면내각의 장관들은 대학원 학생들 앞에서 시국에 대해 비평하고 강한 우려를 표했다. 당시 국내정세는 사회혼란과 부정부패가 만연해 있었다. 어떤 장관은 이제 군인들이 나서서 우리나라를 바로 세워야 한다고 강변도 했다. 이런 어수선한 정세 속에서 필자는 2년 과정의 행정대학원 과정을 이수하고 1961년 3월 28일 행정학 석사학위를 받았다. 석사학위 논문 제목은 "해군의 조직과 기획예산제도"였다.

PCEC-53(한산) 함장

대학원을 졸업하자마자 인사명령이 났다. PCEC-53함(한산) 함장이었다. 1961년 3월 31일에 PCEC-53함(한산) 지휘권을 인계받았다. 함장으로 부임한 그해 12월 13일 우리 해군은 PCE-56함(당포)·PCE-57함(벽파함)·PCE-58함(율포)·PCE-59함(사천) 등 PCE 4척을 미국 찰스턴에서 인수했다.

1957년 11월 9일 동해에서 북한경비정에 의해 우리 어선 8척, 어부 47명이 나포되는 사건이 발생했다. 이 사건을 계기로 우리 해군은 1958년부터 동해와 서해에서 경비임무와 아울러 조업하는 어선들을 보호하는 작전을 펼쳤다. 서해는 조기 성어기인 4월 20일부터 6월 20일까지, 동해는 명태 성어기인 11월 20일부터 다음해 1월 31일까지 어로보호작전 기간으로 정했다. 동·서해에서 경비하는 함정들은 북방한계선을 넘어 우리의 영해로 침투하는 무장간첩선을 저지하는 것이 중요한 임무였다. 북한은 본격적으로 해상을 통해 무장간첩선을 침투시켰다. 해군은 1958년 한 해 동안 무장간첩선 4척을 나포하는 전과를 거두었다.

1960년 7월 30일 DE-71함(경기)이 동해에서 경비 중 불법 남침한 북한경비정을 격침시켰다. 이에 북한은 보복을 위해 기회를 엿보고 있었다. 필자는 PCEC-53함 함장에 취임하고 며칠 후 1961년 4월 초 첫 출동을 동해로 나갔다. 해상선임지휘관으로서 동해 경비분대사령관(CTU 98.3.2)을 맡아 PC-706함을 지휘하여 접적해역 경비에 임했다. PC-706함은 북방한계선 근해에서 조업 중인 우리 어선들을 보호하고 있었고, PCEC-53함은 북방한계선 이남 해역에서 경비하고 있었다. 어선들은 무리를 지어 물고기가 잘 잡히는 북방한계선 이북으로 올라가 조업하려 하고, 해군함정들은 북으로 월선하려는 어선들을 저지하느라 진땀을 뺐다.

북방한계선 근해에서 어선 15척을 남하시키고 있던 PC-706함이 4월 7일 오전 10시에 북한 수원단 해상에서 남하하는 북한 대형 경비함 2척을 발견했다. 잠시 후 수원단 아래의 남강 입구에서 6척의 적 PT정이 나와 2척의 북한 대형 경비함과 합류하여 PC-706함으로 접근해 내려왔다. 8,000야드까지 접근해서는 PC-706함에 포격을 가해 왔다. 이때 적 해안포에서도 포탄들이 날아왔다. 봉수리에 설치된 적 해안포 105밀리 6문에서 날아온 포탄들이다. 10시 43분부터 쌍방 간 포격전이 시작되었다. 적 해안포에서 쏜 포탄들이 PC-706함 주위의 바닷물을 튀기고 있었다. 이 상황을 접한 필자는 즉시 PCEC-53함을 이끌고 교전 현장으로 북상하여 PC-706함과 합세했다. 필자는 11시 20분 PC-706함에 적 해안포 사정거리 밖으로 벗어나라고 지시했다.

함대사령관은 교전상황을 보고받고 즉시 남해에서 훈련 중이던 DE-72함(강원)을 동해로 급파시켰다. 필자는 교전이 끝나고 동해 경비분대사령관으로서 작전경과보고서와 아울러 건의사항을 해군본부에 올렸다. 건의사항은 구축함 급 경비함 도입, 어로저지선 재설정 등이었다. 필자는 동해에 도착한 DE-72(강원) 함장 김형배 대령(해사 2기생)에게 4월 8일 동해 경비분대사령관(CTU 98.3.2) 임무를 인계했다.

동해출동을 마치고 진해로 돌아온 PCEC-53함은 며칠간 정비·수리한 후 5월에 조기잡이 어선을 보호하기 위해 서해로 출동했다. 통상 서해에는 대형함정 2척과 소형함정 2척을 배치하고, 어로기에는 함정세력을 증강했다. 필자의 출동기간에 서해 경비분대사령관(CTU 98.3.3)이 현시학(해사 1기생) 준장이었다.

필자는 연평도 근해에서 조기잡이 어선통제를 하던 중, 라디오를 통해 5.16혁명이 일어났다는 것을 알았다. 이 방송을 듣는 순간

'결국 올 것이 왔구나.'라는 생각이 들었다. 서울대학교 행정대학원에서 모 장관이 한 말이 떠올랐다. 5·16군사정변이 일어나고 얼마 후 현시학 준장이 필자를 호출했다. 기함 LST로 오라고 했다. PCEC-53함을 LST에 계류하고 사관실로 들어갔다. 현시학 제독은 필자를 보자 의논할 것이 있다면서 자리에 앉으라 했다. LST 함장도 같이 앉았다.

"사령관님, 의논할 것이 무엇입니까?" "지금 국방부하고 유엔사 양쪽에서 작전명령이 내려오고 있다. 그런데 양쪽의 명령이 완전히 달라. 우리는 어느 쪽을 따라야 할지 모르겠어. 최 함장의 의견은 어떤가?" "국방부 명령을 따르십시오." "왜 그렇게 해야 하나?" "사령관님, 제 말대로 하십시오. 군부세력이 혁명을 일으켜 국방부를 완전히 장악했다고 봅니다. 제가 서울대학교 행정대학원 다닐 때 장면내각의 어떤 장관이 우리에게 "군부가 혁명을 해서 이 나라를 바로잡아야 한다."고 강의한 적도 있습니다. 지금 국가 안보가 우려됩니다. "알았네. 그럼 지금부터 우리는 국방부 작명을 따르겠소. 함장들은 그렇게 알고 행동하시오."

당시 한국군에 대한 작전지휘권은 전·평시 모두 유엔군사령관에 있었다. 한국해군의 작전지휘체계는 한국기동함대(TF 98) 예하에 한국 해군기동전대(TG 98.3)를 두었고, 전대 밑에는 남해 경비분대(TU 98.3.1), 동해 경비분대(TU 98.3.2), 서해 경비분대(TU 98.3.3), 해병 도서경비분대(TU 98.3.4), 기뢰분대(TU 98.3.5)가 있었다.

7월 하순까지 서해에서 출동임무를 수행하고 진해로 귀항한

PCEC-53함은 8월부터 정기수리에 들어갔다. 수리기간 중 8월 15일에 대령으로 진급했고, 9월 5일부로 한국함대사령부 행정참모로 발령을 받았다.

한국함대사령부 행정참모

행정참모는 오늘의 인사참모이다. 필자가 행정참모로서 수행한 업무 중 기억나는 것은 함대장(艦隊葬)을 만들어 시행한 일이다. 함대장을 제정한 배경은 이렇다.

PF-65함(낙동)이 서해에서 출동임무 중 1962년 1월 1일 인천항에 들어와 투묘했다. 군수적재 기간 중 시내로 외출하는 장병들을 이송하기 위해 함정과 인천부두 간 단정을 내려 운항했다. 그런데 귀함하던 단정이 기관 고장을 일으켜 거센 조류에 떠내려가고 있었다. 이를 목격한 당직사관 임무를 맡고 있던 이용우 소위와 김태원 갑판사 이등병조가 단정을 구하려고 바다 속으로 뛰어내렸다. 두 당직자는 단정에 탑승 중인 대원들과 협력하여 떠내려가는 단정을 멈추게 했지만, 결국 자신들은 거센 파도를 못 이겨 떠내려갔다. 인천 앞바다는 세계적으로도 조석간만의 차이가 크며 유속이 빠르기로 유명하다. 강물처럼 빠르게 흐르는 바다에 빠진 사람을 구한다는 것은 불가능한 일이다. PF-65함을 비롯한 해군함정들을 동원하여 며칠간을 실종자들을 수색했지만 찾을 수가 없었다.

이 사건을 접수한 필자는 함대사령관이 주관하는 장례식 방안을 사령관께 건의했다. 함대사령관도 좋은 방안이라 하면서 즉시 '함대장' 제도를 만들어 시행하라고 했다. 새로운 제도를 만들어 시행한다는 것은 쉽지 않은 일이다. 그렇지만 적극적으로 나서게 된 것은 평소 이 제도의 필요성을 느끼고 있었기 때문이다.

필자는 행정참모로 부임하자 마자 공부를 더 하기 위해 미국 국방대학교의 국방산업대학(Industrial College of the Armed Forces) 통신과정을 신청했다. 공부를 하던 중 필요한 자료 수집을 위해 진해에 있는 미 고문단을 자주 만났다. 그러다 보니 미군들과 가깝게 지내면서 많은 정보를 얻을 수 있었고, 미군의 장례의식에 대한 것도 알게 되었다.

함대사령관의 지시가 떨어지자 필자는 즉시 미 고문단을 방문하여 장례의식에 대한 매뉴얼을 구해서 그것을 참고하여 우리나라 정서에 맞게 '함대장' 지침을 만들었다.

인천해상에서 실종자 수색이 열흘 동안이나 계속되었지만 결국 찾지 못했다. 함대사령부는 두 명을 순직자로 처리하고 고(故) 이영우 소위와 김태원 갑판 이등병조를 1계급 특진시키며, 함대장으로 장례를 치르기로 했다. 1월 11일 함대사령관주관 하에 함대사령부 광장에서 재진지구 장병들과 유족들이 참석한 가운데 함대장을 거행했다.

두 번째 함대장은 1962년 5월 1일에 있었다. 4월 27일 PC-707함(오대산)이 동해 강릉해역에서 경비임무를 수행하던 중 새벽 01시 45분 북한의 지령을 받은 최방순 수병이 갑자기 함교로 올라와 항해당직사관에게 권총을 겨누며 함수를 북으로 돌리라고 했다. 당시 항해당직사관을 맡고 있던 부장 최성모 대위(해사 9기)는 최방순 수병에게 "총알을 무서워한다면 해군이 되었겠어. 대포를 갖다 대도 조국을 배반할 수 없다."며 그를 설득하려 했다. 최방순 수병은 제지하려고 달려드는 부장을 향해 권총 방아쇠를 당겼다. 3발의 총탄이 부장의 복부를 맞혔다. 최방순은 이어서 이종두, 황목원 하사와 황영일 수병에게도 총을 난사하여 부상을 입힌 후에 권총으로 자살했다. 치명상을 입은 최성모 대위는 함장실까지 기어가서 함장 정만화 소령(해사 5기)에게 보고했다. 그는 피를 많이 흘러 의식을 잃고 결국 새벽 06시 15분에 숨을 거두었다.

함대사령관은

〈최성모 소령 함대장을 진행하는 필자, 1962.5.1〉

제6막 25세~40세(1953년~1968년) 휴전 후 해군복무

최성모 대위를 소령으로 1계급 특진시키고, 충무무공훈장을 추서했다. 아울러 5월 1일 함대사령부 장병들과 유족들이 참석한 가운데 함대장으로 장례를 엄숙하게 치렀다.

필자는 함대 행정참모로 근무하면서 국방산업대학의 통신과정으로 국가안보경제학(The Economics of National Security)을 이수했다. 국방산업대학은 워싱턴 D.C.에 위치해 있었고, 대학장이 미 해군 중장이었다. 학생들은 대학교에서 보낸 교재와 과제물을 우편으로 받고, 기일에 맞추어 우편을 통해 과제 결과물을 제출하는 방법으로 공부했다. 1년의 과정을 이수한 후 1962년 8월 28일 수료장을 받았다.

〈국방산업대학의 국가안보경제학 수료장〉

국가재건최고회의 총무비서관

1961년 5·16군사정변 후 1년이 지난 1962년 6월 국가재건최고회의 의장비서실 개편이 있었다. 육·해·공군으로부터 각각 1명씩 추천을 받아 비서관으로 임명했다. 해군에서 추천한 필자는 7월 25일부터 의장비서실 총무비서관을 맡았다.

의장비서실은 총무비서관실, 민원비서관실, 의전비서관실, 경호실로 구성되었다. 비서실장은 육군 정인완 장군이었다. 비서실장 밑에 보좌관 육군 이낙선 중령, 부관 송영길 소령, 총무비서관 해군 최영섭 대령, 민원비서관 공군 윤자중 대령, 의전비서관 육군 조상호 중령, 경호실장 육군 박종규 중령이 있었다. 필자가 맡은 총무비서실에는 보좌관 육군 최성택 소령, 홍승완 문관 등 30~40명의 직원이 있었다.

총무비서관의 임무는 비서실의 업무를 총괄·조정하는 것이었다. 군사혁명정부로서 가장 먼저 해야 할 일은 국민들에게 신뢰를 얻는 일이었다. 필자는 국민들이 군사혁명정부에 보내온 편지에 신경 썼다. 편지가 오면 ① 안부편지, ② 민원편지, ③ 정책건의 편지로 나누어 의장께 보고했다. 단순한 안부편지는 그대로 드리고, 민원과 정책건의 편지는 해당 분과위원회 검토의견을 요약 첨부해서 결재를 받는다. 박정희 의장은 민원과 정책건의 하나하나에 대해서 자신의 의견을 직접 써서 내려준다. 총무비서실로 결재서류가 내려오면 해당되는 분과위원회에 나누어 준다. 민원에 대해서는 대부분 긍정적인 방향으로 해결해 주었다.

민원은 전라도와 도서에서 온 것이 많았다. 민원업무는 박정희 의장이 많은 관심을 가지고 있었던 분야다. 홍승완 문관이 필자의 업무를 잘 보좌해 주었다. 민원업무가 많아 휴일에도 출근하고, 늦은 시간까지 업무를 처리했다.

총무비서관 부임 후 약 1개월이 지나자 해군에서는 박정희 의장을 모시고 관함식과 대규모 해상훈련을 계획했다. 북한의 군사위협에 대한 무력시위를 위한 것이다. '은하작전(銀河作戰)'이라는 작전명 아래 39척의 함정이 8월 27일부터 9월 1일까지 남해와 동해상을 기동하면서 관함식과 아울러 각종 해상기동훈련을 했다. 8월 31일 관함식에는 박정희 의장이 임석하여 함정들을 해상 사열했다.

〈은하작전 관함식. 뒤줄 왼쪽부터 이성호 참모총장, 김동하 장군, 박정희 의장, 함명수 함대사령관, 김현철 내각수반, 김종필 중앙정보부장〉

관함식 후 1개여 월이 지나자 해군은 10월 4일부터 10월 20일까지 동해안에서 '해마작전(海馬作戰)'이라는 작전명으로 상륙작전을 실시했다. 이 상륙작전에는 해병대 1

개 사단과 함정 25척이 참석했다. 10월 10일 박정희 의장은 주문진 해안에서 실시하는 해마작전의 하이라이트인 상륙작전훈련을 참관했다.

훈련을 참관한 후 박정희 의장이 필자를 불렀다. "최 비서관, 지금 울릉도에 갈 수 있느냐?" "해군 군함 타고 가시면 됩니다. 각하" "해군총장에게 지시하시지요." 이맹기 총장은 훈련에 참가 중인 APD-81함(경남)에 이송 준비를 지시했다. APD-81함 함장은 필자의 동기생 홍영현 대령이었다. 이맹기 총장은 9월 28일부터 이성호 제독 후임으로 해군참모총장을 맡고 있었다.

〈해마작전 참관. 왼쪽부터 이주일 최고회의부의장, 이맹기 참모총장, 필자, 박정희 의장, 김두찬 해병대사령관, 김현철 내각수반, 김윤근 장군〉

이맹기 참모총장은 박정희 의장께 APD-81함을 준비하겠다고 보고했다. 박정희 의장은 대뜸 "최 비서관, 기자들은 물론이고 다른 사람들 일체 따라오지 말라 그래. 해군총장, 경북도지사, 경북경찰국장, 공보실장, 경호실장만 같이 가자." 했다. 그래서 박정희 의장과 함께 한 인원은 이맹기 해군참모총장, 민기식 육군 제1군사령관, 박경원 경북도지사, 경북경찰국장, 이후락 공보실장, 박종규 경호실장, 김동하 최고회의위원, 김종필 중앙정보부장이었다.

APD-81함을 타고 울릉도 근처에 도착하니 어둠이 깔리기 시작했다. 함에서 내린 단정을 타고 울릉도 도동 항구로 건너가려 하는데 동아일보 이만섭 기자(후에 국회의장 역임)가 경남함 갑판으로 갑자기 튀어나왔다. 필자는 깜짝 놀라 "야, 너 어떻게 해서 여기까지 왔어?" 물었다. 이만섭은 빙긋이 웃으면서 "기자들 안 데리고 갈 줄 알고 기관실에 숨어 있다가 나왔습니다." 했다. 이만섭 기자는 박정희 의장이 군함 편으로 울릉도로 향한다는 정보를 입수하고 군함에 미리 들어가 있었던 것이다. 이렇게 해서 이만섭 기자도 동행하게 되었다.

우리나라 역사상 왕이나 대통령이 울릉도에 간 적이 없다. 정치적 이득이 없고 뱃길이 험난하기 때문이었다. 그렇지만 박정희 의장은 민원 수렴을 위해 울릉도로 건너갔다.

〈왼쪽부터 필자, 박정희 의장, 김동하 장군, 경북경찰국장, 경북도지사〉

박정희 의장 일행은 박창규 울릉군수 안내로 군청으로 향했다. 군수로부터 울릉군에 대한 현황 브리핑을 받은 후 박정희 의장이 "울릉군민들이 가장 필요한 것이 무엇이오?" 물었다. 박창규 울릉군수(후에 대구시장 역임)가 대답했다. "울릉도 주민들은 태풍이나 큰 풍랑이 닥치면 어선을 타고 포항이나 묵호 쪽으로 대피해야 합니다. 여기는 어선들이 대피할 수 있는 부두가 없어 주민들의 고충이 이만저만이 아닙니다. 웬만한 파도에도 배가 부서지고 피해가 많습니다. 배들이 안전하게 계류할 수 있는 부두를 만들어 주시면 저희들은 잘 살아가겠습니다." "그래요. 그렇게 해 봅시다."

〈울릉군수로부터 브리핑을 받고 있는 박정희 의장〉

울릉도 주민들은 박정희 의장 방문 이듬해 1963년 '대통령권한대행 국가재건최고회의의장 육군대장 박정희장군 순찰기공비'를 저동항에 세웠다. 그해 부산-포항-울릉도를 잇는 정기여객선이 취항되었고, 1967년 저동항에 어업전진기지가 만들어졌다.

박정희 의장 일행은 브리핑을 받고 군청에서 나와 군수 관사에서 저녁식사를 했다. 이어 조촐한 주연(酒宴)이 있었다. 육지와 멀리 떨어진 섬이라는 분위기 탓인지 끝날 줄을 몰랐다. 술잔을 주거니 받거니 했다. 주무 비서관인 필자로서는 신경이 쓰였다. 내일 일정 때문이다. "각하, 내일 아침 6시에 기상하셔야 합니다. 이젠 취침하시는 것이 좋겠습니다." 말했다. 박정희 의장은 필자를 딱 보더니 "최 대령, 아니 여기까지 와서 간섭이야. 여기 앉아."라고 했다. 그리고는 필자에게 막걸리를 따라 주었다. 술잔은 새벽 3시까지 돌았다.

의장 일행은 두 세 시간 정도 눈을 붙이고 아침 6시에 일어나서 시찰을 위해 관사를 나섰다. 경찰서와 초등학교 등 섬을 죽 둘러보았다. 국수로 점심을 때우고 출도(出島)를 위해 도동항으로 갔다.

APD-81함에서 보낸 보트가 도동항에 접안했다. 이때 풍랑이 심했다. 수행원들은 먼저 보트를 타고 경남함으로 건너가고 그 보트가 다시 오자 필자는 박정희 의장과 이맹기 해군참모총장을 모시고 보트에 올랐다. 보트가 부두에서 빠져나오는데, 이때 큰 너울이 다가와서 보트를 쳤다. 보드가 기울어졌디. 비닷물이 들어와서 무릎까지 젖었다. 박의장을 부축하고 부두에 올라오는 우리를 보고 이만섭 기자가 손뼉을 치면서 크게 웃어 댔다. 도동항에는 너울이 커서 보트를 댈 수가 없어서 산 넘어 저동 쪽에서 보트를 타기로 했다. 조그만 야산을 넘어 저동으로 가고 있는데 길가에 학생들이 군수와 함께 길게 도열해 있었다. 박정희 의장은 산꼭대기에 올라가 담배 한 대를 피우고 나서 학생들한테 "너희들 소원이 무엇이냐?" 물었다. 애들이 합창하듯이 "서울 구경시켜주세요." 큰소리로 외쳤다. 박 의장은 빙긋이 웃으면서 "그래, 서울 구경시켜주마." 하고 약속했다. 이 약속은 바로 그해부터 매년 시행되었다. 박정희 대통령 별세 후 울릉도어린이 서울초청행사가 잠시 중단되었다가 육군사관학교가 나서서 계속 이 행사를 이어갔다.

박정희 의장 일행은 저동항에서 보트를 타고 81함으로 이동했다. 울릉도 방문행사를 마친 지 며칠 후 현시학 제독(해사 1기)으로부터 전화가 걸려왔다. 꼭 만나서 이야기할 것이 있다면서 총무비서관실로 찾아왔다. "최 비서관, 내 동생 피터 현이 미국에서 잠시 한국에 들어왔는데 현 군사정부를 위해 조언을 하고 싶다고 하네. 만나서 이야기 들어보고 박정희 의장과의 만남을 주선해 주게." "현 제독님, 무슨 뜻인지 잘 알겠습니다. 일단 만나서 이야기를 들어보겠습니다. 시간되는 대로 동생 분 데리고 오십시오."

현시학 제독의 형제는 4명인데, 현영학과 현봉학이 형이며 피터 현이 동생이다. 피터 현은 재미언론가로서 기자, 작가, 저널리스트로 활동했으며, 한국의 정체성과 문화를 세계에 널리 알린 사람이다.

얼마 후 피터 현이 찾아왔다. "지금 한국의 군사정부에 대해 미국의 여론이 좋지 않다. 자유민주주의 체제 속에서 살고 있는 미국인들은 군인들이 혁명을 일으켜 군사정부를 세우고 통치하는 것을 이해하지 못한다. 그래서 미국 정치인들과 미국인들의 반대여론을 완화시킬 필요가 있다. 이 일을 내가 하겠다. 내가 나서려는 이유는 나의 조국 대한민국을 살리기 위해서이다. 밖에서 한국을 보니 강한 통치자가 있어야 혼란한 정국을 수습하고 국가안보를 다지며 경제발전도 이룩할 수 있다는 것을 느꼈다."

이야기를 다 듣고 필자는 박정희 의장실에 들어가 뉴욕 헤럴드 트리뷴지 기자 피터 현이 이러한 목적으로 만나기를 원한다고 말씀드렸다. 그런데 박정희 의장은 안 만나겠다고 했다. 기자에 대해 관심을 두지 않을 때였다. 그렇지만 필자는 어떻게 하면 만남을 성사시킬 수 있을까? 라고 고민했다. '고문단을 통해 의장님을 설득시키자.'는 생각이 스쳤다. 당시 정치, 사회, 외교, 경제, 농림 등 분야에 대해 박정희 의장에게 자문해 주는 10 여명의 자문위원이 있었다. 필자의 이야기를 들은 자문위원들은 박정희 의장을 찾아가 설득하여 결국 만남을 성사시켰다.

피터 현과 박정희 의장과의 면담은 3시간 동안 이어졌다. 박정희 의장은 필자를 불러 "피터 현을 모시고 가서 집사람을 만나게 하시요."라고 했다. 피디 현은 뉴욕 헤럴드 트리뷴 더 타임스 기자, 라이프(화보) 기자인 자신의 신분을 십분 활용하여 '박정희가 군사독재자가 아니라 지극히 인간적인 면모를 가진 사람이다. 한국을 자유민주주의 국가로 발전시킬 수 있는 인물로 적합하다.'는 것을 언론매체를 통해 미국인들에게 알리겠다는 것이다. 육영수 여사를 만나 박의장의 연애편지, 농부들과 막걸리 마시는 사진, 모내기 하는 사진, 그림 그리는 사진, 피아노 치는 사진 등을 달라고 졸랐다. 육영수 여사가 저녁식사를 권했으나 일이 바쁘다며 떠났다.

필자와 같이 그가 묵고 있는 조선호텔로 갔다. 방에 들어서자마자 원고도 없이 미국언론에 보내는 타자기를 두들겼다. 주 내용은 '박정희 의장은 민주국가를 찬탈한 군사 독재자가 아니고 북한의 도발과 친북, 종북세력으로부터 대한민국을 지키려고 애쓰는 사람'이라는 것이었다. 특히 주한미국대사 Samuel Berger에 대해 신랄하게 비판했다.

〈왼쪽 육영수 여사, 오른쪽 피터 현〉

버거(Samuel David Berger) 주한미국대사는 적극적으로 군정연장 반대에 나섰다. 군정연장 반대여론에 부딪친 박정희 의장은 민정이양 방침을 세웠다. 그리고는 1962년 12월 17일 개헌안을 국민투표에 부쳐 통과시켰다. 이어 1963년 2월 26일 창당한 민주공화당 총재에 선출된 박정희는 대통령 후보로서 전국을 돌며 선거유세에 들어갔다.

한창 선거유세를 돕고 있던 중 6월 5일에 넷째 아들 재완이 회현동 집에서 태어났다. 이때 재신과 재형은 남산국민학교에 다니고 있었다.

10월 15일에 대통령 선출을 위한 국민투표가 있었다. 이날 투표가 끝나고 저녁 9시부터 개표가 시작되었다. 처음에는 양쪽이 비슷하게 표가 나왔다. 그런데 시간이 흐를수록 윤보선 후보가 앞서 나갔다. 최고회의위원들은 긴장하기 시작했다. 그런데 동이 틀 무렵 호남에서 박정희 표가 쏟아져 나왔다. 이젠 박정희가 윤보선을 앞지르기 시작했다. 29만여 표가 뒤지고 있었는데, 그것을 만회하고 16만여 표 차이로 앞서가기 시작했다. 이때부터는 확실하게 박정희의 승리로 굳혀져 갔다. 짜릿한 역전승이었다. 결국 호남이 박정희를 대통령으로 세운 셈이다. 박정희 의장은 투표하는 날 대구로 내려가서 관광호텔에 묵고 있었다. 박정희 의장은 이기고 지는 것을 하늘에 맡겼다. 그런 사람이었기에 과감하게 국민투표에 부치는 승부수를 던진 것이다. 다음날 오전 9시경 박정희의 승리로 확실하게 굳어지자 정인완 비서실장이 박정희 의장에게 전화를 걸었다. "각하, 이겼습니다. 빨리 올라오십시오." 박정희 의장은 서울에 도착하자 마자 국가재건최고회의로 직행했다.

국가재건최고회의는 미국 대사관 건물 옆에 있었다. 비서실 직원들은 박정희 의장을 맞으려 현관에 도열했다. 박정희 의장은 흐뭇한 표정을 지으며 마중 나온 사람들과 일일이 악수를 하고 고맙다는 말을 했다. 필자에게 와서는 손을 잡으며 "최 비서관, 호남 민원을 그렇게 열심히 챙기더니 호남 표가 엄창나게 많이 나왔어." 하고 어깨를 두드려 주었다. 투표 집계 결과는 민주공화당의 박정희 후보 4,702,640표, 민정당 윤보선 후보 4,546,614표였다. 표 차이는 15만 6,026표였다.

해군은 제5대 대통령에 당선한 박정희 의장을 모시고 11월 15일 서광작전(관함식)과 뇌성1호(기동훈련)를 계획했다. 우리나라 최초의 구축함 DD-91함(충무) 등 함정들이 동해상에서 무력시위를 위한 것이었다. 박정희 의장이 승함한 DD-91함은 6개월 전 5월 16일 미국 롱비치에서 인수되어 9월 5일 한국에 도착했다. 함장은 필자의 동기생 오윤경 대령(해사 3기)이었다.

필자는 관함식 하루 전날 박정희 의장을 모시고 진해로 내려갔다. 박정희 의장은 진해군항 제1부두 뒷산, 이승만 대통령이 애용했던 별장에 묵었다.

필자는 박정희 의장을 숙소로 모셔다 드린 후 동기생 오윤경 대령과 홍영현 대령 집으로 갔다. 동기생 3명은 홍영현 부인이 차려준 맛있는 저녁밥을 먹으며 반주를 했다. 고향에 온 것처럼 마음이 푸근하여 술이 술술 들어갔다. 새벽 3시까지 양주 3병을 마셨다.

아침 5시에 의장을 깨워야 되기 때문에 잠을 청할 수가 없었다. 한 시간 정도 선잠을 자고 술 냄새를 없애기 위해 양치질을 하고 박하사탕과 은단을 씹으며 의장을 깨우러 갔다. 그는 이미 일어나 있었다. 필자의 아내가 준비한 조반을 드셨다. 음식 솜씨가 좋았던 아내는 각하가 진해에 내려오실 때마다 직접 음식을 준비해서 드렸다. 박정희 의장은 주로 우리의 전통음식인 된장, 고추장, 김치, 나물 등을 잘 드셨다.

아침 식사가 끝나자 각하를 모시고 승용차를 타고 제2부두로 이동했다. 필자는 앞좌석에 앉고 의장은 뒷좌석에 앉았다. 아침에 약간 바람이 불고 구름이 잔뜩 끼어 있었다. 부두로 이동하던 중 의장께서 갑자기 물었다. "오늘 비는 안 오나?" 필자는 뒤로 얼굴을 돌리고 술 냄새가 날까봐 손으로 입을 가리며 대답했다. "오늘 바다는 잔잔하고 비는 안 온답니다." "그래, 최 비서관, 모처럼 고향에 왔다고 한 잔 했구먼." 밤새도록 술을 마셨으니 술 냄새가 안 날 수가 없었다.

각하가 제2부두에 도착하자 이맹기 해군참모총장의 안내로 좌승함 충무함에 올랐다. 충무함은 부두에서 진해수로를 통과, 가덕도 밖으로 나갔다. 이미 다른 함정들은 출항하여 진해항 밖에서 대기하고 있었다. 당시 한국함대사령관은 함명수 제독이었다.

〈관함식·서광작전. 왼쪽부터 장성환 공군참모총장, 김성은 국방부장관, 이맹기 참모총장, 박정희 대통령 당선자, 필자, 김현철 내각수반, 함명수 함대사령관, 하우즈 유엔군사령관, 버거 주한미국대사〉

관함식과 기동훈련에는 정부요인들과 하우즈 유엔군사령관도 참관했다. 11월 15일 관함식과 기동훈련을 참관한 박정희 의장과 주빈들은 배에서 내리고 해군함정들은 함명수 함대사령관 지휘 하에 동해로 이동하여 뇌성1호(무력시위기동)훈련을 실시했다

1963년 12월 어느 날 박정희 의장이 필자를 불러 "강태민 장군 가족들 어떻게 살고 있는지 알아봐라." 했다. 강태민 장군은 해사 3기생이 생도생활을 할 때 해군사관학교 생도대장을 했던 분이다. "무에서 유를 구하라, 순수한 맑은 물의 역할, 해군을 깨끗이 씻어야 한다."면서 진심 어린 마음으로 해사 3기생을 훈도했다. 생도대장을 하면서 훈육관과 포술학 교관도 했다.

강태민 장군과 박정희 의장은 신경군관학교와 일본육사 동기다. 포병 출신이던 강태민은 6·25전쟁이 발발하자 육군으로 전군(轉軍)하여 기갑대대장을 했다. 그는 간암으로 1961년 5·16군사정변이 일어나기 얼마 전에 세상을 떠났다. 박의장은 필자에게 강장군 가족이 어떻게 사는지 알아보라고 했다.

수소문을 해서 유족들을 찾아가 생활을 알아봤다. "각하, 강장군님이 돌아가실 때 남긴 재산이 하나도 없어 유족들이 힘들게 살고 있답니다." "그래, 밥이라도 먹을 수 있도록 일자리를 구해줘야 되겠구면." 하면서 바로 윤태일 서울시장에게 전화를 걸었다. "윤 시장, 강태민 장군 있잖소. 유족들이 힘들게 살고 있다는데 좀 도와줄 수 있으면 좋겠소. 지금 바로 우리 최 비서관을 임자에게 보내겠소." 전

화가 끝나자 마자 필자는 윤태일 서울시장을 찾아갔다. 유족들의 형편을 이야기했다. 서울시장은 마침 남산에 도서관을 짓고 있다며 도서관 매장을 맡기겠다고 했다. 그 후 강태민 부인은 매장을 맡아 운영했다. 이 도서관은 청소년들을 위한 목적으로 용산구 후암동에 1963년 11월 24일부터 착공되어 1965년 1월 27일 개관되었다. 1965년 2월 13일 지금의 이름인 '남산도서관'으로 개칭되었다.

1963년 12월 17일 제3공화국이 출범하자 국가재건최고회의는 해체되고 혁명주체인사들은 대부분 군복을 벗고 장·차관 등 정부의 주요 요직을 맡았다. 국가재건최고회의가 해체되기 이전 박정희 의장은 비서실장을 통해 비서관들의 보직 의향을 타진했다. 필자는 "혁명주체인사들처럼 목숨을 내 놓고 혁명에 참여하지 않은 저는 그런 영광스런 직을 차지할 자격이 없습니다. 저는 해군으로 원대 복귀하겠습니다."고 비서실장에게 말했다.

⟨박정희 의장과 신년하례 후 비서실 단체사진, 1963.1.1.⟩

DD-91함(충무) 함장

1963년 12월 해군으로 원대복귀 명령이 떨어졌고 1964년 1월 DD-91함(충무)로 발령이 났다. 연말연시를 가족들과 보내고 생후 7개월 된 막내 재완과 아내를 데리고 진해로 내려갔다. 어머니는 아이들 학교 문제로 진해에서 서울 회현동으로 올라왔다.

4월 1일까지는 견습함장 신분으로서 전투상황별 지휘 및 조치와 함포, 갑판, 기관, 통신, 전탐 분야 등 함 전반에 걸친 무기·장비·기기 운용을 숙지했다. 당시 우리 해군의 유일한 구축함인 충무함에는 다른 유형 함정과는 달리 첨단 무기·장비·기기들로 설치되어 숙지할 것이 많아 견습함장 기간이 길었다.

4월 2일 초대 함장 오윤경 대령으로부터 충무함 지휘권을 이어받았다. 공교롭게도 이날이 필자의 생일이었다. 6·25전쟁 중 그렇게 선망했던 그 구축함을 지휘하게 된 것이다. 전쟁 당시 우리 해군이 꿈에서나 그리던 배였다. '20knot' 해군이 '35 knot' 해군으로 비약했다. 최고의 전투력을 갖추기 위해 훈련에 훈련을, 연습에 연습을 다졌다. 어떤 전투상황에서도 싸워 이길 수 있는 전투력을 갖추었다.

필자의 지휘 소신은 어떤 부대이든 매한가지다. '잘 먹이고 잘 재우자. 몸은 힘들어도 마음만은 편하게 하자. 훈련은 자신감 가질 때까지 실전같이 독하게 하자. 전투에서는 맹호 같은 싸움꾼이 되자.' 당시 군 문화와 풍조는 지금과는 많이 달랐다. 지휘관의 역량과 소신에 따라 부대를 재량껏 운용할 수 있었다.

필자는 승조원들을 잘 먹이기 위하여 약간의 편법을 썼다. 이철희 보급창장을 찾아가 된장, 간장, 고추장은 보급하고 이외 식료품은 현찰을 달라고 요청했다. 보급창장은 처음에는 규정에 어긋난다며 선뜻 받아들이지 않았다. 진정성이 담긴 필자의 지휘의도를 밝히자 그는 부식대금을 현금으로 지원해 주었다. 출동 전, 수송대에서 쓰리쿼터 한 대를 지원받아 보급관에게 함안, 창녕, 진영 등 시골 현지에 가서 싸게 부식을 구매하고, 돼지는 털만 뜯고 내장 등을 다 갖고 오도록 지시했다. 출동이 끝나 귀향하면 돼지를 잡아서 장병들을 실컷 먹였다. 장교 부인들은 배에 와서 구매한 식재료로 반찬을 만들었다. 음식 맛은 재료도 중요하지만 만드는 솜씨와 정성에서 우러나온다. 장병들이 너무 좋아했다.

해군에서 처음으로 91함 야구팀을 만들었다. 승조원이 360명이나 되니 2개의 팀을 만드는 것은 어렵지 않았다. 축구와 배구는 공만 있으면 되는데 야구는 유니폼이 필요했다. 또다시 보급창장을 찾아갔다. "수병 하정복 50벌만 주시오." "함장님, 정복은 2년에 한 번씩 보급되고 있는데요." "지난번 출동 때 하정복 50벌 몽땅 바다에 빠뜨렸어요." "아니, 어쩌다 바다에 빠뜨렸나요? 그럴 수가 있습니까?" "사실은 … ." 야구팀을 만드는데 꼭 필요하니 도와 달라고 부탁했다. 이철희 보급창장은 시내에 나가 야구 유니폼 30벌을 만들어 배로 보냈다. 지금도 그 고마움을 잊지 않고 있다. 모든 구색을 갖추자 함대사령부 앞 광장에서 '충무함 야구부 창립대회'를 열었다. 시구는 늘씬하고 아름다운 여인, 미스 경남이 멋지게 던졌다. 그 당시는 야구 붐이 일 때였다.

〈충무함 야구부 창립대회 모습〉

충무함은 우리 해군 최초의 구축함으로서 최정예군함이다. 이런 역사성을 가진 군함 승조원들의 전투력과 전우애를 북돋우기 위해서는 부대 군가가 필요할 것 같다는 생각이 들었다. 서해 출동을 마치고 진도 서쪽을 돌아 추자도 해역을 20노트 속력으로 달렸다. 함교로 올라갔다. 낙조에 붉게 물든 수평선에 갈매기가 날고 있다. 노랫말을 지었다. 제목을 '구축함의 세일러'라고 붙였다. 진해에 입항하여 진해통제부 박정호 군악대장에게 작곡을 부탁했다. 노도를 박차고 힘차게 전진하는 곡조를 붙여 달라고 주문했다. 이 노래는 1990년대까지 노래방 노래책에 실려 있었다.

"무쇠보다 굳세고 비호같이 달린다. 창파를 쪼개고 노도를 뚫는다. 타겟 엔게이지드 포화를 뿜어라. 스티어 바이 인디케이터 어뢰를 갈겨라. 우리는 충성스런 구축함의 세일러, 솟아 솟아 솟아오르는 충무함의 세일러"

해군의 구축함 도입은 많은 국민의 관심사로 각계각층의 인사들이 충무함을 방문했다. 박정희 대통령을 비롯한 국회 국방위원장 조경한 의원 한경직, 강원용 목사, 이화여대 김옥길 총장, 한국기원의 김인, 윤기현 기사, 배우 황정순, 최지희, 희극배우 김희갑, 뚱뚱이 양훈 씨 등이 기억에 남아 있다.

〈왼편에서 두 번째 배우 황정순, 세 번째 최지희〉

〈왼편에서 필자, 희극배우 양훈, 함명수 참모총장, 희극배우 김희갑〉

이 중에서 조경한 국방위원장과의 인연은 특별하다. 1964

년 5월 서해 조기잡이가 한창일 때 충무함은 북방한계선 경비임무를 받고 진해항을 떠났다. 이때 국회 국방위원장 조경한 의원 일행이 승함하여 동행했다. 거제도 남쪽을 지나 뱃머리를 돌려 서쪽으로 항행 중 조경한 국방위원장이 사관실로 들어왔다.

"함장님, 듣던 것보다 군함이 웅장하고 무장이 대단하군요. 내가 중국에서 광복군 참모장을 할 때는 기관총은 고사하고 소총 구하기도 무척 어려웠습니다. 또다시 침략을 당하지 않기 위해서는 강력한 국방력이 있어야 합니다. 그래서 우리 국방위원들이 적과 대치하는 해군의 북방한계선 수호작전을 직접 보려고 왔습니다. 우리 일행이 많아서 군함에 폐가 될까 걱정이군요."

"위원장님, 해군과 저희 승조원들로서는 큰 영광입니다. 특히 국방위원장님께서 함상생활을 하시면서 해군의 역할과 해상근무에 대한 이해에 도움이 되시면 감사하겠습니다. 배가 좁고 파도에 흔들려 고생하시겠습니다."

배는 매물도와 국도를 지나 소리도 남쪽을 달리고 있었다. 대화는 계속 이어졌다. "우리야 잠깐이지만 해군 여러분이 고생이지요. 헌데 함장님께서는 아호를 가지고 계십니까?" "아직 미천한 무인이라 아호가 없습니다." "그러면 제가 아호를 지어드려도 괜찮겠습니까?" "조경한 장군님, 분에 넘치는 영광이구요. 너무 고맙습니다." "함장님, 배에 지·필·묵은 없겠지요?" "제가 습작하려고 벼루, 붓, 먹을 갖고 있습니다만 한지는 없습니다." "아이구, 군함에 지·필·묵이 있다니 놀랍

군요. 그럼 준비해 주시겠습니까?" "네, 여기 사관실에 준비해 놓겠습니다. 좀 있으면 거문도 북쪽을 지나겠습니다. 함교에 올라가서 남해 다도해의 아름다운 경치를 감상하시지요."

국방위원들을 모시고 함교로 올라갔다. 그 사이 당번병이 벼루에 먹을 갈아 놓았다. 묵향이 사관실에 흘렀다. 조경한 위원장은 함교에서 남해를 한참 동안 감상하고 사관실로 내려와 의자에 앉자 붓을 먹물에 듬뿍 찍어 백지위에 舜(순)자와 湖(호)자를 썼다. "함장님, 어떻습니까? 舜(순)은 덕을 갖춘 어진 순 임금님을, 그리고 구국의 명장이며 조선수군의 총수이신 이순신 장군의 舜(순)자에서 땄습니다. 湖(호)자는 海(해)자를 생각했으나 바다도 지구의 큰 호수가 아니겠습니까? 舜海(순해)하면 음운 상 '순하다'로 들리기에 舜湖(순호)로 지었습니다. 함장님은 6·25전쟁 때 이순신 제독처럼 바다에서 싸우셨고, 지금도 우리의 바다를 지키고 계십니다. 앞으로도 한민족의 생명선인 바닷길을 계도하시기를 기대합니다. 마음에 드십니까?"

"네, 감사합니다. 평생 간직하겠습니다. 조 위원장님, 현문에 배 이름을 써 붙이는데 저희 배 이름인 '충무' 글자를 써 주실 수 있겠습니까?" "제가 쓴 배 이름을 현문에 붙이다니 저로서도 큰 기념이 되겠습니다."

충무함은 서해를 북상하여 연평도 서쪽 북방한계선에 이르렀다. 대연평도 서쪽 북방한계선 이남에서 수백 척의 안강망 어선들이 조기잡이에 한창이었다. 충무함은 북방한계선의 선상(線上)에서 연평도와 등산곶을 오가며 우리 어선들의 조업을 보호했다. 겁먹은 북한 해군 함정들은 북방한계선 북방 약 2,000~3,000미터의 무도 인근 해상에서 내려오지 못하고 지켜만 보고 있었다. 조기잡이 어선은 북방한계선 남쪽 해상 500미터까지 올라가 콧노래를 부르며 만선을 이루고 있었다. 강력한 군이 영토를 지킬 수 있어야 국민은 안심하고 생업을 즐길 수 있다. 영토, 영해, 영공을 지키는 것은 오직 '힘'이 있어야 된다는 것을 절감했다. 지금은 어떤가?

진해에 귀항한 후 조경한 의원이 쓴 글씨를 공창에서 주물로 만들어 현문에 부착했다. 한국해군 최초의 구축함 '혼'이 담겨 있는 현판인데, 아쉽게도 지금은 그 현판이 어디 있는지 알 수가 없다.

충무함에 부임한지 어느덧 1년이 지났다. 1965년 새해를 맞았다. 1월 중 해군본부로부터 함장 교대에 대한 의사 타진이 있었다. 구축함 함장이 해군의 꽃이란 자부심으로 좀 더 근무하고 싶다고 했으나 후배들이 줄줄이 기다리고 있는 마당에 고집할 형편이 아니었다. 함장으로 부임한지 1년이 되는 4월쯤에 교대하는 것으로 예상했다.

2월 중순, 동해 출동명령 전문을 받았다. 출항일자는 3월 1일이었다. 마지막 출동이라는 생각이 들었다. 함교에 올라갔다. 석양이 진해만에 떠 있는 섬들을 붉게 물들이고 있었다. 이번 출동임무를 어떻게 마무리해야 할까! 라는 생각에 잠겼다.

김일성은 대한민국을 전복하려고 간첩들을 빈번하게 침투시켰다. '간첩, 그렇다. 간첩선을 잡자.' 그런데 아무 첩보도 없이 넓고 넓은 망망대해에서 어떻게 간첩선을 잡는단 말인가? 막연했다. 동해 해도를 폈다. 간첩은 주로 배를 타고 내려온다. 서해는 섬이 많아 침투로가 여러 갈래지만 동해는 단 두 길뿐이다. 동해를 가로질러 일본 근해를 거쳐 침투하는 길과 동해 북쪽 먼 바다로 나가 공해를 우회하여 침투하는 길이다. 이번 출동은 동해다. 생각이 여기에 미치자 두 번째 길인 바다로 우회하여 침투하는 길목을 지키자.

적은 우리 해군의 경비작전 양상을 꿰뚫고 우리 작전해역을 피해 간첩을 침투시킬 것이다. 휴전 후 우리 해군의 경비구역은 주로 저진단(북위 38도 33분, 동경 128도 25분)에서 동쪽으로 약 15마일 내지 20마일에 이르는 해역이었다. 주 임무는 어로저지선을 넘어 월북하는 우리 어선을 통제하고 적의 남침 함선을 감시하는 것이다.

명태 잡이 시기에는 수많은 우리 어선이 어로저지선으로 몰려들어 조업했다. 북쪽해역 일수록 더 많은 명태가 잡히기 때문이다. 북한 간첩선은 많은 어선들이 몰려들 때를 이용하여 우리 해군의 경비해역과 레이더 탐지범위를 벗어난 저진단 동쪽 약 50마일 밖으로 우회하여 침투할 것으로 판단했다. 이번 출동 중에는 저진단 동쪽 100마일까지 경비해역을 넓게 잡아야겠다고 생각했다.

그렇게 하려면 대형 경비함과 유조함을 별도로 배속을 받아 기존 경비해역을 지켜야 했다. 또한 우리 배 위치를 비익(秘匿)하는 것도 중요했다. 북한이 우리 배 위치를 알게 되면 침투를 취소하거나 침투로를 변경할 것이다. 적은 2년 동안이나 사용해온 우리 작전계획을 파악하고 있을 것이고 위치좌표 암호도 해독할 수 있을 것이다.

동해안 속초, 거진, 수원단, 장전항이 포함된 해도를 폈쳤다. 해도위에 5마일 간격으로 세로(경도), 가로(위도)선을 긋고 세로선에 1, 2, 3, … 순으로 숫자를 쓰며 가로선에 가, 나, 다 … 순으로 표기했다. 위치를 보고할 때 작전계획에 있는 대로 하지 않고 예를 들어 '03나', '07마'와 같이 하기로 했다. 인근 육군부대와 협조하기 위해 육도와 통신기도 준비시켰다.

이런 구상을 구체적으로 계획하여 현시학 함대사령관을 찾아 갔다. "사령관님, 아마도 이번이 마지막 출동이 될 것 같습니다." "벌써 그렇게 되었구먼. 본부에서도 교대를 언제 시킬 것인가에 대해 고심하고 있는 것 같아." "마지막 출동을 잘 마무리하기 위해 사령관님께 간곡한 건의를 드리려 왔습니다." "간곡한 건의가 뭔데? 함장이 원한다면 들어줘야지." "고맙습니다. 이번 출동에 간첩선을 잡아보려 합니다. 꼭 도와주십시오." "함장, 무슨 첩보라도 있는가?" "아닙니다. 저의 직감입니다." "허허, 첩보가 있다고 해도 쉽지 않은 일인데, 함장의 직감이라니?"

차 한 잔을 마시고 숨을 고르고 나서 근래에 있었던 간첩선 침투 사례며 동해를 통한 간첩선 침투로 분석과 그에 따른 탐색구상을 말했다. "사령관님, 경비함정이 부족하다는 실정을 모르는 바 아니지만 이번 출동에 저는 외해 100마일 정도까지 나가서 작전을 하려 합니다. 그래서 대형 경비함 한 척을 저에게 배속시켜 주십시오. 그리고 구축함이 광범위한 해역을 탐색하기 위해서는 중간에 연료를 보충해야 합니다. AO(유조함) 한 척도 지원해 주십시오." "함장의 작전구상은 잘 알겠는데, 함정이 워낙 모자라서 … " "사령관님, 저의 해군복무 중 마지막 함장 근무입니다. 이번에 무언가 해군을 위해 업적을 남기고 싶습니다. 간첩선을 만날 것 같은 예감이 듭니다. 꼭 허락해 주십시오."

현시학 사령관은 자리에서 일어나 벽에 가려 놓은 커튼을 밀어제치고 동해작전 상황판을 한참동안 살펴보더니 군수참모를 불렀다. "군수참모, 이번 91함 출동 시 DE 또는 PF 한 척과 AO 한 척을 차출할 수 있겠나?" "사령관님, AO는 가능하겠습니다만 대형 함정이 부족해 DE, PF는 어렵겠습니다. 작전참모와 상의한 후 곧 보고 드리겠습니다." "함장, 내일 오전까지 가부를 알리겠소." "사령관님, 고맙습니다."

진해만 외항 제5번 부이(Buoy)에 계류하고 있는 배로 돌아왔다. 긍정적인 답변을 기대하며 경비작전을 구상하면서 하룻밤을 지냈다. 아침에 출근하사 함내사령부로부터 오전 11시까지 함대사령관실로 오라는 지시가 있었다. 사령관은 환한 얼굴로 손을 잡으면서 "함장, PCE 한척과 AO 한척을 증파하기로 했소. 첩보도 없는데 쉬운 일이 아니오. 소신껏 해보시오." "사령관님 감사합니다. 출동 전에 다시 뵙겠습니다." 함대사령관실을 나왔다. 전폭적인 믿음과 지원이 고마웠다. 한편으로는 책임감에 마음이 무거웠다. 4년 전 서해 연평도에서 경비작전 시, PCEC-53(한산) 함장인 필자가 당시 서해 경비분대사령관이었던 현시학 제독에게 5·16군사정변과 관련해서 권고했던 생각이 났다.

출동 이틀 전 2월 27일 토요일 아침, 함대사령관을 찾아 작전구상을 보고하고 준비해 간 해도를 폈다. "사령관님, 해도에 가로 세로 격자 모양을 그렸습니다. 적들이 2년 동안 사용해 온 우리 위치보고 암호를 해독한다면 제가 구상하고 있는 간첩선 나포작전이 실패할 우려가 있습니다. 이번 출동에서 저희 배 위치보고는 여기 해도에 그린 격자로 보고하겠습니다." "알겠네. 그 해도는 여기 두고 가게."

배에 돌아와 출동준비를 다시 점검했다. 3월 1일 월요일, 하늘은 맑았다. 매화 꽃봉오리는 봄이 왔음을 알리는데 바다 바람은 찼다. 유류와 탄약은 며칠 전에 이미 적재했고, 출동 당일 아침에는 바지로부터 청수를 수급했다. 만재된 배의 흘수(吃水)가 14피트로 가라앉았다. 07시 30분 보일러를 점화하고 대함·대공레이더를 작동시켰다. 08시 55분 유정규 소위(해사 18기)가 URT-17 통신기를 단정에 싣고 배에 올랐다. 09시, '출항준비' 구령이 함 내에 울려 퍼졌다. 09시 40분 단정 2척을 올렸다. 10시 5번 부이에 걸었던 계류색을 풀었다. 출항 깃발이 마스트에 나부끼고 묵직한 기적소리를 울리며 진해만을 떠났다.

11시 10분 가덕도 남단을 돌며 098도로 변침했다. "당직사관, 이제 사냥터로 간다. 배 잘 몰고 가." 당직사관 김광수 소령(해사 9기)이 물었다. "함장님 사냥터가 어딘데요?" "동해 작전해역이지 어디겠어." 당직사관에게 맡기고 사관실로 내려갔다.

다음날 3월 2일 09시 35분 거진항 동방 12마일 해상에서 PF-63함(대동강)과 상봉했다. 63함 함장 등 5명이 어선 동창호를 타고 91함 우현에 계류한 후 배에 올랐다. 동해경비분대사령관(CTU 98.3.2) 임무를 인수했다. 11시 16분에 PCE-58함(울포) 함장이 어선 개창호를 타고 배에 올라왔다. 58함 함장에게 "91함은 외해에서 작전임무를 수행할 터이니 귀함은 저진단 동방의 평상 경비해역에서 작전임무를 수행하라."고 지시했다.

엔진은 슈퍼히터(Super Heater) 4대 중 2대를 가동하고 나머지 2대는 스탠바이(Standby) 시켰다. 91함은 작전계획대로 저진단 동쪽 100마일까지 탐색기동을 했다. 동해에 도착한지 2일째가 되는 3월 4일 12시, 작전관 김광수 소령이 전투정보관(CIC 장교) 이정완 대위(해사 11기)로부터 당직사관 임무를 인계 받고 동쪽으로 항진했다.

장교들과 사관실에서 막 점심식사를 하려던 그때 식탁 밑에 있는 전화벨이 울렸다. 김광수 소령이 "함장님, 레이더에 본함 동북방 약 60마일, 속력 20노트, 침로 180도로 남하하는 미확인 표적이 잡혔습니다." 숟가락을 내려놓고 CIC(전투정보실)로 달려갔다. 이정완 대위도 뒤이어 들어왔다. 이때 91함 위치는 저진단 동쪽 67마일이었다. 미확인 표적은 북위 39도 30분, 동경 130도 40분 해상에서 남하 중이었다. 함교로 올라갔다. 거리가 멀어 표적이 눈으로는 보이지 않았다.

'슈퍼히터 점화'를 명령했다. 북방한계선 연장선상 아래 위치로 끌어들여 북쪽에서 남쪽으로 압박하며 검색하기로 했다. "당직사관, 타겟(target, 표적)을 북방한계선 2,000야드에 위치하도록 기동하라." 14시 50분 포술장 홍순성 소령(해사 9기)에게 함교 위로 올라가 레인지 파인더(Range finder, 장거리 관측기)로 표적을 탐색하라고 지시했다. 15시 23분 홍순성 소령의 다급한 목소리가 울렸다. "타겟이 보입니다. 어선 같습니다."

15시 37분 '총원 전투배치'를 명했다. 전투배치 경보가 울리자 함 승조원들은 순식간에 전투태세를 갖췄다. "All engine ahead full(모든 기관 앞으로 전속력), 코스(course)는 타겟(target) 북쪽 2,000야드." 김광수 소령이 큰소리로 외쳤다. "함장님, 어선이 속력을 올렸습니다. 외해 쪽으로 침로를 틀었습니다." "All engine ahead flank(모든 기관 앞으로 최고속력)" 91함은 백파를 가르며 최고속력 36노트로 어선을 쫓아 달렸다. 작전관 김광수 소령이 "함장님, 작전규칙대로 'Initial contact(최초 접촉)' 보고를 해야 않겠습니까?" "보고하면서 전쟁하나? 저 어선 정체부터 파악해." 어선은 일본 국기를 달고 있었으며 갑판 양측에는 낚시대를 세우고 그물을 매달아 놓고 있었다. 장교들과 견시가 쌍안경으로 살폈다. 조타실 옆에 '下関(시모노세끼) ○○○, 東海丸(도까이마루)'라고 쓰여 있었다. 이때 작전관 김 소령이 "함장님, 조타실 뒤쪽 후갑판 끝을 보세요. 캔버스로 씌운 물건 보이죠? 기관포 같습니다." 쌍안경으로 자세히 살폈다. 기관포가 틀림없었다. 어선은 20 노트 속력으로 계속 외해로 도망쳤다.

일본어선으로 위장한 북한의 고속 간첩선일 것이란 심증이 굳어져 갔다. "정선하라고 발광 쳐." "기적 울려." "포술장, 어선 전방 300야드에 51포 한 발 쏴." 5인치 포탄 한 발이 굉음을 뿜으며 달리는 어선 바로 앞에 떨어져 물기둥이 솟았다. 어선은 잠시 멈칫하더니 또 도망쳤다. "41포, 어선 전방 300야드, 점사(점 사격)하라." 41포는 점사 아닌 4연장 포 연발로 어선 인근을 쐈다. "41포 사격중지. 포술장 41포에 가서 직접 점사해." "제가 직접 쏴야 합니까?" "어선이 정지할 때까지 점사하라." 어선을 손상시키지 않고 나포하기 위해서다. 포술장 홍순성 소령의 40밀리 포 점사로 어선은 멈추었다.

홍 소령이 함교로 돌아왔다. 우리 함이 어선으로 접근해 들어가자 또다시 도망쳤다. "포술장, 어선 상공 100야드에 VT탄 한 발 쏴." "VT탄을 사격하려면 본부 승인받아야 하는데요." "본부 승인받고 전쟁하나. 책임은 내가 진다." 이때 장교들이 "함장님 격침시키지요. 전에 DE함이 간첩선 나포하려다 충격을 받아 승조원만 부상당하고 간첩선을 놓쳤습니다." "아니야. 격침시키는 것은 '상책'이고 나포하여 그 줄기를 몽땅 잡아야 '상지상책'이야. 이왕이면 '상지상책' 하자고." 파이프를 입에 물고 마음을 가다듬었다. VT탄이 날아갔다. 어선 바로 위에서 백색연기를 뿜으며 터졌다. 산탄이 비 오듯 어선 위로 떨어졌다. 어선이 멈칫 했다.

"포술장, 어선이 도망치지 못하게 어선 주위 100야드 거리에 40밀리 포를 계속 점사하라." 우리 함은 어선으로 접근해 들어갔다. "검색요원 배치." 근거리에서는 5인치 주포와 40밀리 포를 쏠 수가 없다. 갑판사관 송기원 중위(해사 15기) 지휘로 검색요원들은 소총, 기관총, 권총으로 무장시켜 현측에 배치했다. "대공마이크 갖고 와." 직접 마이크를 잡았다. "항복하라." 반복했다. "와카리마셍(わかりません)"이라는 말이 들렸다. 모른다는 뜻이다. "너희 배는 일본 배가 아니다. 너희들은 간첩이다. 항복하라." 또다시 "와카리마셍(わかりません)"이라 했다. "작전관, 저 배가 속력 18노트로 이곳에 왔다면 원산이나 장전항을 언제 떠났겠나?" 작전관은 "원산항에서는 오늘 00시, 장전항에서는 03시경 출항한 것으로 추정됩니다."

필자는 어선이 북한 간첩선일 것이란 심증은 가졌으나 혹시 만에 하나 일본 배일 경우 심각한 외교문제가 생길 것을 우려했다. 그해는 동경올림픽이 열리는 해였다. 잘못하면 국제문제로 비화될 수도 있었다. 또다시 어선 정체 확인을 시도했다. "기미다치와 도코노 미나또 가라 슛빠쯔시데 이마 도코니 유쿠노까?"(당신들은 어느 항구에서 출항하여 지금 어디로 가는 것인가?-君たちはどこの港から出発して、今どこに行くのか). 그들은 또다시 "와카리마셍(わかりません)"으로 대답했다. 그들은 내가 묻는 일본말을 알아듣지 못하는구나 생각했다. 이번에는 일본 표준말로 또박또박 물었다. "니혼진나라 데오 아게로, 데오 아게 나이토 호오게키 스루죠."(일본 사람이면 손을 들어라. 손을 들지 않으면 포격한다.-日本人なら手を上げろ。手を上

げないと砲撃するぞ). 이렇게 두세 번 반복했으나 대답이 없다. 이때 결정적 단서가 잡혔다. 대형 고무보트였다. 그리고 어부들이 신고 있는 신발이 모두 운동화였다. 어선의 20노트 속력, 위장한 기관포, 대형 고무보트, 그리고 어부들이 신고 있는 운동화, 일본말을 못 알아듣는 등을 종합해 볼 때 간첩선이 틀림없다는 심증이 굳혔다.

  때는 오후 5시경이었다. 일몰시간이 가까웠다. 해가 지면 나포하기가 어렵다. 마지막 결단을 했다. "5인치 주포 살보사격(여러 개의 포를 동시에 발사하는 것) 준비, 올 엔진 어헤드 풀." 어선으로부터 2,000야드 거리로 떨어졌다. "적 간첩선 200야드에 살보사격." 명령이 떨어지자 5인치 포들이 천지를 진동하며 포탄들이 어선 앞에 떨어지자 물기둥이 하늘높이 솟아올랐다. 어선과의 거리 100야드까지 접근했다. 마이크를 직접 잡았다.

  "나는 이 군함 함장이다. 지금 너희 눈앞에 대포알 쏟아지는 것 봤는가? 너희 배 같은 건 단방에 박살낸다. 너희가 공화국을 떠나 여기 올 것을 알고 내가 기다렸다. 항복하라. 항복하지 않으면 지금 너희는 뼈다귀도 못 추리고 바닷속에 꺼꾸러져 들어가 고기밥이 된다. 너희 배 갑판에 육지 간첩과 접선하기 위한 고무보트가 있다. 어선에 기관포는 왜 달고 있나? 어부는 장화를 신는 법이다. 너희는 운동화를 신고 있다. 너희는 간첩이야. 너희는 공화국에서 남조선 군함에 잡히면 손가락, 발가락 마디마디 잘리고 귀, 코 찢겨 참혹하게 죽인다고 교육받았을 것이다. 그건 다 거짓말이다. 나는 너희 같은 간첩선을 수 없이 잡았다. 항복하면 다 살려 주었다. 지금 모두 편안히 살면서 통일의 그날을 기다리고 있다. 너희도 고향에 돌아가 그리운 어머니, 아버지 그리고 너희를 손꼽아 기다리고 있는 사랑하는 아내와 아들, 딸 만나야 하지 않겠는가? 지금 결심해라. 저 차디찬 바다 속으로 빠져 죽든가. 살아서 고향에 돌아가 그리운 처자식 그리운 부모님을 만나 정답게 살 것인가 결심해라. 이 군함에 미 제국주의자 한 사람도 없다. 다 한 핏줄 동포들이다. 정 못 믿겠으면 속는 셈치고 항복하라. 그러면 단 몇 시간이라도 더 살 것 아닌가? 나는 너희를 꼭 살려서 부모 형제를 만나게 하겠다. 약속한다."

또박또박 한 마디 한 마디 간곡한 마음으로 말했다. 그들은 갑판 위에 모여 웅성거렸다. "너희들 살려준다. 약속한다." 다시 말을 건넸다. "너희 중에 항복을 반대하는 놈이 있거든 그 놈을 바다에 던져라. 그러면 살 수 있다." "알았습니다." 찬바람을 타고 울려왔다. '드디어 사냥감을 잡았구나.' 느낌이 왔다. "함장이 부탁한다. 혹시 내가 배를 댈 때 너희 중 한사람이라도 수류탄을 던지거나 총을 쏜다면 너희들 모두 죽는다. 내가 전에 간첩선 잡을 때 그런 일이 있었다. 바람이 몹시 차다. 하지만 옷을 다 벗어라. 사루마다(팬티)만 입어라. 배 댈 때까지 서로 손깍지를 끼고 움직이지 말라. 잠시만 참아라. 알겠는가?" 어선 갑판 위에 8명이 모여 무엇인가 의논하더니 "네 알겠습니다."라고 소리치더니 모두 옷을 벗은 후 손깍지를 끼고 둥글게 섰다.

갑판사관 송기원 중위(해사 15기)에게 "검색요원 배치하라. 배를 어선에 붙일 테니 후갑판 현측에 붙들어 매라."고 지시하고 간첩을 한 명 한 명 올리라 했다. 어뢰관 박주호 중위(해사 15기)를 불렀다. "간첩들이 발가벗고 있다. 내의와 당가리(해군 수병복)를 후갑판에 준비했다가 배에 오를 때 입혀라." 기관장 정진형 중령(해사 5기)에게 "기관장, 간첩들을 잡아 올린 후 조사할 방 여덟 개를 준비하시오."라고 지시했다. 측적관 보좌관 정재순 대위(해사 12기)에게 "간첩선을 현측에 붙일 때 사용할 수 있도록 긴 갈고리를 준비하라."고 했다. 배를 돌려 간첩선에 접근했다. 파도는 2~3미터로 높고 바람은 거셌다. 3,000톤급 구축함을 흔들며 요동치는 간첩선에 갖다 붙이기가 쉽지 않았다. 배를 몰아 가까스로 간첩선 우현에 붙였다. 간첩들에게 서로 손가락을 끼고 움직이지 못하게 했으니 밧줄로 건네도 잡아맬 사람이 없다. 갑판원들이 갈고리를 배에 걸고 잡아당겼으나 모두 부러져 나갔다. 간첩선은 파도에 밀려 떠내려갔다. 계류에 실패했다.

　　　배를 다시 돌려 간첩선 우현 중간에 붙이고 5개의 히빙라인(던짐 줄) 끝에 갈고리를 달아매 간첩선에 던졌다. 갈고리를 간첩선에 걸고 잡아당겼다. 간첩선이 우리 배 중간에서 후갑판 현측으로 서서히 밀려 내려왔으나 파도가 심해 붙들어 맬 수가 없었다. 난감했다. 이때 유정규 소위(해사 18기)가 로프를 쥐고 간첩선으로 뛰어 넘어갔다. 함교에서 후갑판을 내려다보고 있던 필자는 가슴이 철렁 내려앉았다. 아찔했다. 만일 간첩들이 유 소위를 인질로 잡고 저항하며 배를 몰고 도망친다면 대책이 없다. 그땐 포격 격침시킬 수밖에 없다. 유 소위도 희생될 것이다. 이런 최악의 상태가 뇌리를 스치는 찰나 유 소위가 순식간에 로프를 간첩선에 붙들어 매고 날쌔게 우리 함으로 뛰어 넘어왔다. 휴~ 긴 한숨이 저절로 나왔다. 가슴을 쓸어 내렸다. 간첩선을 후갑판 현측에 잡아맸다. 해는 수평선을 넘어 어둠이 드리워지기 시작했다. 간첩선을 잡았다.

　때는 3월 4일 18시 10분. 위치는 북위 38도 37분, 동경 130도 00분이었다. 이때 CIC의 '미확인 항공기 120도에서 접근' 보고가 함교에 울렸다. '대공사격 준비' 명령을 내렸다. 잠시 후 항공기 한 대가 우리 함으로부터 1,000야드 거리를 두고 주위를 돌았다. 날개를 아래위로 흔들었다. 날개 밑에 미국기와 YB-141249 번호가 선명하게 보였다. 우리 함 상공을 두세 번 돌다가 동쪽 수평선으로 사라졌다. 함교에서 간첩선을 내려다보니 갑판에 호리병 모양의 수류탄이 가득 깔려 있었다. 현측에서 검색병들이 기관총과 소총으로 간첩을 조준하는 가운데 송기원 중위 지휘로 수색원 5명이 권총과 소총을 들고 간첩선에 진입했다. 발가벗고 떨고 있는 간첩 8명을 한 사람씩 올렸다. 정재순 대위는 배에 올라온 간첩에게 당가리 옷을 입혔다. 정재순 대위와 박주호 중위가 간첩 8명을 사병식당으로 데리고 갔다. 함장은 통신관 최일근 중위를 불렀다. "통신사를 데리고 간첩선에 들어가 통신기와 송수신 문서 그리고 난수표 암호서류를 압수하라." 이어서 "송기원 중위, 갑판에 널려 있는 수류탄을 모두 바다에 던져버려라."

　'전투배치 해제' 명령을 내렸다. 6시간 반에 걸친 간첩선 나포작전이 종결되었다. 장병들이 함장의 명령을 일사분란하게 따랐다. 대한민국 유일한 구축함, 충무함의 명성에 걸맞은 개가(凱歌)다. 장교들이 함교로 올라왔다. 홍순성 소령이 "함장님, 멋지게 해내셨습니다." 기관장 정진형 중령이 "함장님 수고하셨습니다." "기관장, 36노트 속력을 내줘 고맙네." "포술장, 40밀리 단발 점사 잘 쏘더군." "작전관, 본부와 함대에 간첩선 나포, 간첩 8명 생포, 기타 무기 노획 보고해라." 김광수 소령이 "함장님, 이제는 보고해도 됩니까?" 활짝 웃으며 질문 아닌 질문을 했다. "기관장, 주기실장에게 지시하여 기관부 요원 데리고 가서 간첩선 기관 돌려봐라." "이정완 대위, 기관이 작동되면 조타사 몇 명 데리고 가서 간첩선 움직여 봐라." "송기원 중위, 갑판부 몇 명 데리고 간첩선에 적재된 고무보트, 기관포, 권총, 무기 등 모두 후갑판에 옮겨라. 선체 안 구석구석 살펴봐. 특히 폭발물 주의하고."

군의관, 보급관, 보수관을 사관실로 불러 지시했다. "식당에 있는 간첩을 한 명씩 준비된 방으로 데리고 가서 이제 내가 지시하는 사항을 캐 물어라. 절대 윽박지르지 말고 존댓말로 물어라. 간첩들이 몸과 마음이 얼어붙어 있으니 따뜻한 차를 주면서 마음을 열게 하라. 첫째, 육지 어디서 언제 접선할 계획인가? 접선지점과 접선시간 그리고 접선방법을 알아내는 것이 시급하다. 이것을 알아야 육지에 있는 간첩까지 모조리 잡을 수 있다. 가능하면 접선 간첩의 이름과 주소도 알아내라. 둘째, 8명 간첩 중 지휘자와 선장을 알아내라. 셋째, 출항지와 출항시간을 알아내라."

지시를 받고 장교들은 사병식당으로 가서, 간첩 한 명씩을 데리고 준비된 방에서서 심문을 시작했다. 18시 30분이었다. 동해바다에 어둠이 깔렸다. 후갑판에 나갔다. 모두 간첩선 나포 뒤처리에 바삐 움직였다. 갑판사관 송기원 중위와 유정규 소위는 갑판부 요원들을 지휘하여 간첩선 갑판에 널려 있는 수류탄을 모조리 바다에 던졌다. 대형 고무보트를 후갑판에 올렸다. 길이가 8미터쯤 되었다. 소련제 기관포 1정, 중기관총 1정, 경기관총 1정, 기관단총 3정, 따발총 3정, 권총 8정을 올렸다. 기관포에 장전되어 있는 총탄을 제거하고 탄약상자도 올렸다. 비상식량통을 올려 보았다. 놀라운 것은 우리 군에도 없는 밥, 생선조림, 계란말이, 김치 통조림이 있었다. 조타실에 보관되어 있던 한국화폐 5,900원을 압수했다. 통신관 최일근 중위가 "함장님, 통신기 두 대는 완전히 파괴돼 있고 교신문서는 모두 불태워 재만 남아 있었습니다. 암호서와 난수표도 불태운 것 같습니다. 라디오 두 대만 노획했습니다." 간첩들이 나포될 경우를 대비해 미리 파괴하고 불태운 것이다. 라디오는 북의 지령을 받기 위해 남겨 두었다.

최 중위의 보고가 끝날 무렵 간첩선에서 엔진 시동소리가 들렸다. 기관부 요원들이 엔진을 가동한 것이다. 주기실장 송춘식 중위가 "함장님, 엔진이 처음 보는 건데 흔히 항공기에 장착하는 V형 최신형입니다. 엔진에 붙어 있는 글자를 보니까 작년 8월에 모스크바에서 제작된 것입니다. 새 엔진입니다." "용케 시동 걸었군." "91함 기관부 요원은 해군 베테랑 아닙니까?" 주기실장은 이정완 대위에게 "엔진 가동됐으니 배 움직여 봐요" 소리쳤다. 조타사 강정길 중사가 키를 잡고 5명의 조타사와 갑판사들이 '만세'를 부르며 신나게 배를 몰았다. 모두 대견스러웠다.

  간첩들은 7개월 전 모스크바에서 제작한 최신 엔진을 달고 25노트 고속으로 침투해 왔다. 이제 그 배가 우리 손에 잡혔다. 19시가 좀 지나서 작전관 김광수 소령이 "함장님, 해군본부에서 지금 곧 간첩선을 대동하여 묵호기지로 가서 간첩선과 노획장비 일체를 인계하라는 지시가 왔습니다." "알았다. 지금 야간이고 파도가 매우 높다. 간첩선을 단독 항해시킬 수 없다. 예인 준비하라." 잠시 후 "예인 준비 완료" 보고를 받고, "간첩선에 기관, 조타, 갑판, 통신 요원을 태우고 식수와 건빵을 실어라."고 지시했다. 조타사 강정길 중사를 비롯하여 갑판부 최문옥 하사, 이정태 하사 등 4명, 내연사 2명, 전기사 1명이 탔다. 통신사 허병은 중사는 휴대용 발광신호기를 지참했다. 우리 함 후 갑판에 간첩선 예인상태를 감시하기 위해 감시병 2명을 배치했다. 19시 21분 간첩선을 끌고 침로 230도, 속력 8노트로 예인항해를 시작했다. 간첩선이 육지 간첩과 접선하는 시간을 추정했다.

  이때 위치는 북위 38도 36분, 동경 130도 51분이었다. 해도를 펴 놓고 생각했다. 간첩선을 발견한 위치에서 육지까지의 거리는 약 120마일이다. 간첩선이 울릉도 북쪽을 돌아 육지까지 가는 거리는 160마일쯤 된다. 15~18노트 속력으로 육지에 도착하려면 약 10시간 넘게 걸릴 것이다.

그렇다면 육지 인근 해안에서 고무보트를 타고 육지로 올라가 접선하는 시간은 밤 11시에서 새벽 1시경이 될 것이다. 접선장소는 어디이며 접선시간은 언제인가? 빨리 알아내야 한다. 간첩을 심문하고 있는 방을 한 바퀴 돌아봤다. 아직 누구도 접선장소와 시간을 캐내지 못하고 있다. 출항지가 '장전'이란 것만 알아냈다. 21시경 김광수 소령에게 "간첩 중에 나이 제일 많은 자를 데리고 오라." 했다. 김 소령이 50세쯤 돼 보이는 자를 사관실로 데리고 왔다.

〈나포한 간첩선 모습〉

"선생께서 고생이 많으십니다. 몸은 좀 녹였습니까?" "예." 단 한마디뿐이다. 공포에 질린 굳은 얼굴로 사관실 안을 두리번거리고 있었다. "가족은 몇 분인가요?" "안 사람과 아들 둘, 딸 하나입니다." "고향은 원산인가요?" 넘겨 짚어봤다. "예, 출생지는 안변이구요, 지금은 원산 남강천이 흐르는 용탄에 살고 있어요." "안변이면 명사십리에 접해 있지요?" "예." "안변은 기후가 따뜻해 사과가 열리지요?" "예." "저도 고향이 강원도 감자바위입니다. 안변과 원산에도 몇 번 가봤습니다." "선생님 고향이 강원도세요? 강원도 어디십니까?" "제 고향은 평강입니다. 전기철도 타고 금강산에도 가 보았지요. 해방 후에는 원산에 가서 강원도 공산청년동맹대회에도 가 봤습니다." "공청에도 가셨나요?" "해방직후 공산청년동맹위원장도 했습니다. 지금도 '김일성 장군 노래' '공산청년가'도 부를 줄 압니다." 놀라는 표정이 역력하다. 얼굴빛이 좀 밝아졌다. "그럼 남조선에는 언제 내려가셨나요?" "1947년 2월, 북조선임시위원회가 결성되고 김일성이 위원장이 됐지요. 그게 소련이 조종하는 북조선 정부지요. 북조선 앞날이 싹수가 노랗게 보여 남으로 넘어왔지요." "아. 그러시군요." "민족이 남북으로 갈려 모두 고생입니다. 선생께서도 가족들 먹여 살리기 위해 이 고생 아닙니까? 선생께서 무슨 죄가 있습니까? 윗사람 시키는 대로 배 몰고 여기 온 것 아닙니까?" 대답이 없다. 침묵이 흘렀다.

당번병에게 커피를 가지고 오라 했다. 당번병이 필자와 간첩 앞에 커피잔을 가져다 놨다. "선생님, 커피 드시지요. 피로가 풀릴 것입니다." 커피 잔을 물끄러미 내려다보기만 하고 마시지 않았다. 필시 독약이나 약물을 탄 것으로 생각하는 것같이 보였다. 당번병에게 큰 대접을 갖고 오라 했다. 대접에 커피 두 잔을 붓고 스푼으로 저었다. 잔 두 개에 다시 커피를 따르고 필자가 먼저 한 모금 마셨다. "마셔 보세요. 우린 이 커피를 하루 열 잔은 더 마십니다." 그는 그때서야 입에 대고 맛을 봤다. "달콤하고도 씁쓸하네요. 북에서는 높은 당 간부 아니면 못 마십니다." "그런데, 선생께서는 배를 얼마동안 타셨습니까?" "바닷가에 살았기 때문에 어려서부터 아버지 따라 배 타고 정어리, 명태잡이에 나갔습니다." "그렇습니까? 영흥만에서는 명태, 정어리가 엄청 잡히지요. 그럼 한 20년은 타셨습니까?" "30년쯤 됩니다." "그럼 연세가 쉰쯤 되셨겠네요." "마흔 여섯입니다."이 말을 듣고 '아~, 이 자가 선장이구나.' 생각했다. "선장님, 저하고 우리 군함 구경 좀 할까요?" CIC를 거쳐 기관실로 내려갔다. "여기가 우리 군함 움직이는 기관실입니다." "아이구, 큰 공장 같습니다." 기관실을 돌아보고 올라와 침실, 식당을 거쳐 함교로 올라갔다. "선장님은 우리 군함을 미 제국주의자들이 타고 있지 않나 생각하셨을 것 같은데 쭉 돌아보시니 어떻습니까? 미국사람 보셨습니까?" "못 봤습니다." "이 군함은 우리 대한민국 해군이 운용하고 있습니다. 미국 사람은 한 사람도 없습니다. 선장님이 몰고 오신 배를 지금 우리 군함이 뒤에다 매달아 끌고 있습니다. 밖으로 나가 보실까요." 현측으로 나가 함미에 예인하고 있는 간첩선을 부여주었다. "선장님, 아까 우리 배에서 대포 쏘는 것 보셨지요, 어땠습니까?" "대항해 보려고 했지만 워낙 배가 크고 대포만 보이지 사람이 안 보였어요. 쏠 데가 없더군요. 덩치 큰 군함이 무척 빠르더군요." "선장님 배도 무척 빠르더군요." "예, 25노트는 냅니다. 우리가 북에서 교양 받을 때엔 우리 배를 따라잡을 수 있는 남조선 군함은 한 척도 없다고 들었습니다. 남조선 군함 만나면 도망치면 살 수 있다고 했는데 덩치 큰 군함이 우리 배보다 더 빨리 달리는 데 놀랐습니다." "날씨가 춥습니다. 들어가시죠." 사관실로 내려갔다.

  시간은 자꾸 흘렀다. 간첩의 말문을 열어 접선장소와 시간을 알기 위한 모든 방법을 다 짜서 여기까지 왔다. 윽박지른다고 될 일도 아니다. 당번병에게 커피와 과일을 갖고 오라고 했다. "선장님, 저도

제6막 25세~40세(1953년~1968년) 휴전 후 해군복무

처자식이 있는 몸입니다. 선장님도 이제 고향에 돌아가 부인과 아이들 데리고 오순도순 편안히 사셔야지요." "그럼 얼마나 좋겠습니까." "제가 꼭 그렇게 해드리겠습니다." "그렇게 해주신다면 너무나 고맙지요." 마음을 조금씩 열어가는 것 같았다. "걱정 마십시오. 그런데 선장님 어디서 떠나셨나요?" "장전에서 떠났습니다." "제가 선생님 배가 장전에서 떠나는 것을 알고 여기서 기다렸습니다." "어떻게 그걸 알지요?" "아까 어떤 방에 들어가 보니 궤짝 같은 데서 하얀 점들이 보이고 시계바늘 같은 게 빙빙 돌고 있는 것 보셨지요?" "예." "거기서 선장님이 몰고 내려오는 배도 보이고 무전하는 것도 다 들을 수 있습니다." 놀라는 기색이 역력했다. "선장님, 제가 흉금을 다 터놓고 말씀드렸습니다. 진정으로 말씀드렸습니다. 이제 제 말을 믿으실 수 있겠습니까?" "예 고맙습니다." "선장님, 이제 제가 묻는 말에 꼭 대답해 주셔야겠습니다. 오늘밤 몇 시에 어디서 육지 일꾼과 만나기로 하셨습니까?" "그건… 저는 모릅니다." 말을 더듬거렸다. 숨기려는 것이다. 말 못 할 사정이 있는 것이다. "말씀하시기가 참 곤란하시지요. 선장님 입장을 이해합니다. 그런데 간첩 총책임자가 누굽니까?" "저는 잘 모릅니다." 시치미를 딱 떼고 거부하는 기색은 아니다. 갈등이다. "배 모는 사람은 선장님, 기관장, 갑판장 이 세 사람일 것이고 나머지 다섯 명 중 누가 책임자입니까? 그 사람은 인민군 군관이지요?" 대답이 없다.

시간이 23시가 넘고 있었다. 접선시간이 다가오고 있다. 이제

는 좀 더 압박의 강도를 높여야 했다. "저는 전에도 간첩선을 많이 잡았습니다. 대항하는 간첩선은 모두 포격해 격침했습니다. 간첩들은 전부 물귀신이 됐지요. 살려 달라는 간첩은 살렸습니다. 지금 가족 만날 때를 기다리며 편안히 살고 있습니다. 선장님, 무슨 죄가 있습니까? 가족 먹여 살리기 위해 시키는 대로 배 몰고 왔을 뿐입니다. 제가 꼭 도와 드리겠습니다." 선장은 땅이 꺼지게 한숨을 몰아쉬었다. 그리고는 물을 달라고 했다. "선장님, 책임자가 누군지 저는 알고 있습니다. 선장님 말이 맞는지 확인하려는 것입니다. 저를 믿으신다면 말씀하세요. 마지막으로 묻습니다. 오늘밤 육지 간첩과 몇 시에 만나게 되어 있습니까? 장소는 어디입니까? 말씀 안 하시면 선장님 앞날을 제가 도와드릴 수 없습니다. 앞으로 선장님 만나지도 않겠습니다." 필자의 단호한 목소리에 선장은 당황했다. "함장님, 저에게 너무 고맙게 대해 주셔서 그 은혜 잊지 않겠습니다. 꼭 살아서 식구들을 만나게 해 주십시오." 목소리가 떨렸다. "오늘밤 12시입니다." "장소는요?" "강릉 남쪽입니다." "배를 멈추고 고무보트를 내릴 곳이 어디입니까?" "강릉 남쪽에 안인역이 있습니다. 그 남쪽 해안에 닻을 내리고 보트로 육지에 올라갈 것입니다." "접선장소는 어디입니까?" "자세히는 모릅니다만 그 사람들 말로는 거기 산기슭에 철도가 지나가고 철길 밑에 계곡이 있다 합니다." "그럼 철교 밑이란 말이죠?" "예, 그런데 부탁이 있습니다." "말씀하세요." "이런 말 저한테 들었다고 다른 사람에게 말씀하시면 안 됩니다. 부탁드립니다." "걱정 마십시오. 절대 말하지 않겠습니다. 안심하십시오. 피곤하실 터인데 이제 푹 쉬십시오."

시계바늘은 23시 20분을 가리키고 있다. "작전관과 통신관 오 라해라." 김 소령과 최 중위가 왔다. "플래시(flash, 가장 빨리 처리해야 하는 전 보)로 쳐라, 시간이 없다. 평문으로 보내라. 간첩 접선시간 3월 4일 24 시, 접선장소 강릉 안인역 남쪽 200~400미터 철교 밑, 북위 37도 34분 10초, 동경 129도 00분." 육도를 보니 험준한 산 밑으로 철도 가 지나가고 철교가 있었다. 이곳은 그로부터 약 30년 후 1996년 9 월 16일, 적 정찰국 소속 상어급 잠수함이 침투한 바로 그 해안이다. 지금 통일공원이 조성되어 적 잠수함과 퇴역된 구축함 전북함이 전 시되어 있다.

이정완 대위가 항해당직을 홍순성 소령에게 인계하고 사관실 에 들어왔다. "함장님, 간첩선 잘 예인해 가고 있습니다. 파도가 점차 잦아지고 있습니다." 최일근 중위가 들어왔다. "함장님, 평문 플래시 로 쳤습니다." 사관실에는 십여 명의 장교들이 잠도 안 자고 이야기 꽃을 피우고 있었다.

다음날 3월 5일 06시 50분 항해당직 제재근 대위로부터 전화 가 왔다. "함장님, 간첩선에 연결된 예인로프가 끊어졌습니다. 연결작 업을 하겠습니다." 벌떡 일어나 함교로 올라가 후갑판을 내려다보았 다. 갑판사관 송기원 중위와 갑판사관 보좌관 유정규 소위가 갑판부 요원을 지휘하여 예인로프를 간첩선에 연결하고 있었다. 동녘 수평선 은 환하게 밝아지고 바람은 잦아져 물결도 잔잔했다. "당직사관, 간첩 선에 탄 아이들 괜찮아?" "예, 간첩선 잡아타고 가니 승전 장군 같다고 합니다."

08시 15분 해군본부에서 "간첩선은 묵호경비부에 인계하고 간첩 8명과 노획물을 방첩대에 인계하라."는 전문이 왔다. 09시 미군 대형 헬리콥터 한 대가 우리 함 상공을 맴돌았다. '연안항해요원 배치, 투묘준비' 구령을 내렸다. 09시 35분 묵호 외항에 투묘했다. 묵호항에서 대형 어선 2척이 접근했다. 09시 45분 방첩대 김하위 대위 등 6명이 배에 올랐다. "함장님, 큰 전과를 올렸습니다. 25노트 고속 간첩선과 간첩 8명을 생포했다는 소식을 듣고 모두 깜짝 놀랐습니다. 간첩들을 서울로 긴급히 수송하기 위해 미군에 요청하여 대형 헬리콥터를 차출했습니다. 곧 LCP가 도착할 것입니다. 간첩 8명과 노획물은 LCP에 실어 주십시오."

김광수 소령을 불러 노획한 장비·무기와 물품 인계 목록을 작성하도록 지시했다. 10시에 LCP-5호가 도착하여 우현에 계류했다. 김하위 대위에게 간첩 8명과 노획품을 인계하고 LCP-5호에 실었다. 김하위 대위는 간첩선과 LCP-5호를 이끌고 묵호항으로 떠났다. 12시에 닻을 올리려 저진단 경비해역으로 북상했다.

점심식사 후 당직자를 제외한 전 장병을 사병식당에 집합시켰다. 간첩선 노획작전을 성공적으로 수행한 장병들의 노고를 치하했다. 치하와 격려의 말이 끝나자 병사들은 우렁찬 목소리로 '충무함 만세', '대한민국 만세'를 외쳤다. 승조원들에게 영화를 보여주라고 지시했다. 장교들이 사관실에 모였다. 모두 승리의 기쁨과 감격에 넘쳤다.

"제관들 수고 많았어. 우리 충무함 만이 할 수 있는 쾌거야. 모두들 멋진 사냥꾼이야." 사관실에서 나와 함 내를 돌았다. 함교, 통신실, 전탐실, 기관실 등에서 당직을 서고 있는 승조원들을 치하하고 격려했다.

3월 7일 일요일이라 모처럼 사병식당에서 주일예배를 드렸다. 16시 30분, 3월 4일 간첩선 나포작전 중 날아온 미 해군 정찰기 YB-141249가 날개를 흔들며 상공을 날아왔다. 3월 8일에는 YB-147951호가 날아왔다. 3월 18일 12시 30분, 주문진 동방 해상에서 PF-61함(두만강)과 상봉했다.

PF-61함 함장에게 CTU 98.3.2(동해 경비분대사령관) 임무를 인계하고 진해로 귀항했다. 함대로부터 진해 입항 시 군·관·민 환영행사가 있다는 전문을 받았다. 3월 19일 08시 가덕도를 돌아 진해항으로 변침할 무렵 "부도 서쪽에서 귀함이 나포한 간첩선에 타고 있는 방첩부대장을 만나라."는 통신이 왔다. 08시 50분 부도를 돌아설 때 간첩선이 접근해 왔다. 09시 간첩선이 우리 함 우현에 계류하여 방첩부대장 전욱현 대령(해사 4기)이 배에 올랐다. "함장님, 큰 전과를 올렸습니다 지금 제1부두에는 함대사령관을 비롯한 진해지구 각 부대장과 함대 장병들이 도열해 있습니다. 진해고등학교, 진해여자고등학교 학생들도 환영행사에 참가하고 있습니다. 간첩선이 91함 앞에서 제1부두로 향할 터이니 뒤따르십시오."

나포한 간첩선이 91함 100미터 앞에서 항진하고, 그 앞에는 터그보트(Tug boat)가 축하의 물줄기를 하늘에 뿜으며 선도했다. 10시 27분 제1부두에 계류했다. 10시 45분 당직자를 제외한 196명이 환영식 참가를 위해 부두에 내려갔다. 10시 50분 함대사령관, 진해통제부사령관, 해군사관학교 교장, 함대부사령관, 제1전단사령관, 제21전대사령관 그리고 박병태 예비역 대령(해사 1기)이 배에 올랐다. 함대사령관 현시학 소장이 말했다. "최 함장, 큰 전과를 올렸구먼. 함명수 참모총장께서도 치하 말씀을 전하라고 하셨소. 충무함 전 장병을 높이 치하하는 바이요. 재진 부대장과 진해시장, 진해 남녀고등학교 학생들이 91함 장병들의 개선을 환영하기 위해 모였소. 간첩선 나포와 간첩 8명 생포에 대한 작전보고는 오후에 듣기로 하고 환영식장으로 나갑시다." 진해통제부사령관, 해군사관학교 교장을 비롯한 내빈의 치하와 격려말씀이 있은 후 부두로 내려갔다. 군악대의 '해군가' 연주가 진해만에 울려 퍼지는 가운데 진해여고 학생들이 91함 장병들에게 꽃목걸이를 걸어주었다. 12시 함대사령관이 주최하는 오찬에 참석했다.

3월 20일 토요일 아침, 함대사령부로 가서 사령관에게 작전경과를 보고했다. 함대 작전, 군수, 인사, 정보참모가 배석했다. 사령관실에 들어서자 현시학 소장은 필자의 손을 덥석 잡으며, "함장, 마지막 출동에 큰일을 해냈군. 수고 많았구먼." "모두 사령관님께서 전폭적으로 지원해 주신 덕분입니다." "자, 작전경과를 들어보자고." 준비해 간 해도를 펼쳐 놓고 최초접촉에서부터 나포까지의 상황을 시간대별로 설명했다. 보고가 끝나자 함대사령관은, "반두로 물고기 떠 올리 듯이 상처 하나도 없이 몽땅 생채로 잡았구먼. 북한이 25노트 고속 간첩선을 운용하고 있다는 건 상상도 못했지. 미 해군 ONI(해군정보처)에서도 간첩선을 보러 진해에 오겠다는구먼." 참모들도 한마디씩 거들었다.

함대사령관이 말을 이어갔다. "함장이 해군생활 마지막으로 출동한다면서 경비함정 한 척과 유조함 한 척을 붙여 달라고 했지. 함장이 간첩선 잡아보겠다 했지만 난 기대 안했어." "사령관님께서 저의 생떼를 들어 주셔서 잡았습니다. 이런 결과는 사령관님 덕분입니다. 고맙습니다." "그런데 유엔군사령부와 본부에서 난리가 났지." "무슨 일로요?" "91함이 행방불명이 됐다는 거야. 위치보고가 엉터리라는 거지." 작전참모가 거들었다. "정말 욕 많이 먹었습니다. 혼났습니다. 함장이 만든 해도로 위치보고를 하니 UN사와 본부에서는 알 수가 없었지요." "간첩선은 진해까지 어떻게 왔습니까?" 정보참모가 대답했다. "해군방첩대에서 주관했습니다. V형 고속기관을 장착한 배를 운용할 수 있는 우수한 하사관들을 인천방첩대 제359부대에서 선발하여 묵호로 보냈습니다. 선장으로 6·25전쟁 때 백두산함 조타사였던 최도기 상사를 임명하고 기관장, 전기사, 내연사, 통신사, 갑판사를 뽑아 보냈습니다. 이들이 간첩선 운용을 숙지한 후 함정 호송 하에 진해로 왔습니다." 간첩선은 이후 방첩대에서 '행운호'로 명명하여 대간첩 작전과 밀수선단속으로 활용했다. 두 시간이 넘게 대화가 이어졌다.

사령관은 흡족한 표정을 지으면서 대화를 마무리했다. "함장, 마지막 함장 대미를 큰 공훈으로 장식했군. 장병들을 충분히 휴식시키고 함장도 좀 쉬시오. 군수참모는 돼지 서너 마리 잡아 91함에 보내시오." "고맙습니다. 사령관님과 참모 여러분께서 지원해 주신 덕분입니다. 사령관님, 간첩선 선장에 대하여 인간적인 배려를 해 주셨으면 합니다."

함대사령부에서 나와 배로 돌아와 함교에 올랐다. 파이프를 입에 물었다. 지난 20일 동안 거센 파도를 헤치며 보이지 않은 간첩선을 찾아 헤매던 동해 바다가 눈앞에 스쳤다. 순간순간 변화하는 해상작전에서 함장의 판단과 결심도 순간순간이다. 이제 한가족처럼 정들었던 장병들과 떠나야 할 때가 왔다. 하늘에 감사하고 장병들에 대한 고마움이 가슴을 메웠다.

한편 91함이 3월 4일 간첩 정보를 타전하자 육상에서는 긴박하게 상황이 전개되었다. 91함으로부터 전문을 받은 함명수 해군참모총장은 국방부장관과 내무부장관에게 보고했다. 국방부는 동해방첩대에 연락하고 내무부는 강릉경찰서장에게 비상출동명령을 내렸다. 육군방첩대와 강릉경찰대는 간첩접선 예정지역을 포위 수색했으나 아무 성과도 없었다. 평양의 간첩지휘부는 3월 4일 18시에 라디오로 '도라지타령'을 방송했다. 남파된 모든 간첩에게 활동 중지명령을 내린 것이다. '도라지타령'은 남파간첩에게 송수신, 접선 등 모든 활동을 중지하라는 신호다. 평양의 방송 하나하나에도 이런 대남공작

신호가 담겨있다.

중앙정보부는 91함이 간첩선을 나포한 지 5일이 지난 3월 9일에서야 언론을 통해 발표했다. 발표한 내용은 전략적인 목적으로 나포일자, 위치, 인원 등을 사실과 다르게 했다.

"지난 5일 밤 11시경 삼척 앞바다 2km 해상에서 50톤급 북괴 무장간첩선을 나포, 무장간첩 6명을 잡고 2명을 추격 중이다. 동해를 경비중인 해군 함정이 나포한 간첩선은 한일회담 반대를 위한 학원, 정당 공작과 평화통일선전 및 지하당 조직 공작 등 임무를 띤 간첩을 싣고 지난 4일 원산항을 떠난 것으로 밝혀졌다. 그 간첩선은 기관포와 기관총, 기관단총 등으로 중무장된 900마력의 디젤 V형 엔진을 가진 시속 27노트의 고성능이었는데 통신기재 암호문건과 원화 5천 9백원도 압수했다. 추적 중인 간첩 2명은 간첩선이 나포되기 전 이미 상륙, 내륙에 침투했으나 이들의 체포는 시간문제다. 체포된 무장간첩은 나병구(가명, 35세), 탁원근(33세), 이재현(45세), 강문식(22세), 최광일(22세), 이칠성(29

〈DD-91함 간첩선 나포 보도, 동아일보, 1965.3.9.〉

세)이고, 압수품은 기관포 소련제 1문, 중기관총 1정, 경기관총 1정, 기관단총 3정, 따발총 1정, 권총, 수류탄, 통신기재 등이다."

나포된 간첩들의 진술을 토대로 해군방첩대는 강릉 간첩단을 일망타진했다. 중앙정보부는 4월 21일 다음과 같이 발표를 했다.

"동해안 일대에서 지하당 조직을 꾀하던 남파간첩 강성대(가명, 45세)와 각 지구책 등 일당 6명을 검거하고 통신기 및 암호문서 등을 압수했다. 강성대는 해방 후 남로당 충청남도 재정책이었으며 6·25전쟁 때 월북하여 인민군에 입대하여 인민군 대위로 제대했다. 그는 대남공작 밀봉교육을 받고 1957년 남파되어 부산에서 양복점 직공으로 위장취업 하다가 강릉에서 북한공작원으로부터 미화 2,000달러와 한화 70만원을 받아 강릉에 양복점을 차렸다. 강성대는 강원도 일원에 지하당 조직을 구축했다. 강성대는 남북을 오가면서 북으로부터 대한민국 시책을 비방하고 한일회담 반대 선동 등 지령을 받아 대한민국 파괴·전복활동을 했다. 해군방첩대에 검거된 간첩명단은 다음과 같다. 강성대(가명, 46세), 박세무(가명, 39세), 최진수(가명, 48세), 정민산(가명, 40세), 최태평(가명, 43세), 정두영(가명, 39세)". 이 중 강성대는 강릉 양복점 '오복라사' 사장이고 지역 유지로 신망이 높았으며 조카뻘 되는 대한항공 부조종사를 이용하여 일본 조총련과 간첩문서를 주고받았다.

함대사령부에서 충무함에 무공훈장을 상신하라는 지시가 내려왔다. 전투만큼 어려운 것이 훈장 상신이다. 지휘관이라면 누구나 부하 모두에게 훈장을 주고 싶은 마음은 같을 것이다. 훈장 개수가 한정되어 인원을 엄선하지 않을 수가 없었다. 필자는 무공훈장을 사양하고 부하들이 받을 수 있게 상신했다.

⟨DD-91함 항해 모습⟩

⟨DD-91함 승조원 단체사진, 1965.6.15.⟩

⟨DD-91함 함장 이임사 모습, 1965.6.15.⟩

한국함대 제51전대사령관

진해에 도착한 후 배 정비와 교육훈련 등으로 바쁜 일정을 보냈다. 4월 중 발령을 예상했는데, 6월 15일부 한국함대 제51전대사령관으로 인사명령이 났다.

제51전대는 한국함대 예하 부대다. 1955년 3월 1일 성분작전별로 개편된 한국함대 예하에는 호송·경비작전을 위한 제1전단, 상륙작전을 위한 제2전단, 소해·기뢰부설작전을 위한 제31전대, 해상군수지원작전을 위한 제51전대, 함대훈련을 위한 함대훈련단이 있다.

제51전대사령부는 함대사령부 건물 옆 부속건물에 있었다. 부임 후 예하 부대와 시설들을 둘러봤다. 해난업무를 담당하는 해난구조대도 제51전대장에 예속되어 있었다. 해난구조대는 건물이 없어 경화동에 천막을 치고 있었고, 이런 환경에서 근무하다 보니 대원들의 사기가 떨어져 있었다. 일단 부대를 진해통제부 내로 끌어들이겠다는 생각을 했다. 그렇게 하려면 우선 부대원들이 근무할 건물을 지어야만 했다. '일단 막사라도 짓자. 시멘트 블록으로 지으면 되겠지.' 하고 일단 일을 저질렀다.

집을 지으려면 시멘트는 물론 모래가 있어야 했다. 진해 고문관을 찾아갔다. "우리 부대원들이 건물이 없어 천막에서 살고 있소. 건물을 지으려고 하니 시멘트 지원을 부탁합니다." "사령관님, 부대 건물은 예산을 받아 지어야지요. 또 건물을 자체적으로 짓는다니 말이 됩니까?" "고문관님, 일단 시멘트만 대주신다면 모래는 우리가 강가에 가서 퍼오면 됩니다." "사령관님의 부대원들을 위한 정성과 강한 의지에 감명을 받았습니다. 그러면 시멘트는 지원하겠습니다. 건물 지으면서 어려운 일이 있으면 언제든지 이야기하세요." "정말 감사합니다. 건물을 번듯이 짓고 나서 준공식 때 초청하겠습니다."

공사를 시작하기 전 장지수 함대사령관에게 공사의 필요성과 지금까지의 준비상항을 보고하고 1965년 9월 7일부터 공사에 들어갔다. 해난구조대원들은 쓰리쿼터 트럭을 지원받아 강에서 모래를 퍼왔다. 고문단에서 보내온 시멘트와 모래를 섞어 블록을 직접 만들었다. 건물 위치는 구(舊) 한국함대사령부에서 해안가로 내려가는 왼쪽 빈터로 정했다. 대원들이 블록을 찍어 놓으면 시설대원들이 와서 설계대로 쌓으면 되었다. 설계는 필자가 직접 했다. 부대원들이 근무하는 단순한 건물에 대한 설계는 어렵지 않았다. 건설전문가가 공사를 하는 것이 아니고 해난구조대원들이 업무를 하면서 블록을 만들어야 했기 때문에 시간이 많이 걸렸다. 완공하는데 거의 2년이나 소요되었다.

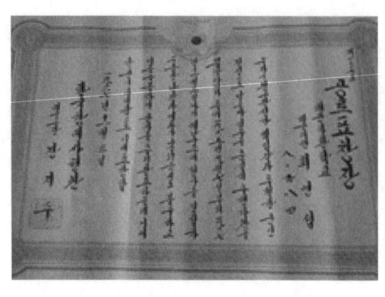
〈해난구조대 건물 건립 공로로 받은 표창장〉

공사는 필자가 제51전대를 떠나 해군사관학교 부교장을 하고 있을 때 완공이 됐다. 해난구조대원들은 새로 지은 건물로 이사했다. 장지수 함대사령관이 해난구조대 건물을 짓는데 공로가 컸다고 준공식 때 필자에게 공로표창장을 주었다.

해난구조대는 일반 선박과 해양경찰 경비정의 구난업무도 지원했다. 1965년 8월 중 해양경찰 경비정이 임무 중 좌초된 것을 해난구조대가 출동하여 구조했다. 양찬우 내무부장관은 구조지원에 감사하다는 뜻으로 필자에게 감사장을 수여했다.

이때는 베트남전쟁이 한창이었다. 우리나라는 1964년 9월 11일부터 파병을 시작했다. LST 북한함이 제1이동외과병원요원과 태권도 교관 139명 등 군사원조단을 싣고 부산항을 출발한 날이 9월 11일이다.

이역만리에서 작전하는 국군들은 현지 베트남과 미군부대에서 오는 보급보다는 우리나라 토속음식들을 선호했다. 필자는 함대명령에 따라 FS(수송함)에 된장, 고추장, 간장, 김치, 맥주, 라면, 오징어,

담배 등을 싣고 맹호부대, 청룡부대, 백구부대에 보급했다. 돌아올 때에는 탄피, 노획병기, 잉여물자 등을 싣고 왔다.

〈육군 맹호부대 방문, 왼쪽에서 2번째 필자〉

해군사관학교 부교장 겸 생도대장

1966년 2월 28일 해군사관학교 부교장 겸 생도대장으로 부임했다. 이때부터 부교장이 생도대장을 겸무했다. 생도대장으로서 사관생도들을 문무를 겸비한 충무공의 후예로 기르기 위해 무엇을 할 것

인가 생각해 봤다. '군인은 강한 체력과 정신력, 그리고 호연지기와 호국정신 함양도 필요하다.'

매년 봄철에 텐트를 치고 숙식해 가며 완전무장으로 행군하는 계획을 세웠다. 1966년 봄에 합천 가야산과 해인사 일대를 행군했다. 팔만대장경을 관람했다. 1967년에는 진해에서 속초까지는 LST로 이동하고 속초에 상륙하여 강릉까지 82.5킬로미터를 행군했다.

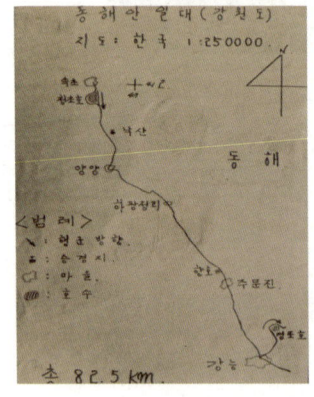
〈1967년 속초-강릉 간 사용했던 행군 계획도〉

〈제주도 5·16도로 횡단 행군, 앞줄 가운데 필자〉

〈1967년 LST로 속초에 상륙한 사관생도들〉

강원도 경찰국장이 생도들을 환영했다. 경찰국장은 경포대관광호텔에서 생도들을 목욕 시켜주고 만찬도 베풀어 주었다. 1968년에는 LST를 타고 제주도로 건너가서 서귀포에서 제주시를 연결하는 5·16도로(한라산 횡단도로)를 행군했다. 당시 제주 경비부사령관이 오용길 대령(해사 3기)이었다. 생도들을 인솔하여 제주항에 도착하니 오용길 대령이 마중을 나와 있었다. 오 대령은 김종필 국회의원이 제주도에 내려와 있다고 말했다. 김종필은 필자가 총무비서관 때 초대 중앙정보부장이었다.

필자는 김종필 비서한테 전화를 걸어 '해군사관생도들을 데리고 제주도에 와 있다고 의원님께 전해주라.'고 했다. 조금 뒤 비서를 통해 생도들을 격려하라고 금일봉을 보내왔다. 제주산 흑돼지들 사서 생도들에게 바비큐를 해 주었다.

〈1968년 제주도 용두암에 오른 사관생도들〉

1966년 8월 11일 베트남전쟁 해풍작전에서 해사 11기생 해병대 이인호 대위가 전사했다. 부하들의 생명을 구하기 위해 베트콩이 던진 수류탄을 껴안고 장렬히 산화했다. 정부는 이인호 대위를 소령으로 특진시키고 최고 무공훈장인 태극무공훈장을 추서했다. 해군사관학교는 그의 살신성인의 희생정신을 기리기 위해 교정에 동상을 세웠다. 사관생도와 해군장병들은 물론 많은 국민들이 자발적으로 성금모금에 참여했다. 홍익대학교 김정숙 교수가 동상 조각을 맡았다. 제막식은 1967년 2월 22일에 있었다.

〈동상제막식 후 미망인과 찍은 사진, 왼쪽 필자〉

해군사관학교에서도 필자의 지휘소신을 그대로 실천해 나갔다. '혹독하게 훈련을 시키되 생도들을 잘 먹이자.'는 것이다. 이런 취지를 훈육관들에게 이야기했더니 훈육관 부인들이 자원해서 나섰다. 부인들은 학교식당에서 요리를 해서 생도들에게 급식했다.

당시 생도들이 운동할 수 있었던 곳은 시멘트가 깔린 연병장과 월파장 운동장이었다. 그런데 현재 해군특수전단이 위치한 월파장 운동

〈부교장 겸 생도대장 때 집무실에서 찍은 모습〉

장은 거리가 멀어 거의 사용되지 않고 있었다. 생도사와 가까운 지금의 제2체련장을 조성하기 시작하여 1968년 7월 15일에 준공했다.

해군사관학교는 1966년 한 명의 생도를 미 해군사관학교에 최초로 위탁교육을 위해 보냈다. 위탁교육은 한·미 해군회의에서 양국 해군 간 상호교류증진을 위해 필요성이 제기되어 왔던 사안이다. 최초의 위탁생으로 선발된 1학년 조덕운 생도(해사 24기)가 1966년 2월 21일부터 1971년 6월 9일까지 미 해군사관학교에서 교육을 받았다.

해군사관학교는 충무공의 후예를 양성하는 산실로서 1966년 충무공연구위원회를 설치했다. 필자가 위원장을 맡았고 조성도 박사가 책임연구관으로 일했다. 그로부터 2년 후 1968년에 『민족의 등불 충무공 이순신』이라는 책이 발간되었다.

필자는 해군사관학교에서 2년 4개월 동안 해사 20기부터 26기 생도들과 고락을 함께 했다. '생도들은 조국의 간성(干城)으로서 큰일을 할 재목(材木)이다.'는 것을 생각하며 진심과 열정으로 생도들을 훈도했다. 많은 인연과 정으로 얽혀 있는 생도들에게 무언가를 당부하고 싶었다. 이것을 『제해』제22호(1967년)에 '조국의 사자(獅子)들'이라는 제목으로 글을 남겼다.(부록)

충무공연구위원회 위원장을 맡으면서 충무공의 삶과 사상의 면면(面面)을 들여다 볼 시간이 많았다. 그러면서 필자의 삶에 대해서도 반추해 봤다. '모든 것에는 시작이 있고 끝이 있다. 끝을 잘 맺어야 되겠다.'는 생각이 들었다. 우리 가족은 수백 년 이어 살아온 고향의 산야전답을 다 버리고 혈혈단신 월남했다. 언젠가는 부모형제자식 모두가 떠날 터인데 안주할 곳이 없었다. 장자(長子)로서 책무감이 밀려왔다.

안양의 전원낙 씨에게 부탁했다. 1967년 8월 초 적당한 묘지를 물색했다고 전해왔다. 생도방학 때 그곳에 가 보았다. 의왕시에 있는 백운호수가 내려다보이는 야산 중턱이다. 청계산이 정남(正南)으로 보이는 아담한 곳인데, 고려 때 무신들의 별장 터였다고 한다. 의왕시 학의동 412-1번지다. 김윤봉 씨 소유의 1,676 평방미터(507평) 쑥대밭 경사지다. 1967년 8월 23일 5만 5,800원으로 매입했다. 의왕시청에서 1992년 4월 6일 묘지를 측량했다.

해군대령으로 셀프 전역

1967년 연말에 장성선발위원회가 열렸다. 필자도 선발대상자 중 한명이었다. "이번 장성 선발에 최 대령이 누락되었는데 미안하게 되었어. 내년에는 꼭 진급이 될 터이니 1년만 기다리게." "총장님, 모든 게 제가 부족한 탓이라 봅니다. 총장님께서 직접 전화를 주시니 오히려 제가 죄송합니다."

전화기를 내려놓자 많은 생각들이 몰려왔다. '이젠 군을 떠날 때가 왔구나.'라는 생각이 들었다. 선배들이 빨리 나가주어야 후배들이 진급하고, 아울러 해군도 발전할 수 있다는 것이 당시 필자의 생각이었다. 해사 1기생에서 연이어 4명의 참모총장이 나와 1962년부터 1972년까지 10년간 해군을 이끌었다. 해군의 인사적체가 심했다. 참모총장 임기 2년으로 계산하면 총장이 되려면 50년이 걸린다.

1967년이 지나고 새로운 1968년을 맞았다. 2월 19일 해사 26기생 입교에 이어 2월 23일에는 해사 22기생들이 소위 계급장을 달고 교문을 떠났다. 3월 초 연병장 언덕의 홍매화가 해군사관학교에 봄을 알렸다. 모진 혹한을 이겨내고 다소곳이 피어난 홍매화를 보면서 21년 동안 황파를 헤치고 달려온 필자는 항해를 멈추고 닻을 내리기로 결심했다. 만감이 교차했다. 한창 일할 나이 40세였다.

사관생도들의 제주도 행군을 끝내고 귀교한 후 5월 말에 고경영 교장(해사 2기)을 찾아갔다. 전역을 하겠다고 말했다. 교장은 "올해는 진급이 될 텐데 왜 전역을 하느냐?" 하면서 만류했다. 필자의 의지가 확고함을 알고 결국에는 동의해 주었다. 내심 전역은 7월 1일로 정하고 전역 후의 일자리를 여기저기 알아봤다. 전역하기 이틀 전부터 함대사령관, 진해통제부사령관, 육군대학총장, 진해병원장 등 재진지구 부대장들을 방문하여 전역인사를 했다.

해군본부에는 전역행사를 알리지 않았다. 해군본부의 전역명령 없이 전역식을 한다는 것은 사실은 위법(違法)이다. 그렇지만 고경영 교장은 필자의 '셀프 전역식'을 준비했다.

전역식 전날 해군사관학교 교회에서 전역예배를 드렸다. 군목은 '더 넓은 대해(大海)로 나가 더 크게 위국충성 하시기를 바란다.'는 요지로 기도해 주었다. 저녁에는 재진지구 동기생들과 동기생 부인들을 초청하여 해사반도에서 송별연을 가졌다.

〈전역예배 후 해군사관학교 교회 옆에서 찍은 단체사진〉

다음날 7월 1일 고경영 교장 주관 하에 전역식이 있었다. 재진지구 부대장과 사관생도들이 모인 연병장에서 교장의 송별사에 이어 필자의 전역사가 있었다. 생도 대표로부터 전역기념 페넌트를 받고, 진해통제부 군

〈전역식 때 대대장 생도와 악수하는 필자〉

악대의 행진곡에 맞추어 생도들로부터 열병과 분열을 받았다. 해사 도로에 도열한 사관생도와 교직원들로부터 환송을 받으며 학교를 떠났다. 교장도 나와서 필자를 환송해 주었다.

〈사관생도들이 필자를 환송하는 모습〉   〈사관생도들이 필자에게 증정한 페넌트〉

〈사관생도들이 필자를 환송하는 모습〉

전역식에 참석한 아내는 필자의 전역을 섭섭해했다. 필자는 학교에서 나와 아내와 함께 곧바로 부산으로 가서 기차를 타고 서울로 올라갔다. 회현동 집에 도착해시야 군복을 벗은 민간인 신분임을 실감했다.

다음날 7월 2일 해군본부에서는 필자의 셀프 전역식이 있었다는 것을 알았다. 김영관 참모총장은 진해방첩부대장 김용수 대령(해사 4기)에게 전화로 물었다. "최영섭 대령이 어제 전역식을 했다는데 알고 있었느냐?" "총장님, 저는 모르는 일입니다. 총장님께서도 모르고 계셨습니까?" "야, 네가 보고를 안 하는데 내가 어떻게 알아? 김용수 대령은 참모총장의 질책을 받았다.

청와대 총무비서실 홍승완 씨로부터 전화가 왔다. "최 비서관님, 어떻게 된 것입니까? 갑자기 제대한 이유가 무엇입니까? 비서실장님께서 알아보라 해서 전화했습니다." "이유는 없고, 진급 안 되면 제대 해야지. 그래서 모자 벗고 나왔습니다."라고 했다.

해군본부에서는 필자의 전역명령을 내리지 않고 있었다. 해군본부 참모차장과 인사부장이 찾아왔다. "총장님이 최 대령을 꼭 만나고 싶다는데 한번 만나봐라."고 했다. 모든 문제가 마무리되었기 때문에 만날 필요가 없다고 생각했지만, 8월 20일 해군본부를 방문하여 참모총장을 만났다. 그날 밤 참모총장이 필자를 위해 만찬을 베풀었다. 참모총장, 참모차장, 참모부장들도 참석했다. 8월 31일부로 전역 인사명령이 내려졌다.

제6막 25세~40세(1953년~1968년) 휴전 후 해군복무

40세~67세(1968년~1995년) 경제·사회 활동

한국냉장주식회사 영업이사
·
남양사(南洋社) 전무
·
이란에서 기업 활동
·
삼선공업주식회사 사장
·
명지화학과 인생 최대의 시련
·
수리산캠프와 계룡학당

한국냉장주식회사 영업이사

전역한 다음날 한국냉장주식회사로 출근했다. 한국냉장주식회사는 필자가 전역한 날, 1968년 7월 1일에 설립되었다. 필자는 회사출범 원년부터 참여하게 되어 이른바 창립멤버가 된 셈이다. 사장은 해군참모총장을 역임한 이성호 제독이었다. 사무실, 응접실, 비서실 등이 갖춰져 있었다.

한국냉장주식회사는 농어촌개발공사 산하의 국영기업체다. 농어촌개발공사는 농수산물의 저장·처리·가공사업을 위해 1967년 12월 설립되어 1987년 1월 농수산물유통공사, 2012년 농수산식품유통공사로 이름이 바뀌었다.

한국냉장주식회사의 설립 목적은 농산·수산·임산·축산물의 수매·가공·저장·공급을 통해 생산자와 소비자를 보호하기 위한 것이다. 이것을 구상하고 계획한 사람은 당시 농림부 김영준 장관이다. 김영준은 장관직에서 해임된 후 농어촌개발공사 사장을 맡아 산하에 한국냉장주식회사를 설립했다.

농산·수산·임산물은 각각 생산시기가 있다. 이런 식품들은 부패하기가 쉽고 시간이 지날수록 신선도가 떨어진다. 그래서 생산시기에는 물량이 많이 쏟아져 물가가 하락하고 비생산시기에는 물량이 감소하여 물가가 오를 수밖에 없다. 시기에 따라 가격의 등락이 심하다 보니 생산자와 소비자 모두가 안정된 생계를 유지할 수가 없다. 생산자의 소득증대를 기하고 소비자의 생계보호를 위한 정책이 필요했다. 생산시기에 식품들을 대량으로 수매·저장하여 가격폭락을 막고 비생산시기에 시장에 일정한 물량을 공급하여 가격폭등을 막는 것이다.

이를 시행하는 방법이 바로 저온유통(Cold chain)이었다. 저온유통은 당시 우리나라로서는 혁명적이었다. 이것을 한국냉장주식회사가 맡았다. 이를 추진하기 위해서는 우선 냉장공장을 설립해야 했다.

이성호 사장은 필자에게 첫 임무로 아시아개발은행(ADB)으로부터 차관 획득 업무를 맡겼다. 이성호 제독은 해군참모총장을 끝내고 대한석유공사 초대 사장에 이어 한국냉장주식회사 초대 사장으로 온 것이다. 군에서 전투만 해왔던 필자로서는 차관 업무가 생소하여 굉장한 부담을 가졌다. 그렇지만 서울대 행정대학원에서 배운 경영이

론과 군에서 체득한 돌격정신으로 밀어붙였다.

　　차관여부는 아시아개발은행이 대출금의 원리금 상환이 가능한지를 사전에 현지답사를 통해 사업타당성을 검토한 후에 결정한다. 아시아개발은행 조사단이 오기 전에 Cold chain 개념 등을 공부하고 냉장 대상 식품들을 영어로 밤 새워가며 익혔다. 조사단이 내한했다. 일본, 미국, 영국, 캐나다, 노르웨이, 필리핀 국적의 6명이었다. 조사단은 필자의 안내로 묵호, 포항, 부산, 목포, 인천 수산시장을 차례로 방문하여 현장실사를 했다. 그리고는 다시 부산으로 내려갔다. 그만큼 부산에는 자갈치시장, 공매시장, 냉장창고 등 조사할 것이 많았기 때문이다.

　　수산물 유통구조와 현장조사를 모두 끝내고 조사단을 부산 동래온천장으로 안내했다. 온천이 딸린 호텔을 숙소로 정하고 만찬을 마련했다. 호텔사장에게 만찬 손님들의 국적과 임무 성격을 알리고 최선을 다해 접대해 달라고 당부했다. 호텔사장은 손님마다 서비스하는 사람을 붙였다. 필자는 서비스하는 사람들에게 "여러분이 모시는 손님은 귀한 분들입니다. 말은 안 통하지만 정성 드려 모시기 바랍니다. 나라의 중요한 일의 성패가 지금 이 만찬에 달려있습니다."라고 말했다. 이들은 일제히 "예~잘 모시겠습니다."라고 한 목소리로 답했다.

　　조사단은 서울로 올라와 우리나라에 700만 달러의 차관을 결정했다. 이 돈으로 냉장공장 설립을 시작했다. 묵호에는 기존 냉장공장을 매입하여 개수(改修)하고, 서울·부산·목포에는 대형 냉장공장을 세웠다. 서울에는 수산물도매시장도 만들었다. 지금 노량진에 있는 것이 그 도매시장이다. 기술과 감리는 일본 냉장주식회사가 맡았다.

식품들을 가공하여 외국수출에도 주력했다. 강릉, 삼척, 울진, 포항 등 동해안을 돌며 오징어를 수매·가공하여 일본에 수출했다. 그때는 어민들이 수매할 때 수표를 받지 않아 현금으로만 구매했다. 또한 뉴질랜드로부터 양고기를 수입, 이를 보세 가공하여 일본에 수출했다. 이외 명태, 양파, 메뚜기, 송이, 가랑잎 등을 가공하여 외국에 수출했다. 명태는 필렛(fillet, 포)으로, 가랑잎은 떡갈나무 잎을 가공하여 일본에 수출했다. 떡갈나무의 잎을 뜯어 살짝 쪄서 냉장하여 일본에 수출하면 일본에서는 떡갈잎에 찹쌀떡을 싸서 쪄 먹는다. 이것이 '카시아모찌(かしあもち)'라는 가랑잎 찹쌀떡이다. 송이는 동해지역에서 채취되어 강릉비행장에서 김포비행장으로 공수, 우리 직원들이 수령한 후 그 자리에서 바로 포장하여 일본으로 비행기에 실어 보냈다. 일본 동경의 새벽시장이 열리는 시간에 맞추기 위해서였다. 해군사관학교 교관이었던 서울대학교 공대 출신 서승철, 안영수 대위를 영입하여 이 일을 같이 했다. 그들은 열정적으로 일했다. 아시아개발은행으로부터 받은 차관은 1984년 9월에 모두 상환했다.

회사 임원 임기는 2년이었다. 2년마다 사장과 이사들이 바뀌었다. 필자는 두 번을 더 연임하여 1968년부터 1974년까지 6년간을 일했다. 후임 영업이사에 해사 1기생 송석호씨가 맡았다. 송석호씨는 필자가 백두산함 갑판사관 할 때 부장이었다.

　　1968년 냉장회사에 입사한 후 7월 중 회현동 집을 팔고 새로운 집을 구입하기로 했다. 그런데 집 팔은 돈으로 서울 사대문 안에 집을 구할 수가 없었다. 신촌에서 한강에 이르는 길이 뚫렸다. 제2한강교와 동교동 일대는 미나리와 호박밭이었다. 그 일대에 ECA 주택 10여채가 있었다. 이 중에서 별채 딸린 단층으로 된 집을 구했다. 당시 필자의 식구가 8명이었다. 어머님과 장모님을 모셨고, 아들 4명 중 2명은 초등학교에, 2명은 중학교와 고등학교에 다니고 있었다. 당시 이사 봉급은 대령 봉급의 3배 정도가 많았다. 아내가 돈을 아껴 본채를 허물고 새로 크게 짓자고 했다. 당시 서울시에서 동교동 일대 도시계획을 발표했다. 해사 5기생 김성권 후배가 제대해서 서울시 도시계획과장을 맡고 있었다. 그를 찾아가서 집 건축계획을 보이면서 집 앞에 길을 내어줄 수 있냐고 물었고, 그는 길이 곧 날 것이라고 했다.

　　1972년 봄, 집을 짓기로 결심하고 직접 집 설계를 했다. 필자의 집에서 도움이로 일하는 이영이라는 여자가 있었다. 마침 그녀의 남편 이범식은 주택건설업체에서 일하고 있었다. 그를 만나 집 설계도를 보여주었다. 자재 품목과 소요량 그리고 건축자금을 대충 뽑아 계산했다. 이범식에게 "집 지을 수 있느냐?"고 물었다. 그는 "문제없습니다. 우리 회사 친구들과 같이 지어드리겠습니다." 라고 했다. 그에게 모든 것을 맡겼다. 우선 자재구입이 필요했다. 아내가 트럭 한 대를 빌려 인천제철에 직접 가서 철근을 사왔다. 철근이 꽤 굵었다. 1971년에 3층 철근콘크리트 집이 완공되었다. 정남향 집 앞에 8미터 폭의 길도 뚫렸다.

집 공사가 한창이던 1970년 9월에 남욱(1927년생), 필자의 이모부가 저 세상으로 떠났다. 남북 분단시대에 살고 있는 우리 현대사에서 사상과 신념으로 인한 숱한 인생의 곡절을 겪은 대표적 인물이기 때문이다. 그는 1945년 해방의 함성이 한반도에 메아리칠 때 경성제국대학(오늘의 서울대학교)에서 철학을 공부하고 있었다. 그토록 바랐던 해방을 보지 못하고 저 세상으로 떠난 자신의 아버지 모습을 떠올렸다. 아버지가 그리던 나라는 계급이 없는 사회, 능력에 따라 일하고 정의와 자유가 있는 사회, 아름답고 평화로운 조국이었다.

그의 부친 남규삼은 일제 때 일본에서 대학을 마치고 고국으로 돌아와 항일독립운동을 하다 일본경찰에 붙잡혀 손톱, 발톱을 뽑히는 모진 고문을 못 이겨 아편을 먹고 자결했다.

남욱은 아버지의 친구인 허헌을 찾아갔다. 허헌은 남북을 통일시켜 지상낙원으로 만들겠다는 포부를 이야기하고 남욱에게 함께 일하자고 했다. 허헌은 당시 김일성으로부터 월북 요청을 받았지만, 미군정청 경찰의 감시와 제지로 이북으로 쉽게 넘어갈 수가 없었다. 남욱은 고심한 끝에 서울대 학생들의 도움을 받아 상여 행렬로 가장하여 허헌을 관에 넣어 월북시키고, 자신도 북으로 넘어갔다. 그리고는 김일성대학에서 철학을 전공하고 소련으로 가서 러시아어를 배웠다.

1950년 6월 25일 북한의 남침전쟁이 개시되자 남욱은 인민군

정치보위부 소좌로 남진하는 인민군 정찰대와 함께 8월 대구 팔공산에 잠입했다. 낙동강전선에서 격전이 벌어지고 있을 때였다. 그는 남진하던 중 인민의 군대가 인민을 학살하는 잔악한 현장을 수없이 목격하고 공산주의 노선과 허구에 환멸을 느꼈다. 공산당을 위해서 목숨을 바칠 하등의 이유가 없다고 결심한 그는 팔공산 토굴 속에 들어가 권총으로 자신의 팔을 쏘고 자신의 부대 본부가 있는 원산으로 돌아갔다. 원산에 도착하자 마자 인민병원에서 치료를 받은 후 의사의 권유로 자신의 고향인 함경북도 청진으로 가서 휴양하던 중, 1950년 12월에 유엔군의 대규모 흥남철수작전이 있었다. 이때 남쪽으로 향하는 피난민 대열에 끼어들어 유엔해군의 LST에 탑승하고 포항에서 내려 제2의 인생길을 걷게 되었다. 러시아어에 능통한 그는 육군 정보학교에 들어가서 교육을 받고 정보장교 대위로 근무했다. 군 복무 중 러시아어 통역과 번역 업무를 하면서 러시아 소설가 이반 투르게네프의 대표적인 소설 『부자(父子)』를 1954년 국내 최초로 번역본 책자를 발간했다. 또한 국군장병을 위한 북한 공산주의를 비판하는 희곡 집필 등 군 문예활동을 했다.

　　1956년 10월 제대한 후에는 마해송, 구상, 이효상, 심동집, 이목우, 최석재 등 문인들과의 교류와 문학 활동을 하면서 언론기관에 들어가 편집 일을 했다. 대구매일신문, 영남일보를 거쳐 한국일보 문화부에서 일하던 중 1970년 9월 10일 뇌졸중으로 쓰러져 한 많은 43년의 여정을 마감했다. 남욱은 육군 간호장교 제2기 출신인 필자의 이모 전음전과 대구에서 만나 결혼하여 슬하에 1남 2녀를 두었다. 이모와 이종조카들은 현재 미국에서 살고 있다.

남욱의 장례는 명동성당에서 치렀다. 남한에 가까운 친척들이 없어 제일 가까운 필자가 상주역할을 했다. 남욱은 천주교를 믿었다. 이는 한국일보 장기영 사장의 역할이 컸다. 장기영은 뇌졸중으로 쓰러진 남욱을 강북성심병원에 입원시켜 의사들에게 꼭 살려달라고 간곡하게 부탁했다. 둘은 상하관계를 떠나 가족 같은 사이였다.

장기영 사장은 남욱을 위해 의정부 쪽에 묘지 50평을 마련했다. 장례식은 사회장처럼 치러졌다. 국회의원, 종교인, 문학인, 예술가, 술집기생, 노숙인 등 다양한 계층의 사람들이 와서 애도했다. 남욱은 문학·언론활동으로 번 돈은 우리 사회의 약자, 소외층, 가난한 문학인, 예술가들을 돕는데 힘썼다.

남양사(南洋社) 전무

1974년 7월 1일 한국냉장주식회사에서 나와 집에서 쉬고 있는데, 남양사 사장으로부터 전화가 왔다. 자기 회사에 들어와 같이 일하자고 권했다. 원양어업으로 잡은 물고기를 가공·냉장하여 외국에 수출하는 원양어업회사였다. 사장은 필자가 해군 출신이고 냉장 분야에서 많은 경험을 가지고 있다는 것을 알고 있었다. 이 분야가 낯선 분야가 아니어서 8월에 전무라는 직위를 받고 남양사에 들어갔다.

남양사 사장은 농산·수산·임산·축산물을 수매·가공·저장하여 일본에 수출한 한국냉장주식회사를 벤치마킹하겠다는 것이다. 원양에서 잡은 물고기를 냉장한 생선과 외국으로부터 수입한 축산물을 보세 가공하여 수출로 큰돈을 벌겠다는 의도였다.

사장의 의도대로 큰돈을 벌려면 우선 냉장공장을 세워 공장가동률을 높여야만 했다. 울산에 냉장공장을 세웠다. 그리고 필자가 한국냉장주식회사에서 한 것처럼 명태를 포로 떠서 냉장하여 일본에 수출했다. 호주로부터 양고기를 수입하여 살코기를 갈라내서 가공하여 일본 미쓰비시와 계약 수출했다. 뼈는 국내에서 팔았다. 필자의 노하우를 다 쏟아 부었다. 사장이 원하는 목표를 1년 6개월여 만에 모두 이루어 냈다. 회사는 자리가 잡혔고, 사장 입장에서는 비싼 월급 주고 필자를 계속 쓸 필요가 없어졌다. 필자는 눈치가 보여 회사를 나왔다.

이란에서 기업 활동

제대 후 8년의 세월이 흘렀다. 국영기업체에서 일했고, 사기업체에서도 일했다. 남양사에서 나오면서 깨달은 것이 있었다. '회사는 군대처럼 부하들의 사기를 높여주고 끝까지 보호해주는 것과는 완전히 다르다. 이익이 되면 쓰고 이익이 없으면 버린다. 토사구팽이다. 영원한 직장은 없다. 월급쟁이는 한계가 있다.'는 것이다. 또 다른 깨달음은 필자의 성격이었다. 어디 가서 직장을 구걸하거나 나를 써 달라는 부탁을 못한다는 것을 알게 되었다. 필자의 약점이었다. 그렇다고 뾰족한 재간도 없었다. 내가 책임지고 직접 할 수 있는 일을 찾아야 되겠다는 생각이 들었다. 아이들이 자립할 때까지 가장(家長)으로서 책무를 다 해야만 했다.

이때 중동 붐이 불기 시작했다. 48세는 한창 일할 때였다. 개인 사업을 하려해도 자본과 기술이 없었다. '그래, 튼튼한 손발 있고, 이성을 판단하는 머리가 있으니 내가 직접 뛰어보자. 중동으로 가자.'

이란 대사로 나가 있던 현시학 제독에게 전화했다. 현시학 제독은 우선 현지에 와서 사정을 살펴보고 결정하라 했다. 1976년 1월 이란으로 떠났다. 이란에 한국의 여러 기업체들이 이미 진출해 있었다. 현시학 대사가 소개해준 한국인들을 만나 많은 이야기를 들어보고 곳곳을 돌아보았다. 현시학 대사의 말이 옳았다. 직접 눈으로 봐야 만이 사업타당성과 방향성이 나올 수 있었다. 한국기술인력 고용 (운전기사, 광부), 한국 식품류 수입 등이었다.

한국으로 돌아와 사업 준비를 했다. 1976년 3월 31일 홀로 이란으로 떠났다. 아내가 성경을 주었다. "아버님께 이 귀한 말씀과 저희들의 마음을 드립니다. 네 아들들이 드림." 성경 표지 안에 적혀 있었다. 이 성경을 손에 들고 1978년 10월 6일 이란 교회에서 강동수 목사 안수로 세례를 받았다. 이 성경은 필자 생애의 '디딤돌'이며 생력(生力)의 원천이다. 40여년이 흐른 지금도 간직하고 읽고 있다. 성경 한 장 한 장에 필자의 마음과 손때가 배어 있다.

'이란 영(Iran Young)'이라는 회사를 설립했다. 한국인 운전기사를 모집하여 이란으로 보냈다. 운전기사 인력관리는 필자가 맡았다. 이란정부로부터 '한국식품전매' 허가도 받았다. 광부인력은 미국인과 이란인의 합작회사가 주관했다. 1,000여 명에 이르는 광부의 인력관리는 복잡하고 어려웠다. 1978년부터 필자가 합작회사의 부사장을 맡아 광부인력을 관리했다.

한편 한국식품류를 독점 수입하여 판매했다. 돈이 없어 삼양식품회사에서 식품을 수입 후 그 판매대금으로 삼양사에 지불하는 방식을 택했다. 수출입 업무를 직원도 없이 필자 혼자서 했다. 모두 영문이고 주로 텔렉스를 이용했다. 자리가 서서히 잡힐 무렵, 1978년 이란혁명이 났다. 반정부운동, 왕조에 반대하는 종교운동이다. 1979년 초 팔레비 왕이 망명하고 종교지도자 호메이니가 정권을 잡았다.

반미운동을 전개하고 미국 대사관을 탈취, 봉쇄했다. 미국의 판단 착오였다. 호메이니가 들어오면 안정될 줄 알았던 것이다. 폭동이 이어지고 치안이 극도로 무질서했다. 한국 근로자와 한국 기업인들이 철수했다. 필자의 사업도 끝장났다.

식품재고를 테헤란에서 1,000여 킬로의 육로로 페르시아만으로 수송해서 거기서 또 바닷길로 사우디아라비아로 보냈다. 사우디아라비아에서 한국 근로자들에게 재고식품을 모두 팔았다. 본전치기로 팔아 삼양식품회사에 갚았다. 젊은 패기로 해냈다. 이란 테헤란에서 철수할 때 페르시안 카펫 등을 구매해서 서울 집으로 공수했다. 사업할 일거리가 있나 해서 답사 겸 UAE를 경유하여 한국으로 돌아왔다. 1979년 7월이다.

파란만장한 3년간의 중동, 이란 세월이었다. 1979년 10월 26일 국가중흥의 영도자 박정희 대통령이 서거했다. 아내와 같이 청와대 분향소에 가서 조문했다. 조문 후, 신세계백화점에 가서 옷솔을 샀다. 머리숱이 적어 빗대신 쓰고 있다. 지금도 40년 넘은 옷솔로 머리를 빗는다.

삼선공업주식회사 사장

가족의 생계책임은 가장이다. 아이들은 한창 공부하고 있었고, 몇 년 후면 결혼도 해야 되니 앞으로 돈 들어갈 일이 많았다. 이란에서 귀국할 당시 나이 51세였다. 집에서 편히 쉬면서 지낼 나이가 아니었다. 일자리를 구해야만 했다. 이란에서 귀국한지 한 달 후 1979년 8월에 철구조물설치회사의 고문으로 들어갔다. 고문이라는 자리는 인맥을 통해 수주를 하는 것이 업무다. 군에서 하는 연료탱크 설치사업을 수주했다. 각 군 지휘부와의 원활한 협조로 사업이 순조로웠다. 하지만 군 사업을 수주하는 일은 필자의 성격에 맞지 않았다. 1년 정도 근무하고 그 회사에서 나왔다.

그로부터 몇 개월 후 1981년 3월 방산기업인 삼선공업주식회사 사장으로 영입되었다. 민간회사인 이 회사는 부채가 많아 재정사정이 좋지 않았다. 회사 사장은 필자를 앞세워 외풍도 막고 영업 이익을 내서 회사를 살려보겠다는 목적으로 사장으로 내세웠다.

사장으로 있으면서 나름대로 회사를 살려보려고 온갖 사업을 구상하여 일을 해 나갔다. 그 중 대표적인 것이 1981년 6월 29일부터 7월 15일까지 필리핀을 방문하여 200만 달러의 M-16 부품판매를 계약한 것이다. 워낙 재정이 부실하다 보니 회사운영이 순탄하지 않았다. 그때 생각해 낸 것이 회사의 법정관리이다. 법정관리 판결이 되면 법원에서 회사를 관리한다. 부채를 동결시키면 채무자들이 돈을 달라고 독촉할 수 없다. 회사는 돈을 벌게 되면 부채를 갚으면 되었다. 1983년 8월 27일 법정관리에 들어간다는 법원판결이 나왔다. 사장 소임을 완수했다고 생각하여 바로 사장직을 사임했다.

이 시기에 아들들이 장성해서 군대에 들어가거나 결혼할 나이가 되었다. 해군 대위로 제대한 첫째 아들 재신은 국내 첫 건설회사인 대림산업에 입사한 후 1981년 5월 16일 신촌교회에서 결혼식을 올렸다. 1983년 6월 30일 중동으로 떠나 이집트와 사우디에서 파견 근무를 했다. 둘째 재형은 1983년 3월 12일 서울 서소문동에 위치한 평화교회에서 결혼식을 올렸다. 그 해 육군에 입대하여 12월 10일 법무관 중위로 임관했다. 셋째 재민은 1983년 2월 23일 대학 졸업 후 1984년 2월 4일 공군에 입대하여 군의관 대위로 임관하고 5월 9일 공군회관에서 결혼식을 올렸다.

일자리가 없으니까 시간 여유가 많았다. 서대문구치소에 수감 중인 윤자중 장관에게 면회를 가기로 했다. 필자보다 한 살 아래인 윤 장관은 국가재건최고회의실에서 함께 일했던 동료였다. 필자는 총무비서관, 그는 민원비서관으로 일했다.

1984년 4월 12일 오후에 양주 샘플 3개와 양담배를 들고 만나러 갔다. 이날이 토요일이었다. 정문에서 총 들고 있는 통제관이 "어떻게 오셨습니까?"라고 물었다. "나 구치소 소장 만나려 왔다." 하니까 문을 열어주었다. 마침 소장이 계신다 해서 2층 소장 사무실로 올라갔다. 비서가 "어디서 오셨습니까?"라고 물었다. "아, 그건 알 필요 없고 내가 직접 만나겠다."고 하며 그대로 사무실로 들어갔다. 비서가 소장에게 누구라고 알리면 소장이 모른다 하면 비서가 못 들어가게 할 것이기 때문이다. 비서가 뒤따라왔다.

필자가 먼저 소장에게 웃으면서 "안녕하십니까? 나는 윤자중 장관 친구입니다. 윤자중 만나보려고 왔습니다."라고 말했다. 소장은 '나는 저 사람을 모르고 있지만, 저 사람은 나를 알고 있구나.'라는 생각을 했을 것이다. 서로 뜻이 통한 듯 금방 자연스러웠다. 소장과 소파에 앉아 비서가 가져온 차를 마셨다. 소장이 간수장을 불렀다. 간수장에게 "이 분 잘 모시라."고 말했다. 통상 면회는 유리창 칸막이에 구멍을 뚫어 놓고 하는데, 필자를 변호사 접견실로 안내했다.

잠시 후 수의(囚衣)를 입은 윤자중이 나왔다. 보자 마자 "야, 여기 국립호텔 좋구나. 잘 있냐?" 했다. 윤자중은 "잘 있지. 반갑다"라고 말했다. 필자는 가져온 양주병을 따고 "야, 힘들지? 이거 물인데 한잔 마셔봐." 하면서 한잔 따라 건네 주었다. 그리고는 가져온 양담배를 꺼내 같이 담배를 피웠다. 곁에서 기록하는 간수가 지켜보고 있었다. 간수는 담배연기 나가라고 문을 열고 천장만 쳐다보고 있었다. 이런 행동을 기록하여 보고하면 혼날 것이 뻔했기 때문이다. 면회를 마치고 나올 때 "맘 편하게 지내. 그러려면 예수를 믿어라. 다음에 올 때에는 성격책을 갖고 오겠다."고 말했다.

윤자중은 안양교도소로 이감되었다. 8월 1일 두 번째로 윤자

중이 있는 안양교도소로 찾아갔다. 이때는 양주, 양담배 그리고 간증서적 5권을 골라 가져갔다. 사전에 서대문구치소장에게 안양교도소에 윤자중 만나러 간다고 전화했다. 구치소장이 안양교도소장에게 전화를 했는지 바로 접견실로 안내되었다. 양주를 마시고 양담배를 피운 후 가져간 간증서적을 주었다. 윤자중은 예수를 믿기로 결심하고 출소한 후에 감리교회인 광림교회에 다녔다. 광림교회 목사는 윤자중이 공군사관학교 교장 시 공군사관학교 교회 군목이었다. 윤자중은 나중에 그 교회의 장로로 봉사했다.

명지화학과 인생 최대의 시련

1985년부터 1988년까지 4년간은 필자의 인생 여정에서 황야를 헤맨 험난한 세월이었다. 1985년 1월 7일부터 시간을 메우기 위해 붓에 먹물을 담아 한국일보에서 주관하는 서예를 시작했다. 여기저기 떠도는 월급쟁이 신세를 면해보려던 참에 화학기술자인 강 모 씨가 좋은 돈벌이가 있다면서 사업을 권고했다. 앞으로 유망한 사업이라 했다. 1985년 1월 17일 강 씨와 동업을 약속했다. 필자가 사장을 하고 강 씨는 이사직을 맡았다. 쌀이나 귀리 껍질로 기름을 짜내는 푸르푸랄(furfural) 사업이다. 푸르푸랄($C_5H_4O_2$)은 쌀겨, 귀리 껍질 등을 가압하여 수증기로 처리하거나 묽은 황산 또는 염산으로 처리하여 얻는다. 무색의 유성 액체로서 나일론 합성에 사용되거나 살충제로도 사용된다.

 원료조달계획을 세우고 일본, 미국, 영국 등에 판매전망도 조사했다. 원료 수입과 공장 설비에 돈이 많이 들고 과정도 복잡한 사업이다. 원료를 쌓아 둘 창고와 공장 부지를 매입한 후에 공장을 세우고 기계를 설비해야 했다. 그리고는 엄청난 물량의 쌀겨를 수집해야 했다.

 1985년 7월 24일 '명지화학주식회사'를 설립하고 1986년 1월 7일 서교빌딩에 본사를 차렸다. 7월 31일 군산산업단지에 입주허가를 받아 다음해 1987년 2월 9일 동교동 집을 외환은행에다 근저당으로 설정하여 돈을 대출받았다. 그것도 모자라 여기저기 돈을 빌렸다. 5월 18일 군산산업단지 일부 부지를 1억 2,500만원에 매입하고, 다음해 1988년 1월 추가로 군산산업단지 부지 5,000평을 4억 2,500만원에 매입했다.

 회사를 설립한지 거의 3년이라는 세월이 흘렀다. 동업자 강 이사가 사업성공 가능성이 없다고 판단했는지 1988년 3월 10일 돌연 회사를 떠났다. 망연자실했다. 근간이 붕괴된 셈이다. 지금까지 그를 믿고 이 사업을 추진했기 때문이다. 필자는 이 분야에 전문기술도 개념도 없으니 혼자서는 추진이 어려웠다. 화학 분야의 전문가가 있어야만 가능한 사업이다.

'만사휴의(萬事休矣)'다. 모든 것이 끝났다. 근본적으로 내 잘못이다. 남을 탓할 시간도 이유도 없었다. 뒷수습만이 최선의 길이었다. 기도했다. 세상에 절망은 없다. 빌린 돈을 갚기 위해서는 동교동 집과 군산공장 부지를 잡혀야만 했다. 집은 공경매로 내놓았다. 1988년 6월 10일 1억 1,530만원에 낙찰되어 내 손에는 1억 3,500만원이 들어왔다. 가장 큰 문제는 군산에 있는 부지 매각이다. 하늘이 도왔다. 7월 중 동부고속주식회사에서 호남교통센터 부지를 구입한다며 필자를 찾아왔다. 매각이 순조롭게 진행되었다. 7월 30일에 매각했다. 다행히 손해 보지 않고 팔았다.

군산교회를 찾았다. 텅 빈 교회당 십자가 앞에 무릎을 꿇고 감사기도를 올렸다. 하나님께서 얽히고설킨 모든 일을 정리해 주고 새 인생길을 열어 주셨다. 12월 14일 모든 빚을 갚았고 집을 되찾았다. 마음이 너무 평안했다.

1987년 2월 9일 김만철 씨 가족이 북을 탈출하여 '따뜻한 나라'로 찾아왔다. 이 뉴스를 접한 어머니는 이역만리 미국에서 혈혈단신으로 이민생활을 하고 있는 막내아들 호섭을 생각을 하며 걱정했다. 그러던 차에 호섭으로부터 방문초청을 받고 어머니는 11월 9일 미국으로 떠났다. 1976년 6월 어린 재령, 재윤을 데리고 '아메리칸 드림'을 가슴에 품고 떠난 지 11년째다. 어머니는 그 후에도 미국을 두 번 다녀오셨다.

1988년 서울올림픽을 반대하는 학생데모가 기승을 부렸다. 친북좌파 공산주의자들의 음모다. 필자는 이를 규탄하는 글을 붓으로 써, 홍익대학교 앞에 '학생들에게 고함'이란 대자보를 써 붙였다.

9월 17일부터 10월 2일까지의 '88서울올림픽'이 끝나면 동교동을 떠나기로 했다. 동교동 집은 1968년에 와서 1971년 내 손으로 직접 새로 지어 20여년 살아온 정든 집이다. 막내 재완이 마지막으로 1988년 2월 27일 신촌교회에서 결혼식을 올렸다.

〈동교동 집 앞 도로가에서 찍은 필자 부부〉

1989년 2월 18일 육군 소위 임관과 동시에 제대했다. 이 집에서 어머님과 장모님 모시며 네 명의 아들 모두 대학 졸업하고 군복무를 마쳤다. 4명의 아들이 결혼하고 둥지를 떠났다. 이제 한시름 놓게 되었다. 이 집은 필자의 인생에서 보금자리, 본진(本陣), 성채(城砦)였다.

이사하기 전날 11월 17일 네 아들과 모든 식구가 밤을 새우며 옛 추억을 되새겼다. 다음날 11월 18일 안양시 관양동 현대아파트 5

동 1404호로 이사했다. 전세보증금 8,000만원으로 전세살이를 시작했다.

〈동교동 집 시절 필자의 아내와 네 아들〉

수리산캠프와 계룡학당

안양으로 이사한 후에도 아내는 살림에 보태려고 스웨터를 짜서 가끔 남대문시장에 내다 팔았다. 1989년 1월 9일 추운 날씨에 스웨터를 팔기 위해 남대문시장으로 걸어가다 넘어져 허리 골절상을 입었다. 마침 둘째 아들 친구인 강명훈 변호사 모친이 넘어진 아내를 발견하고 택시에 태워 강남성심병원에 입원시켰다. 병원장 장익렬은 해군군의관으로 나와 각별한 친구이다. 아내는 열흘 후 1월 19일에 퇴원했다. 둘째 아들 재형이 고등학교 다닐 때 지체가 자유롭지 못한 친구를 업어서 등교시켰는데, 그 친구가 바로 강명훈이다.

　　인생거 세월재(人生去歲月在)! 1985년 7월 12일 국가재건최고회의실에서 같이 근무했던 김교식 제독, 1986년 1월 30일에는 김일병 교장, 1989년 7월 18일에는 현시학 제독이 떠났다. 1990년 3월 2일에는 김장훈 제독이 별세했다. 필자가 가장 존경하는 분이다. 덕망과 인품을 갖춘 참스승이다. 1903년 11월 21일 함경북도 명천에서 출생하여 일본체육대학을 졸업하고 1949년 10월 5일부터 1953년 9월 15일까지 해군사관학교 교장, 그 후에는 인하대 학장, 체신부장관을 역임했다.

　　인하대는 이승만 대통령의 건의에 따라 하와이 동포들의 기부로 세운 대학으로 4.19후, 반 이승만 세력에 의해 재정이 악화되어 교수 봉급도 지급할 수 없게 되었다. 이때 학장이 김장훈 제독이었다. 최고회의 총무비서관인 필자를 찾아오셨다. 최고회의의장 고문관(각계 학자 10명)들에게 사정을 이야기하여 야간대학설립허가를 받아 인하대학은 정상 운영이 됐다. 보람을 느꼈다.

　　'인생불만백(人生不滿百) 상회천년우(常懷千年憂)' 백년도 살지 못하는 인생인데 천년이나 살 것처럼 근심걱정이 왜 그리도 많은가? 몸도 마음도 한결 가볍다. '지자요수(知者樂水) 인자요산(仁者樂山)' 지혜로운 사람은 물을 좋아하고, 어진 사람은 산을 좋아한다 했던가.

1989년 5월 8일부터 5월 13일까지 재형과 제주도 여행을 했다. 7월 10일 토마토 한 망태를 짊어지고 아내와 같이 장남 재신 집에 갔다. 집에 돌아오는 그날 밤 달빛이 유난히 밝았다. "임자 만나 36년이란 세월이 흘렀구먼, 고생 많았지. 식구 많고 사연 많은 우리 집에 와서 얼마나 힘들었나! 9월이 임자 환갑이지? 여행을 떠나보세!

아내 정옥경은 어떤 날에는 쌀독이 비어서 쌀을 구걸해 오기도 했고, 진해 해양극장 앞에서 옷장사도 했다. 진해 해군회관 예식장에서 결혼예복을 만들어 판매·대여도 했으며, 예식장에 꽃꽂이, 카펫을 깔고 만국기 다는 장식 일도 했다. 특히 만삭의 몸으로 사다리를 타고 올라가 만국기를 다는 것은 아찔한 일이었다.

미국에는 동생 호섭, 네덜란드에는 처남 승욱이 살고 있어 미주와 유럽으로 떠나기로 했다. 험난했던 인생의 고비를 넘기고 후반기에 접어들며 한숨 돌리는 여행길이다. 9월 7일 김포공항을 떠나 미국으로 떠났다. 미국 캘리포니아 주의 산타크루즈(Santa cruz)에 있는 호섭 집에 도착했

〈산타크루즈 호섭 집 현관에서 재령·재윤과 찍은 모습〉

다. 현관에 'Welcome! 큰엄마 큰아빠' 환영아치가 맞이했다. 가슴이 뭉클했다. 운동화 한 켤레, 책가방 하나로 중고등학교를 졸업한 재령과 재윤의 이벤트다. '이민생활 13년 얼마나 힘들었을까?'라는 생각에 가슴이 짠했다.

호섭이 집에 베이스캠프를 치고 샌프란시스코-요세미티-신문의 왕 허스트 캐슬을 구경하고 로스앤젤레스로 갔다. 아내의 만주 목단강 여고 친구인 김금순의 호의로 그랜드캐니언-브라이스캐니언-자이언캐니언-라스베가스를 구경했다. 10월 11일 샌프란시스코에서 캔사스를 경유하여 뉴욕으로 갔다. 전음전 이모의 안내로 엠파이어빌딩 등 뉴욕 시내를 구경하고 나이아가라 폭포를 감상했다.

10월 16일 워싱턴으로 가서 박물관, 알링턴묘지, 케네디무덤, 링컨기념관 등을 둘러보았다. 케네디 무덤에 쓰여 있는 글귀가 지금도 가슴에 남아 있다. 10월 18일 뉴욕을 떠나 10월 19일 네덜란드 암스테르담 공항에 도착했다. 승욱 집에 짐을 풀고 네덜란드 이곳저곳을 구경했다.

〈풍차가 도는 도랑가에서 필자 부부〉

처남 친구인 박용국 씨의 승용차로 네덜란드-벨기에-룩셈부르크 경유-프랑스해안 빠드깔레에 도착했다. 치열했던 2차대전 현장이 파노라마같이 스쳐간다. 이곳에서 1940. 5.28부터 8일 동안 영국, 프랑스군 338만명이 철수했다.

10월 24일 저녁 런던 '아리랑식당'에서 된장국을 먹고 하루를 묵었다. 다음날 오전 관광코스를 탐색하기 위해 논스톱 관광버스를 탔고, 오후엔 그 코스를 따라 승용차로 둘러봤다. 웨스트 민스터사원에 들어가 기도드렸다. 다시 도버해협을 건너, 26, 27 양일간 파리관광을 했다. 28일 라인강을 따라 구경하며 로렐라이 언덕을 지나 베토벤 생가에 들렸다. 10월 30일 독일 본을 떠나 뮌헨을 경유 오스트리아로 넘어갔다. 이제부터는 안내자 없는 둘만의 여행이다. 잘츠부르크 경유 비엔나로 가서 침대차를 타고 이탈리아 로마로 향했다. 로마에 도착해서는 일본어 안내 관광버스를 타고 여기저기를 둘러보았다. 그 후 기차로 스위스, 독일 본을 지나 11월 4일 네덜란드 로테르담 역에 도착했다. 처남댁 이춘희 작가가 마중 나와 있었다. 뉴만스드로프의 승욱 집에 가서 여장을 풀었다. 이틀 동안 풍차 도는 도랑가를 돌며 푹 쉬었다.

11월 6일 암스테르담 공항을 떠나 뉴욕을 거쳐 18시에 샌프란시스코 공항에 도착하니 윤지종 동기생 부인 김만옥 여사가 마중을 나왔다. 김 여사 딸 명희가 사는 산호세 집에서 하룻밤을 지냈다. 다음날 11월 7일 동생 호섭의 산타크루즈 집으로 이동했다. 11월 11일 서울에 도착했다. 지금은 호섭은 산호세에서 살고 있다.

매년 이북 강원도 유진면에서 내려온 고향사람들이 모이는 면민회가 있다. 순대, 냉면 등 고향음식을 먹으며 고향이야기를 나눈다. 면민회장은 1990년 6월 3일 안양유원지에서 유진면민회를 열었다.

6월 11일 김동길 교수댁에 초청되어 점심으로 냉면을 먹었다. 김동길 교수는 우리 가족이 다니는 신촌교회에 가끔 들러 예배를 드린다. 중동에서 근무하고 있던 첫째 아들 재신이 이집트를 방문한 김동길 교수와 함께 관광했다.

1991년 1월 중 서울대학교병원에 입원 중인 해군사관학교 동기생 김동주의 문병을 갔다. "예수 믿고 천당 가라."고 권했다. 그는 "나보다 착실하고 정직하게 살아온 사람 나와 보라 해. 나는 예수 안 믿어도 천당 간다." 고 했다. 며칠 후 1월 19일 새벽 3시에 전화가 왔다. 김동주 전화였다. 세례를 받겠다는 것이다. 급히 오창학 목사를 모시고 병원으로 달려갔다. 그날 세례를 받고 이틀 후 1월 21일 편안히 영생의 나라로 떠났다.

따뜻한 봄바람이 부는 4월 3일, 어머니께서 갑자기 고향 사람들에게 냉면을 대접하시겠다고 하셨다. 무엇인가 집히는 데가 있었다. '최후의 만찬?' 어머니께 누구를 대접할 것인지 묻고 일정을 잡았다.

4월 15일 관악산에 올라가 아름답게 핀 진달래꽃을 꺾어 어머님께 드렸다. 4월 18일 어머니가 어지럽다고 하셔서 우황청심환을 드

〈생전의 어머니 모습, 1976년 6월〉

렸다. 다음날 동생 웅섭에게 업혀 현대병원에 입원하셨다. 4월 20일 아내와 충만한 교회에서 새벽기도를 올렸다. 오창학 목사님이 오셔서 기도를 해주었다. 4월 21일 수원에 셋째 사돈 문상을 갔다 와, 어머니가 입원한 병원으로 갔다. 저녁 때 가족들이 모두 모였다. 어머니는 모인 가족들을 바라보고 배고프겠다면서 밥 먹고 오라고 재촉하셨다. 큰 며느리만 남기고 모두 저녁밥을 먹기 위해 10분 거리에 있는 집에 가서 밥을 먹고 있는데 명희의 다급한 전화를 받고 급히 뛰어갔다. 19시 45분에 명희가 지켜보는 가운데 눈을 감으셨다.

을지로의 중앙의료원에서 장례의식을 올렸다. 다음날 20시에 미국에 있는 동생 호섭이 도착했다. 4월 23일 입관하고 고별예배를 드리고 백운호수 근처에 있는 가족묘지에 안장했다. 4월 26일 삼우제를 지내고 묘비를 세웠다. 이날 동생 호섭은 미국으로 떠났다.

전근성 우리 어머니는 1907년 5월 12일 태어나서 파란만장한 삶을 사셨다. 모든 재산을 이북에 두고 빈털터리로 남으로 내려온 가족들을 위해 평생 헌신한 분이다. 가족의 삶을 위해 뿌리 역할을 하셨다.

1991년 10월 13일 동기생 홍영현 딸 미연 결혼식에서 필자가 주례했다.

1992년 8월 27일 아내를 억지로 마담포라 매장으로 데리고 가 옷을 샀다. 옷값을 지불하려고 지갑을 열어보니 삼만 원 정도가 모자랐다. 곁에서 보고 있던 마담포라 직원이 모자란 돈을 대신 지불해 주었다. 고마운 일이었고, 직원의 마음 씀씀이에 감동했다. 집으로 돌아와 이철우 사장에게 감사편지를 보냈다. 얼마 후 그 직원이 부장으로 승진했다는 소식을 사장이 전해왔다.

1992년 11월 3일 아파트에 당첨이 되어 군포시 산본동 계룡아파트(42평) 845동 902호로 이사했다. 다음해 1993년부터 손주들에게 인성교육을 해야겠다는 생각이 들었다. 겨울·여름방학 기간에 '수리산캠프'를 차렸다. 수리산은 경기도 안양시와 군포시 경계에 있는 높이 474미터의 산이다.

제1회 수리산캠프는 1993년 여름방학과 겨울방학에 열었다. 아이들이 손자들을 데리고 오면 함께 국기에 대한 경례, 애국가 제창 등 식순에 따라 입학식을 한다. 그리고는 부모들을 집으로 보내고, 캠프기간 중 일체 전화를 하거나 오지 못하게 한다. 마지막 날에는 수료증을 수여한 후 떡, 과자, 과일 등을 가져와서 수료식 파티를 연다. 교육내용은 어린이들의 인격수양을 위해 한문교양서인 명심보감을 토대로 했다. 한자, 효행, 교우, 예의범절

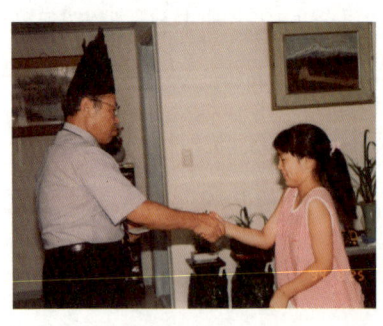

〈수리산캠프 후 수료증 수여 모습〉

등을 가르치고, 아울러 최 씨 가문의 내력, 가훈 등도 소개했다. 가훈 소개의 일부 내용이다.

> 우리집의 家訓은 "浩然"이다
> 正義를 위해서는 사소한 利害得失(이해득실)과
> 功名(공명)에 사로 잡히지 않고 道理(도리)를
> 따라. 어떠한 어려움이 닥쳐와도 에게 屈(굴)
> 하지 않고 굳센 意志(의지)로 果斷(과단)하게
> 突破(돌파)해 나아가는 勇氣다. 氣魄(기백)의
> 것에 따른다

　유치원·초등학생 수준에 맞는 맞춤형 교육으로 일상생활에서 지켜야 할 것을 가르쳤다. 예를 들어 현관 신발정돈, 책상 정리정돈, 친구를 만나러 갈 때 부모께 보고, 귀가시간이 늦으면 늦은 이유를 전화로 알림, 형제간 서로 양보하고 협력, 부모님이 지시하면 우선 '예' 하고 나서 자기 생각과 다를 경우에는 '제 생각은 이렇습니다.'고 말씀드려라 등 이런 교육이었다. 캠프운용을 1997년 말까지 5년간 했다. 지금도 형제 간의 우애가 돈독하다.

〈수리산캠프 후 손주들의 모습〉

　막내 재완의 이 둘인 손자 정호가 1997년 초등학교 3학년 때 '성묘를 다녀와서'라는 제목의 작문을 썼다. 이 글이 뽑혀 학교에 게시되었다. (부록)

캠프를 수료한 손주들에게 가끔 편지를 써서 보냈다.(부록) 손주들의 나이가 이젠 28살에서 39살에 이른다. 다들 결혼하여 자식들을 키우며 가정을 잘 꾸려가고 있다. 할애비로서 큰 보람을 느끼고 있다.

1994년부터는 '계룡학당'을 운용했었다. 계룡학당은 필자가 살고 있는 계룡아파트 이름을 따서 지은 것이다. 아파트 단지에 사는 초·중·고등학생들 100여명을 모집해서 노인회관에서 명심보감을 교재로 한자, 효행, 교우, 예의범절, 애국심 등을 가르쳤다. 첫 개강은 1994년 2월 22일이었다. 매주 화요일 저녁 7시부터 시작해서 10시까지 3시간 교육이다. 마지막 종강 날에는 도시락을 준비해 전철을 타고 인천으로 갔다. 해군 제2함대사령부를 방문하여 월미도에 올라가 인천상륙작전 이야기를 해주고, 해군 군함을 관람시켰다. 군악대와 의장대들이 나와서 군악연주와 의장시범도 보여주었다. 1996년 12월까지 3년간 계룡학당을 운용했다.

제7막 40세~67세(1968년~1995년) 경제·사회 활동

67세~현재(1995년~현재) 한국해양소년단 봉사

한국해양소년단 고문
·
호국안보강연
·
대한해협해전 현양
·
제2차 인천상륙작전 현양
·
LST 문산호 전사자 현양
·
해군어린이음악대 음반 발견
·
전사서 편찬
·
72년 만에 일본 동경 방문
·
해군사관학교 3기생 셀프 회장
·
육·해·공·해병대 통합군사령관
·
백운 막벨라동산

한국해양소년단 고문

1993년 2월 25일 김영삼 대통령이 취임했다. 북한의 적화통일 전략은 여전한데, 취임사에서 "어느 동맹국도 민족보다 더 나을 수는 없습니다."라고 했다. 미국을 북한보다 우선할 수 없다는 뜻이다. 이념, 사상보다 민족이 우선이라는 것이다.

문민정부가 들어서면서 민주화는 되어갔지만, 한편 국민들의 안보관은 허물어져 가고 있었다. 나라를 바로 잡기 위해 나서야만 했다. 박근 전 유엔대사가 나서, '밝고 힘찬 나라운동'을 시작했다." 필자 또한 같은 생각을 가지고 있어 동참했다.

때마침 1994년 12월 경 한국해양소년단으로부터 고문(顧問) 직책을 맡아 달라는 요청이 왔다. 주저 없이 승낙했다. 나라를 바로 잡기 위해서 한국해양소년단 조직을 활용할 수 있다고 생각했기 때문이다. 무보수로 봉사하겠다고 했다. 1995년부터 활동을 시작했다.

한국해양소년단은 청소년들의 해양사상을 고취하기 위해 1962년 설립되었다. 사단법인 기관이다. 필자는 기존에 해왔던 해양 활동·탐방 이외에 안보관과 애국심을 효율적으로 함양시킬 수 있는 방법이 무엇인가를 생각했다. 청소년 모두를 해양소년단에 입단시켜 해양활동과 탐방을 하는 것은 현실적으로 불가능한 일이다. 그래서 학생들을 지도하는 교사·교감·교장들에게 해양사상과 더불어 안보관과 애국심을 심어 학생들을 계도하고자 했다.

우선 교사들을 참석하도록 하려면 무엇보다 해양체험·탐방 프로그램에 흥미를 갖도록 해야 한다. 일반인들이 체험·탐방하기가 어려운 특별한 것이 필요했다. 해군만이 할 수 있는 프로그램을 모색했다. 그것은 군함을 타고 동·서·남해를 탐방하는 것이다. 봄에는 동해의 울릉도·독도 탐방, 여름에는 남해의 충무공 이순신 전적지 탐방, 가을에는 백령도 탐방을 계획했다.

필자가 해군사관학교 부교장 겸 생도대장 때 생도들의 기수가 21기에서 26기까지였다. 그때의 생도들이 이젠 함대사령관, 사단장 등 해군·해병대에서 중책을 맡고 있었고 해양소년단 활동을 위해 적극적으로 지원해 주었다.

서울시 초·중·고 교사들 대상으로 제1차 울릉도·독도 탐방계획을 수립했다. 당시 서울시에는 670개의 초·중·고등학교가 있었다. 계획할 때 내심 교사들이 얼마나 참가할 지 걱정했는데 82명이나 참가했다. 평교사들은 학생들의 지도 관계로 긴 시간을 비울 수가 없어 주로 교장들이 참가했다. 군함을 타고 울릉도·독도를 탐방한다는 계획이 주효했던 것이다. 당시 울릉도·독도는 교통수단이 불편하여 구경하기가 힘든 곳이었다.

〈제1차 발대식, 왼쪽 두 번째 유병호 제독, 세 번째 필자〉

1995년 5월 16일부터 5월 18일까지 2박 3일 계획을 세웠다. 교장·교감·교사들(이하 교장단)은 5월 16일 이른 아침 서울 뉴코아백화점 주차장에서 집결하여 05시 버스를 타고 해군 제1함대로 향했다. 함대사령관 유병호(해사 21기) 소장이 교장단을 맞이했다. 함대 지휘관과 참모들이 참석한 가운데 발대식(發隊式)을 가졌다. 유병호 사령관의 환영사에 이어 필자의 발대사(發隊辭)가 있었다.

발대식이 끝나고 울릉도를 탐방하기 위해 군항부두로 이동하여 FF-956함(경북함)에 승함했다. 홍현우 대령(해사 28기)이 함장이었다. 경북함은 울릉도 근해로 이동하여 교장단을 유람선으로 환승시켰다. 교장단은 유람선으로 울릉도를 일주하고 도동항으로 상륙했다. 해군 제118전대장 심홍보 대령(해사 27기)이 맞이했다. 곧바로 울릉호텔로 이동하여 침실을 배정한 후 저녁식사를 하고 개인시간을 가졌다. 조별로 부둣가로 나가 생선회와 곁들어 소주를 마시면서 친교를 가졌다.

〈울릉호텔 앞에서 교장단과 찍은 사진〉

다음날 06시 기상하여 성인봉을 등산하고 일출을 감상했다. 등산 후 해군 전대장 관사에서 점심을 먹고 약수터, 봉래폭포, 박정희 송덕비, 해안 등지를 둘러보았다. 필자는 저녁식사 후 군청회관에서 교장단을 대상으로 특강을 했다. 울릉도와 독도에 대한 역사와 해양안보에 대한 내용이다. 해양안보 내용은 대충 이렇다.

'우리나라는 반도국가라는 지리적 조건으로 바다로 진출했을 때에는 부흥했고, 그렇지 않을 때에는 쇠퇴의 길로 들어섰다. 역사가 증명하고 있다. 바다는 우리에게 국가안보의 울타리와 경제부흥을 주고 있다. 우리나라는 수출로 먹고 사는 나라. 부존자원이 없기 때문에 원료를 수입하여 그것을 가공한 상품을 외국에 판다. 수출입은 대부분이 바다를 통해 이루어진다. 하루라도 원료가 들어오지 않으면 공장이 멈추게 된다. 공장을 돌리기 위해서는 하루에 약

40만 톤의 기름이 들어와야 한다. 평시에 바다길이 막히면 우리 국민들의 생계유지가 어렵고, 전시에는 전쟁을 수행할 수 없다. 바다가 바로 우리의 생명선이다. 해양안보를 아무리 강조해도 지나치지 않는다. 6·25전쟁 때도 우리가 바다를 통해 군사력을 투입하여 공산군을 물리칠 수 있었다. 전쟁 후에는 북방으로 가는 육지의 길이 막혀 생존을 위해서는 트여 있는 남방의 바다로 진출해야만 했다. 이것이 오늘의 부강한 나라로 만든 것이다.'

특강이 끝난 후에 토의시간을 가졌다. 교장들은 탐방프로그램이 너무 좋다면서 계속 이어지기를 원했고, 다른 지역에도 탐방했으면 좋겠다고 건의했다. 이어 친교시간을 가졌다. 첫날 때의 어색한 분위기는 온데간데없이 즐거운 대화가 오고 갔다.

〈울릉군청에서 안보특강 하는 필자, 2008년〉

다음날 아침 05시에 호텔에서 일어나 유람선을 타고 울릉도 인근에서 경비중인 김용옥 대령(해사 29기)이 지휘하는 FF-959함(부산함)으로 옮겨 탔다. 독도로 이동하기 위해서다. 독도 근해로 이동한 부산함은 교장단을 어선으로 환승시켰다. 교장단은 상륙하여 독도를 탐방했다. 탐방이 끝나고 다시 어선 편으로 부산함에 편승하여 동해항으로 이동했다. 그리고 버스를 타고 동해시 해안 관광 후 서울로 이동하여 해산했다. 울릉도·독도탐방은 1995년부터 모두 21차례 시행되었고, 참가인원은 2,122명이다.

〈독도에서 교장단과 찍은 사진, 2008년〉

2012년부터는 1박 2일 일정으로 군함에서 숙식하면서 함상근무체험과 울릉도·독도를 탐방했다. 교장들은 울릉도와 독도를 탐방할 때 솟구치는 감정을 주체하지 못했을 것이다. 그때 필자도 느낀 감정을 시로써 표현해 보았다.(부록)

가을에는 백령도를 탐방하는 계획을 세웠다. 울릉도·독도탐방처럼 서울시 교사·교감·교장들을 대상으로 했다. 백령도는 왕복하는 데 시간이 많이 걸려 3박 4일 일정을 잡았다. 문제는 이동수단과 숙식 문제였다. 이동은 해군 군함을 이용하고, 숙식은 해병 제6여단 부대 중 야외훈련 부대의 숙식시설을 이용하기로 했다. 1995년 9월 13일부터 9월 16일 간 제1차 백령도 탐방을 시행했다. 125명이 참가했다. 참석률이 좋은 것은 봄에 실시한 울릉도·독도탐방이 효과를 거둔 덕분이다. 소문을 듣고 너도나도 참가하려 했다.

교장단은 9월 13일 06시 인천항에 집결해서 해군 LST-679함(화산함)에 승함했다. 백령도로 향하면서 침실 배정에 이어 퇴함 시 행동요령과 안전수칙 등을 교육받고 LST함 전반을 관람했다. 저녁에는 필자의 안보특강에 이어 함상세미나를 가졌다. 안보특강 내용은 백령도 등 서북 5개 도서에 대한 역사와 해양안보의 중요성이다. 다음날 장촌 해안에 접안했다. 교장단은 배에서 내려 버스와 트럭을 타고 해병 제6여단으로 이동했다. 제6여단장 김명환 준장(해사 22기)이 맞이했다. 지휘관과 참모들이 참석한 가운데 발대식을 가졌다. 6여단장의 환영 인사말에 이어 필자의 발대사가 있었다. 숙영지인 제3대대로 이동하여 침실을 배정받고 오후에는 OP 견학에 이어 두문진 등 백령도 해안을 탐방하고 숙영지로 돌아왔다.

다음날 9월 15일에는 전차사격 참관에 이어 해병대 대원들의 통제 하에 교장들이 직접 개인당 M-16 소총(몇 년 후부터는 K-2 소총) 10발을 사격했다. 오후에는 PT체조에 이어 IBS훈련을 받았다. 이날 저녁 교장 대표 12명은 여단장이 주최하는 만찬에 참석했다.

〈울릉군청에서 안보특강 하는 필자, 2008년〉

다음날 9월 16일 07시 30분 소형선박으로 백령도 근해에 경비 중인 FF-952함(서울함)으로 옮겨 타고 인천으로 향했다. 이날 오후 15시 해군부두에 도착하자 군악대가 환영해 주었다. 1995년부터 2020년까지 26년 동안 모두 22차례 1,587명이 참가했다.

백령도에서 사격훈련 때 상품을 걸었다. 1등은 까나리젓갈 3

박스, 2등은 2박스, 3등은 1박스였다. 사격 통제하는 해병대원들이 점수를 매겨 순위를 발표했다. 몇 차 탐방 때인지 기억은 없으나 여자 교장이 1등을 했다. 10발 모두 같은 곳을 명중시켰다. 상계고등학교 전광순 교장이다. 해병대원들도 놀랐다. 어떻게 그렇게 잘 쏘느냐 물어보니까 대한사격연맹총재였던 남편을 따라다니면서 사격연습을 한 결과라고 답했다.

〈백령도탐방 시 교장단의 IBS훈련 모습〉

다음 해 1996년 8월 21일부터 8월 24일까지 3박 4일 간 제1차 충무공이순신 전적지 탐방을 계획했다. 참가인원은 서울시 교사·교감·교장 116명이었다. 첫째 날 사당역에서 집결하여 버스로 08시에 출발하여 진주로 향했다. 진주에서 점심식사 후 촉석루와 논개가 왜장을 끌어안고 남강에 투신한 의암 바위를 탐방하고 15시 해군사관학교에 도착했다. 곧바로 해군사관학교 명예입교식이 있었다. 교장환영식에 이어 필자의 입교사(入校辭)가 있었다. 이후 해군사관학교 박물관, 해사반도 백두산함 마스트, 거북선 관람을 하고 숙소인 충무공수련원으로 이동했다. 저녁에 해군회관에서 해군사관학교 교장이 주관하는 환영만찬이 있었다.

둘째 날은 충무공수련회에서 버스를 타고 진해군항으로 이동해서 이승만 대통령 별장을 관람한 후 잠수함에 이어 최신예 구축함을 관함했다. 오후에는 군함을 타고 거제도의 옥포조선소 견학에 이어 한산도에서 제승당 참배를 하고 일대를 탐방했다. 탐방 후 군함을 타고 진해군항으로 이동하여 충무공수련원으로 돌아왔다. 저녁에는 식사와 함께 필자의 안보특강이 있었다. 강연 내용은 진해군항역사, 충무공 이순신의 생애, 바다의 중요성이었다.

셋째 날에는 구조라 선착장에서 유람선으로 저도로 이동하여 일대를 둘러보고, 마지막 날에는 거제포로수용소를 견학하고 지리산을 거쳐 저녁 7시경 서울에 도착했다.

충무공 이순신 전적지 탐방은 1996년부터 2008년까지 모두 13차례 실시했다. 2001년 1월, 해양소년단원을 인솔하여 일본 큐슈(九州)지방을 여행했다. 나가사끼(長崎) 원폭기념관을 참관했다. 2008년 10월 3일에는 해군의 국제관함식 예행연습에 참관했다. 특별명예입교와 국제관함식 예행연습 참관을 포함해서 남해탐방에 참석한 교장들은 모두 1,443명이다.

안보강연을 통해서 교장들에게 강조하는 내용은 크게 3가지다. 첫째는 국가안보, 둘째는 해양사상, 셋째는 해군이다. 첫 번째는 우리 민족이 죽고 사는 문제이고, 두 번째는 우리 민족이 먹고 사는 문제이며, 세 번째는 바다를 지키는 문제이다. 강연에서 빼놓지 않는 말이 있다.

"우리나라는 바다의 나라입니다. 한 해 수출액이 5,000억 달러가 넘는데, 바닷길을 통해 원료를 수입해서 완제품 만들어서 다시 바닷길을 통해 수출합니다. 대한민국은 하루 40만톤 기름이 들어와야 돌아갑니다. 1만톤짜리 유조선이 매일 40척이 꼬리에 꼬리를 물고 들어와야 한다는 얘기지요. 그래서 바다가 생명입니다. 그것을 지키는 게 해군입니다. 바다는 또 어머니의 품속입니다. 어머니는 생명을 품고 탄생시킵니다. 자식 위해 궂은 거 다 받아들이고 가진 것 다 내줍니다. 바다가 그렇습니다. 지구 생물 80%가 바다에 있습니다. 또 석유, 가스, 광물 등 자원의 보고(寶庫)이기도 합니다. 육지에서 나오는 더러운 것 다 받아들이고 이를 깨끗이 씻어서 돌려보냅니다. 육당 최남선 선생이 말씀하셨습니다. '큰 것을 보고자 하는 자, 넓은 것을 보고자 하는 자, 기운찬 것을 보고자 하는 자, 끈기 있는 것을 보고자 하는 자 바다로 나가라. 바라던 것보다 더 큰 것을 너에게 줄 것이다.' 바다는 우리나라의 성벽이요 젖줄입니다."

강연의 말미에는 교장들에게 꼭 당부하는 말이 있다.

"교장선생님 여러분, 우리나라 국가발전의 원동력은 선생님 여러분들 땀의 결정인 '교육'입니다. 대한민국을 굳건히 보전하고 융성 발전시키는 견고한 세 개의 축이 있는데, 하나는 교육자요, 또 하나는 군이며, 다른 하나는 애국국민입니다. 대한민국의 기적적인 발전 원천은 선생님 여러분들이 교육을 통해 학생들에게 국가 혼을 심어주었기 때문입니다. 연수를 마치고 교단으로 돌아가시면 학생, 교사, 학부모들에게 다음 세 가지를 꼭 알려 주십시오. 첫째는 우리나라의 생존과 발전을 위해 대한민국을 바다에 우뚝 서는 나라로 만들어야 하는데 그러기 위해서는 강력한 해군력의 절실함을 소리 높여 전하십시오. 둘째는 탐방을 통해 현장에서 느낀 바를 그대로 알려주십시오. 셋째는 학생들에게 대한민국의 혼을 심어 주십시오."

김대중 정권이 들어서면서 정부는 장보고에 대한 현양을 활발하게 전개했다. 이런 분위기에 따라 한국해양소년단은 2004년부터 중국의 장보고유적지를 탐방하기로 했다. 우리나라의 국가생존전략이 해양전략이며, 장보고의 해양경영전략이 우리나라가 벤치마킹해야 할 국가적 과제이기 때문이다. 그런데 우리나라에는 장보고 유적지가 거의 없다. 중국 산동성의 위해시에는 장보고 동상, 적산법화원, 장보고기념관 등이 있다. 탐방하기 전 우선 장보고 역사에 대한 전문지식을 쌓아야 했다. 중국문헌, 일본문헌, 우리나라 문헌 등에서 장보고 관련 자료를 찾아 읽었다. 삼국사기, 삼국유사, 일본 승려 엔닌(圓仁)이 지은 『입당구법순례행기』와 2003년에 발간된 『천년을 여는 미래인 해상왕 장보고』(최광식 등 공저)라는 책자가 많은 도움이 되었다.

2004년 3월 25일부터 3월 29일까지 실시한 제1차 장보고유적지 탐방 때에는 서울시 초·중·고등학교 교장 51명, 2005년 1월 29일부터 2월 3일까지 실시한 제6차 탐방 때에는 서울시 초·중·고등학교 교장 60명이 참가했다. 나머지 12차례는 해양소년단원과 지도자들을 위한 탐방이었다. 2004년부터 2008년까지 모두 14차례를 탐방했으며, 참가한 인원은 모두 1,602명이다.

　　5차 탐방 때에는 중국 국영 텔레비전방송국에서 필자와 인터뷰했다. 중국인들은 도로를 크게 내고 장보고기념관도 만들었다. 기념관을 둘러보면서 전시 순서와 내용에서 일부 오류가 있음을 발견, 관리인에게 알려주었다. 다음 탐방 때 확인하니 모두 수정되어 있었다. 여객선으로 출발하면 오후에 산동성 영성항에 도착한다. 항해 중, 장보고에 대한 필자의 강의를 듣고 유적지를 둘러본다. 교장들의 동·서·남해 탐방과 장보고유적지 탐방에 대한 호응이 좋았다. 탐방을 끝내고 감상문을 필자에게 보내기도 했다. 서울온수고등학교 정재원 교장, 서울은천초등학교 박종주 교감 등 많은 교감·교장들이 감상문을 보내왔다. 감상문은 국방일보에 게재하거나 장병들이 읽어볼 수 있도록 해군본부와 해병대사령부에 보냈다.

　　1997년 8월과 2004년 8월에는 백두산을 탐방했다. 한국해양소년단원과 지도자 연수 성격이었다. 2차례의 탐방에 160여명이 참석했다.

〈한국해양소년단 백두산 탐방, 1997년 8월 3일〉

　　한국해양소년단 연맹은 우리나라 해양강국 실현의 염원을 담아 장보고 정신과 기상을 계승하기 위해 '장보고대기장'을 수여하고 있다. 한국의 해양발전에 큰 업적을 남긴 인물에게 주는 한국해양소년단연맹 최고의 상이다. 수상한 인물들은 바다의 날을 제정한 김영삼 대통령을 비롯한 조중훈 한진그룹회장, 한국선주협회장, 해군참모총장, 해양수산부장관, 세계해양소년단연맹 5개 회원국, 한국청소년개발원장, 청소년 관련 단체장 등 70여명이다.

〈장보고대기장〉

호국안보강연

1995년 동·서·남해 탐방 때부터 서울시 초·중·고등학교 교장들 대상의 해양안보특강과 아울러 육·해·공·해병대와 연구기관의 요청으로 호국안보강연에 나섰다. 1995년부터 2020년까지 300회 이상을 호국안보에 대해 강연했다. 강연 내용은 필자가 6·25전쟁 때 직접 참전한 대한해협해전, 여수철수작전, 서해도서탈환작전, 인천상륙작전, 제2차 인천상륙작전, 흥남철수작전 등이다.

〈해군 제3함대 장병들 대상 강연〉

〈육군 제35사단 강연 후 장병들과 기념촬영〉

〈공군 제39전술정찰비행전대 장병들 대상 강연〉

2010년 6·25전쟁 발발 60주년을 맞아 5월 18일 해군사관학교에서 제31회 해양학술세미나를 개최했다. 최윤희 교장이 기조강연을 요청했다. 해군사관생도, 부산대학교 학생 등 750여명이 해군사관학교 웅포관에 모였다. "6·25전쟁과 해군의 역할"이라는 주제로 기조강연을 했다.

〈해양학술세미나 기조강연, 2010년 5월 18일〉

2010년 3월 26일 백령도 해역에서 경비 중인 천안함(PCC-772함)이 북한 잠수정의 어뢰공격으로 침몰되고 승조원 46명이 전사했다. 승조원 구조작전에 뛰어든 UDT 한주호 준위가 순직했다. 온 국민이 애통해 했다. 6월경 김광하 잠신중학교 교장이 필자에게 안보강의를 요청했다. 해양소년단의 울릉도·독도탐방 때 참가했던 교장이다. 해군과 한주호 준위에 대해 강의를 했다. 강의 후 필자를 잠신중학교 명예교장으로 임명했다. 그리고 잠신중학교에도 해양소년단을 조직하겠다고 약속했다.

며칠 후 김광하 교장으로부터 전화가 걸려왔다. "아이들이 명예교장님 강연을 듣고 감동을 받아 돈을 모아 한주호 가족들을 돕겠다고 합니다." "교장님, 애들에게 돈 거두게 하면 안 됩니다. 자칫 하면 사회적으로 물의가 될 수가 있습니다." "시킨 것도 아닌데 학생들이 자발적으로 돈을 내겠다는데 어떻게 합니까? 학부모들도 적극적입니다." "정 그렇다면 모은 돈을 뜻있게 전달합시다."

6월 4일 필자와 함께 김광하 교장, 학부모 대표, 교사 대표, 학년 대표가 봉고차를 타고 진해로 가는 길에 대전국립현충원을 들렀다. 한주호 준위 묘에 헌화하고 참배했다. SBS 기자가 달려왔다. 마이크를 내밀면서 "어떻게 왔습니까?" 필자에게 물었다. "나한테 묻지 말고 이 학생들한테 물어보라." 했다. 그러자 기자는 학생들에게 다가가 인터뷰를 했다. 인터뷰 내용이 이날 저녁 뉴스에 나왔다.

참배를 마치고 진해로 이동했다. 먼저 한주호 준위가 근무했던 해군특수전단으로 갔다. 방문허락을 받아야 했다. 당시 전단장 김판규 대령이 직접 한주호 집까지 동행했다. 학생들은 위문 편지와 함께 모은 돈 3,351,750원을 한주호 준위 부인에게 드렸다.

2013년 6월 20일 한국해양전략연구소(KIMS)가 주관하는 모닝포럼(Morning Forum)에서 "6·25전쟁 발발과 백두산함의 대한해협해전" 주제로 강연했다. 강연이 끝나자, 전 UN대사 박근 선생께서 "오늘 강의 내용을 책으로 내십시요. 역사적인 기록입니다."하면서 수표 500만원을 주셨다. 필자는 강의 내용이 '6.25 바다의 전우들' 이란 제목으로 곧 출간될 것이라고 말씀드리면서 수표를 되돌려 드렸다. 한국해양전략연구소는 해군사관학교 17기생 정의승 이사장이 1997년 설립한 재단법인이다. 재산을 사회발전에 환원하는 것이 쉽지 않는 일이다. 타군에서 부러워하는 연구소다. 해양안보를 위해 국내외 학술회의, 강연, 워크샵 등을 개최하고 있다.

〈한국해양전략연구소 안보강연, 2013년 6월 20일〉

2018년 7월 27일 서울 디지텍고등학교에서 미국 고등학교 역사교사를 대상으로 "6·25전쟁과 나의 전투 그리고 한미동맹"을 주제로 강연했다. '한미동맹이 오늘의 대한민국을 있게 만들었다. 굳건한 한미동맹만이 김정은 침략을 저지할 수 있다. 그대들의 피와 땀으로 대한민국 국민들을 지켜준 미국과 미국 국민의 헌신적 사랑을 결코 잊지 않을 것이다. 평화는 힘으로만 담보된다. 그 힘은 굳건한 한미동맹이다.'라고 강조했다.

2018년 8월 27일에는 한국안보문제연구소(KINSA) 아카데미에서 "대한해협해전과 제1·2차 인천상륙작전에 얽힌 이야기"라는 제목으로 강연했다. 김희상 장군이 이사장을 맡고 있는 한국안보문제연구소는 정기적으로 강사들을 초빙하여 안보강좌를 열고 있다.

2019년 4월 7일 이승만학당에서 "하나님이 지키신 대한민국"

의 제목으로 강연했다. 정부수립 전후와 6·25전쟁 때 대한민국이 수차례의 위기가 있었지만 위기를 극복했던 내용의 강의였다. 우리나라는 제주도 4·3사건, 여순10·19사건 등으로 인하여 나라의 존립이 위태로웠다. 역설적이지만 이런 사건들이 오히려 우리나라를 구해냈다.

이런 사건을 계기로 이승만정부가 공산주의세력들을 척결함으로써 반공민주주의국가로 굳건히 다질 수 있었고, 6·25 때 국군들이 내부의 혼란 없이 전쟁할 수 있었다. 혹자는 이승만을 친일인사로 내몰고 있다. 이는 잘못 알고 하는 말이다. 이승만의 반일투쟁은 역사에 극명하게 드러나 있다. 이승만의 초대내각을 보더라도 거의 독립운동가 출신으로 구성되었다. 오히려 북한 김일성 초대내각에 친일파가 많다. 이승만 대통령이 구축해 놓은 반공민주주의와 한미동맹이 오늘의 발전된 대한민국을 만드는 기반이었다는 것은 누구도 부인하지 못할 것이다.

2017년 11월 11일 해군본부 정훈공보실에서 필자를 명예정훈병과장으로 위촉했다. 며칠 후 11월 17일 명예정훈병과장 자격으로 "국가수호의 원천, 정훈교육"이라는 제목으로 '해군·해병내 정훈장교 135명을 대상으로 강연했다.

대한해협해전 현양

대한해협해전에 대한 현양의 첫 시작은 1964년이었다. 1964년 3월경 『사상계(思想界)』 잡지사로부터 '동난사(動亂史)에 빛나는 작전(作戰)들' 특집에 수록할 원고를 요청 받았다. 4월 25일에 "JF=국기를 달아라!" 제목으로 6·25전쟁 때 대한해협해전에 대하여 원고를 보냈다. 『思想界』(1964년 6월호)에 실렸다. 1953년 4월 장준하에 의해 창간된 『思想界』는 1950년대 지식인과 대학생들로부터 폭발적인 인기를 모았던 잡지였다.

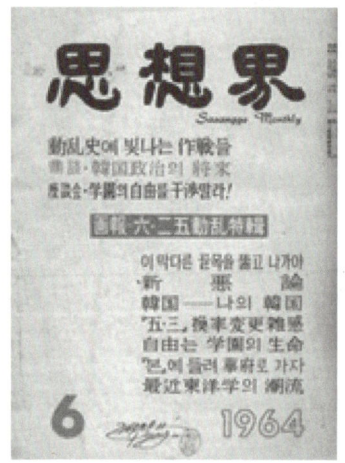 

〈왼쪽 사상계 1964년 6월호, 오른쪽 사상계에 게재된 필자의 글〉

백두산함은 1959년 7월 퇴역했다. 퇴역과 동시에 함체는 해체되었고, 다행히 마스트(돛대)는 남아 있어 필자가 해군사관학교 부교장 겸 생도대장 직무 때 1966년 8월 해군사관학교 해사반도에 세워졌다.

목재로 된 마스트는 2010년 준영구적인 보존을 위한 부식방지조치 후 6월 25일 '백두산함 돛대' 라는 이름으로 등록문화재 제463호로 지정되었다. 백두산함에서 사용했던 3인치 함포는 해사반도 입구에 설치했다.

〈해군사관학교 해사반도에 세워진 백두산함 돛대〉

〈해사반도 입구에 전시 된 3인치 함포〉

1988년에 우리나라를 전 세계에 알리는 '서울올림픽'이 있었다. 전쟁의 폐허를 딛고 피땀 흘려 경제성장을 일구어낸 우리 국민들의 작품이다. 올림픽을 계기로 자유민주주의가 활짝 핀 한국의 모습을 세계인이 보게 되었고 70년 지속된 소련 공산주의가 무너지는 계기가 되었다.

제16대 해군참모총장으로 취임한 김종호 제독은 우리 해군 역사와 정체성을 다지기 위해 대한해협전승비 건립을 추진했다. 백두산함이 싸운 바다를 내려 볼 수 있는 부산시 중구 영주동 중앙공원에 부지 300평을 마련했다. 공사는 1988년 10월 19일에 착수하여 12월 20일에 끝냈다. 공사비 1억 2,250만원으로 동성산업㈜이 시공했다.

〈대한해협해전 전승비〉

조형물은 PC-701함(백두산) 정면 형상과 함포, 포신, 포탑 그리고 격침시킨 파편 4개를 나타내고 마스트 높이는 15.04m로 했다. 해군본부 정우용 군사연구실장으로부터 '대한해협전승비' 제자(題字) 요청을 받고 11월 2일에 써 보냈다. 비(碑)자를 옛 고자(古字)를 본 따서 위 점(點)획을 생략했다. 훗날 통일의 환호성이 울려 퍼질 때 점(點)을 새겨 넣으라고 부탁했다. 12월 23일 김종호 참모총장 임석 하에 전승비 제막식을 거행했다.

제막식에 최용남 함장, 신만균 기관장을 비롯한 옛 전우 27명이 모였다. 38년의 세월이 쌓여 20대 초반이었던 전우들의 머리는 은빛으로 변했다. 이날의 시계 바늘은 6·25전쟁 그날로 되돌아가 있는 듯했다. 서로서로 손을 맞잡고 그동안 어디서 무엇을 했으며 어떻게 살아왔는지 묻고 또 물으며 애틋한 정을 나누었다.

　　제막식이 시작되기 전 필자는 옛날의 갑판사관으로 돌아가 전우들을 정렬시켰다. 필자의 '함장님께 경례' 구령에 따라 전우들이 '필승' 경례를 했다. 최용남 함장은 옛 부하들의 경례를 받고 눈시울을 붉혔다. 전우들의 손을 잡고 다정하게 등을 다독였다. 전우들의 시선은 오륙도의 수평선 넘어 전쟁터를 향했다. 포성은 바닷바람을 타고 천지를 진동하고 빗발치는 포화는 칠흑 같은 밤하늘을 붉게 물들인 그 바다가 선명하게 눈에 비쳤다. 적탄에 선혈을 뿌리며 장렬히 전사한 전우들의 모습이 떠올랐다. 모두 숙연한 마음으로 머리를 숙였다.

　　전우들은 3함대에서 준비한 코모도 호텔로 향했다. 저녁 만찬장에는 3함대사령관을 비롯한 참모들과 부산시 기관장들이 참석했다. 필자가 전우들이 어떻게 싸웠는지 설명했다. 만찬이 끝나고 몸이 불편하신 최용남 함장은 일찍 침실로 들어가시고 모두 한자리에 모였다. 60세를 넘은 전우들은 38년 전 20세 안팎의 활기찬 젊음으로 되돌아갔다. 화제는 그날 그때의 전투 이야기로 옮겨졌다.

　　전승비가 제막된 이후 제3함대는 매년 6월 25일 참전 전우들과 장병들이 참석한 가운데 전승기념행사를 했다. 2001년 12월에 이상필 제3함대사령관은 누락된 참전용사를 전승비에 보각(補刻)했다. 부산시장은 매년 참전용사, 부산시 기관장, 3함대 장교들을 초청하여 만찬을 베풀어 주었다. 부산재향군인회에서는 매년 참전용사들에게 선물을 보내왔다. 2008년부터는 해군작전사령부가 행사를 주관해

오고 있다.

전승비 제막식 날 필자는 전사한 김창학과 전병익을 현양하는 것이 전우들의 책무라는 생각이 들었다. 현양을 어떻게 할 것인가를 생각해 봤다. 1995년 한국해양소년단 고문을 맡으면서 첫발을 내딛었다. 먼저 김창학과 전병익 전우의 가족들을 찾아 나섰다. 유가족들에게 그의 아들, 그의 형제가 언제 어디서 어떻게 싸우다 어떻게 순국했는지, 그 전투가 국가를 구하는데 얼마나 기여했는지 그리고 묻힌 사연들을 알려주고 싶었다. 아울러 그들을 지켜주지 못했음을 사과드리고 위국헌신(爲國獻身)한 자랑스러운 호국의 인물임을 전하고 위로도 드리고 싶었다.

제23대 장정길 참모총장(2001. 3. 31.~2003. 3. 31.)은 두 전우의 가족들을 찾으려고 노력했다. 김창학의 고향이 평택임을 알아내 가족들을 찾아냈다. 그리고는 김창학을 '호국의 인물'로 현양하기 위해 행정절차를 밟았다. 제24대 문정일 참모총장(2003. 3. 31.~2005. 3. 29.)에 이르러 2003년 5월 15일 전쟁기념사업회에서 김창학을 '5월의 호국인물'로 선정하고 그의 흉상 봉안식을 거행했다.

김창학은 1929년 1월 29일 경기도 평택에서 출생하여 1944년 3월 평택의 부용국민학교를 졸업하고 1948년 6월 해군신병 10기로 입대했다. 항해학교를 우수한 성적으로 수료하고 1950년 4월 백두산함 조타사로 승함했다.

이날 봉안식에 유가족은 평택시 하북면에 사는 큰누나 김창분

(당시 87세), 평택시 평택읍에 사는 둘째누나 김창수(당시 80세), 수원시 권선구 매교동에 사는 막내 동생 김인순(당시 73세)이 참석했다. 부용초등학교 교장선생이 학생대표 10여명을 인솔해 왔다. 백선엽 장군과 백두산함 전우들도 자리를 같이 하여 유족들을 위로했다. 필자는 김창학 전우의 사진을 액자에 담아 유족에게 전했다. 유족들은 김창학의 사진 한 장 없었다면서 기뻐했다.

김창학에 이어 전병익의 유족을 찾아 나섰다. 해군본부에 알아보았으나 기록이 남아 있지 않았다. 어느 날 문득 전병익과 나누었던 대화가 떠올랐다. 1950년 6월 중순경, 기지를 순방하며 백두산함을 국민들에게 보이고 진해로 귀항할 때 전병익이 함교로 올라왔다.

"갑판사관님, 저 다음 달 제대하면 장가갈 거예요." "그래! 색시감은 있냐?" 지갑 속에 간직한 사진을 꺼내 보이면서 "갑판사관님, 이 애가 제 색시가 될 사람입니다. 어때요?" 물었다. "참 곱구나! 색시는 지금 어디 있니?" "저와 같은 충청도 고향 색시에요."

전병익 전우의 가족을 찾을 수 있는 단서는 고향이 충청도라는 것과 신병 8기생이라는 두 가지뿐이었다. 백두산함 승조원 중 살아있는 해군신병 8기생이 없었다. 정옥근 참모총장(2008. 3. 21.~2010. 3. 19.)을 통해 해군역사단에 요청했다. 법원에 근무하는 둘째아들에게도 부탁했다. "이름은 해군부사관 전병익, 나이는 1929년에서 1930년생쯤 되고 고향은 충청도다. 충청남북도와 대전시를 뒤져보면 가족주소를 찾을 수 있을 것이다." 둘째 아들 재형은 대전과 충청남북도에 있는 친구 변호사와 검사에게 부탁했다.

　　2009년 9월 3일 신동석 해군역사단장 지시로 두 명의 서기관이 필자의 집으로 왔다. 지난 몇 해 동안 전병익 유족들을 찾으려고 노력해 온 사정을 이야기하고 꼭 찾아달라고 부탁했다. 9월 8일 아침에 해군역사단에서 전병익 군번이 8103247임을 알려왔다. 그리고는 관할 경찰서에 공문을 보내 유족들 소재를 확인하고 있다고 했다. 9월 11일 신동석 단장이 전병익 부친의 호적등본(제적부등본)을 보존하고 있는 면사무소를 알아냈다고 필자에게 알렸다. 이어 9월 15일 충청북도 음성군 소이면장 김영철로부터 제적등본을 입수했다고 전화를 받았다.

　　곧바로 팩스로 제적등본을 받다. 전병익 칸을 보니 '마쓰다 마사오(松田正雄), 단기 4283년 6월 25일 현해탄해전(玄海灘海戰)에서 전사. 부 전영근 계출.'이라고 적혀 있었다. 마쓰다 마사오는 전병익의 일본 이름이다. 제적등본에는 부모, 형, 동생은 세상을 떠났고 누이동생 두 사람이 생존해 있었다. 경찰관이었던 전병찬 형은 1949년 8월 25일 가평, 단양 공비토벌전투 중 전사했다고 기록되어 있었다. 누이 전광월은 용인에 살고 또 다른 누이 전월선은 서울 화곡동에 살고 있었다.

　　제적등본을 받자 마자 팩스로 둘째아들 재형에게 보내고 속히 누이를 찾아 전화번호를 알려달라고 했다. 9월 15일 오후 4시 재형으로부터 연락이 왔다. 경찰이 검찰을 통해 누이 두 사람의 거주지인 용인과 화곡동에 가서 전화번호를 입수했다는 것이다.

우선 용인에 사는 누이 전월선에게 전화했다. "전월선 씨 입니까?" "네, 제가 전월선인데요. 누구십니까?" "해군에 입대해 6·25전쟁 때 인민군과 싸우다 전사한 전병익이란 분을 아십니까?" "네, 제 오빤데요. 그런데 댁은 누구십니까?" "네, 그러시군요. 저는 그때 전병익 씨와 같이 싸운 전우입니다. 오랫동안 전병익 씨 가족들을 찾아왔습니다." "아이구! 제 오라버니 친구시군요." 말을 맺지 못하고 흐느끼는 울음소리만 들려왔다. 잠시 침묵이 흘렀다. "미안합니다. 오빠 생각에 북받쳐 오르는 슬픔을 참을 수가 없었습니다. 어떻게 저를 찾으셨나요? 그렇지 않아도 조금 전에 경찰관 아저씨가 와서 전병익 누이냐고 묻고 전화번호를 적어 가지고 갔습니다. 왜 묻느냐고 물어봐도 대답도 없이 급하다고 하면서 금방 떠나갔습니다. 무슨 일이 있나 하고 걱정하던 참이었습니다. 그런데 무슨 일이 생겼나요?" "특별한 일은 없습니다. 그 경찰관 덕분에 월선 씨 전화번호를 알게 됐습니다. 가족은 지금 몇 분이나 계십니까?" "부모님, 큰오빠, 작은오빠는 다 돌아가시고 저와 동생 그리고 조카들뿐입니다. 선생님 댁이 어디십니까? 곧 달려가 뵙고 싶습니다." "동생 분은 화곡동에 계시죠. 동생 분과 연락하셔서 편하실 때 연락 주십시오." "네, 동생과 같이 곧 찾아 뵙겠습니다. 60년 전에 돌아가신 오빠가 살아 돌아오신 것 같습니다." 전화통화 사흘 후 9월 18일 전병익 누이들이 필자의 집으로 찾아왔다. 시계바늘은 60년 전인 1950년으로 되돌아갔다. 전병익 사진을 전했다. 광월 씨는 "그때 제 나이 12살이었습니다. 집에 사진이 없습니다. 오빠 모습도 가물가물해 기억이 잘 나지 않습니다. 우리 오빠 참 멋지게 잘 생겼네요." 오후 8시경 사진을 가슴에 안고 현관문을 나섰다.

2009년 11월 11일 서울 관훈동 '해방병단(海防兵團) 결단식 터'에서 해군창설 제64주년 기념행사가 열렸다. 이날 행사에서 전병익의 유족에게 을지무공훈장과 훈장수여증명서를 전달했다. 여동생 전광월(당시 72세) 씨는 정옥근 참모총장으로부터 훈장을 받아 들고 흐느껴 울면서 말했다.

"오빠가 살아 돌아온 것 같습니다. 저희 어머니가 난리 통에 아들을 잃고, 남은 아이까지 잃을까 봐 너무 신경을 써서 거의 실성하다시피 하셨어요. 전쟁이 끝난 후에도 어머니가 계속 앓으셔서 가족들 누구도 오빠에 대해 말하지 않았어요."

곁에 있던 전월선(당시 64세) 씨가 말을 이었다. "전쟁이 나고 얼마 안 되어 공산군이 마을을 점령해서 경찰과 군인 가족들을 모두 처단한다는 소문이 돌았습니다. 어머니가 셋째 오빠와 저와 언니를 산속의 상여집이나 집 뒤 방공호에 숨겨 두면서 노심초사하셨어요. 인민군에 부역하고 있던 큰오빠의 친구가 우리를 보호해 주어서 겨우 화를 면했지요. 아버지가 일제 때 남양군도에 끌려갔다가 8년 만에 귀환해서 언니와 나이 차이가 8년이나 납니다. 어머니가 2002년 98세로 돌아가셨어요. 두 아들의 못다 한 삶까지 사시느라 장수하신 것 같아요. 온가족이 어머니 앞에서 일체 오빠들 얘기를 안 하고 보니 50년 동안 잊고 살았지요."

전광월 씨가 또 말을 이어갔다. "지난 9월 최영섭 선생님으로부터 전화를 받고 너무 놀랐습니다. 오빠 이름을 대면서 아느냐고 할 때 얼마나 놀랐는지 몰라요. 우리 가족은 잊고 있는 오빠를 다른 사람이 기억하고 있다는 사실에 감격했습니다. 최영섭 선생님이 오빠의 사진을 건네 주었을 때 너무 놀랐죠. 21세 나이에 세상을 떠난 오빠의 모습을 보고 통곡했습니다." "해군에 입대한 오빠가 휴가 나왔을 때 해군에는 엘리트만 들어갈 수 있다고 말했어요. 행동이 빨라 오빠 별명이 '비호'였어요. 우리 동네는 물론 인근 동네까지 오빠가 뛰어난 인재라는 소문이 났었고, 어머니는 그런 오빠를 많이 자랑스러워했죠. 오빠가 항해학교를 수석으로 졸업하고 군복을 입고 휴가 나왔을 때의 모습이 떠오릅니다."

정부는 2009년 연초부터 2010년 6·25전쟁 60주년을 맞이할 거국적인 행사계획을 세웠다. 정옥근 참모총장 지시로 특별조직을 발족했다. 주요행사를 대한해협해전과 인천상륙작전으로 정했다. 2010년 3월 1일 이종석 대령(해사 38기) 안내로 부산으로 갔다. 전승비 주위 정비와 전사자 흉상건립에 대한 자문을 위해서다. 전승비가 있는 중앙공원에 올라가니 황상영, 장학룡, 최도기 전우가 도착해 있었다. 해군작전사와 진해기지사 시설장교 몇 명이 기다리고 있었다. 그들과 의견을 나누었다. 찾아오는 시민들이 바다를 조망할 수 있도록 전승비 주위를 정비할 것을 주문했고, 김창학·전병익 흉상건립 위치에 대한 의견을 제안했다.

2010년 3월 19일 취임한 김성찬 참모총장 지시에 따라 3월 26일 이종석 대령의 안내로 전병익 전우의 유가족 전광월·전월선과 같이 남양주에 있는 '유미안' 흉상제작소를 찾았다. 이재용 사장과 고재춘 작가가 우리 일행을 맞이했다. 전병익 전우의 점토 원형이 만들어져 있었다. 얼굴은 60년 전의 모습과 흡사했지만 모자, 깃 줄, 계급장, 계급장 위치가 달라 수정했다. 이날 저녁 천안함이 북한 어뢰에 피격되는 사건이 발생했다.

4월 8일 이종석 대령과 같이 김창학 전우의 점토 원형을 보려고 유미안 제작소에 들렀다. 전병익 점토 흉상은 요구대로 수정되어 있었으나, 김창학 전우는 필자가 기억하는 얼굴 모습과 차이가 많았다. 고재춘 작가에게 사진과 대조해 보이며 차이나는 곳을 지적하고 수정해 달라고 했다. 4월 28일 세 번째로 남양주에 가서 마지막으로 점토 흉상을 확인했다.

해군사관학교 최윤희 교장으로부터 학술세미나 기조강연 요청을 받고 5월 18일 진해로 갔다. 학술세미나 다음날 5월 19일 해군정비창에 들렀다. 해군정비창에서 전병익, 김창학 두 전우의 점토 흉상을 받아서 청동주물로 만들었다. 정비창장이 주물과정을 설명하며 정성을 들여 만들었다고 했다.

6월 24일 6·25전쟁 60주년을 맞아 대한해협전승비에서 김창학, 전병익 전사자 흉상 제막식을 거행했다. 황기철 작전사령관을 비롯한 해군장병, 부산시 기관장, 참전 전우, 유가족들이 참석했다. 행사 마지막에 군악대의 주악에 맞추어 '대한해협해전가' 제창으로 제막식이 끝났다. 김창학 전우의 누이동생 김인숙 씨와 전병익 전우의 누이동생 전광월, 전월선 씨는 오빠 흉상을 끌어안고 볼을 비비며 대답 없는 오빠의 이름을 부르고 또 불렀다. 그들의 하염없이 흐르는 눈물로 오빠의 얼굴은 흠뻑 젖어 들었다. 전우들도 흉상 앞으로 다가가서 거수경례를 했다. 전사 전우들의 흉상을 세우려고 애태운 가슴의 짐을 내려놓은 가벼움을 느꼈다.

〈진병익 흉상〉

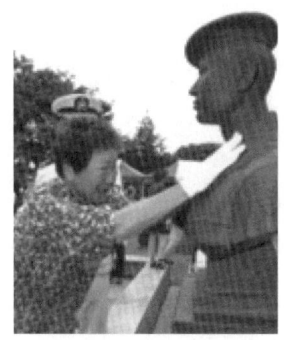
〈김창학 흉상〉

오전에 흉상 제막식을 끝내고 오후에 시가행진이 있었다. 연산동 로터리에서 출발하여 시청 앞을 지나 서면로터리에 이르는 대로에서 펼쳐졌다. 헌병차가 선두에서 인도하고 해군군악대, 해군·해병대 의장대, 참전용사 차량대, 해군특전대, 조선시대 군장부대, 학군단,

헌병·구급차량 순으로 이어졌다. 도로 양편에는 부산시민과 학생들이 태극기를 흔들며 '대한민국 만세', '참전용사 만세'를 부르며 열렬히 환영해 주었다. 또한 참전용사들에게 뜨거운 박수를 보내며 꽃다발을 안겼다.

저녁에는 해운대 누리마루 APEC 하우스에서 허남식 부산시장이 주최하는 만찬에 전우들과 유족 및 김성찬 참모총장이 참석했다. 다음날 6월 25일 대형상륙함 독도함에 부산시민, 학생 등 2,000여 명을 태우고 60년 전의 전투해역에서 대한해협해전 전승기념행사를 거행했다.

〈대한해협해전 60주년기념 시가행진〉

김성찬 참모총장의 기념사, 허남식 부산시장의 승전축사에 이어 필자의 회고사가 있었다. 전투해역에 도착하여 군악대의 진혼곡이 흐르는 가운데 전사자에 대한 해상헌화를 했다. 일렁이는 파도 위에 떨어진 국화꽃 잎은 전우의 넋을 위로하고 그때의 바다로 흘러갔다. 이어서 그날의 해전을 재현하는 행사가 있었다. 초계함이 가상 적함에 대하여 집중사격을 가하여 침몰시켰다. 모든 행사가 끝나고 참전 전우들과 유가족들은 작전사령부 장병들의 환송을 받으며 귀가 길에 올랐다.

두 전우의 흉상을 세운 후, 출신 학교에 흉상건립을 추진하였다. 소이초등학교와 부용초등학교 교장에게 편지를 썼다. 긍정적인 답변이 왔다. 소이초등학교 동문, 교직원, 학생들이 나섰다. 이들은 성금을 모아 2013년 10월 3일 소이초등학교 교정에 전병익 흉상을 세웠다. 제막식에 유가족, 백두산함 전우, 소이초등학교 졸업생과 재학생, 해군장병과 군악대원들이 참석했다.

〈소이초등학교 교정에 세워진 전병익 흉상〉

다음해 2014년에 부용초등학교 동문, 교직원, 학생들이 성금을 모아 9월 28일 부용초등학교 교정에 김창학 흉상을 세웠다. 제막식에 유가족, 백두산함 전우, 부용초등학교 졸업생과 재학생, 해군장병과 의장대, 군악대원들이 참석했다.

〈부용초등학교 교정에 세워진 김창학 흉상〉

국가보훈처는 김창학을 2013년 '6월의 전쟁영웅'으로, 2019년에는 전병익을 '12월의 전쟁영웅'으로 선양했다. 해군은 김창학, 전병익 두 전우의 투혼을 기리고 숭고한 호국정신을 계승하기 위해 이들의 이름을 함명으로 정했다. 윤영하급 고속함(PKG) 중 2013년 4월 24일 진수한 함정을 김창학함으로, 2016년 6월 24일 진수한 함정을 전병익함으로 각각 명명했다. 2014년 3월 4일 진해군항 제2부두에서 거행된 김창학함 취역식에 김창학 유족, 부용초등학교 교장·교감·학부모·학생, 백두산함 전우들이 참석했다.

제31대 정호섭 참모총장(2015. 2. 27.~2016. 9. 23.)은 백두산함 최용남 함장의 흉상 설치를 추진했다. 해군역사단은 설치 장소로 ① 대한해협해전 전승비 옆 ② 부산 신선대공원 ③ 해군사관학교 해사반도 등 세 곳을 두고 답사·검토했다. 검토결과 대한해협을 바라볼 수 있는 신선대공원에 설치하려 했으나, 부산 남구청의 반대로 대한해협해전전승비에 설치하는 것으로 결정했다. 김창학과 전병익 흉상 중간에 최용남 함장

〈중앙 최용남 함장 흉상〉

흉상을 설치하여 2016년 6월 26일에 제막식을 거행했다.

대한해협해전전승 66주년을 맞아 2016년 6월 28일 부산 동

래구 사직야구장에서 열린 롯데자이언츠와 삼성라이온즈의 프로야구경기 시구자로 나섰다. 시타자는 당시 군수지원함 갑판병으로 근무하고 있었던 필자의 손자인 최영진 해군 이병이었다.

필자는 또 대한해협해전전승 69주년을 맞아 2019년 6월 26일에 열린 롯데자이언츠와 KT 간의 야구경기 시구자로 나섰다. 시타자는 해군 최신예 이지스급 구축함인 세종대왕함 갑판사관 오지은 대위(해사 67기)였다. 69년의 시차를 둔 두 갑판사관이 그라운드에서 만나게 된 것이다.

〈왼쪽 시구하는 필자, 오른쪽 시타하는 손자 최영진〉

6·25전쟁 발발 70주년을 맞이하는 2020년에는 각 군별 소규모 행사로 치러졌다. 코로나 전염병 때문이다. 해군은 5월 19일부터 5월 20일까지 MBC에 의뢰하여 "백두산함에서 독도함까지" 제목으로 특집 디큐를 촬영했다. 정훈장교 안내로 진해에 내려갔다. 해군사관학교 해사반도에서 생도들과 대화의 시간을 가졌다. MBC팀과 군함을 타고 해전 현장으로 항해하며 촬영했다. 특집 다큐는 6월

〈『해군』2020년 6월호 표지〉

25일 방영되었고, 생도들과의 대화 모습은 『해군』 2020년 6월호 표지에 실렸다.

〈충무공 이순신함 승함 이전 출연진 모습〉

6월 25일과 6월 26일 이틀간 부산에서 대한해협해전 70주년 기념행사가 있었다. 최도기, 장학룡, 최효충, 황상영 등 전우들과 최용남 함장의 장남 최경학, 전병익 여동생 전광월 씨 등 유족들이 참석했다. 호국음악회를 시작으로 전승기념비 참배, 시가행진, 환영오찬, 전승기념식, 축하공연 순으로 진행되었다.

전승기념비 참배 후에, 참전용사와 유가족들은 시티투어 버스를 타고 부산역에서 작전사령부까지 13Km 구간을 이동하며 시민들로부터 감사인사를 받았다. 작전사령부 영내로 들어오자 함정들은 정박 사열로 예우를 표했고, 마스트에 'REMEMBER' 기를 게양하

〈대한해협해전전승 70주년기념행사〉

여 참전용사들의 헌신을 기억한다는 메시지를 전했다. 또한 장병들은 함정 현측에 도열하여 거수경례로 존경과 감사를 표현했다.

환영오찬에 이어 전승기념식이 있었다. 최고의 예우를 표시하는 21발의 예포가 발사되었고, 참전용사들에 대한 경례, 백두산함 승조원과 유가족 소개, 필자의 회고사, 참모총장 기념사, 부산광역시 의회 의장 축사가 이어졌다. 참전용사들에게는 감사메달이 전달되었고, 열병 후 해군의

〈대한해협해전전승 70주년기념행사 때 회고사 모습〉

장대의 의장시범, 공군 블랙이글스 축하비행 그리고 축하공연이 있었다.

필자는 대한해협해전 전우들의 전우애를 지속적으로 다지기 위해 2007년에 대한해협해전전승유공회원 수첩을 만들었다. 13년째 기록하고 지녀 온 탓으로 수첩이 낡고 헤졌다.

〈대한해협해전전승유공회원 수첩〉

전우가 저 세상으로 이사하면 그 이름에 빨간 펜으로 대각선을 긋고 유족들 연락처를 기입한다. 몇 년 전까지는 직접 장례식에 참석하여 조문과 헌화를 하고 고인에 대한 조사(弔詞)도 낭독했다. 이젠 거동이 불편하여 조화만 보내고 있다. 이젠 남아 있는 전우 8명도 모두 90세를 넘었다.

제2차 인천상륙작전전승 현양

해군은 6·25전쟁 10대 전투를 선정했다. 옥계해전·대한해협해전·구암산지구전투·통영상륙작전·인천도서탈환작전·인천상륙작전·영흥만소해작전·흥남철수작전·제2차 인천상륙작전·신미도전투이다. 이 중 남한 지역에서 치렀던 7개 전투 중 제2차 인천상륙작전만이 기념비가 건립되지 않았다. 필자는 대한해협해전, 인천도서탈환작전, 인천상륙작전, 제2차 인천상륙작전에 참전했다.

제2차 인천상륙작전은 1950년 9월 15일 감행한 인천상륙작전의 명성에 가려 국민들에게 잘 알려져 있지 않았다. 제2차 인천상륙작전은 인천을 점령한 중공군을 격퇴시켜 서울 재탈환의 발판을 마련한 작전이다. 1951년 2월 10일부터 2월 11일 간 함정 6척과 상륙군(한국해병대 100명, 함정 승조원 73명)으로 우리 해군·해병대의 단독작전에 의해 이룬 쾌거이다. 작전의 전과와 기여도를 보면 진작 전승기념비를 세웠어야 했던 작전이다.

필자는 정호섭 참모총장에게 서한으로 제2차 인천상륙작전의 전과와 기여도를 설명하고 현양추진을 건의했다. 정호섭 참모총장은 필자의 건의를 받아들여 해군역사단을 통해 2016년 초부터 전승기념비 건립을 추진해 나갔다. 건립비용은 예산편성으로 확보가 가능했지만 부지 확보가 문제였다. 해군역사단은 월미공원, 대한제분, 기상대 등 세 곳을 답사하고 인천시 중구청과 협의했다. 해군은 실제로 상륙한 지점에 건립하기 위해 대한제분(주)을 방문하여 전승비 건립 취지를 설명하고 부지를 요청했다. 대한제분(주)은 긍정적으로 받아들여 공장 정문 옆 부지를 흔쾌히 내어주었다. 대한제분 부지는 인천 월미도의 '맥아더길'이 시작되는 곳이며, 1950년 9월 15일 한국해병대가 상륙한 '적색해안' 지역이다.

정호섭 참모총장 후임으로 엄현성 참모총장(2016. 9. 23.~2018. 7. 19.)이 취임했다. 필자는 2016년 11월 16일 엄현성 참모총장에게도 서한으로 제2차 인천상륙작전 전승비 건립 필요성을 언급했다. 2017년 건립비 예산으로 3억원이 반영되었다는 연락을 받았다.

해군역사단은 2017년 1월부터 전승비 제작업체 선정, 모형 도

안 등 전승비 건립을 추진하여 그 해 11월에 완공했다. 전승비는 전체 높이 3미터, 해병대를 상징하는 8각형 형태의 화강암 기둥 위에 해군을 상징하는 앵커(닻)와 청동조형물로 상륙군 모습을 담았다. 기둥 전면 3개면에는 상륙작전 모습을 양각으로 새겼고, 후면에는 전투업적, 작전세력, 참전자 명단을 오석 위에 새겨 넣었다. 추후 승조원 명단이 추가로 확인될 것에 대비하여 공간으로 비어두었다.

〈『엄현성 참모총장에게 보낸 필자 서한의 일부〉

11월 15일에 제막식을 거행했다. 제막식에 백두산함 전우, 참전자 유족, 인천시 관계자, 대한제분(주) 관계자, 해군·해병대 장병과 군악대가 참석했다. 당시 작전에 참전했던 함정은 PC-701함, JMS-310정 등 6척이다. 제막식에 참석한 JMS-310정 정장 모예진 대위의 부인은 남편이 탔던 배의 부조(浮彫)에 얼굴을 비비며 눈물을 한없이 흘렸다. 모예진의 딸 모지선 화가는 아버지에 대한 기억

〈제2차 인천상륙작전 전승비〉

을 말했다.

"저는 1951년 3월에 진해 여좌동 해군관사에서 태어났어요. 제가 태어날 때도 전쟁이 한창이었고, 아버님은 늘 전투로 밖에 나가 계셨어요. 나중에 아버님으로부터 들은 이야기이지만 1951년 2월 제2차 인천상륙작전을 마치고 집에 돌아오셔서 제가 태어난 것을 알았다고 말씀하셨어요. 제가 어른이 되어서 우리 해군이 조그만 한 함정 6척을 가지고 공산군과 싸우러 갔다는 말을 듣고 눈물이 쏟아졌어요."

모지선 화가는 해군에 대한 고마움 표시로 『해군』 2020년 9월호에 "난 해군의 딸입니다." 제목으로 글을 게재했고, 당시 참전 함정의 상상화를 그려 그 표지에 실었다.

〈모지선 화가의 제2차 인천상륙작전 참전 함정 상상화〉

LST 문산호 전사자 현양

유엔군은 인천상륙작전과 시기를 같이하여 북한군을 교란·기만하기 위하여 한국육군의 상륙양동작전을 계획했다. 장사동에서 상륙작전을 통해 적 보급로 차단과 포항 남쪽의 한국육군 제3사단의 북진을 지원하고 인천상륙작전 기간 적의 관심과 병력을 동해안에 묶어 두려는 것이었다. 장사동은 동해안 포항 북쪽 약 25Km 지점의 좁은 해안에 위치한 작은 어촌으로서 남·서·북의 삼면이 산악으로 둘러싸인 분지다. 남쪽의 지경동과 북쪽의 부흥동에 해발 200m의 고지가 있으며, 북한군이 양 고지의 산기슭에 집결하여 방어진지를 구축하고 있었다.

이 상륙작전에는 여수철수작전에 참가했던 LST 문산호가 투입되었다. 한국육군 독립 제1유격대대 4개 중대(772명)를 태운 문산호는 1950년 9월 14일 16시 부산항을 출발하여 9월 15일 05시 장사동 해안에 도착했다. 유격대원들은 경남 밀양에서 불과 보름 정도 훈련을 받은 앳된 10대 학도병들이었다.

대규모 병력을 동원하기 어려웠던 육군은 기초훈련도 제대로 받지 못한 학도병들에게 작전을 명령했다. 그만큼 위급한 상황이었다. 부대장 이명흠 대위 이름을 따 '명(明)부대'로 불렸던 이들을 태운 문산호는 장사동 근해에 함미 닻을 투묘(投錨)하고 해안으로 접근해 들어갔다. 이명흠 대위가 접안(接岸) 장소를 지정했다. 황재중 선장은 거친 파도 때문에 위험하다고 했다. 이 대위는 중대한 작전이라며 접안을 엄명했다. 황 선장은 위험을 무릅쓰고 그곳으로 뱃머리를 향했다. 태풍 케지아(Kezia)로 인한 거센 파도와 바람에 밀려 문산호는 함미 닻이 절단되고 암초에 좌초되고 말았다. 북한군의 집중포화가 시작되었다.

이런 최악의 상황에서도 이명흠 부대장은 상륙을 감행했다. 05시 30분이었다. 해변까지는 50여m, 파도는 4~5m에 달했다. 좌초된 문산호는 옴짝달싹하지 못했다. 배에서 나오던 대원들은 해발 200m 고지에 포진한 북한군의 기관총 세례에 쓰러져 갔다. 많은 대원이 거센 파도에 휩쓸려 바다 속으로 빨려 들어 갔다.

〈장사동 해안에 좌초된 LST 문산호〉

장시간의 사투(死鬪) 끝에 명 부대원들이 상륙에 성공했다. 이때 문산호 황재중 선장 등 선원 11명이 적의 총탄에 맞아 전사했다. 문산호에 파견됐던 미 해군 쿠퍼 상사는 문산호와 명부대의 상황을 해군본부에 알렸다. 해군본부는 구조함 인왕함(LT-1)을 현장으로 급파했다. 9월 16일 07시 현장에 도착한 인왕함은 문산호 구출에 착수했지만 실패하고 부산으로 철수했다.

상륙에 성공한 유격대원들은 해안선을 따라 이동하며 적진을 부수고 도로와 교량을 파괴했다. 장사동상륙작전이 인천상륙작전의 교란·기만작전인지도 모른 채 인민군과 악착같이 싸웠다. 반대편 인천에서는 대규모 상륙작전이 진행되고 있었다.

해군본부는 9월 18일 상륙대원들의 철수를 지원하기 위해 LST 조치원호를 현지로 보냈다. 미 LT-636함도 문산호 구조작전에 투입되었다. 조치원호가 현장에 도착한 것은 9월 19일 06시였다. 해안에서 200m 떨어진 해상에 다다르자 9월 15일 상륙 당시와 비슷한 상황이 벌어졌다. 인민군은 아군이 다시 상륙을 기도하는 것으로 알고 더욱 맹렬한 사격을 가했다. 조치원호로 철수하는 유격대원들이 적탄에 맞아 쓰러지거나 높은 파도에 휩쓸려 익사했다.

LT-636함에 편승된 미 육군 스피어(Frank Spier) 중령이 유격대원 구출작전을 지휘했다. 유격대원들은 해안가의 나무와 조치원호간 로우프로 연결하여 구명대(Life Raft)에 탑승하여 조치원호로 건너갔다. 이때 북한군의 집중사격으로 사상자가 속출했다. 북한군의 계속되는 총격과 거친 풍랑으로 인해 구명대가 유실되어 조치원호는 더 이상 현장에 머물 수가 없어 육지에 30여명의 대원들을 남긴 채 철수했다. 670여명의 유격대원과 문산호 승조원을 태우고 9월 20일 20시 부산항에 도착했다. 이 작전에서 아군은 100여명의 전사자와 110명의 부상자가 발생했다.

이 상륙작전의 비사(秘史)가 세간에 공개된 것은 생존해 있던 당시 유격대 학도병들이 1980년 7월 14일 '장사상륙작전 유격동지회'를 결성하면서다. 동지회는 전국적 모금운동을 펼쳐 장사상륙작전을 기리기 위해 1991년 9월 14일 장사리 해안에 위령탑과 전적비를 세우고 매년 행사를 해 오고 있었다.

필자는 2012년 6월 25일자 국방일보에 실린 장사상륙작전 관련 기사를 보고 문산호 선원들의 전공을 세상에 알려야겠다고 생각했다. 국방일보는 '잊힌 전투, 경북 영덕군 장사상륙작전'이라는 제목으로 펜 대신 총을 잡고 참전한 학도병의 사연을 다뤘다. 전승기념공원을 건립한다는 소식도 전했다. 그러나 문산호 전사자 11명에 대해서는 어떤 언급도 없었다. 필자는 여수철수작전 때 백두산함과 함께 작전했던 문산호 선원들의 전공을 누구보다 잘 알고 있었기에 세상에 잊히는 것이 안타까웠다. 정규 군인이 아니고 동원된 민간인이기 때문에 더 많은 관심을 가져야 한다는 생각이 들었다.

필자는 문산호 선원 현양을 버킷 리스트(Bucket List)에 넣고 전사자 기록을 찾기 시작했다. 선주협회, 해기사협회, 해운조합 등에 문산호 선원 조사를 부탁했다. 해수부 김영석 장관에게도 서한을 보내 협조를 요청했다. 결정적 힌트는 국방부 기사의 '학도병'이라는 단어였다. 장사상륙작전에 참전한 학도병 중에는 대구 계성고등학교 출신이 많다는 것을 알게 되었다. 2015년부터 대구계성고등학교 교지와 동창회보를 찾아 나섰다. '지성이면 감천이다.'고 했던가. 11월 말 『계성동창회보』제48호(2008년 6월 16일)에 강정관 학도병이 기고한 글에서 'LST 문산호 선장 민간인 황재중(黃載中)'이라는 문구를 발견했다. 12월 1일 해군역사단 임성채 군사편찬과장에게 황재중 이름을 알려주면서 관련 문서를 찾아보라고 부탁했다. 해군역사단은 문산호 선장 황재중 이름을 토대로 옛 문서들을 뒤졌다. 6·25전쟁 때 기록은 대부분 한자로 되어 있고 필기체로 흘려 써져 있어 찾기가 쉽지 않았다. 이틀 후 12월 3일 황문식 사무관이 문산호 선원의 인사명령과 전사자 명단 기록을 찾아냈다.

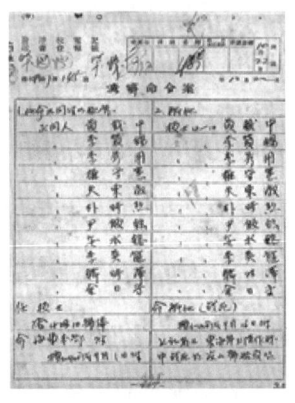
〈해군역사단 문서고에서 찾아낸 인사명령〉

"해본특명정 제145호(10월 22일), 인사명령안, 단기 4283년 9월 1일 임명과 동시에 배치, 9월 16일 해임(전사), 상기자는 동해안 상륙작전 중 전사한 문산호 선원임."

이날 바로 임성채 박사로부터 기록을 찾았다는 연락을 받았다. 문산호 선원 전사자 기록을 찾자 현양할 수 있는 근거가 마련된 셈이다. 필자는 2016년 1월 14일 정호섭 해군참모총장에게 서한으로 LST 문산호 전사자 현양추진을 건의했다. 정호섭 참모총장은 1월 26일 해군역사단에 현양추진을 지시했다. 해군역사단은 영덕군청에서 발주하여 제작 중인 'LST 문산호 모형선' 함교에 황재중 선장 흉상과 전사자 명단 등 전시를 위해 영덕군청과 협조해 나갔다.

그런데 5월에 설치된 'LST 문산호 모형선'이 파도와 강풍에 의한 안정성 문제 등으로 연내 준공이 불투명해졌다. 해군역사단은 6월 7일 다시 정호섭 참모총장에게 보고하고 부산 영도에 있는 '순직선원 위령탑'에 '문산호전사자기념비'를 설치하는 방향으로 추진했다. 임성채 군사편찬과장의 요청으로 필자는 '문산호 영웅들이여!'라는 제목으로 헌시(獻詩)를 만들어 주었다.(부록)

기념비는 높이 1.45미터, 넓이 1.35미터의 크기로 제작되었고, 앞면에는 문산호 선원들의 전공(戰功)과 파도를 헤치며 상륙작전을 하는 문산호 모습이, 뒷면에는 필자의 헌시가 황동부조로 새겨졌다.

〈문산호전사자기념비〉

제막식이 9월 12일 이기식 해군작전사령관 주관 하에 거행되었다. 문산호 전사자 유가족, 해양수산부, 부산시청, 영도구청, 부산지방보훈청, 해상노동조합 관계자, 해군예비역, 해군장병, 군악대 등 100여명이 참석했다. 제막식에 참석한 전사자 이수용의 아들 이용규 씨는 떨리는 목소리로 말했다.

"금년 초에 최영섭 선생님이 저한테 전화로 6·25 때 우리 아버지하고 전투를 같이 하셨다면서 기념비를 세운다는 이야기를 듣고 저는 한참 울었습니다. 저는 유복자로 태어났지만 아버지와 문산호 선원들 이야기를 많이 들었고, 그분들을 평생 자랑스럽게 생각해 왔습니다. 문산호 전사자들을 잊지 않고 기념비를 세워주셔서 해군에 감사드리고 특히 최영섭 선생님께 감사드립니다."

해군은 기념비 건립에 이어 2017년 국방부에 문산호 전사자 선원 11명의 서훈을 요청했다. 그런데 국방부의 상훈심의위원회에서 '개인별 전공이 뚜렷하지 않다.'는 이유로 부결했다. 해군역사단은 2018년에 다시 자료를 보강하여 상신했다. 위원회는 전공이 뚜렷한 황재중 선장에게는 충무무공훈장 서훈을 결정했으나 나머지 선원 10명에 대해서는 개인별 전공이 뚜렷하지 않다는 이유로 또 부결했다.

임성채 군사편찬과장은 포기하지 않고 해군의 전투특성을 추가한 서훈 추천서를 만들어 2019년에도 선원 10명의 서훈을 요청했다. 그리고는 몽금포작전 전공자 서훈 추진 때처럼 심의위원회 이전 국방부군사편찬연구소 전쟁사부장 등 위원을 찾아가 해군의 전투특성, 문산호 업적에 대해 설명하고 이해시켰다. 또한 임 과장은 육군사관학교 교수가 위원으로 참석한다는 것을 알고 형평성을 기하기 위해 해군사관학교 교수도 위원으로 참석할 수 있도록 국방부에 건의했다. 국방부는 해군의 건의를 수용했고, 심의위원회를 통해 선원 10

명의 서훈도 결정했다. 화랑무공훈장이다. 황재중 선장의 충무무공훈장 전달식은 2018년 6월 25일 해군 제7기동전단장 최성목 제독의 주관 하에 세종대왕함에서 있었다.

황재중의 외손녀 고양자(당시 63세) 씨가 참석해서 훈장을 받았다. 고양자 씨는 훈장을 받고 소감을 밝혔다. "외할아버지가 6·25 때 전투하다 돌아가신 줄은 알고 있었지만 이렇게 큰일을 하신 것을 몰랐습니다. 지난 1월 하늘로 가신 어머니가 이 사실을 알고 가셨다면 얼마나 좋았을까요."

〈황재중 문산호 선장 훈장 수여식〉

선원 10명의 유족들을 찾아야 했다. 해군역사단은 훈장 결정 후 국가보훈처, 지자체와 협조하여 유가족 찾기에 나섰다. 전사자 이름은 알고 있지만 본적지를 알 수 없어 쉽지 않았다. 해군역사단 정희영 군무원이 몇 날 며칠을 해군문서고의 옛 문서들을 뒤져 전사자의 본적 주소가 기록된 서류를 찾아냈다. 유가족을 찾는데 난초가 마련된 셈이다. 국가보훈처와 해당 지자체에 본적 주소를 보내 협조를 요청했다. 전사자 선원 10명 가운데 8명의 유가족과 연락처를 알아냈다.

2019년 6월 27일 계룡대 소연병장에서 심승섭 해군참모총장 주관 하에 훈장수여식을 거행했다. 국민의례, 전공낭독, 훈장수여 순으로 진행했다. 심승섭 참모총장은 전사한 선원들의 이름을 한 명 한 명씩 호명했다. 유족들은 숙연한 모습으로 훈장을 받았다. 이어 열병식이 있었다. 의장대 47명이 국기와 군기를 받쳐 들고 선 가운데 군악대와 국악대 100여 명이 '바다로 가자', '군함행진곡'을 연주했다. 유족 대표들이 무개차 4대에 나눠 타고 소연병장을 돌며 의장대를 사열했다. 최고의 예우였다.

어른들을 따라온 밤톨 같은 꼬마(5세)가 백발이 성성한 유족들을 보고 "와~옛날 사람 많다."고 외쳤다. 이수용(당시 28세)의 유복자로 태어난 이용규(68) 씨는 훈장을 받아 안고 목멘 소리로 "감사합니다. 감사합니다." 몇 번이나 되풀이했다. 누나 호선(71) 씨와 같이 필자에게 다가와서 인사했다. 어깨를 끌어안고 다독거려 주었다.

〈의장대사열, 왼쪽부터 심승섭 참모총장·필자·유가족 대표 이용규〉

호선 씨는 "엄마가 23살에 혼자 돼 저랑 유복자 남동생을 키우셨어요. 마지막까지 쪽 짓고 비녀 꽂고 사시다 3년 전에 돌아가셨습니다. 아버지 이름 석 자와 전쟁 때 돌아가셨다는 것만 알았는데,

최영섭 선생님이 '내가 느그 아부지랑 같이 싸웠다'고 하셔서 꼭 우리 아버지가 온 것 같아 '아부지 아부지' 하고 붙들고 울었습니다."고 말했다. 전사자 중 가장 나이 많은 사람은 이영룡 갑판장(당시 46세)이었다. 14살 큰딸부터 7살 막내아들까지 2남 2녀를 키웠다. 아들 이영송(78) 씨가 말했다.

"아부지는 전쟁 통에 이리저리 뛰어다니면서도 배낭 가득 건빵을 채워 짬짬이 집에 들르곤 했습니다. 하루는 경찰이 우리 아부지를 불러 세워 '신분증 좀 보자'고 했습니다. 장정들 징집하는 게 경찰 임무였습니다. 아부지가 신분증을 보이며 '문산호 타고 국군이랑 작전한다.' 하니까 경찰이 경례를 하고 떠났습니다. 그때 씩 웃던 아부지의 얼굴이 9살 된 저의 기억에 오래 남아 있습니다. 많은 기억은 없지만 자식 위해 애쓰던 아부지가 제 가슴에 남아 있습니다. 어무이가 안 해본 장사가 없습니다. 아부지가 어떻게 돌아가셨는지 자세히는 몰랐는데, 이래 밝혀지고 훈장도 타니 너무 고맙습니다. 우리 아부지가 69년간 잠수 타다 오늘 올라왔다 아입니까."

24살 선원이 잠깐 집에 늘렀다가 다시 나가며 100일싸리 딸을 업은 아내에게 한마디 툭 던졌다. "내 나가서 나라에 충성하면, 남은 처자식은 마 나라가 안 거두겠나." 그날 엄마 등에 업힌 채 권수헌 아버지와 작별한 딸이 일흔의 나이가 되었다. 권문자(70) 씨는 "그동안 너무 외로웠어요. 아부지가 가신 뒤 엄마도 고마 일찍 돌아가셨습니다. 부모님 기억도 없고 얼굴도 모르고, 그저 집안 어른들이 '느그 아부지가 느그 어무이한테 이래 말하고 나갔다'는 그 말씀 한 가지 알고 살았습니다."고 말했다.

해군어린이음악대 음반 발견

해군은 6·25전쟁 기간 '해군정훈음악대'와 '해군어린이음악대'를 운용했다. 해군정훈음악대는 1950년 10월 1일 유명 음악인들로 조직되어 유엔군과 국군장병들을 위한 위안활동을 펼쳤다. 전쟁이 끝난 후 1954년 해군교향악단으로 개칭되고, 1957년 8월 1일 이를 모체로 지금의 서울시립교향악단으로 발족되었다. 아울러 해군은 1951년 4월에 성악소질이 있는 7~12세의 어린이 25명으로 해군어린이음악대를 조직했다. 당시 부산으로 피난했던 YMCA 소속 어린이들 주축으로 구성되었고, 해군정훈감실의 통제를 받았다. 해군정훈음악대와 함께 유엔군과 국군들을 대상으로 위안공연을 했다.

전쟁이 끝난 후 해군어린이음악대는 이승만 대통령의 지시로 6·25전쟁 때 우리나라를 도와준 미국인에 대한 감사의 마음을 표하기 위해 미국 순회공연에 나섰다. 감동받은 미국인들은 거액의 후원금을 보냈다. 미국 체류 중에는 레코드 취입(吹入)도 했다. 이는 우리 해군의 자랑스럽고 귀중한 역사이기도 하다.

필자는 어린이음악대가 전쟁 중과 전쟁 이후에 국위선양을 위해 큰 역할을 했다는 것을 알고 국내에서 그 음반을 구하러 여러 곳을 다녔지만 구할 수가 없었다. 1995년 미국의 캘리포니아 산타크루즈에 살고 있는 동생 호섭을 방문했다. 해군어린이음악대가 1954년 미국순회공연 기간 중 레코드 취입을 했다는 이야기를 해주고 그 음반을 찾아보라 부탁하고 돌아왔다.

동생은 샌프란시스코, 산호세, 로스앤젤레스 등 음반수집상 곳곳을 다녔지만 찾지를 못했다. '등잔 밑이 어둡다.'는 말이 있듯이 자신이 살고 있던 산타크루즈의 조그만 한 음반수집상에서 이 음반을 찾아냈다. 그리고는 2001년 5월 이 음반을 갖고 왔다. 필자는 어린이음악대 대원이었던 이화여대음대 이규도 교수를 만나 LP 레코드를 틀고 같이 들어봤다. 음질 상태가 좋았다. 6월 9일 KBS팀이 집으로 와 취재해 갔다.

〈1954년 4월 24일 취입한 해군어린이음악대 음반〉

LP 레코드는 당시의 녹음 기술상 stereo가 아닌 mono로 녹음되었으며 A면에 11곡, B면에 12곡 모두 23곡이 수록되어 있다. 1969년

초에 없어진 우라니아(Urania) 레코드사의 제품으로서 현재 구입하기 어려운 희귀음반이다.

A면에 녹음된 곡은 아래와 같이 11곡이다. ① How-De-Do(영접의 노래, 외국 곡), ② Rain drop(비, 우리 동요), ③ Bicycle(자전거, 우리 동요), ④ Longing for brother(오빠생각, 우리 동요), ⑤ Merry peasant(즐거운 농부, 외국 곡), ⑥ Cuckoo waltz(뻐꾸기 왈츠, 외국 곡), ⑦ Let's go to the field(산과 들, 우리 동요), ⑧ Twinkle, twinkle, little star(작은 별, 외국 곡), ⑨ Danny boy(아! 목동아, 외국 곡), ⑩ Jeanie with the light brown hair(금발의 제니, 외국 곡), ⑪ Song of the sparrow(참새의 노래, 외국 곡)

B면에 녹음된 곡은 아래와 같이 12곡이다. ① Arirang(아리랑, 우리민요), ② Chunan samkuri(천안삼거리, 우리민요), ③ Yangsando(양산도, 우리민요), ④ Oh! Susanna(오! 수잔나, 외국 곡), ⑤ Old MacDonald had a farm(동물농장, 외국 곡), ⑥ Jingle bells(징글벨, 외국 곡), ⑦ Go to the sea(바다로 가자, 해군군가), ⑧ Our hope-unification(우리의 소원은 통일, 우리 곡), ⑨ Let's build new nation(새나라 행진곡, 우리 동요), ⑩ Snow blossoms(눈꽃송이, 우리 동요), ⑪ Morning dew(아침이슬, 외국 곡),

〈해군어린이음악대 음반 발굴 언론기사〉

⑫ Goodbye song(고별의 노래, 외국 곡)

　　필자는 LP 레코드를 영구적으로 보존하기 위해 2001년 6월 19일 장정길 해군참모총장을 통해 해군에 기증했다. 원판은 현재 해군역사단에서 보존하고 있다. 해군정훈공보실은 레코드에 담긴 노래를 테이프로 녹음, 대량 제작하여 해군부대에 배부했다.

　　필자는 2004년 해양소년단 호국순례탐방 때 교장들에게 녹음된 테이프를 나누어 주었다. "50년 전 우리 어린이들이 부른 노래를 귀로 듣지 마시고 가슴으로 들으시고 학생들에게 6·25를 일깨워 주시기 바랍니다."고 당부했다.

　　해군어린이음악대의 미국 순회공연에 대한 이야기는 당시 11살 나이로 공연에 나섰던 이여진 교수(이화여대 음대)가 쓴 글을 인용하여 재구성했다. 이여진 교수는 일제시대 동양 제일의 테너로 호평을 받았던 성악가이며 우리나라에서 오페라를 개척한 이인선 선생의 아들이다. 이승만 대통령은 1954년 특사 자격으로 한국에 방문한 밴 플리트 장군에게 제의했다. "우리나라를 지켜 주기 위해 전쟁터에서 죽고 다친 미국 병사들의 부모 가슴이 얼마나 아프겠는가? 우리는 보은(報恩)할 방도가 없으니 어린이음악대를 미국으로 보내 쓰라린 마음을 위로해 드리면 어떻겠는가?" 6·25전쟁 때 미 제8군사령관을 역임했던 밴 플리트 장군은 이승만 대통령과 가까운 관계였으며, 전역 후에도 대한민국의 발전을 위해 많은 후원을 했다. 밴 플리트 장군은 국방부장관 손원일 제독과 논의하여 미 국무성 초청, 한미재단 후원 형태로 순회공연을 추진했다.

어린이음악대는 1954년 4월 7일 경무대를 방문하여 이승만 대통령께 출국인사를 했다. 이 자리에서 이승만 대통령이 어린이들을 격려하고 '한국어린이음악사절단(이하 음악사절단)'이라는 이름을 지어주었다.

음악사절단은 다음날 4월 8일 '우리의 소원'을 작곡한 안병원 지휘자의 인솔 하에 90일 대장정의 순회공연을 위해 여의도공항을 떠났다. 반주자 이화영, 무용수 정정술, 보모 안희옥, 통역 정달빈 해군군종감이 동행했다. 모두 30명이었다. 25명의 어린이 중 남자는 이여진, 손정웅, 이성호 3명이고, 나머지는 여자 어린이다. 음악사절단은 동경과 하와이를 거쳐 4월 9일 샌프란시스코에 도착하여 4월 10일부터 순회공연을 시작했다.

순회공연 소식이 미국 전역에 퍼지자 음악사절단이 도착하는 도시는 시장을 비롯한 시민들이 나와 어린이들을 대대적으로 환영해주었다. 가는 곳마다 아름다운 어린이들의 목소리는 미국인의 가슴을 울렸다. 4월 21일 뉴욕의 유엔본부 공연에 이어 5월 10일에는 미국 워싱턴의 국회의사당을 방문하여 노래공연을 했다. 상원의원들은 한창 진행 중이던 회의를 잠시 멈추고 어린이들의 합창을 감상했다. 당시 상원의장이었던 닉슨은 "외국합창단이 의회가 열리고 있는 의사당을 무대로 하여 아름다운 합창을 선사한 것은 미국 역사상 처음 있는 일이며 역사적 사실로 영원히 기록될 것입니다."고 말했다. 이날 오후에는 대통령 부인 매미 아이젠하워(Mamie Eisenhower)의 초청을 받아 백악관에서 200여명의 귀빈들 앞에서 합창을 했다. 아이젠하워 대통령은 공연장에 참석하지 않았지만 창문을 열고 합창을 감상했다고 전해왔다.

4월 24일에는 우라니아(Urania) 레코드사의 요청으로 한국음악 사절단의 노래가 'Korean Children's Choir' 이라는 제목으로 뉴욕 스탠리 홀(Stanley Hall)에서 LP 레코드에 취입했다. 한국인 최초로 외국에서 레코드에 취입하는 역사적인 날이다. 음반 수입금은 한국의 불우아동 학비로 지원되었다.

러스크(Dean Rusk) 한미재단 이사장은 순회공연 기간 중 한국을 돕기 위한 기금모금 운동을 펼쳤다. 처음 시작할 때에는 기금모금 목표를 1,000만 달러로 정했는데 점차 호응이 좋아져서 2,000만 달러로 상향조정했다. 상향된 목표액도 쉽게 모금되었다. 1954년 1인당 국민소득이 88달러에 불과했던 시절에 아주 큰 액수였다. 미국의 정치인은 물론 유명 연예인, 보도하는 기자와 언론인들까지 모금운동에 앞장섰다. 시민들의 기부 행렬이 길게 이어졌다.

모금된 기금으로 한국인을 위한 구호물자를 구입했다. 이 구호물자를 실은 첫 번째 선박이 출항하는 기념행사가 6월 25일 샌프란시스코 제45번 부두에서 거행되었다. 우리나라 선박 고려호가 수많은 시민들이 지켜보는 가운데 구호물자를 싣고 한국으로 출항했다.

당시 미국 의회에서는 1955년 한국의 경제·군사원조액에 대해 한창 심의 중에 있었다. 미 의회는 7억 달러 원조액에서 6,000만 달러를 더 삭감하려 했다. 당시 국방부장관 손원일 제독은 미국에 방문하여 7억 달러 모두를 받아오기 위해 외교적 총력을 기울이고 있던 중이었다. 마침 이 시기에 한국의 음악사절단이 미국 전역을 돌며 노래공연을 하고 있었다. 이 노래공연이 한국원조액 결정에 영향을 주었는지는 모르지만 미국의회는 1955년 예산에 우리가 목표했던 7억 달러(경제원조 2억 8,000만 달러, 군사원조 4억 2,000만 달러)를 그대로 편성했다.

음악사절단은 약 3개월 동안 미국 48개 주(州)를 순회하며 무려 97회의 TV 출연, 280회의 노래공연이라는 대기록을 세우고 7월 7일 한국으로 돌아왔다.

전사서 편찬

청소년들이 바다를 눈으로 보고, 바다에 들어가 바다를 몸으로 느끼며, 바다와 친숙해져 바다를 깨닫고, 거센 파도를 타고 넘어 우리나라를 바다의 나라로 세워야 한다는 사명감을 가지고 세계의 바다로 나갈 수 있도록 하는 것이 해양소년단의 임무다.

필자는 여름방학이 되면 해양소년단 학생들을 인솔하여 목포해양대학교 기숙사에 묵으면서 해양수련활동을 지도해 왔다. 이중 하나가 고하도 모충각(慕忠閣) 탐방이다. 해군 목포해역방어사령부에서 지원하는 상륙주정을 타고 고하도(高下島)에 오른다. 고하도 당산에는 임진왜란 최후의 전투인 노량해전에서 이순신 장군이 적군을 분멸(焚滅)하고 장렬하게 전사한지 124년이 되는 1722년 그 정신을 기리고 이어받고자 하는 백성들과 군인들의 뜻을 모아 세운 유허비(遺墟碑)가 있다. 이 유허비를 봉안한 곳이 모충각이다.

필자는 해양소년단원들을 안내하며 모충각을 참배할 때마다 비각 앞뜰에 모아 놓고 충무공 이순신 이야기를 했다. ① 충무공 유허비가 세워진 내력 ② 충무공의 백의종군 ③ 울돌목의 명량해전 승첩 후 충무공이 고하도에 해군사령부를 설치한 배경 ④ 고하도에서 전함·대포·총·창 등 무기 제조와 군량미를 비축하고 군사 9,000명을 모집하여 훈련시킨 이야기 ⑤ 고하도에서 재건한 함대를 이끌고 출진하여 임진왜란 최후 전투인 노량해전에서 왜군을 무찌르고 선사한 이야기 ⑥ 충무공의 효성 이야기 등이다.

2002년 8월, 예년과 같이 필자는 해양소년단 학생들을 인솔하여 목포로 향했다. 해군의 상륙주정을 타고 고하도에 올라가 모충각에서 학생들에게 충무공에 대해 설명했다. 설명이 끝나자 한 학생이 손을 번쩍 들고 질문을 했다.

"고문님! 이순신 장군님께서 우리나라를 지키시려고 여기 고하도에 진을 옮겨 해군을 다시 만들어 그 함대를 이끌고 마지막 전쟁터에서 나라를 구하려고 왜적을 물리치면서 전사하셨다고 말씀하셨는데요. 이순신 장군님을 기리는 이곳이 왜 이렇게 잡초가 무성하고, 전각도 잘 가꾸지 않아 시골 곳간같이 초라합니까?"

어린 학생의 물음에 대답하기가 난감했다. 어른으로서 낯이 뜨겁고 민망하기 짝이 없었다. 빛 바랜 비각을 쳐다볼 뿐 "앞으로 잘 가꾸어야지."라고 맥없는 대답밖에 할 수 없었다.

〈목포 하계 해양소년단 학생들〉

학생들과 같이 선창(船艙)으로 내려오면서 내내 그 학생의 말이 마음에 걸렸다. '이순신 장군께서 임진왜란 최후 전투에 나가기 위하여 이곳 고하도에서 조선함대를 재건한 역사(役事)를 탐색해서 책으로 남기자. 그리고 모충각 설립의 의의(意義)를 밝혀 장군의 구국정신을 선양하는 씨앗을 뿌려야겠다.'는 사명감이 들었다.

먼저 해야 할 일은 성을 쌓고 전함·대포·창·화살을 만들었던 충무공 이순신의 흔적을 찾는 것이다. 목포 하계 연수기간에는 매번 해양소년단을 이끌고 고하도로 구석구석을 오르내리면서 탐방했다. 허물어진 성터와 배를 만들었던 자리는 찾아냈지만, 수군사령부 터는 알 수가 없었다. 여러 사람을 찾아 수소문해 보았으나 아는 사람이 아무도 없었고 관심조차 보이지 않았다.

이렇게 애타게 장군의 흔적을 찾아다니고 있을 무렵, 순천에 사는 최덕원 교수(순천대학교 제2대 총장)가 고하도에 대하여 잘 알고 있다는 소문을 듣고 연락을 했다. 2006년 3월 10일 최덕원 교수, 해군교육사령부 충무공리더십센터 최두환 박사, 해양소년단서울연맹 사무국장(당서초등학교 최익대 교장), 해군목포해역방어사령부 정훈과장 오세성 대위, 김형석 중사와 함께 고하도에 입도했다. '큰 산'아래 뒷도랑 마을에 이르렀다. 최 교수가 작은 팸플릿을 동그랗게 말아 쥔 손을 쭉 뻗으며 큰 바위 있는 곳을 가리켰다. "저 바위 밑, 불담샘 왼쪽, 바로 저곳이 이순신 장군 진영 터입니다. 31년 전에 제가 답사했을 때에는 진영 주춧돌이 있었습니다."

일행은 그곳으로 이동했다. 필자가 충무공 이순신의 흔적을 찾아 수년 동안 헤매고 다녔던 곳이었다. 목포해역방어사령부에서 '忠武公 李舜臣 朝鮮水軍統制使 營址(충무공 이순신 조선수군통제사 영지)'라는 글을 나무에 새겨 가져 온 푯말을 세웠다. 여섯 명이 발길을 함께한 그 역사의 섬이 바로 '고하도'이다. 푯말과 주위를 한참 동안 바라보았다. 그리고는 푯말 위에 손을 얹었다. 감정이 벅차올랐다.

조선수군통제사 터를 찾지 못해 원고를 마무리를 짓지 못하고 있던 터에 화룡점정을 안겨주었다. 2년에 걸쳐 쓴 원고를 탈고하고 제목을 『민족성지 고하도』로 정했다. 머리말에 집필 소회를 담았다.

<「민족성지 고하도」표지>

"국내외에서 임진왜란과 이순신 장군에 대한 수많은 저서가 나왔으나 이순신 장군의 고하도 역사(役事)에 대해서는 지나간 곳 또는 잠시 머물다 간 곳 정도로 기술하고 있다. 구체적인 기록이 없었기 때문일 것이다. 필자는 난중일기, 장계, 왕조실록 등 사서(史書)의 갈피 속에 잠겨 있는 행간에서 그의 역사를 찾아 읽을 수 있었고, 수차례 고하도 현장으로 달려가 그의 역사를 듣고, 보려고 했다. 아직 더 깊이 탐색하고 연구해야 할 부분이 남아 있으나 우선 보고, 읽고, 들은 내용을 다듬어서 이순신 장군의 흔적이 담긴 고하도 역사를 정리해 봤다."

해양소년단은 충무공 탄신 462주년이 되는 2007년 4월 28일 서울해군회관에서 『민족성지 고하도』출판기념회를 열었다. 가족, 친지, 교우, 해양소년단 직원, 해군사관학교 동문 등 50여명이 참

<출판기념회, 왼쪽부터 서정권, 함명수, 필자, 안병태, 정의승>

석했다.

책 발간 후 필자는 2010년부터 학생들과 충무공 이순신의 전적지와 발자취를 순례했다. 국토해양부의 지원으로 2박 3일간의 일정으로 3회에 걸쳐 시행했다. 모두 2,400여 명의 학생들이 순례했다. 서남해안 일대의 한산해전, 옥포해전, 노량해전, 명량해전 등 대첩 현장과 고하도를 답사했다. 학생들에게 빠지지 않고 강조하는 말이 있다. 충무공의 백의종군정신과 왜적으로부터 나라를 지키려는 우국충정, 12척밖에 남지 않은 배를 가지고도 '신(臣)에게는 아직도 전선 12척이나 있습니다.'라는 불굴의 의지, 탁월한 전략·전술로 왜군을 완벽하게 격파한 위대한 전쟁지도력과 애국심 그리고 우리나라의 해양입국 당위성과 청소년들의 미래 역할이다.

『민족성지 고하도』 책자를 발간할 당시 6·25전쟁 참전자 대부분이 80세를 넘어서고 있었다. 세상을 떠나기 전에 전투기록을 하나라도 더 남겨야 한다는 사명감이 들었다. 2009년 9월 10일 정옥근 해군참모총장에게 우리 해군이 수행한 6·25전쟁사 편찬을 서한으로 건의했다. 전쟁이 발발한 지 60년이 다 가오는데도 우리 해군·해병대가 전투한 내용

〈정옥근 참모총장에게 보낸 서한 중 일부 내용〉

을 수록한 책자가 없었기 때문이다.

정옥근 참모총장은 필자의 건의를 받아들여 해군역사단에 6·25전쟁발발 60주년에 맞춰 전사서 편찬을 지시했다. 그리고 2010년 1월 1일부로 임성채 박사를 군사편찬과장으로 임용했다. 임성채 박사는 『해군창설의 주역 손원일 제독』(2006년) 저술과 "미국의 6·25전쟁전략이 한국해군력에 미친 영향 연구"(2008년) 박사논문 작성 때 축적해 놓은 자료를 활용하여 그해 11월 11일 『6·25전쟁과 한국해군작전』 전사서를 발간했다. 그로부터 2년 후 2012년 6월 25일에 증보판을 냈다.

〈『6·25전쟁과 한국해군작전』표지〉

필자는 해군본부의 전사서 편찬과 때를 같이 하여 6·25전쟁 때 함께 싸운 전우들의 활약을 담은 전사서를 쓰기 시작했다. 전쟁에서 목숨을 던지고 피를 쏟으며 나라를 지켜낸 전우들이 언제 어디서 어떻게 싸웠는지 그 흔적과 그 이름 석 자를 후대에 남겨 놓는 것이 책무라고 생각했다.

막상 시작하고 보니 자료수집이 쉽지 않았다. 해군의 공간사(公刊史) 자료가 해군본부에 소장되어 있기 때문이다. 임성채 군사편찬과장에게 필요한 자료를 요청했다. 당시 전사서를 편찬 중이던 임성채 과장은 필요한 자료를 찾아주었다. 2010년부터 수집된 전사 자료와 전우들의 전투수기를 활용하여 이야기 식으로 써 내려갔다. 26개월 만에 원고를 탈고하여 임성채 박사의 감수를 거쳐 2013년 5월 20일 『6·25 바다의 전우들』이라는 제목으로 책을 내놓았다.

5월 24일 해군회관에서 출판기념회를 열었다. 가족, 친지, 전우, 교우, 예비역, 해양소년단, 해군장병 등 100여명이 모였다. 자료수집과 감수를 맡아준 임성채 박사가 출판기념회 사회를 봤다. 필자의 인사말에 이어 최윤희 참모총장이 축사를 했다. 대한해협해전 전우 대표로 최도기 조타사도 축하의 인사말을 했다. 만찬 후 전석환 작곡가와 해군성악병들이 노래마당을 펼쳤다. 이 책은 반응이 좋아 그 후 추가 인쇄가 계속 이어지고 있다. 적은 돈이지만 지금도 인세(印稅)가 들어오고 있다. 책이 발간되자 언론사에서 인터뷰를 요청했다. 책 발간목적을 묻기에 이렇게 답했다.

"세월이 흐르면 대한해협해전 전투 이야기를 전할 사람도 이 세상에 남아 있지 않을 것이다. 글재주도 없고 붓대도 무딘 이 노병이 돋보기를 쓰고 그 전투에서 싸운 전우들의 활약을 빠짐없이 기록하려고 노력했다. 먼 훗날, 군 후배 그리고 선우의 자손들이 한국 역사를 읽으면서 6·25전쟁사를 대할 것이다. 그들이 이 글을 접할 때 6·25 그날 그 바다에서 싸운 할아버지를 얼마나 자랑스럽게 회상할 것인가! 비록 전우들의 육신은 흙으로 되돌아갈지라도 대한민국에 대한 짙디 짙은 사랑은 조국과 더불어 길이길이 남을 것이다."

2018년 9월 중 이성호 제독(제5대 해군참모총장)을 만나러 고양 댁으로 갔다. 생애 마지막 고별인사를 위해서다. 진해고등해원양성소에서 일본인들을 제치고 수석으로 졸업한 이성호 제독은 해군 최초의 전투함 백두산함을 도입해 오는 등 해군발전에 큰 업적을 남겼다. 필자가 한국냉장주식회사에서 근무할 때 사장이었던 이성호 제독과는 각별한 관계였다. 거동이 어려워 침대에 누워 계셨다.

〈『6·25 바다의 전우들』표지〉

침실에 들어가자 마자 큰절을 올렸다. 이성호 제독은 침대를 올리면서 상체를 일으켰다. 필자에게 거수경례를 했다. 필자도 따라서 '필승'하면서 경례를 붙였다. 그런데 이성호 제독은 손을 내리지 않았다. 필자도 손을 내릴 수가 없었다. 우리는 한참동안 서로 마주보며 거수경례를 했다. 주고받은 말은 없었으나 서로 마음이 오갔다. '죽기 전에 마지막 인사하러 왔다는 것을…' 한참동안 지나간 이야기를 나누었다. 필자는 입으로 말하고, 이성호 제독은 눈으로 말했다. 떠날 때에도 필자는 큰절을 올리고 서로 거수경례를 나누었다.

〈『명예·헌신·용기 이성호 제독』 평전 표지〉

해군역사단에서 2016년에 편찬한 『명예·헌신·용기 이성호 제독』 평전이 책꽂이에 여러 권 꽂혀 있었다. 해군본부는 2016년부터 해군을 위해 큰 업적을 남긴 인물에 대해 매년 평전을 편찬해오고 있다. 장려할 일이다.

그로부터 며칠 후 9월 12일 백선엽 장군을 만나러 갔다. 전쟁 기념관 사무실에서 자장면을 시켜 먹으면서 옛날 전쟁이야기를 나누었다. 백 장군은 자신이 쓴 『6·25전쟁 징비록』책을 필자에게 사인을 해주셨다. 그동안 묻고 싶었던 것을 물었다.

"백 장군님, 전투하면서 가장 어려웠던 것이 무엇이며, 전승(戰勝) 비법이 무엇이었습니까?"

"사실 6·25 때 싸운 주적은 인민군보다 중공군이었소. 중공군하고 싸운 것이 70% 이상입니다. 중공군의 인해전술과 예측하기 어려운 변화무쌍한 전술에 대응하는 것이 가장 어려웠습니다. 전승을 한 것은 내가 잘해서가 아니라 나를 적극적으로 따라 준 부하들 그리고 미 지휘관들의 지원 덕분입니다. 전쟁은 혼자서 할 수가 없어요. 우선 부대원들이 잘 따라야 되고 우군들과의 협조가 잘 되어야 가능한 일입니다. 1군단장 시절 동부전선에서 전투할 때 미 해군이 나의 부대를 적극 지원해 주었어요. 미 제7함대 소속 제5순양함전대를 지휘하던 알레이 버크 제독은 나를 만날 때마다 '나는 귀하의 포병사령관'이라며 함포지원 요청에 적극 호응해 주었지요. 이런 지원에 힘입어 자신감을 가지고 전투에 임할 수 있었습니다. 미군들이 우리를 도와주지 않았다면 우리나라는 공산화가 되었겠지요. 6·25 때 우리 국군과 유엔군들이 흘린 피를 계산해보니 무려 약 2,000톤이나 됩니다."

이성호 제독은 2019년 3월 27일, 백선엽 장군은 2020년 7월 10일에 이 세상을 떠났다. 영웅들은 떠났지만 그들이 쓴 역사서는 우리와 함께하고 있다.

임성채 박사는 군사편찬과장 직무 중 많은 해군역사서를 펴

〈백선엽 장군이 필자에게 책 증정하는 모습〉

냈다. 『6·25전쟁과 한국해군작전』이외에도 『NLL, 우리가 피로써 지켜낸 해상경계선』, 『해군창군사』, 『한 뿌리 공동운명체 해군과 해병대』, 『베트남전쟁과 한국해군작전』, 『위민헌신의 귀감, 당포함 영웅들』, 『6·25전쟁과 한·미 해군작전』등이다. 특히 6·25전쟁 발발 70주년에 발간한 『6·25전쟁과 한·미 해군작전』은 무려 1,300여 쪽에 달하는 대작이다.

아무리 훌륭한 역사도 기록으로 남겨지지 않고 세월이 지나면 무용지물이 된다. 우리 해군은 출발부터 흠결이 없는 정통성을 가지고 있다. 임진왜란, 6·25전쟁 등 국가가 백척간두의 위기에 처했을 때 해군은 앞장서서 나라를 구하는 빛나는 업적을 세웠다. 이런 정통성

과 빛나는 업적이 담긴 역사를 이젠 우리 국민과 세계인에게도 널리 알릴 때가 되었다. 이를 위해서는 먼저 『한권으로 읽는 대한민국 해군역사』라는 역사서 편찬이 필요하다. 국문과 영문으로 만들어 인터넷에 게재하면 누구라도 대한민국 해군의 역사를 쉽게 접할 수 있을 것이다.

72년만에 일본 동경 방문

2016년 11월 14일부터 11월 16일까지 2박 3일간 둘째 재형과 동경을 방문했다. 중학교 시절 필자가 고학하면서 공부했던 병원과 학교에 대한 추억을 되새겨 보고 싶었다. 하네다 공항에 도착하니 양인집 사장이 우리를 맞이했다. 그는 해군사관학교 동기생 양제석의 아들이다. 동경진로의 사장인 양인집은 회사 일이 바쁜데도 여행 첫날부터 끝나는 날까지 우리를 안내했다. 자신의 아버지를 모시듯 환대했다. 마음이 뿌듯했다. 동기생 양제석은 생도시절 룸메이트였다. 도착한 날, 양인집 사장과 일정을 상의했다. 다음날 11월 15일, 1941

년 일본에 도착해서 3년간 공부했던 동경시립 제3중학교를 방문했다.

이 학교는 당시 목조건물이었는데 제2차 세계대전 중 1944년 3월 미군의 공습으로 불타 그후 콘크리트 3층으로 재건축되었다. 학교명이 동경시립풍도(豊島)중학교에서 동경도립문경(文京)고등학교로 바뀌었다. 학교에 들어가 운동장에서 옛날에 했던 구령(口令)을 외쳤다. 운동 중인 학생들로부터 '노인 목소리가 굉장히 크다.'는 말이 들려왔다.

〈왼쪽부터 재형, 필자, 양인집〉

조금 후 선생 한 분이 와서 "어떻게 오셨습니까?" 정중히 물었다. "내가 옛날에 이 학교에 다녔는데, 학교가 보고 싶어서 왔소."라고 답했다.

〈동경도립문경고등학교 정문 앞에 선 필자〉

학교를 둘러보고 동경시립 제2중학교로 이동했다. 제3중학교가 불에 타서 전학을 간 곳이 동경시립 제2중학교다. 학교 이름이 동경시립우에노(上野)중학교에서 동경도립우에노고등학교로 바뀌어 있었다. 학교에 도착한 시간은 오후 3시경이다. 옛날 모습 그대로다. 운동장에서 학생들이 운동하고 있었다. 학생들 운동모습을 보고 있으니 선생이 다가왔다. "어디서 오셨습니까?" "나, 이 학교 졸업생이요." "그래요? 언제 졸업하셨습니까?" "한 70년 되었소." "그럼 오사카에서 오셨습니까, 아니면 큐슈에서 오셨습니까?" 그는 필자를 일본인으로 생각했던 것이다. 운동장 한쪽에는 아직도 플라타너스 두 그루가 그대로 있었다. 선생에게 "그때도 이 플라타너스 나무가 있었소." 하니까 선생은 "아, 그렇습니까?"라고 했다. 그 선생은 교사(校舍) 안으로 뛰어가서 교장을 모시고 나왔다. 교장은 악수를 권하면서 물었다. "몇 년도 졸업생입니까?" "1945년에 졸업했소. 그때 교장이 시미즈 미사기 선생님이었죠." "본적은 없지만 이름은 기억하고 있습니다."

〈동경도립상야고등학교 정문 앞에 선 필자〉

제2중학교에서 나와 오후 늦게 야스이의원(安井医院)으로 향했다. 전쟁 중 소실되어 같은 자리에 다시 지은 것이다. 고학 당시의 병원장과 부인은 이미 세상을 떠났고, 이후 병원을 인수하여 운영했던 둘째 아들과 그의 부인마저도 세상을 떠났다. 지금은 손녀가 병원장을 하고 있었다.

　야스이의원을 방문하기까지는 쉽지 않았다. 양사장에게 병원 방문날짜를 잡아달라고 했다. 손녀인 원장이 거절했다고 전해왔다. 원장 부친이 필자에게 보낸 엽서를 사진으로 찍어서 보냈다. 아버지 필적을 본 원장이 쾌히 면담을 승낙했다.

　방문 이전에 대략 어떤 관계였는지를 전달했지만 막상 만나니 서먹서먹했다. 필자가 먼저 대화의 물꼬를 틀었다. "현재 원장님이 앉아 있는 곳은 옛날에는 차고였고, 너희 할아버지와 아버지가 지낸 곳은 이쪽이고, 저쪽은 수술실이었다. 내가 지낸 곳은 저 뒤쪽이었다." 이어 "미군공습 때 병원이 불타서 가족 모두가 야마가타현(山形県)으로 피난을 갔다. 그때 나도 같이 갔다. 너의 가족들이 나를 잘 보살펴 주어서 학교를 무사히 마칠 수 있었다. 평생 그 은혜를 잊지 못하고 있다. 죽기 전에 꼭 오고 싶어서 이렇게 찾아왔다."고 했다.

〈왼쪽 필자, 오른쪽 안정의원 원장〉

　필자의 이야기를 듣고 난 후 병원장 손녀는 '이 분은 단순히 우리집에서 일을 도와준 사람이 아니고, 우리 가족 같은 분이구나.'를 느낀 듯했다. 그녀는 일어나서 다가와 눈물을 흘리면서 필자를 꼭 안았다. 일본 여자들은 가까운 남자가 아니면 악수도 잘 안 하는데 자신의 가족처럼 대했다.

3일째는 요코스카로 이동하여 전함 미카사함을 관람했다. 러일전쟁 때 대마도해전을 승리로 이끈 도고 헤이하치로(東郷 平八郎, とうごう へいはちろう) 제독의 기함이었다. 관람을 마치고 하네다 공항으로 이동하여 비행기로 귀국했다.

해군사관학교 3기생 셀프 회장

필자의 서재에는 빛이 바래 얼굴선마저 희미해 보이는 옛 사진이 담긴 액자가 놓여있다. 두 명은 백두산함의 김창학, 전병익 전우이고, 두 명은 6·25전쟁 때 전사한 해군사관학교 홍순빈과 박용희 동기생이다.

홍순빈 소위는 1927년 9월 17일 평안북도 의주군 의주읍 동부동에서 태어났다. 1940년 신의주 약죽심상소학교를 졸업하고 만주 봉천 동광중학교에 다니던 중 해방을 맞아 고국으로 돌아왔다. 곧바로 신의주 평안중학교로 들어가 1947년 졸업한 후 공산당 폭정을 피해 월남했다. 그해 9월 해군사관학교 3기생으로 입교, 1950년 졸업한 후 YMS-516정(공주) 갑판사관으로 부임하여 원산해역에서 소해작전 중 10월 18일 기뢰가 폭발하여 함 침몰과 함께 전사했다. 이때 516정 승조원 14명도 운명을 같이했다.

박용희 소위는 1927년 강원도 철원군 인목면 신현리에서 출생했다. 1943년 철원심상소학교를 졸업하고 이어 서울공립농업학교에 들어가 1947년에 졸업한 후 그해 9월 해군사관학교에 입교했다. 1950년 2월에 졸업한 후 JMS-305정(두만강) 갑판사관으로 부임하여 6·25전쟁 초기 6월 29일 새벽 동해에서 작전 중 미 순양함 주노함(Juneau)의 오인 포격을 받아 전사했다. 이때 305정 박용희 소위 등 승조원 8명이 전사했다. 주노함은 37도 이북 해상에서 작전 중이던 305정을 적함으로 판단하여 포격한 것이다.

해사 3기생은 2000년 임관 50주년행사 초점을 전사 동기생 추모와 그 유가족 찾기에 맞추었다. 전사 동기생 모습을 길이길이 남기기 위하여 흉상을 제작하여 모교에 기증하고, 전사자 유가족을 찾아 그 동기생이 언제, 어디에서, 어떻게 싸우다 전사했는지 알려드리고 위로하는 것이다. 문제는 두 전사 동기생의 고향이 38도선 이북인 신의주와 철원으로만 알고 있었지만 유가족에 대한 정보는 전혀 없었다. 유가족 찾기가 막막했다. 사람 찾기는 경찰이 제일이라고 생각했다. 마침 동기생의 후배가 경찰 고위직에 있었다. 필자는 그 경찰에 "너의 아버지를 찾는다는 마음으로 꼭 찾아주게." 간곡히 부탁했다. 결국 유가족을 찾는데 성공했다. 박용희 동생 등 아홉 분을 만나게 되었다.

2000년 6월 3일 해사 3기생들은 해군사관학교 모교를 방문하여 임관 50주년 행사와 아울러 전사 동기생 추모행사를 가졌다. 두 사람의 청동고부조(靑銅高浮彫) 초상(肖像)을 제작하여 해군사관학교에 기증했다.

〈왼쪽 박용희 소위, 오른쪽 홍순빈 소위 초상〉

2011년 초 해군사관학교 총동창회에서 전화가 왔다. '자랑스러운 해사인'으로 선정되었다는 연락이다. "해군을 위해 뭐했다고 나에게 상을 주느냐?" 했다. 상패는 2011년 5월 13일 해군회관에서 정기총회 때 수여받았다. 분에 넘치는 영광이다.

2011년 10월 1일 이명박 대통령이 임석하는 건군 제63주년 국군의 날

〈'자랑스러운 해사인' 수상 패, 2011.5.13.〉

기념행사가 충남 계룡대에서 열렸다. 창군인사, 6·25전쟁 참전자, 국가유공자, 장병 대표, 시민 등 6,000여 명이 초청되었다. 필자는 6·25전쟁 참전자 일원으로 참석했다. 아덴만 여명작전의 주역인 김규환 대위와 석해균 선장, 천안함 폭침으로 희생된 고(故) 민평기 상사의 모친 윤청자 여사도 참석했다.

이명박 대통령이 6·25전쟁 참전인사들을 둘러보면서 악수를 했다. 대통령이 필자 앞으로 왔다. 이때 하고 싶은 말을 해야 되겠다는 생각이 들었다. "필승! 각하, 부탁드릴 말씀이 있습니다. 우리 늙은이들이 죽을 날도 얼마 남지 않아서 바랄 것도 없습니다. 단 한 가지 부탁드릴 말씀은 김일성을 추종하는 친북좌익 세력들을 척결해 주십시요. 이 한 가지 우리 늙은이들이 바라는 마지막 소원입니다."고 말했다. 곁에 있었던 안병태 제독(제20대 해군참모총장)이 필자한테 와서 "우리 선배님 최고입니다."고 했다.

서정권 동기생 회장이 2017년 2월, 김병택 회장이 2019년 5월에 저 세상으로 떠난 후 필자가 동기생 회장 일을 했다. 누가 시킨 것도 아니다. 자칭 '셀프회장'이다. 남아 있는 몇 명마저도 거동이 어렵다. 2019년 10월 마지막이라 생각하고 동기생 모임을 주선했다. '만남의 편지'라는 글을 보냈다.

"해사 3기생 동지와 영부인님. 세월이 쏜살같이 흘러갔군요. 해방과 혼돈의 한반도, 1947년 9월 2일 열아홉, 스무 살 젊은이 136명이 새나라 세우고 지키겠다고 진해 앵곡만 해사대학에 입학했지요. 그 부둣가 막걸리 집 생각하면 생도대장 강태민 장군이 떠오릅니다. 앵곡만은 벽해가 상전이 돼 흔적이 없습니다. 1948년 10월 항공대 건물을 쓸고 닦고 교사를 옮겼지요. 지금 교사입니다. 어느 훈육관이 '격납고'를 '각납고'라고 발음해 숨어서 'ㅋㅋ' 대고 웃었지요. 그 '각납고'에서 1950년 2월 25일 54명이 졸업했습니다. 그때 졸업반지, 졸업앨범을 만들어 지금에 이어지고 있습니다. 임관 첫 과제가 'Station Bill'을 만들고 군기확립, 애국반공에 나섰습니다. 곧바로 6·25가 터졌습니다. 우리 3기생은 전투에 앞장섰습니다. 지금 남아 있는 동기생은 열 명입니다. '한 세대는 가고, 또 한 세대는 오고, 해는 떴다가 지며, 그 떴던 곳으로 돌아간다.' 솔로몬의 말입니다. 우리 여생은 세월이 아니라 시간입니다. 가을, 붉게 물든 단풍잎이 떨어져도 열두달만 지나면 또 만날 수도 있건만…숨도 차고 걷기도 힘지만 자녀 손잡고 의지해서라도 우리 서로 지난 세월 회상하며 껄껄 웃어봅시다.

2019년 10월 가을. 셀프회장 최영섭 올림

남자 4명, 여자 4명이 참석했다. 오윤경 동기생만이 부인을 대동했다. 임관 70주년기념 모임을 앞당겨 한 것이다. 명동에 있는 중국음식점에서 70여 년 전의 기억을 소환해서 껄껄 웃었다.

해군사관학교 총동창회에서 『玉浦』지에 수록할 기별동정을 요청해 왔다. 이것도 하나의 기록이라 생각해서 모임 동정을 사진과 함께 보냈다.『玉浦』121호(2020.1.)에 실려있는 글이다.

"수평선이 붉게 젖었습니다. 황혼과 함께 이어 별과 밤이 찾아오겠지요. 3기생, 앵곡만을 찾은 지 72년이란 세월의 이끼가 쌓였습니다. 고색이 창연합니다. 가파른 고개 90을 넘어서니 친구들이 재촉하듯 안식의 고향으로 돌아갑니다. 남은 친구들도 몸이 불편하니 만나기 힘들고 귀마저 어두워 통화조차 어렵습니다. 독재를 썼습니다. 제가 셀프회장으로 자칭했습니다. 억지춘향으로 모임을 강행했습니다. '만남의 편지'를 띄웠습니다. 그리고 만났습니다."

〈왼쪽부터 변우규, 필자, 오윤경 부인, 오용길 부인, 양제석 부인, 최재호 부인, 최재호, 오윤경〉

6·25전쟁 참전자들은 대부분이 90을 넘어 거동하기가 어렵다. 참전자 대표로 6·25전쟁발발 70주년 행사에 초청을 받았다. 전우들의 유해를 맞이한다기에 뜻 깊은 행사라 생각했다. 행사 당일 오후 3시까지 서울공항에 오라고 해서 갔다. 유해를 실은 비행기가 이날 들어오는 줄 알았다. 대통령이 참석하는 행사라며 리허설을 했다. 행사

준비를 하는 사람에게 물었다. "행사는 몇 시부터 하느냐?" "저녁 8시 20분부터 시작합니다." "그럼 유해는 언제 도착하느냐?" "유해는 어제 하와이에서 비행기로 들어왔고, 그 비행기는 돌아가고 다른 비행기에 유해를 옮겨 놓았습니다."

이 말을 듣고 한숨밖에 나오지 않았다. "허허, 이런 법이 어디 있느냐? 유해가 조국으로 들어올 때 맞이하는 것이 예의인데" 이들에게 뭐라고 한들 무슨 소용이 있겠는가? 분통이 치밀어 올랐다.

육·해·공·해병대 통합군사령관

필자의 형제는 삼형제다. 부친께서 아들 이름을 '영웅호걸' 글자 중 하나에 '섭'자를 붙였다. 장남인 필자는 '영섭', 둘째는 '웅섭', 셋째는 '호섭'으로 지었다. 형제 모두 직업 군인으로 복무했다. 둘째는 해병대 대령으로, 셋째는 해군 전자 부사관으로 전역했다. 제대 후 미국으로 이주한 셋째는 군에서 익힌 전문기술로 성공하여 아메리칸 드림을 이루었다. 산호세에 살고 있다. 한국재향군인회의 미국서부

회장을 역임했으며 현재는 한국해군협회 미국서부 회장을 맡고 있다.

　필자의 아들은 네 명이다. 첫째 재신은 해군 대위, 둘째 재형은 육군 법무 중위, 셋째는 공군 군의 대위, 넷째는 육군 소위로 군복무를 마쳤다. 형제·아들·손자들의 군 출신성분이 육·해·공·해병대 등 모든 군종(軍種)을 망라하고 있다. 필자가 '육·해·공·해병대 통합군사령관'이 된 셈이다. 참모장인 맏며느리를 정점으로 군대처럼 일사불란한 위계질서를 지키고 있다. 가족행사 때 모든 지시는 맏며느리 참모장을 통해서 내리고 참모장을 통해 보고를 받는다.

　가족들은 매년 설날, 추석, 필자의 생일 때면 참모장의 지시로 모두 모인다. 설날에는 집에서 가족예배, 추석 때는 가족 묘소에 가서 추모예배를 드리고, 필자의 생일 때는 오찬하면서 유음(遺音)을 전한다. 수십 년 동안 한 번도 거르지 않은 가족모임이다.

　설날 가족모임은 공공기관의 행사와 비슷하게 진행한다. ① 국기계양 ② 국기에 대한 경례 ③ 국기에 대한 맹세 ④ 애국가 제창(4절까지) ⑤ 묵념 ⑥ 예배 ⑦ 강화(講話) 순이다. 강화는 통합군사령관이 한다. 국기에 대한 맹세와 묵념 때 낭독내용은 정부행사와 다르다.

　'국기에 대한 맹세, 나는 대한민국 국기, 태극기가 상징하는 우리의 조국 대한민국, 즉 국민 모두에게 자유와 정의가 주어지는 하나님 아래 대한민국에 충성할 것을 굳게 맹세합니다.'

　'묵념, 대한민국 독립을 위해 순국하신 애국선열과 대한민국을 지키기 위해 김일성 3대 수령 독재자의 인민군대 및 공산주의자와 싸워 장렬히 전사하신 호국용사 그리고 대한민국의 융성발전을 위해 희생하신 애국자에게 감사와 천국 안식을 하나님께 기원합니다.'

1990년대에 들어 나라의 안보가 흔들리고 있었다. 한국군이 평시작전통제권을 환수한 1994년부터 북한군의 도발이 잦았다. 1999년 제1연평해전, 2002년 제2연평해전, 2009년 대청해전, 2010년 천안함 피격사건, 연평도 포격사건 등이다. 당시 김대중 정부의 대북정책에 따라 북한의 NLL 침범을 무력으로 저지할 수 없었다. 선체를 적함에 붙여 밀어냈다. 제1연평해전 당시 서해를 방어하는 제2함대사령관은 박정성 제독이었다. 장병들이 너무 고생을 하고 있었다. 격려가 필요했다. 원주지원장을 맡고 있는 둘째 아들에게 "언제 시간을 낼 수 있느냐?"고 물었다. "재판 없는 날짜에 시간을 낼 수 있습니다." "그러면 애비하고 인천 2함대에 같이 가자."

수박 20개를 가지고 인천으로 갔다. 박정성 사령관이 사령부 청사 현관에 나와 있었다. 연일 잠을 자지 못하고 작전지휘 하느라 두 눈이 충혈되고 입술이 터져 있었다. "고생이 많다. 상황이 어떻게 되어 가느냐?" "우리 장병들은 영해를 지키기 위해 사냥개처럼 몸을 받쳐 달려가고 있는데 누군가 뒤에서 사냥개의 끈을 잡고 끄는 사람이 있어 작전하기가 너무 힘듭니다. 그러나 장병들은 사기가 충천합니다. 저는 이런 사태가 있을 것을 예상하여 6개월 전부터 강훈련으로 철저히 준비했습니다. "그러면 됐다." "우리 장병들한테 격려의 말씀 부탁드립니다." "전투 중에 무슨 격려의 말이냐! 작전지휘 하는데 방해 되니까 난 가겠다." 사령관이 현관까지 나왔다. "필승! 선배님께서 생도 때 가르쳐 주신대로 장병들을 잘 먹이고 강하게 훈련시켜 국가와 국민을 위해 헌신할 수 있도록 지휘하겠습니다."

그로부터 얼마 후 6월 15일 우리 해군 함정 12척과 북한 함정 10척 간 대대적인 교전이 있었다. 이날 교전에서 우리 장병 9명이 가벼운 부상을 입었을 뿐 한 명의 전사자가 없었다. 함대사령관의 탁월한 지휘와 장병들의 평소 전투훈련 덕분이다.

필자는 90여년이라는 긴 세월동안 나라의 은택(恩澤)을 많이 받아왔다. 또 해군이라는 공동체에서 인생의 가치와 보람을 찾았다. 필자의 인생은 빚진 인생이나 다름없다. 마무리가 중요하다고 생각했다. 몇 년 전부터 나라와 국민에 보답하는 길이 무엇인지를 가족들과 의논해 왔다. 마침 '통일과 나눔 재단'에서 주관하는 '경원선 침목나눔' 행사가 2015년 8월 27일부터 있다는 것을 알았다. 필자의 가족 4대(代)는 2016년 2월 18일 침목나눔행사에 동참했다. 아들·손자·증손자의 이름으로 된 7장의 기부약정서를 '통일과 나눔

〈경원선침묵나눔기부 기사, 조선일보 2016년 2월 19일〉

재단'에 보냈다. 후손들이 경원선을 타고 필자의 고향 평강에 가봤으면 하는 마음에 기부를 결정했다.

경원선침묵나눔행사 후 그해 필자는 가족들과 논의하여 '컴패션(Compassion)'이라는 국제구호단체에 가입했다. 6·25전쟁 때 우리나라를 도와준 국가인 필리핀 어린이를 위해 매달 기부금을 보내기 위해서다. 6·25전쟁 때 유엔군과 같이 전투한 필자는 항상 이들에 대한 보답의 길을 찾고 있던 중이었다. 참전국 16개국 중 현재 우리나라보다 잘사는 국가도 있지만 못사는 국가도 많다. 컴패션은 아프리카, 아시아, 중남미 등 25개국의 불우한 어린이들을 돕고 있다. 에버렛 스완슨(Everett Swanson) 목사가 6·25전쟁 중 1952년 한국을 찾았을 때 전쟁고아들을 보고 그해 컴패션 구호단체를 설립하고, 1954년부터 한국의 전쟁고아들을 도와주었다.

2017년 12월 둘째 재형으로부터 전화가 왔다. 청와대에서 감사원장을 맡아달라는 요청이 왔다는 것이다. "그래서 어떻게 할 것이냐?"고 물었다. "현 정부를 위해 기여한 것도 없고, 제가 갈 자리가 아니라고 사양했는데 이미 대통령 결재가 났고 보도 자료까지 나갔답니다." "그렇다면 할 수 없구나. 오직 대한민국과 국민을 위한다는 마음으로 봉사하면 된다."

당시 정부는 국회의 신상 털기 청문회에 부담감을 느끼고 있었는지 감사원장 물색에 어려움을 겪고 있었다. 20여 명 이상의 인선에도 마땅한 인물을 고르지 못하자 둘째 아들 재형까지 닿게 된 것이다. 청와대는 "최 원장은 1986년 판사 임용 후 30여 년간 민·형사 등 다양한 영역에서 법관으로서의 소신에 따라 사회적 약자와 소수자의 권익보호, 국민의 기본권 보장을 위해 노력해온 법조인이다. 감사원의 독립성과 정치적 중립성을 수호하면서 감사운영의 독립성·투명성·공정성을 강화할 적임자다."고 평했다

재형은 감사원장에 지명된 것에 대해 이렇게 말했다. "오래 법관 생활을 한 저를 후보자로 지명하신 데는 감사업무의 직무상 독립성·공정성을 강화하고 확립해야겠다는 임명권자인 대통령의 뜻이 담겨있는 것으로 이해했습니다. 청문절차를 거쳐 감사원장으로 임명된다면 그동안 법관으로서 살아왔던 생활을 통해 쌓은 경험을 잘 살려 우리나라 공직사회가 법과 원칙의 테두리 안에서 운영되도록 노력하겠습니다."

언론에서는 재형에 대한 기사들이 쏟아졌다. "사회적 약자에 지대한 관심을 보내며 봉사활동을 실천해 법원 내에서 미담으로 유명한데, 자녀 2명과 함께 최근 5년간 13개 구호단체에 4,000여 만 원을 기부했다." "소아마비를 앓던 같은 교회 친구 강명훈을 고등학교부터 업어서 등하교시키며 함께 다녔고, 서울대학교 법대에 이어 사법시험까지 함께 합격했다." "슬하에 딸 둘, 입양한 아들 둘을 두고 있다. 최재형 원장은 한 언론과의 인터뷰에서 '입양은 진열대에 있는 아이들을 고르듯이 고르는 것이 아니다. 아이의 상태가 어떻든 간에 아이에게 무언가를 기대해서 입양을 해서는 안 된다. 입양은 말 그대로

아이에게 사랑과 가정이라는 울타리를 아무런 조건 없이 제공하겠다는 다짐이 있어야 한다.'고 말했다." 등등.

2017년 12월 21일 인사청문회 날 청문보고서가 문제없이 채택되었고 12월 29일에 열린 본회의에서 총 투표수 246표 중 가 231표, 부 12표, 기타 3표로 임명동의안이 가결되었다. 2018년 1월 2일 제24대 감사원장 임명장을 받았다.

임명장 받기 하루 전날 재형을 집으로 불렀다. 임지로 떠나는 아들에게 '單騎出陣(단기출진) 不免苦戰(불면고전) 天佑神助(천우신조) 蕩定救國(탕정구국)'이라는 사자성어를 써 주었다. '홀로 진지를 박차고 나가니, 고전을 면치 못하는 상황이 올 수도 있다. 그럴 때 하늘에 도움을 구하면, 나라를 안정시키고 구할 수 있다.'

감사원장에 임명된 후 한 언론지에 이런 글이 실려 있다. "최재형 원장은 유독 아버지에 대해 이야기를 많이 한다. 그는 아버지를 가장 존경한다고 했다. 그 이유는 평생을 청렴하고 강직한 삶을 사시고 있고 승진이나 보직에 연연하지 않고 자기 삶을 사시는 모습이 강한 인상으로 남아 있기 때문이다." 이 글을 보고 아들에게 한 마디 했다. "이 세상에 자기 아버지를 가장 존경한다는 자식이 어디 있냐?" 재형은 빙그레 웃기만 했다.

필자는 1995년부터 해양소년단 고문으로 활동하면서 해양사상고취와 안보강연을 해왔다. 23년 동안 들어온 강연료가 제법 되었다. 가족들과 상의하여 강연료를 '바다사랑해군장학재단'에 기부하겠다는 뜻을 밝혔다. 통합군사령관의 뜻에 모두 응원해 주었다. 2018년 3월 19일 엄현성 해군참모총장을 통해 '바다사랑해군장학재단'에 기부했다.

〈왼쪽 두 번째부터 맏아들 최재신, 맏며느리 여명희, 필자, 엄현성 참모총장〉

'바다사랑해군장학재단'은 전사·순직한 해군 장병의 희생정신을 기리고, 그 유자녀들의 장학금을 지원하기 위해 2014년 1월 설립된 재단이다.

2020년 1월 25일 설날 모임은 감사원장 공관에서 가졌다. 예전과 같이 국기게양부터 시작하여 강화(講話)로 맺었다. 강화내용은 대충 이랬다.

"인간은 행복하게 살아야 한다. 하나님의 소망이다. 지금 지구촌 73억 명이 사는 모습은 매일 어린이 35,000명이 굶어 죽고 있다. 10세 미만 어린이 한 명이 5초마다 굶어 죽고 있다. 10억 명이 하루 천 원으로 살고 있다. 22억 명이 극도의 영양실조 상태다. 나라가 그렇게 만들었다. 우리나라도 초근목피(草根木皮) 시절이 있었다. '쓰레기통에 장미가 피겠나.' 라는 조롱도 받았다."

〈2020년 1월 25일 설날 가족모임, 감사원장 공관〉

지난 긴 세월을 되돌아볼 때 조국 대한민국과 해군의 품 안에서 보람 있게 살아왔다는 것이 2020년에 들어서서 유난히도 강하게 느껴졌다. 아무것도 없이 빈손으로 내려온 우리 가족들을 대한민국이 받아주었고, 필자는 해군에 들어가서 우리 가족들을 살펴줄 수 있었다. 보은(報恩)할 수 있는 방안을 찾아봐도 특별하게 할 것이 없었다.

해군은 창설 75주년을 맞아 11월 5일 서울해군회관에서 개최하는 '해군역사세미나'에 필자를 초청했다. "6·25전쟁과 한·미 해군작전" 제목으로 해군창군 이후 최초로 실시하는 역사세미나였다. 이날 세미나 전에 필자는 부석종 해군참모총장을 만나 해군 전사·순직자 자녀들을 돕는 '바다사랑해군장학재단'에 작은 돈을 보냈다.

세미나 중 잠깐 쉬는 시간에 해군의 후배가 필자에게 다가와 물었다. "2년 전에 안보강연료 받은 돈 전부를 기부하셨는데, 이번에도 같은 액수의 돈을 기부하셨는데요, 앞으로 생활비가 없어 어떻게 하시려고요?" "허허, 내가 가진 재산은 하나도 없어도 자식 재산은 큰 부자야. 내 밑에 식구가 몇 명이냐 하면 저 세상으로 떠난 내 아내를 포함하면 모두 35명이야. 내가 모아 둔 돈이 없어 애들 장가갈 때 집 사준 적이 없어. 아들 4명 모두 다들 나름대로 처자식 굶기지 않고 잘 살고 있어. 지금 나는 큰 아들 집에 얹혀 살고 있어. 내 생활비는 나라에서 주는 군인연금과 훈장연금으로도 충분한데, 가끔 아들·손주들이 용돈을 보내주고 있어. 이 돈을 어디에 쓰겠나?"

〈왼쪽 필자, 오른쪽 부석종 참모총장〉

백운 막벨라동산

필자는 전역 1년 전 가족을 위한 묘지 터를 마련했다. 우리 가족이 대를 이어 이 동산에 평안히 잠들 곳이다. 의왕시 백운호수가에 있는 야산이다. 월남인들 대부분 그렇듯이 고향의 산야전답을 다 버리고 혈혈단신 내려왔다. 우리 가족도 마찬가지로 정착지도 없고 의지할 곳이 없어 죽으면 묻힐 안식처가 절실했다. 2018년에 묘지 터를 '백운 막벨라동산'이라 명명했다. 이곳에 아버지, 어머니 그리고 아내 정옥경 권사가 잠들어 있다. 필자도 죽으면 국립묘지로 가지 않고 아내 옆에 잠들 것이다. 봄에는 주위에 철쭉꽃들이 묘지를 감싼다.

어머님이 1991년 4월 21일 백운 막벨라동산으로 이사를 가셨다. 이후 아버지가 2008년 7월 26일, 아내가 1년 후 2009년 4월 24일 이사했다. 아내는 11년간 병마에 시달렸다. 파킨슨병이었다. 집안에 아내를 위한 병실을 만들었다. 간병인 두 명과 필자가 3교대로 간호했다. 환자에 대한 주사, 약제, 투약, 간호는 동경 고학시절 병원에서 익힌 바가 있어 거의 전문가 수준이다.

돈과 인연이 먼 남편과 만나 한평생 가난을 안고 살아온 아내였다. 필자가 당시 할 수 있었던 일은 아내를 위로하고 간병하는 것뿐이었다. 아내는 진달래, 철쭉이 피는 따뜻한 봄날에 이사했다.

가족들은 매년 봄, 가을 백운 막벨라동산을 찾아 추모예배를 드린다. 1996년 4월 21일 5주기 어머님 추모예배 때에는 사모송(思母頌)을 지어 헌시(獻詩)했다. 액자로 표구하여 집안 벽에 걸어두었다.(부록) 아내가 이사 간지 3개여월이 지난 2009년 7월 26일에는 신촌교회에서 추모예배를 드렸다. 아내를 위해 위로와 기도해 주신 교우들에게 '아내를 이사 보내고' 라는 제목으로 감사의 말을 올렸다.(부록) 아버지 이사 10주기 2018년 7월 26일에 가족들이 모여 백운 막벨라동산에서 추모예배를 가졌다. '아버지를 그리며' 라는 제목으로 글을 적어 낭송했다.(부록)

누구나 잘 죽기를 원한다. 잘 죽으려면 잘 살아야 한다. 자식들한테 부담을 주지 않아야 한다. 나로 인하여 주위 사람들이 불편하면 안 된다. 나로 인하여 가족들이나 주위 사람들이 화평하면 잘 사는 것이다. 나이가 드니까 아침에 일어나면 관절 마디마디가 굳어서 거동하기가 불편하다. 관절을 풀기 위해 먼저 뜨거운 물에 샤워를 한 후 맨손체조를 한다. 늙으면 누구나 오는 증상이라 병도 아니고 특별한 조치도 없다. 혼자서 감내해야 한다.

2018년부터 필자의 생일 때면 가족 모두를 불러 유음(遺音)을 전하고 있다. 구순부터는 여생이 세월이 아니라 시간이라는 것을 새삼 느낀다. 언제 이사할지 모른다. 우리 가족들 생일은 모두 양력이다. 할아버지 대부터 양력을 사용해 왔다. 필자의 생일이 4월 2일이지만 가족들이 모두 모일 수 있는 공휴일을 정해 모인다. 2018년과

2019년에는 3월 31일, 2020년에는 5월 2일에 유음을 전했다. 2018년 유음의 일부 내용이다.

"…이제 90여년 길고 긴 인생항로의 마지막 항구가 저 앞에 보인다. 내 여생은 세월이 아니라 시간이다. 지금 나는 너희들의 지극한 사랑과 효성으로 보람 있는 여생을 보내고 있다. 애썼다. 고생했다. 고맙다. 지난 90여년 세월을 되돌아본다. 인생이란 무엇인가? 무엇을 위해 살아왔는가? 어떻게 살아왔는가? 인생은 보람 있게, 가치 있게 그리고 행복하게 살아야 한다. 플라톤도 그랬고 아리스토텔레스도 그랬다. 공자도, 맹자도 그랬다. 이는 미국독립선언서에 쓰여 있다. 생명, 자유, 행복추구. 우리 헌법 제10조에도 있다. 행복은 나라라는 공간에 의해 좌우된다. 안식은 나라라는 울타리 안에서, 이웃이라는 사회에서, 그리고 가족이라는 공동체 안에서 비롯된다.…"

2019년 유음의 일부 내용이다.

"…나는 지금 마지막이 될지도 모르는 글, 자서전을 쓰기 시작했다. 너무 늦었다. 90여년은 내 인생의 기록이자 우리나라의 현대사다. 나는 6살 때 부모님 슬하를 떠났다. 거의 한평생 고아 아닌 고아로 살았다. 홀로 일하며 홀로 배우고 홀로 길을 일구어 가며 살아왔다. 중일전쟁, 태평양전쟁 때에는 일본 동경에서 고학(苦學)을 했다. 하지만 고생이란 생각을 하지 않았다. 사람은 이렇게 스스로의 길을 일구어 살아가는 것이라 생각했다. 1992년 2월 12일 조지 부시 미 대통령이 재선출마 때 말했다. '미국의 장래는 좁은 집무실에서 결정되는 것이 아닙니다. 자식들에게 책을 읽어주고, 책임감을 가르치고, 가치 있는 것이 무엇인지를 알려주고, 근면을 가르치는 가정에 달려 있습니다.'…(중략)…나는 너희들이 있어 행복하다. 특히 명희, 늙은 아비 시중하느라 고생이 많다. 명희·소연·숙희·정은이 애썼다. 고맙다. 사랑한다."

2020년 내내 코로나 전염병으로 인하여 온 세계가 혼란에 빠졌다. 평생 이런 전염병을 본적이 없다. 전염병이 약간 수그러들 때 5월 2일 일산의 모 중국식당에서 유음을 전했다. 2020년 유음의 일부 내용이다.

"…인생칠십고래희(人生七十古來稀)라 했다. 너희들의 정성 어린 효성으로 93년이란 긴 세월을 보람 있게 살고 있다. 고맙다. 인간의 수명은 내가 쓸 수 있는 시간의 적분(積分)이다. 한 번밖에 주어지지 않는 소중한 시간이다. 어떻게 잘 써야하나. 수명은 길이보다 깊이가 더 중요하다. 수명은 마무리가 중요하다. 인생의 결산이다. 일모도원(日暮途遠)이지만 보람 있는 인생길을 걸어가고 있다. 나는 너희들이 있어 행복하다. 애썼다. 사랑한다."(부록)

2020년 12월 30일 10번째 증손주 최해건(崔海乾)이 태어났다.

넷째 아들 재완의 손자다. 필자의 가족은 아내를 포함해서 모두 36명이 되었다.(부록) 해방 후 월남해서 아내와 함께 이룬 결실이다. 나무처럼 가지에 가지를 치면서 무성하게 번창했다. '가지 많은 나무에 바람 잘날 없다.'는 속담과는 달리 모두가 무탈하게 잘 커주었다.

2020년 12월 31일 문화일보는 '2020년 화제의 인물 10인'에 필자를 포함시켰다. 사회와 정부에 잔소리를 많이 했다는 이유였을 것이다.

붓을 놓으며

    2020년 11월 10일, 해군창설 75주년 기념식에 가려고 서울역에서 기차에 올랐습니다. 이제 나에게 남아 있는 시간이 길지 않다는 것을 압니다. 이제부터 남은 것은 세월이 아니라 시간입니다. 인생의 마지막에 가까울수록 더욱 간절합니다.

    창밖의 만추 풍경에 눈을 뗄 수가 없었습니다. 산, 구릉, 논, 밭, 강, 시내가 오밀조밀 알맞게 짜여 있는 이 강산. 우리 민족이 연면(連綿)히 살아온 내 조국 대한민국! 아름다운 금수강산. 이 땅에 태어났음이 축복입니다. 이 땅에서 살아감이 행복입니다.

    해군과 바다 그리고 해양소년단은 내 인생의 값진 무대였습니다. 해군사관학교는 나의 해군생활의 알파요 오메가입니다. 1947년

붓을 놓으며

해군사관학교 3기생으로 문을 열고, 1968년 해군사관학교 부교장 겸 생도대장 직무를 끝으로 군복을 벗었습니다.

지난 긴 세월 쉼 없이 작동해 준 모든 신체 기계가 한계에 와 있습니다. 눈·귀가 어둑어둑합니다. 쇠락하는 육체는 이길 수 없고 담담하게 받아들여야지요.

2021년 새해가 밝았습니다. 94년 내 인생은 말 그대로 파란만장한 항해였습니다. 한 조각 일엽편주에 몸을 싣고 비바람 몰아치는 망망대해를 헤쳐 마지막 항구에 다다랐습니다.

늦가을, 열매는 떨어집니다. 사람과 동물에 생명을 주고 씨앗이 되어 더 많은 열매를 맺습니다. 내 인생의 씨앗은 무엇인가?

지난 세월 살아오는 동안 드린 것 없이 받기만 했습니다. 밀어주고 끌어주고 손잡아 주신 모든 분들에게 마음속 깊이 한 말씀 드리고 싶습니다. "고맙습니다."

青山依舊在(청산의구재) 幾度夕陽紅(기도석양홍)

안녕히 계십시오.

2021년 4월 2일

최 영 섭

부록

〈부록 1〉가계도
〈부록 2〉무공·보국훈장·기장
〈부록 3〉수리산캠프 교수안
〈부록 4〉계룡학당 교수안
〈부록 5〉손주들에게 보낸 편지
〈부록 6〉성묘를 다녀와서
〈부록 7〉사모송(思母頌)
〈부록 8〉아내를 이사 보내고
〈부록 9〉아버지를 그리며
〈부록 10〉노래작사
〈부록 11〉조국의 사자(獅子)들
〈부록 12〉울릉도·독도 탐방 때 작시(作詩)
〈부록 13〉문산호 영웅들이여!
〈부록 14〉2020년 유음(遺音)

〈부록 1〉 가계도

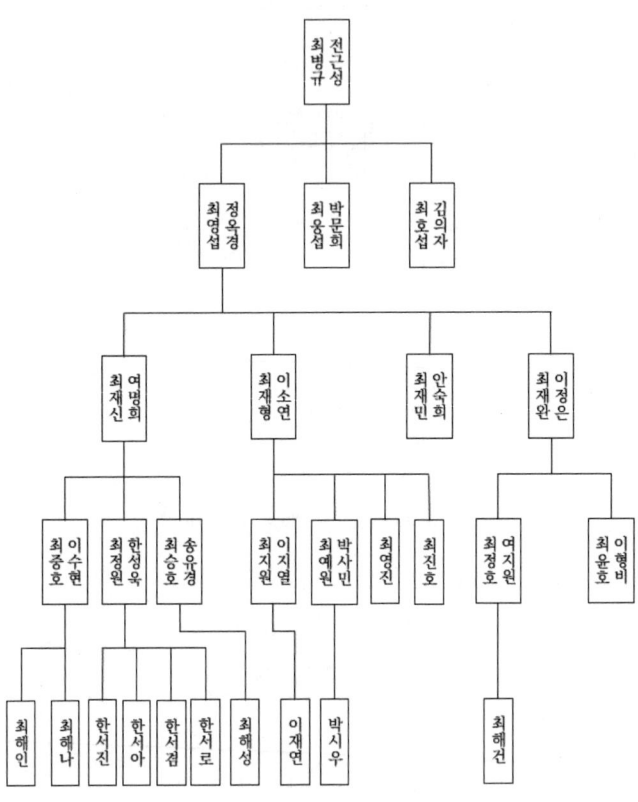

부록

〈부록 2〉 무공훈장·보국훈장·기장

- 충무무공훈장(1951년 10월 28일) : 대한해협해전(1950년 6월 25일~6월 26일)

- 충무무공훈장(1952년 1월 1일) : 덕적도·영흥도탈환작전, 인천상륙작전,

  대청도·소청도탈환작전(1950년 8월 9일~9월 28일)

- 화랑무공훈장(1952년 10월 17일) : 제2차 인천상륙작전(1951년 2월 10일~2월 11일)

- 화랑무공훈장(1953년 1월 30일) : 미 해군 동해안단대 연락장교 (1951년 12월 1일~1952년 4월 30일), PCS-201정장 서해봉쇄작전 (1952년 10월 3일~1953년 7월 20일)

- 보국훈장광복장(1963년 12월 17일) : 국가재건최고회의 총무비서관 (1962년 7월 25일~1964년 1월 6일)

- 보국훈장천수장(1965년 3월 27일) : 간첩선 나포·간첩 8명 생포 (1965년 3월 4일)

- 장보고대기장

- 호국영웅장

- 6·25전쟁기장

- 유엔기장

- 공비토벌기장

〈부록 3〉 수리산캠프교수안

〈부록 4〉 계룡학당 교수안

〈부록 5〉 손주들에게 보낸 편지

부록

北亭 조화圖에
　　一生之計는 在於幼라고
사람이 한平生 살아가는데 어려서 학획(계획)
을 잘 세워, 차근 차근 뜻을 한참 한다고
살 들리도록 준비를 잘 하라는 것이다.
　　幼而不學이면 老無所知요
　　(구이불학)　　(노무소지)
　　春若不耕이면 秋無所望이라
　　(춘약불경)　　(추무소망)
어려서 工夫 하지 아니하고 努力(노력)하지
아니하면 아는이가 없어 커서 할 수가
없어, 봄에 밭을 갈아서 씨를 뿌려지
아니하면 가을이 되어 秋收(추수) 할 것이
없어 개비에 굶어야하는 所望(소망)이 딸다는
맛 智慧(지혜)의 가르침이다.
　　畫耕夜讀(주경야독)
　　螢雪之功(형설지공) 이란 글도
배웠지

비록 불 밝힌 기름(油) 등이 없어도,
반딧불, 눈빛 아래서 글을 읽어 훌륭한
사람이 되었다고 熱心(열심)이 努力
하여 工夫 하라는 가르친이다.
　　修理(수리)나 재도는 사랑하는 비탈로의
　　精神(정신)의 토대, 사람 사는 根本(근본)
　　을 심어 주래도 뜻이 담겨 있었다.
사랑하는 나의 손주야
　　少年易老 하고 學難成 하니
　　(소년이로)　　(학난성)
　　一寸光陰 不可輕이라
　　(일촌광음)　　(불가경)
이 句節(구절)은 내가 장만을 받아가며
노래 부르며 가르쳤지
　　배울것도 많고 많은데 歲月(세월)
　　은 살같이 빨리 흘러가니, 어리다 시어
　　工夫 안하고, 時間(시간)을 가볍게 여기지
　　말아, 세게 살아도 못쓴 것이다.

손주야,

仲金高, 學校에 나이에 이 할애비도
日本 東京에서. 신문 달이 부부분기
主人집 玲橋(영교) 신문배를 하면서 學費(학비)
를 벌어 가며 中學校 工夫를 했단다.

나도 그때 하나도 苦生(고생) 스럽게
생각해 보지가 않었다. 그저 사랑도
어려서 버려야산다. 學校에 가기 위해선
學費(학비)가 있어야하니 내 工夫하기 위한
學費도 내가 벌어야한다 아뭐튼 어린나이
생각 했었다.
섣달 그믐 名節(명절)엔 主人집
家族(가족)들이 찬에 둘러 앉어서 음식
먹고 즐겁게 지내는것을 보며.

돌아서 房도(후사)에 혼자가 北쪽
하늘을 바라보며 中國 땅에 계시는

父母님과 동생들 모습을 구리가는
천구름치고 떠올리며 눈물지어 본적도
있었다.

그때 아쉬웠던 것은 바쁘게 工夫하게에
工夫할 명편이 없었던것, 친구 만나도
함께 생각 되었기.

새벽 日시에 일어나 정처력에 나가서
新聞(신문)을 받아 이집 저집 배달하고
나면 여섯時. 主人집에 돌아와 三층
病院(병원) 계단과 마루를 쓸고 물걸레로
닦고 마당으로 쓸고 ──

겨울에도 손이 트고 얼어 버는가락
(인손) 凍傷(동상)에 걸러 아픈도
그후에나 낳아 갔다.

손주손아
너희둘도 학교를 휴학(휴학)하구나.
나의 中學校 다닐때 처럼 어디
타향 땅에 떨어져 혼자서 工夫

부록

[첫 번째 메모]

하지 않아도 되러 그릇한수있는 미련도
없고 배울지도 많으니까 얼마나 좋으냐
아버지 어머니, 熱心히 믿으니까
인해 축신하시고 너희를 지극히 사랑해
주시고, 돌보아 주시고, 그릇시키 주시니
父母의 사랑의 恩惠(은혜)가 罔極(망극)
하다.

知足者는 貧賤도 亦 樂이오
(지족자) (빈천) (역 락)

不知足者는 富貴도 亦 憂니라
(부지족자) (부귀) (역 우)

心安이면 茅屋도 穩이라
(심안) (모옥) (온)

늘 못 하다 생각하면 불평이
늘 才足 하다 생각하면, 오십 정정 깊이
불리지 않는다. 茅屋(茅) 三間도 못하고
(모옥) (삼 간)
셋방사리에 일곱식구가 살든사정 생각 하여
풍족함 것이다.

[두 번째 메모]

내 사랑하는 속주야,

信望愛, 智慧, 聰明이
(신망애) (지혜) (총명)
너희 때가 너희 人生에서 다시 돌아오지
(인생)
않는 貴한 때이다.
(귀)

늘 때든 熱心히 몰아라.
(열심)

T.V. VIDEO는 너희에게는 낭비 時間이 아까웁다.
(시간)
手張(조조)를 아끼어서 배우고 冊을 많이
(책)
읽께라. 하느 성서 (어디 몇편 몇절) 못외는
대목은 다. 너희때 익힌것은 한평생 잊지
버리지 않는다.

하나님 주신 "달란토"(제주)는
(재주)
하나님이 네게 주신 貴한 선물이다
(귀)
힘써 사용고 發揮(발휘) 해서
(발휘)
더욱, 더 有益(익)한 일들 해서
(유익)
이웃과 이웃에게 도움이 되고 있는
배우는것이, 주님 받으신 뜻대로 그릇에
하는 것이다. 하나 받으신 貴한
(귀)
달란트를 죽음까지 가지고 있도록 명하였다.

사랑하는 순욱아!

한매비 잔소리가 너무 길어졌구나.
이 한애비 너희에게 잔소리 하더래도
잔소리 한 번이 넘지는 안 것다.

樹欲靜而나 風不止
(수욱 자기) (폭 부지)

너희는 자란이

사랑하는 우리 순욱아 그러 사이에
깊이 잠드어해 바람은 그치지 않으여.
먼 훗날 이 한애비 잔소리가
너희 잔잔한 道理(도리)가 한 오래이
되겠지

힘차게 呼吸(호흡)을 가다고 바스스로운
이기며 (호흡) 굳세게 꿋꿋이 돋고
泰然하게 育遊하라.
        1996년 6월 17일 너의 할아버지

修道山 籬에서 너희를 사랑하는
              할아비 너에게가

〈부록 6〉 성묘를 다녀와서

3학년 7반 22번 최정호

이번 추석에 우리 온 가족은 경기도 의왕시에 있는 산소에 성묘를 갔다. 증조할아버지를 모시고 작은 할아버지가 오셨고, 할아버지, 할머니, 첫째 큰 아버지 댁 식구들, 둘째 큰 아버지 댁 식구들, 셋째 큰 아버지 식구들, 그리고 우리 식구도 모여 모였다. 우리 가족은 정말 대가족이다. 모두 모이면 22명이기 때문이다. 우리는 모두 함께 벌초를 하였다. 우리 아버지께서 예초기를 메고 벌초를 하셨고, 작은 할아버지와 큰 아버지들께서는 낫과 삽으로 잡초와 나무뿌리를 잘라 버리셨다.

벌초가 끝난 후, 고조할아버지와 고조할머니 산소 앞에서 증조할아버지가 원하시는 대로 제사를 드렸다. 그리고서는 증조할머니 산소 앞으로 옮겨 가서 우리 할아버지 식으로 예배를 드렸다. 우리는 항상 이렇게 한번씩 제사와 예배를 드린다. 왜냐하면 증조할아버지께서는 교회를 안 다니시기 때문에 제사를 드리고, 돌아가신 증조할머니께서는 교회를 다니셨기 때문에 예배를 드린 것이다.

나는 성묘를 하면서 우리는 모두 한 가족이며, 우리 할아버지의 효성스러운 마음을 본받아야 하겠다고 생각하였다. 할아버지께서는 연세가 높으시지만 증조할아버지의 말씀을 따르시는 것을 보고 나도 아버지의 말씀을 잘 들어야 하겠다고 생각하였다.

<부록 7> 사모송(思母頌)

思母頌

1. 어머님   가신屈前   개나리   한짝 폈소
   於馬聞   다섯해가   流水같이   흘러가
   그곳은   화사한날씨   비록음도   없겠지요

2. 뙤약볕에   김매시어   검은얼굴   희여졌나요
   왕소금   등에지어   굽은허리   펴섰나요
   朔風에   빨래하신손   튼자리국   아무렀나요

3. 한平生   子孫爲해   犧牲으로   바치신몸
   한平生   이웃爲해   사랑으로   베푸신맘
   이제는   樂園에게서   한시름   놓의셨군요

4. 子孫과   子孫들이   寒食날   찾아뵙고
   한고루   앵두나무   남알뜰에   심었으니
   빨간꽃   피어오를때   한자게   웃으시구려

   96年4月21日 어머님 五週忌 追悼禮拜
           修理山麓   英愛

부록

〈부록 8〉 아내를 이사 보내고

1. 봄을 기다리며
2. 그리움
3. 낙원에서 온 소식

1. 봄을 기다리며

시인 영랑은 "모란이 피기까지는 나는 아직 봄을 기다리고 있을 테요. 찬란한 슬픔의 봄을"이라고 했습니다.

당신은 숨 가쁘게 투병을 하면서도 그 봄을 기다리다가 그 봄을 기어이 보고 하늘나라로 이사했습니다.

떠나기 두 주일 전 따스한 봄볕을 받으며 저와 간병인이 미는 휠체어에 몸을 싣고 공원을 산책할 때 들판에는 민들레, 제비꽃이 봄바람에 가볍게 하늘거리며 개나리는 노랗게 물결치고 벚꽃은 꽃받침을 비집고 붉은 봉오리를 뾰족 내밀고 있었지요.

며칠 후 저와 간병인의 부축을 받고 철쭉, 진달래, 매화 향기가 싱그럽게 풍기는 공원에 나가 활짝 핀 벚꽃나무 밑 벤치에 앉았습니다. 아내 손을 꼭 쥐고 "임자, 봄이 왔군. 찬란한 봄이야."아내는 그저 미소로 대답했습니다. 돌아오는 길 아파트 입구 화단에는 모란이 봉오리를 열고 붉은 수술을 수줍은 듯 내 비치고 있었습니다.

봄은 소생의 계절이요 부활의 계절입니다. 아내는 이 봄을 기다렸습니다. 문상 오시는 이, 장례하는 이의 수고를 덜어 드리려는 배려였습니다. 당신은 80년 한평생 '배려'의 인생이었습니다.

이웃에게 평안을 드리려고, 자기를 낮추고 겸양하고 온유하며 무슨 일이든지 참고 견디며 분수에 만족하며 살아왔습니다.

당신은 나무처럼 살아왔습니다. 산골짜기에 있든 산 중턱이나 꼭대기에 있든 자기 처지를 탓하지 않고 물과 흙과 태양이 주는 대로 감사히 받고 살았습니다. 구름에 덮일 때도 안개에 잠길 때도 부슬비·함박눈을 맞으면서도 견디며 묵묵히 살아왔습니다.

6.25전쟁 때 시집식구 10여명이 한꺼번에 피난 와 먹고 살기가 막막할 때도, 시어머님 30여년 모시면서도 불평 한번 들어본 적이 없습니다. 산에 가서 땔감을 머리에 이고 오고 삯바느질을 하면서도 그저 잘 살펴 드리고 잘 모시려고만 했습니다.

당신도 사람인데 어찌 괴로움이 없었겠습니까? 어찌 힘들지 않겠습니까? 돈과 인연이 먼 남편 만나 한평생 가난을 이고 가난을 안고 살아오면서도 마음에 그늘진 곳 없이 땀 흘리며 열심히 살아왔습니다. 한 가지 한은 아이들에게 철 따라 과일 실컷 못 먹인 것을, 마음껏 헌금 못함을 안타까워했지요.

인생은 외로운 곳, 괴로운 것 그러나 당신은 이 모든 고독과 고통을 '사랑' 이라는 과녁에 초점을 맞추어 살아왔습니다.

아내는 봄을 기다리다 봄을 보고 4월 24일 이사길을 떠났습니다. 작년 9월 콧줄 도관으로 영양공급을 시작한 후 기력이 저하돼 가고 있었습니다. 이때부터 하루에도 몇 번씩 아내 곁에 앉아 부활, 구원, 영생과 천국 소망의 진리에 대하여 확신에 확신을 굳히도록 신앙고백, 찬송, 기도를 거듭했습니다. 부활절 날 '오직 예수'에 실린 재단장된 아름다운 본당 사진을 보이고 강두용, 하영목 집사가 쓴 해설을 들려주었습니다.

아내의 얼굴이 환해지며 "교회에 가고 싶어"라고 말했습니다. 옆에 있던 재형이가 "날씨 좋은 날 제가 교회에 모시고 갈게요"했으나 끝내 재단장한 본당은 보지 못하고 떠났습니다. 이때부터 아내는 "어머니한테 가야겠어." "아버님이 부르셔요" 그 전날에도 소파에 누워 있는 저를 보고 "여보! 어서 일어나요 떠나야겠어."라고 재촉했습니다.

이사 떠날 때를 알고 있었나 봅니다. 그날 저녁 제가 받아온 잠신중학교 명예교장패를 보이며 "임자! 나 교장 됐어. 이제부터 교장선생님이라고 불러요."했더니 예쁘게 만든 패를 한참 만지작거리며 싱긋이 웃어 보였습니다.

그날 밤 11시, 병상 옆에 있는 좌변기를 마다하고 화장실에 다녀온 후 가래 때문에 호흡이 힘들어 해서 흡인기로 가래로 뽑았습니다. 4월 24일 오전 0시 45분 숨이 멎있습니다. 아내 입에 제 입을 대고 입김을 계속 불어넣었습니다. 옆에서 지켜보던 큰 아이 재신과 명희가 "아버지, 이제 그만 하시지요." 그 말 듣고 아내 귀에다 "여보! 편히 가요. 수고 많았어. 하늘나라에서 만나."라고 외쳤습니다. 손주 승호가 부른 119구조대가 들어왔습니다. 아내는 재신과 명희 손을 잡고 제 품에 안겨 알 수 없는 먼 길을 혼자 떠났습니다. 제가 왜 그 길을 모르겠습니까?

"너희가 마음에 근심하지 말라. 하나님을 믿으니 나를 믿으라. 내 아버지 집에 거할 곳이 많다." 아내가 예수님 예비하신 하늘나라에 가 있는 것을 확신합니다.

긴 병고가 그치고 잠든 아내의 편안한 얼굴, 그 엷은 미소는 무엇을 뜻하는 것일까요?

"내 말을 듣고 나 보내신 이를 믿는 자는 영생을 얻었고 심판에 이르지 아니 하리니 사망에서 생명으로 옮겼느니라." 믿는 자는 영생이 있어, 믿고 이사 떠난 자는 예수님 음성을 들을 수 있고, 그 음성을 듣는 자는 부활이 생명이 주어지며 영원한 안식을 누릴 수 있음을 믿고 알기 때문일 것입니다.

바울은 디모데에게 "내가 떠나갈 때가 왔다. 선한싸움 다 싸우고 달려갈 길 다 마쳤으니 주께서 의의 면류관 준비하셨고, 이는 나뿐만 아니라 주님을 사모하는 모든 이에게도 그날 주실 것."이라 했습니다.

저는 아내가 주님 섭리로 이 땅에 태어나 주님 원하시는 일 다 마치고 최 씨 가문에 믿음 심고 화평의 터를 이루어 사랑과 헌신의 청탑(靑塔)을 쌓았으니 그날이 오면 주께서 면류관 주실 것을 믿습니다.

또한 주님께서 이 세상의 수고와 병고를 그치게 하시고 슬픔과 눈물을 씻어 주시고 상처를 치유하시고 매였던 것을 풀어주신 은혜에 감사드리며 인간의 능력으로는 알 수 없고 볼 수 없던 하늘나라에 이르러 주님 영접받아 낙원의 푸른 초장에서 편히 쉬고 있음을 믿고 위로 받습니다.

전도자는 "날 때도 있고 죽을 때가 있고 한 세대는 가고 또 한 세대는 온다."고 말했습니다. 종교 철학자들은 생명은 '탄생'과 '죽음'이란 신비로운 사건에 의하여 완성된다고 합니다.

삶과 죽음은 하나요. 죽음은 새로운 시작이며 이 세상이 계속 돌아가기 위한 시스템이라고 합니다. 죽음은 물리적 시간을 무한의 시간으로 바꾸고 공간의 경계를 무한으로 확장시킨다고 합니다. 죽음은 생명의 근원을 보여주고 오감(五感)의 한계를 넘어 지혜를 가르쳐 준다고 합니다.

죽음은 창조의 숨어있는 정보를 드러내고 이쪽 세계에서 저쪽 세계로 이전하는 것이며 삶과 죽음의 징검다리는 그저 하나의 이전일 뿐이라고 합니다. 죽음이란 '삶'으로부터 고통과 고뇌가 없는 다른 존재로의 변화라고도 합니다.

죽음은 나비가 고치를 벗어나 훨훨 날아가는 현상과 같다고도 합니다. 석가모니는 설법에서 사후세계(死後世界)에 대한 설명이 없습니다. 무기(無記)입니다. 다만 인정할 뿐입니다.

공자는 "삶도 모르면서 죽음을 어떻게 아느냐?"고 말씀했습니다. 어네스트 헤밍웨이는 "죽음이 삶의 연장이라는 것을 모르면 결코 자유로울 수 없다."고 말했습니다.

기독교의 핵심은 '생사의 근원자이신 하나님 신앙'입니다. 길이요 진리요 생명이신 예수님의 생애와 교훈 그리고 부활 생명의 현실은 성경을 통해 우리의 사생관을 정립시켜주고 있습니다. 기독교 신앙은 단순한 정신적 실체의 불멸성이 아니라 '몸'을 갖춘 불멸신앙입니다.

2. 그리움

모진 풍파 몰아치는 황량한 바다로 나아가 조각배에 몸을 싣고 둘이서 노 저어온 60년 험한 세월, 그 얼마나 고달팠습니까? 선장이란 남편이 변변치 못해 배에 실을 물도 식량도 제대로 마련해 주지 못했으니 그 얼마나 힘겨운 뱃길을 달려왔습니까? 손가락 마디마디에 못이 박히도록 노 저어온 한평생 그 얼마나 힘들었습니까? 비바람이 불어도 당신 입술에는 미소가 흘렀고 검은 구름에 휘말려도 당신 얼굴에는 희망의 빛이 감돌았습니다.

배에 실은 네 아이들이 당신의 희망이었고 당신이 힘이 되었고 보람이었지요. 지금 아이들이 사는 모습이 당신의 징표요 당신의 항적(航跡)입니다.

임자, 우리가 지나온 항로(航路)는 하나님이 인도하신 뱃길이요 은총이요 사랑이었소. 어려운 고비마다 순풍 주시고 큰 물결 일어날 때 믿음 더욱 굳게 하시고 근심걱정 있을 때 피할 길 열어 주시고 의지할 곳 없을 때 어둔 영혼 밝혀주셨습니다.(찬송 : 503)

기나긴 항해 끝에 아늑한 항구에 닻을 내려놓고 석양에 붉게 물든 수평선 낙조를 바라보며 지나온 뱃길을 회상하려던 시간이 너무 짧았습니다. 힘들었던 지난 세월을 기쁨의 추억으로 관조하고 네 아들 손주들의 보람찬 삶의 향연을 음미할 시간도 짧았습니다.

임자, 하나님의 사명 아름답게 끝내고 혼자 훌쩍 이사길을 떠났구려. 하나님께서 당신을 지극히 사랑하셔서 지난 한 해 동안 힘든 투병을 그치게 하시고 '정옥경' 세 글자를 생명책에 기록해 두셨다가 두 손

벌려 "내 사랑하는 딸아" 영접하여 영원한 집, 낙원의 푸른 초장에 쉬게 하여 주심을 내가 믿고 찬미 드립니다.

거기에는 수정 같은 생명수가 흐르고 열두가지 실과가 날마다 맺고 사시주야 빛과 사랑이 넘친다면서요. 그러나 내 품에 안겨 떠난 당신을 그릴 때 가슴이 미어지는 이 슬픔, 견딜 수 없는 이 애달픔, 허전한 이 빈 공간을 달래고 채울 길이 보이지 않는구려.

당신이 간직하던 수첩 속에는 사진 석장이 있더군요. 고등여학교 때 찍은 앳된 모습의 사진과 하나님께서 보내주신 우리 손주 '진호' 사진 그리고 결혼 전 진해 해군교회 언덕 아래 벚꽃밭에서 찍은 60년 전 색 바랜 사진이었소. 그날이 일요일 저녁이었지요. 교회 종소리 듣더니 "또 만나요."하며 일어서길래 "예수님하고 나하고 누굴 더 사랑해?" 말도 안 되는 어처구니없는 내 말에 그냥 미소 지으며 교회로 발걸음을 재촉했지요. 저는 당신 뒷모습을 보며 전쟁터로 떠나기 위해 군함으로 돌아갔지요.

제가 『고하도』 책 출간할 때 서문 끝에 '가난한 살림을 꾸려오느라 힘겨운 한평생을 살아온 아내 정옥경 권사의 건강 회복을 기원하며…'라고 적었지요. 2년 전 일입니다. 당신은 그 글자를 한참 들여다보면서 말없이 제 손을 꼭 잡았습니다. 당신의 따뜻한 체온이 온 봄을 절여 들었습니다.

당신의 체취가 깃든 여러 가지 물건들, 손수건 하나, 벽걸이 하나에도 당신의 흔적이 묻어 납니다. 버스를 타고 교회 가는 길 가로수 가지의 까치둥지를 보면서 당신과 나눈 대화의 음성이 고막에 울려옵니다. 임자가 아침 저녁 바라보던 베란다의 화초에도 당신의 그림자가 아른거립니다.

당신 방을 병실로 꾸미고 오래 누워 있으면 욕창 생길까 봐 공기 매트를 준비했는데 깔아보지도 못하고 떠났구려.

당신과 같이 있었던 공원 벤치에 홀로 앉아 가없는 허공을 쳐다 보았습니다. 하늘에 걸린 반달에 당신의 애잔한 모습이 아련히 떠 있었습니다. 인간의 수많은 관계 중에 부부처럼 질긴 관계는 없는 것 같습니다.

3. 낙원에서 온 소식

이성은 감정을 조율한다고 합니다만 아내를 홀로 보내면서 가슴을 파고드는 아픔을 못 이겨 어리석게도 이사 가서 잘 먹으라고 틀니를, 잘 들으라고 보청기를, 잘 보라고 돋보기를, 예쁘게 단장하라고 분홍색 옥 목걸이를 그리고 가끔 소식 보내라고 핸드폰을 싸 넣었습니다.

예수님 재림하셔 귀머거리도 봉사도 사지의 결함도 다 온전하게 하시고 가장 아름다운 '몸'이 된다는 부활 소망으로 살아가는 우리들인데…

정 권사가 이사 가기 전, 저에게 40여 년 동안 기나긴 세월 신촌교회 교우 여러분께서 바다보다 깊은 사랑으로 감싸주시고 베풀어 주심에 보답하지 못한 안타까움을 눈시울을 적시며 누누이 고명(告明)했습니다.

이사 떠날 때도 수많은 교우님이 따뜻한 사랑과 정성으로 환송해 주심에 이루다 말할 수 없는 고마움을 간직하고 떠났으리라고 믿습니다. 아내의 고명(告明)과 뜻을 전합니다.

"사랑하는 신촌교회 교우 그리고 지기 여러분, 기나긴 투병생활과 수차례의 입원 중 귀하신 시간 쪼개어 그 먼 거리 일산까지 오셔서 위로해 주시고 기도해 주시고 물심으로 도와주셔서 참으로 고맙습니다. 잇몸이 약해져 음식을 잘 먹기 힘들 때 죽, 영양탕 그리고 보양식을 수도 없이 갖다 주셨습니다. 그 덕분에 봄을 보고 떠날 수가 있었습니다. 감사한 마음 이를 데 없습니다. '사랑은 주는 것'이라고 했는데 저는 교우 여러분께 드린 것이 없이 받기만 했습니다. 이 말 한 마디는 꼭 드리고 떠나고 싶습니다. 여러분 곁에서 살아온 것이 더 없이 따뜻하고 행복했습니다. 여러분이 계셨기에 제가 사는 세상이 기쁘고 보람차고 아름다웠습니다. 특히 권사회원, 사라회원 그리고 구역식구 여러분 진정 고마웠습니다. 잊을 수가 없습니다. 사랑합니다."

"오창학 목사님, 눈이 있어도 보지 못하고 귀가 있어도 듣지 못하는 미련한 이 죄인을 천국 소망을 지니도록 인도해 주셔서 기쁜 마음 가지고 본향으로 이사길을 떠날 수 있었습니다. 오 목사님, 그동안 저의 집 크고 작은 모든 일에 하나님 말씀과 축복으로 합력하여 선을 이루게 하여 주셔 고마웠습니다. 목사님 은덕으로 제가 며느리로, 아내로, 어미로 제 몫을 감당할 수 있었음을 감사드립니다. 목사님, 제가 떠나기 전 심방 오셔서 '정 권사, 냉면이 천하제일이야.' 라고 말씀하셨을 때 '저 이제는 냉면 만들 수가 없습니다.'고 대답하며 제 기력이 소진되어가고 있음에 가슴이 미어지도록 아팠습니다. 냉면 대접해 드리지 못하고 떠나 죄송합니다. 목사님 은퇴 후에도 사모님과 더욱 강건하시고 남겨둔 저희 식구위해 기도 부탁드립니다."

이제 아내가 전하는 소식을 끝내야겠습니다.

어느 목사님 사모께서 보낸 편지에 이렇게 적혀 있었습니다. "빈 자리가 너무 크지요. 구석구석 정 권사님 흔적으로 가슴이 저며 드실 거예요. 반대로 집사님이 먼저 천국 가셨으면 정 권사님이 지금의 집사님 고통을 겪으실 거예요. 사랑하는 부인 대신 집사님이 겪고 계심에 감사하세요. 권사님 생각날 때 실컷 부르며 실컷 우세요."

원고지 위에 눈물방울이 번져 글자가 흐릿하게 보입니다.

2009년 7월 26일

〈부록 9〉 아버지를 그리며

아버지! 세월이 화살 같아 아버지께서 이 땅에서의 사명을 다 마치시고 하늘나라 푸른 초장(草場)으로 떠나신지 어언 10년이 흘렀습니다.

아버지는 1905년 을사조약 후 1910년 일제의 국권강탈 직전 1909년 1월 2일 서하리(西下里) 독골에서 출생하셨지요. 이 집은 효종(孝宗) 9년(1658년)에 23세(世) 웅남(雄南) 선조께서 건립하신 13대 300여 년에 걸쳐 해주(海州) 최(崔) 씨의 맥이 흐르는 세전가옥(世傳家屋)입니다.

21세 응손(應巽)선조께서 정유·병자호란 시(1630년대) 평안도 안주(安州)에서 강원도 평강군(平康郡) 중평리(中坪里)로 이사하시고 웅남 선조님이 평강군 고삽면(高挿面) 서하리 독골로 이주하셨습니다.

저도 1928년 4월 2일 세전(世傳) 집에서 태어났습니다. 아버지께서 출생하신 그해 10월 26일 안중근 의사가 만주 하얼빈 역에서 한국침략 원흉인 이토 히로부미(伊藤博文)를 처단했습니다.

1916년 10월, 아버지는 승현(升鉉) 할아버지를 따라 만주 북간도 백초구(百草溝)에 사시는 태현(泰鉉) 종조부(從祖父)님을 찾아 가셨지요. 이때 독골에서 검불랑(劍拂浪)까지는 도보로, 검불랑에서 원산까지는 기차로, 원산에서 청진까지는 기선 경기환(京畿丸)으로, 청진에서 회령까지는 기차로, 그리고 회령에서 두만강을 건너 팔도구(八道溝)까지는 우차(牛車)로 가셨지요. 험난한 길입니다.

북간도는 글자 그대로 '조선과 청나라 사이에 놓인 섬과 같은 땅'이라는 뜻으로 길림성(吉林省) 동남부 지역입니다. 이 지역은 1712년 백두산경계비를 세워 영토문제가 일단락되었습니다.

　청·일, 러·일전쟁 후 일제의 수탈(收奪)로 생활이 어려워지자 많은 사람이 북간도로 넘어가 황무지를 개간했습니다. 그러자 청나라는 이 지역의 조선인 철수를 요구했습니다. 1909년 일본이 나서 만주 안봉선(安奉線) 철도부설권을 받고 북간도를 청(淸)에 넘겼습니다.

　아버지께서 8일 동안 팔도구 이경찬(李瓊贊) 씨 집에 유숙하실 때 백초구 종조부 댁으로 떠나기 전날인 주일(主日), 동네 신자 5~6명이 모여 예배 드렸지요. 이경찬 씨는 아버지를 예배에 참석시키고 예수상과 십자가 앞에 꿇어 앉혀 놓고 놋그릇에 담긴 성수를 머리에 뿌리시며 기도하셨지요.

　"…모진 바람에 밀려 이곳 호지(胡地)까지 들어온 이 어린 형제를 천주님께서 굽어 살피시어 은혜 베풀어 주시옵고…"

　이경찬 씨가 집전한 이 의식은 아버지 한 평생 가슴 속 깊이 자리 잡고 있었습니다. 이 때 이경찬 씨는 "19세 넘기기가 어렵겠구먼. 이 고비를 잘 넘기면 최 씨 가문의 중흥지조(中興之祖)가 될 거야." 말씀하셨지요.

부록

아버지의 연대기입니다.

① 1916년~1922년 논어, 맹자, 중용, 산해경(山海經), 동한연의(東漢演義), 서한연의(西漢演義), 열국지(列國志), 삼국지(三國志), 양계초문집(梁啓超文集), 몽견제갈량(夢見諸葛亮) 등 숙독

② 1917년 9월 평강공립보통학교 입학

③ 1924년 5월 춘천고등보통학교 (현 춘천고등학교) 제1회로 입학

④ 1926년 4월 대한제국 마지막 황제 순종(純宗) 붕어(崩御) 시 아버지께서는 춘고 을조(乙組) 조장으로 갑조 조장 이영길(李永吉)과 같이 전교생에게 상장(喪章)을 달게 하여 항일운동을 주도하셨습니다. 일본 경찰과 일본인 교사 모리히로미(森廣美) 교무주임의 추궁으로 사건이 확대되었습니다. 춘고 교장 사토모토조(佐藤元藏)의 수습으로 일단락되었으나 모리(森) 주임의 학생 구타, 폭언 등 탄압이 극심하여 1927년 10월 4일을 기해 모리(森) 주임 배척 동맹휴학을 주도하셨습니다. 경찰이 아버지를 체포하려 하자 사토(佐藤) 교장이 사태수습에 나섰습니다. 교장은 강원도 경무과장인 친나이토시오(陳內利夫)와 협의하여 조장인 아버지와 이영길 학생을 대동하여 조선총독부 학무국장을 만나러 경성(京城)으로 떠났습니다. 남산 소복(笑福)여관 (현 힐튼호텔 위치)에 유숙했습니다. 학무국장과 사토(佐藤)교장은 아버지께 보성(普成)고등학교 전학을 권했으나 모리(森) 주임을 퇴직시키지 않으면 전학하지 않겠다고 완강히 주장하셨습니다. 결국 일본 당국은 아버지를 퇴학 처분하고 강제로 고향으로 귀향시켰습니다. 이

사건은 동아일보 1926년 10월 8일자에 실렸습니다. 이후 1929년 광주학생운동이 일어났습니다. 『춘천고등학교 60년사』(1983)와 『춘천고등학교 90년사』(2015)에 수록되어 있습니다.

⑤ 1928년부터 붉은봉 주빈(朱濱) 일대 조림사업(造林事業)에 착수하여 1943년까지 약 40만 주를 심음. 수종(樹種)은 주로 침엽송

⑥ 1933년 독골에서 붉은봉으로 이사

⑦ 1938년 만주 모란강성(牡丹江省) 해림가(海林街)로 이주함. 해림가 부가장(副街長), 조선인 거류민단장 역임

⑧ 1944년 12월 고향 평강군 유진면으로 돌아옴

⑨ 1945년 8월 15일 일본 항복. 소련군이 한반도 38도 이북 점령하여 도·시·군·면까지 인민위원회 수립. 공산주의화

⑩ 월남. 1947년 2월 아버지께서 일생일대의 현명하신 용단을 내리셨습니다. 수십 년 동안 땀 흘려 축적하신 전답, 임야, 가산 모두 다 버리고 암흑의 공산치하 고향을 벗어나 솔가(率家) 월남(越南)을 결단하셨습니다. 오늘날 우리 가족의 번성은 아버지의 결심 결과입니다. 우리 가족은 안양에 정착해 있다가 6·25전쟁이 발발하자 할아버지는 원주로 피난하시고 아버지는 식구 9명을 이끌고 진해로 피난 오셨습니다.

⑪ 1984년 『평강군지(平康郡誌)』 갑자편(甲子篇)을 편찬하셨습니다.

⑫ 1987년 회고록 『사려(思慮)와 조화(調和)』를 출간하셨습니다.

⑬ 1999년 2월 12일, 아버지께서 1927년 말 졸업 1년을 앞두고 항일운동을 주도한 죄로 춘천고등보통학교에서 퇴교된 지 73년 만

에 '명예졸업장'을 받으셨습니다. 재학생 모두가 1회 선배인 아버지를 열렬히 환영했습니다. 이때 저와 동생 웅섭이 아버지를 모시고 춘천고보 졸업식에 참석했습니다. 이때 춘천고보에서 아버지 학적부를 찾아냈습니다. 학적부에 다음과 같이 기록되어 있었습니다.「입학년도 : 대정(大正) 13년(1924년) 5월 9일, 학령 : 만 14년 9월, 신장 : 5척 48촌 5분, 체중 : 18관 230목, 흉위 : 3척 02분, 근정(勤情) : 근면, 거동(擧動) : 활발, 지조(志操) : 확실, 1학년 성적 : 2등, 3학년 성적 : 3등」

⑭ 2002년 10월 13일, 대통령 표창을 받으셨습니다.

⑮ 2005년 3월 26일, 신촌교회 오창학(吳昌學) 목사 집전으로 세례를 받으셨습니다.

⑯ 2007년 2월 19일, 프레지던트 호텔에서 아버지 백수연(白壽宴)을 가졌습니다.

⑰ 2008년 2월 8일, 재형이네 집(서울 목동 소재)에서 아버지 탄신 100년 연을 가졌습니다. 아버지를 모신 마지막 가족모임이었습니다.

⑱ 2008년 7월 26일 13시 35분, 100년 동안 이 땅에서의 사명 다 마치시고 천국으로 떠나셨습니다.

2018년 7월 26일

부록

〈부록 11〉 조국의 사자(獅子)들

『制海』제22호(1967년) 최영섭

여기, 조국과 민족을 위해 목숨을 바칠 사자가 있다.

여기, 명예와 신의를 위해 자라나는 사자가 있다.

여기, 자유와 평화를 위해 갈고 닦는 사자가 있다.

충성의 터전에서 용기의 싹을 씹고 지성의 옷을 여민 사자가 있다.

비바람이 불어와도 눈보라가 치더라도

거센 파도 밀려와도 물리쳐 이겨 나갈 사자가 있다.

슬픈 역사의 유산을 고달픈 겨레의 삶을 갈라진 조국의 땅을

씻고 건져 뭉쳐서 영원히 빛을 낼 조국의 사자가 있다.

화랑의 슬기와 을지의 기상과 충무의 충성과

순국의 의를 지닌 조국의 사자가 있다.

젊은 사자여 힘차게 일어서라. 굳세게 내디뎌라.

초연(硝煙)이 자욱한 멸공통일의 전선으로

진군의 나팔이 우렁차게 울릴 때 내일의 조국은 유구히 빛나리니.

〈부록 12〉 울릉도·독도 탐방 때 작시(作詩)

玉溪바다

〈作詩 : 崔英燮〉

大關嶺 넘어서니 蒼波萬里 東海바다
戰蹟碑 우뚝 솟은 玉溪灣이 한가롭다
이곳이 六二五 새벽 붉은 이리 侵入地

海兵들 목숨 바쳐 이곳 땅에 스러졌네
殉國의 護國勇士 海棠花로 펴 오른다
가신님 넋을 기리며 갈매기도 슬퍼라

그 보람 피어나서 大韓民國 우뚝 섰다
건빵과 화랑담배 옛 追憶이 되었구려
어즈버 護國英靈님 고히고히 잠드소서

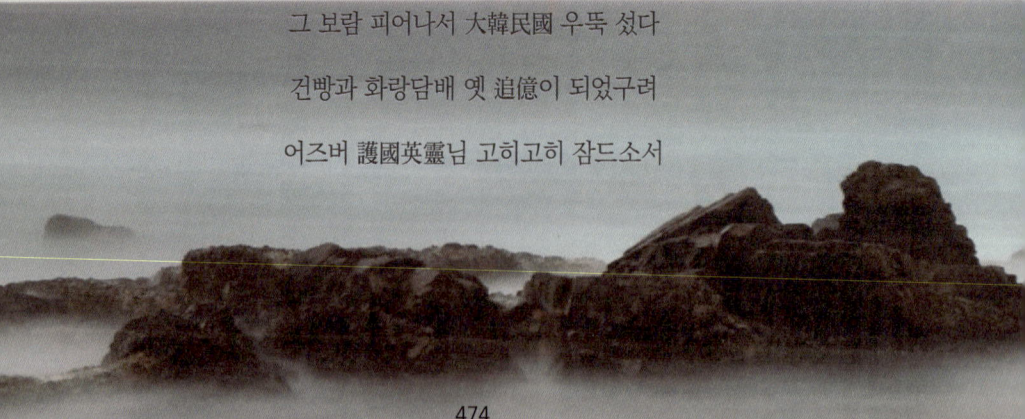

부록

于山國뱃길

〈作詩:崔英燮〉

軍樂隊 奏樂속에 慶北艦에 搭乘하여

傳說에 파묻친 섬 于山國을 달려가니

거기엔 누가 있기에 이 가슴이 설레네

艦橋에 올라서니 옛 追憶도 새롭구나

반기는 將兵들이 너무나도 多情해라

忠武公 魂이어받아 이 바다를 지킨다

사납던 바닷물결 오늘따라 잔잔하다

水平線 스쳐가는 갈매기도 반갑구나

뱃전의 하얀 泡沫속 그대 모습 사라지네

鬱陵島

(作詩 : 崔英燮)

鬱森해 울울창창 茂盛해서 鬱陵島냐

鬱寂해 絶海孤島 답답해서 鬱陵島냐

聖人峰 우뚝 섰으니 鬱蔥島면 어떠리

聖人峰 仙女들이 춤을 추며 내려오고

道洞港 埠頭가의 海女들도 웃음짓네

數千年 海風에 씻긴 香나무가 香氣네

大統領 다녀가신 苧洞港을 찾았더니

厚朴樹 그늘 밑에 記念碑만 홀로 섰네

于山國 恩人이라고 입을 모아 稱頌해

獅子岩 투구바위 蓬萊瀑布 거북바위

神仙岩 羅里盆地 黑비둘기 鬱陵菊花

香나무 너도밤나무 볼거리도 많구나

부록

獨島

(作詩 : 崔英燮)

東海의 絶海속에 외로워서 獨島인가

東西의 두봉우리 兄弟처럼 多情하네

그대가 여기 섰기에 大韓民國 넓혔다

安龍福 日本가서 毅然하게 談判하여

우리땅 確定하니 그 義氣가 堂堂해라

雩南翁 世界萬邦 平和線을 宣布하다

倭놈들 이름하여 竹島라고 우겨봐도

우리의 海軍海警 鐵桶같이 警備하니

그 누가 뭐라해봐도 獨島는 우리땅

〈부록 13〉 문산호 영웅들이여!

1950년 9월 조국 대한민국

존망의 위기에서 피를 뿌려 나라 구한

문산호 영웅들이여!

태풍 '케지아(Kezia)' 노도를 뚫고

빗발치는 적의 초연탄우 속에서

당신들의 장사해변 헌신

당신들의 장사작전 조국애가

대한민국을 지켜냈습니다.

긴긴 세월이 흘렀습니다.

1950년 7월 27일 아침, 포성 울리는 여수항

황재중 선장의 결연한 목소리가 귓전을 울립니다.

"우리 문산호 선원들도 대한민국 국민입니다.

나라 위해 싸울 책무가 있습니다."

부록

장사 바다에 뿌린 그대들의 붉은 피

우리 가슴을 적시고 적시어 조국과 함께

역사와 함께 찬란히 피어날 것입니다.

조국수호의 꽃으로, 통일의 꽃으로.

2019년 6월 27일

여수전선의 전우 해군소위 최영섭

바다를 품은 백두산

부록

〈부록 14〉 2020년 유음(遺音)

사랑하는 식구들에게

2년 전 2018년, '내 여생은 세월이 아니라 시간이다.'고 말했다. 언제 이사를 떠날지 알 수 없기에 2018년 3월 31일 그리고 2019년 3월 31일 스탠포드호텔에서 유음을 전했다.

지난 해 증손(曾孫) 서로(瑞路)와 해성(海星)이 출생했다. 내 증손이 10명이다. 크나큰 축복이다.

지금 질병(疾病)으로 온 세계가 혼란에 빠졌다. 우리나라에도 휘몰아치고 있다. 그 소용돌이 속에서 우리 식구 모두 힘써 자기 몫을 다하고 평강함에 감사할 따름이다.

인생칠십고래희(人生七十古來稀)라 했다. 너희들의 정성 어린 효성으로 93년이란 긴 세월을 보람 있게 살고 있다. 특히 '삼식(三食)이' 늙은 아비를 정성으로 봉양하는 명희, 수고 많다.

나는 인생절일(人生節日)마다 너희들의 축연(祝筵)을 받아왔다. 회갑, 고희, 희수, 산수, 미수, 금혼식, 그것도 일가친척, 교우, 동기, 선후배를 초대하여…

인간의 수명(壽命)은 내가 쓸 수 있는 시간의 적분(積分)이다. 한

번밖에 주어지지 않는 소중한 시간이다. 어떻게 잘 써야 하나. 수명은 길이보다 깊이가 더 중요하다.

파란만장(波瀾萬丈)한 인생, 한 사람 한 사람마다 주어진 사명이 있다. 본분(本分)이다.

수명은 마무리가 중요하다. 인생의 결산이다. 천평칭(天平秤) 저울에 달아보자. 우측에 자기를 위해 쓴 시간의 적분을〈수신제가(修身齊家) 본분(本分)이외에 자기 욕구를 위해 쓴 시간〉, 좌측에 봉사, 이타(利他)를 위해 쓴 시간의 적분을〈이웃, 사회, 국가, 민족 등〉. 어느 쪽으로 기우는 가? 좌측이면 좋다.

인생은 W와 T자 사이의 삶이다. Womb-Tomb(자궁-묘지). 폴란드 출신 영국 인류학자 브로니슬라브 말리노프스키는 말했다. '인생은 사랑하다 죽노라.' 장자(莊子)는 '죽음은 고향으로 돌아가는 것, 두려울 것도 싫어할 것도 없다.'

죽음은 인생의 완성이요 새로운 시작이다. 죽음은 영원(永遠)에 동참하는 영적인 삶의 새로운 탄생이다. 사즉생(死卽生)이다. 나무의 일생을 보라. 자라서 잎이 피고 열매를 맺는다. 때가 되면 잎은 떨어져 흙으로 돌아가 거름이 되고, 열매는 떨어져 새 생명을 싹 틔운다.

생년불만백(生年不滿百) 상회천년우(常懷千年憂). 사람이 백년도 못 사는데 천년을 살 것처럼 근심 걱정 탐욕을 하는구나.

부록

이사를 떠나면서 '신세 많이 졌습니다. 나는 별로 이룬 것이 없지만 태어나서 여러분과 같이 살아온 것이 행복했습니다. 고마워요 안녕' 미소 지으며…

성공학(成功學) 학자 스티븐 코비 박사의 가족사명서(家族使命書). '우리 가족의 사명은 신앙, 질서, 신뢰, 사랑, 행복, 휴식을 제공하는 가정이 되게 하고, 각자가 책임 있고 독립적이게 하며, 사회봉사를 위해 효과적이고 상호의존적이 되도록 기회를 제공해 주는 것이다.' 코비 박사의 슬하에 9명의 자녀와 19명의 손주가 있다.

일모도원(日暮途遠)이지만 보람있는 인생길을 걸어가고 있다. 나는 너희들이 있어 행복하다. 애썼다. 사랑한다.

2020년 5월 2일 일산에서

순호(舜湖)

바다를 품은 백두산

오디오북에 참여해 주신 분들께
감사드립니다.

민서영 유성진 김한나 전준영 채명성 하은정 허현준 여 명

백성원 강병선 박진규 이균성 이계희 이은택 김영민

이인규 김다인 김진기 오종택 이명재 김희주 이소영 백은경

바람을 품은 백두산

인쇄발행	_ 2021년 04월 02일
초판발행	_ 2021년 05월 15일
글쓴이	_ 최영섭
펴낸이	_ 이장우
펴낸곳	_ Freedom&Wisdom
정리·감수	_ 임성채
캘리그라피	_ 김강우
사진	_ 강병선·이태열
등록일자	_ 2014년 01월 17일
등록번호	_ 제 398-2014-000001호
전화	_ 070-8621-0070
이메일	_ jpt900@hanmail.net
ISBN	979-11-86337-53-0 (03910)

Copyright ⓒ 최영섭, 2021

□ 본서의 내용을 사전 허가없이 전재하거나 복제할 경우 법적인 제재를 받게 됨을 알려 드립니다.
□ 잘못된 책은 구입하신 서점이나 본사에서 교환해 드립니다.
□ 정가는 표지에 표시되어 있습니다.